Fragments Of The Iliad Of Homer From A Syriac Palimpsest

Homer

FRAGMENTS

OF THE

ILIAD OF HOMER

FROM

A SYRIAC PALIMPSEST.

EDITED BY

WILLIAM CURETON, M.A.

PRINTED BY ORDER OF THE TRUSTEES OF THE BRITISH MUSEUM,

BY RICHARD TAYLOR.

MDCCCLI.

TO

THE TRUSTEES OF THE BRITISH MUSEUM,

AS A MARK OF RESPECT,

AND TO TESTIFY HIS GRATITUDE

FOR THE KINDNESS RECEIVED AT THEIR HANDS

DURING THE TWELVE YEARS THAT HE HAD THE HONOUR

OF BEING IN THEIR SERVICE,

THIS VOLUME IS INSCRIBED,

BY

THE EDITOR.

THE Palimpsest Manuscript in which I discovered these fragments of a very ancient copy of the Iliad of Homer, formed a part of the library of the Syrian Convent dedicated to St. Mary Deipara, in the Valley of Ascetics or the Desert of Nitria[a]. It was obtained with that portion of the Syriac collection which had been acquired by M. Auguste Pacho[b] in Egypt in the earlier part of the year 1847, and was purchased from him, by the liberality of the Lords Commissioners of Her Majesty's Treasury, on the 11th of November in the same year, and by them transferred to the Trustees of the British Museum, to be added to the other parts of the Nitrian Library which they had already procured through the exertions of Archdeacon Tattam. Of its previous history we have no other record than that which is furnished by itself; but there seem to be very good grounds to believe that it was one of the Two Hundred and Fifty volumes which had been procured by Moses of Nisibis, Abbot

[a] See, respecting the two first acquired portions of this collection, Quarterly Review, No. CLIII. p. 39.

[b] See, respecting this portion, the Preface to my edition of the Festal Letters of Athanasius. 8vo. London, 1848, p. v—xiv. Two supplementary portions have been since obtained through the intervention of M. Pacho, one in November 1850, and the other in June 1851. These have served to complete many of the volumes which were before imperfect, and have increased the collection by ten additional works; the whole number of Syriac volumes now in the British Museum, obtained from this convent, amounts to about five hundred and fifty.

of this Convent of St. Mary Deipara, during a visit to Bagdad and its neighbourhood, and were deposited by him in the Library of the Syrians upon his return to Nitria in the year of the Greeks 1243, or A.D. 931[a].

The following is the record of the history of this Manuscript, so far as it is supplied by itself. On the second page of the last leaf but one is written—

ܐܝܬܘܗܝ ܕܝܢ ܟܬܒܐ ܗܢܐ ܕܕܢܝܐܝܠ ܒܪܝܐ ܩܫܝܫܐ ܘܣܥܘܪܐ ܕܡܝܛܪܦܘܠܝܛܐ ܐܡܝܕܐ. ܕܐܬܚܦܛ ܘܩܢܝܗ ܡܛܠܬܗ
ܡܘܬܪܢܐ ܕܢܦܫܗ ܘܕܐܝܠܝܢ ܕܡܩܪܒܝܢ ܠܘܬܗ: ܕܗܘ ܟܕ ܗܘ ܪܚܡܐ ܕܝܘܠܦܢܐ ܐܠܗܝܐ ܩܢܝܢ: ܘܪܓܝܓܝܢ
ܕܢܬܪܘܢ ܚܝܝܗܘܢ ܒܫܪܪܐ ܕܒܗ. ܫܡܥܘܢ ܕܝܢ ܡܣܟܢܐ ܟܘܡܪܐ ܩܫܝܫܐ ܘܚܒܝܫܐ ܕܐܝܬ ܒܥܘܡܪܐ ܩܕܝܫܐ ܕܒܝܬ
ܡܪܝ ܫܡܥܘܢ ܕܩܪܬܡܝܢ. ܟܠ ܕܝܢ ܕܡܐܬ ܠܗ ܕܢܩܪܐ ܒܗ ܐܘ ܕܢܦܠܘܚ ܒܗ ܡܢܗ ܡܠܬܐ ܬܫܒܘܚܬܐ ܕܐܠܗܐ
ܢܬܠ ܟܠ ܗܘ ܕܐܬܚܫܚ ܗܘܐ ܘܟܠ ܒܗܘܢ ܕܢܬܬܣܝܡܘܢ ܒܥܘܬ ܕܝܢܐ ܐܝܟ ܡܫܝܚܐ ܕܠܐ ܡܣܒܐ. ܒܨܠܘܬܐ ܕܩܕܝܫܘܗܝ
ܩܘܡܐ ܘܡܠܘܢܐܬܗ ܕܝܘܡܐ ܘܕܡܥܐ ܘܕܠܘܬܗ ܒܟܠܗܘܢ ܡܠܟ ܠܐܠܗܐ ܡܪܝܡ ܐܡܝܢ ܘܐܡܝܢ ܘܐܡܝܢ

"This book belongs to Daniel, a secular[b] presbyter and Saúr (Visitor[c]) of the province of Amida, who gave diligence and procured it for the benefit of himself and of those that may approach it, who possess the same object of love of divine instruction, and desire to profit their lives by the truth which is in it. But the poor Simeon, a presbyter and recluse, who is in the holy convent of my Lord Simeon of Carta-

[a] See the same Preface, p. xxiv, and J. S. Assemani, Bibliotheca Orientalis, vol. ii. p. 118. Three MSS. containing works of Severus, purchased by Moses of Nisibis for the library of his own convent at that time, are now in the Vatican; see "Codices Nitrienses," xxix, xxx and xxxiv; Biblioth. Orient. vol. i. pp. 570, 572. And a copy of his Homilies was purchased for the same convent as early as A.D. 576, Cod. xxxii. ibid.

[b] I have used the word 'secular' here, and 'recluse' below, from the want of more appropriate words to convey the meaning of ܒܪܝܐ "externus," and ܚܒܝܫܐ "inclusus." See Assemani, Dissertatio de Monophysitis, prefixed to vol. ii. of his Bibliotheca Orientalis.

[c] The Greek title of this ecclesiastical officer is *περιοδευτής*, that is, travelling or visiting Presbyter. Morinus always renders the word by Archipresbyterus: see De Sacris Ordinationibus, Par. 2: De Ordinationibus Syrorum, p. 410.

min[a], transcribed it. May every one, therefore, who asks for it, that he may read in it, or write from it, for the sake of the love of God, pray for him who gave diligence and acquired it, and for the scribe, that they may find mercy in the day of judgment, like the thief who was on the right hand [of the Cross], through the prayers of all the Saints, and more particularly of the holy and glorious and perpetual Virgin, the Mother of God, Mary. Amen and Amen and Amen."

On the first page of the last leaf the following notice occurs:

ܐܝܬܘܗܝ ܟܬܒܐ ܗܢܐ ܕܡܪܝ ܣܘܝܪܐ. ܕܚܣܝܐ ܘܩܕܝܫܐ ܡܪܝ ܕܢܝܐܝܠ ܐܦܝܣܩܘܦܐ ܕܐܦܪܟܝܐ ܕܐܘܪܗܝ.. ܕܩܢܝܗ ܡܢ ܙܝܢܐ ܕܐܠܗܐ. ܟܕ ܐܝܬܘܗܝ ܗܘܐ ܣܥܘܪܐ ܒܐܦܪܟܝܐ ܕܐܡܝܕ ܡܕܝܢܬܐ. ܠܥܘܕܪܢܐ ܕܢܦܫܗ ܘܕܟܠ ܕܩܪܐ ܒܗ. ܐܠܐ ܬܚܝܬ ܡܠܬܐ ܘܚܪܡܐ ܕܐܠܗܐ ܐܝܬܘܗܝ ܗܘ ܕܓܢܒ ܠܗ ܐܘ ܡܛܫܐ ܠܗ ܐܘ ܡܥܒܪ ܠܗ ܡܢܗ * * * * * ܐܘ ܣܕܩ ܐܘ ܚܠܐ ܐܘ ܓܪܕ ܠܥܘܗܕܢܐ ܗܢܐ ܡܢܗ ܠܥܠܡ. ܘܒܡܪܢ ܝܫܘܥ ܗܘ ܕܩܪܐ ܒܗ ܢܨܠܐ ܥܠܘܗܝ ܕܕܢܝܐܝܠ ܕܢܫܟܚ ܪܚܡܐ ܒܝܘܡ ܕܝܢܐ ܐܦ ܘܐܡܝܢ ܘܐܡܝܢ.

ܘܥܠ ܚܛܝܐ ܕܟܬܒܗ ܢܗܘܐ ܪܚܡܐ ܒܝܘܡ ܕܝܢܐ ܐܡܝܢ

"This volume of my Lord Severus belongs to the reverend and holy, my Lord Daniel, Bishop of the province of Orrhoa (Edessa), who acquired it from the armour of God, when he was Saúr in the province of the city of Amida, for his own benefit, and that of every one who readeth in it. But under the word and curse of God is he whosoever steals it, or hides or removeth it, * * * * * or tears, or erases, or cuts off this memorial from it, for ever. And through our Lord Jesus may he who readeth in it pray for the same Daniel, that he may find mercy in the day of judgment! Yea, and Amen and Amen.

"And upon the sinner who wrote it may there be mercy in the day of judgment. Amen."

[a] Cartamin is situated near Mardin in Mesopotamia. See Assemani, Diss. de Monophysitis.

Afterwards there is written, in another hand,

ܒܫܘܠܡ ܚܝܘܗܝ ܕܝܢ ܐܘܪܬܗ ܠܕܝܪܐ ܗܢܐ ܩܕܝܫܐ ܕܡܪܝ ܣܝܠܐ ܕܒܣܪܘܓ. ܡܛܠ ܕܘܟܪܢܐ ܕܢܦܫܗ
ܘܕܥܢܝܕܘܗܝ ܡܪܝܐ ܢܚܘܢܝܗܝ ܒܝܘܡ ܕܝܢܐ ܐܡܝܢ ܘܟܠ ܕܡܥܒܪ ܠܗ ܠܟܬܒܐ ܗܢܐ ܡܢ ܕܝܪܐ ܗܢܐ
ܕܡܫܡܗ ܪܘܓܙܗ ܕܡܪܝܐ ܢܕܪܟܝܘܗܝ ܒܬܪܬܝܗܘܢ ܥܠܡܐ ܠܥܠܡ ܥܠܡܝܢ ܐܡܝܢ

"But at the end of his life he bequeathed it to this sacred Convent of my Lord Silas, which is in Sarúg[a], for the sake of the remembrance of himself, and of the dead belonging to him. May the Lord have mercy upon him in the day of judgment! Amen. Whosoever removeth this volume from this same mentioned Convent, may the anger of the Lord overtake him in both worlds, to all eternity. Amen."

The information which we possess respecting the Oriental churches up to the present moment is so scanty, that I have not been able to ascertain when the former possessor of this volume was elevated to the see of Edessa. The Catalogue of the Bishops of that city in an unbroken series from the time of Thaddæus or Addæus, who first converted Abgar, the Toparch, to Christianity, which has been published by Assemani, reaches only down to the year of the Greeks 1080, A.D. 768 or 769, and consequently does not include this Bishop Daniel, whom the style of the Syriac character in this volume shows to have lived some, although probably not many, years later. It appears to have been transcribed about the end of the eighth or the beginning of the ninth century of our era. Between A.D. 769[b], when Elias from the monastery of Cartamin was chosen Bishop of Edessa, and A.D. 825, about which time we find that one Theodosius[c] was elevated to that

[a] A city of Mesopotamia, called also Batnan or Batnæ: Assemani, Diss. de Monophysitis.

[b] See Assemani, Biblioth. Orient. vol. ii. p. 114.

[c] See Assemani, Diss. de Monophysitis, under *Edessa*.

dignity, a period of about fifty-six years intervened, during which we have no account of the names of those who held the see of this city. The Bishop Daniel might have governed the church during a part of that interval, and the form of the Syriac writing seems to accord perfectly with that period. In a Syriac Jacobite Calendar, cited by Assemani, the name of Daniel[a] Bishop of Edessa occurs, but there is no indication of the time at which he lived. It seems not improbable that he is the same person as the former possessor of this volume. We read also of one Daniel being promoted to be Maphrian of the Syrians about the year of our Lord 829, and retaining that dignity till the time of his death about four years later[b].

The work now occupying the leaves of vellum from which the more ancient Greek text has been erased and almost obliterated, is a Treatise of Severus, Patriarch of Antioch, against Grammaticus[c].

The first part of it only is contained in this volume, which ends with the following words at the bottom of the first page of the last leaf but one—

ܫܠܡ ܠܡܟܬܒܘ ܦܠܓܘܬܐ ܩܕܡܝܬܐ ܕܡܐܡܪܐ ܕܬܪܝܢ ܕܩܕܝܫܐ ܡܪܝ ܣܘܝܪܘܣ ܦܛܪܝܪܟܐ ܕܠܘܩܒܠ ܓܪܡܛܝܩܘܣ ܀
ܫܘܒܚܐ ܠܐܒܐ ܘܠܒܪܐ ܘܠܪܘܚܐ ܩܕܝܫܐ. ܗܫܐ ܘܒܟܠܙܒܢ ܘܠܥܠܡ ܥܠܡܝܢ ܐܡܝܢ

"Here endeth the transcription of the First Division of the Second Book of my Lord Saint Severus, the Patriarch, against Grammaticus. Glory to the Father, and to the Son, and to the Holy Ghost, now and at all times, and to all eternity. Amen."

[a] See Assemani, Dissertatio de Monophysitis, under *Edessa*.

[b] Assemani, Biblioth. Orient. vol. ii. p. 436.

[c] There is another copy of this work in the Nitrian collection, now in the British Museum, which seems to be of the seventh or eighth century at the latest. Cod. Add. 12,157.

Severus succeeded Flavian as Patriarch of Antioch A.D. 512, and was expelled, on account of his opposition to the Council of Chalcedon, A.D. 519. Several of his works, if not all of them, were translated from the Greek into Syriac at a very early period. Some by Paul, Bishop of Callinicum, as early as A.D. 528[a]; others rather later by Yakub or Jacob, Bishop of Edessa[b], by Athanasius of Nisibis[c], and apparently by other translators. Copies of some of these versions, made before the end of the sixth century, are still in existence. There is in the Vatican a volume of his Homilies, which was purchased for the Convent of the Syrians in Nitria, in the year of our Lord 576[d]; and in the British Museum a Treatise by him against Julian, transcribed A.D. 588[e], and a volume of Sermons transcribed A.D. 569[f]. The Trustees of the British Museum possess also another copy of this same Treatise against Grammaticus, obtained in the year 1842, to which we cannot assign a later date than the seventh or eighth century of our era[g]. The fact that this and other works of Severus were translated into Syriac, and copies of them frequently made long anterior to the eighth or ninth century, and the style of the handwriting of this volume of his Treatise against Grammaticus, which we cannot be far wrong in assigning to that period, seem fully to justify us in asserting that at least a thousand years must have elapsed since the erasure of the three Greek manuscripts which supplied the vellum for the transcription of this Syriac version of the polemical work of Severus of Antioch.

The Syriac volume, in its pristine state, consisted of twenty-three

[a] Assemani, Bibl. Orient. vol. ii. p. 46.

[b] Ibid. vol. i. p. 570.

[c] He translated his Select Epistles A.G. 980, or A.D. 669: see Cod. Add. Brit. Mus. 12,159.

[d] See note [a] above, p. vi.

[e] See Cod. Add. Brit. Mus. 12,158.

[f] Cod. Add. 14,599.

[g] Cod. Add. 12,157.

quires, each comprising five leaves of vellum, in quarto, of the original Greek books, laid one upon the other, and then folded together so as to form ten octavo leaves or twenty pages. When it was brought to England by M. Auguste Pacho in 1847, the first quire had been broken off and lost. I have discovered parts of three of its leaves among the fragments which Archdeacon Tattam had previously obtained in 1842. This first, together with the nine following quires, were originally a part of a very beautiful and ancient Greek manuscript of the Gospel of St. Luke. The next twelve, consisting of one hundred and twenty octavo leaves, were made up of fifty-nine quarto leaves of the original copy of Homer, which had been effaced, and one very fine piece of blank vellum, on which the only writing now legible is ΥΓΙΕΝΟΝΧΡΩΙΚΥΡΙϹΧΟ-ΛΑϹΤΙΚΕ[a] on the one side, and ΥΓΙΕΝΟΝΧΡΩ on the other.

The last quire consisted of what once constituted five quarto leaves of a volume of Euclid.

The present size of one of the leaves is about twelve inches long and nine wide; and although it may have been formerly rather larger, the introduction of smaller letters, and occasionally of contractions at the end of the lines so as to accommodate them to the width of the vellum, show that the margins could not have been much broader even in the original condition of the Manuscript. The number of lines in each page, except those on which a Book begins or ends, is thirty-three; and in the hundred and eighteen pages which remain are comprised nearly four thousand verses, being portions of later books of the Iliad in the following order:—

[a] This is probably intended to be *υγιαινε εν χριστω κυριε σχολαστικε.*

Book XII. 273–471, end of the Book.

Book XIII. 133–265, 333–398, 465–530, 663–728, 797–837, end of the Book.

Book XIV. 1–20, 156–419.

Book XV. 158–223, 356–421, 491–557.

Book XVI. 199–264, 331–397, 664–731, 798–862.

Book XVIII. 93–358, 426–492.

Book XIX. 136–268, 335–424, end of the Book.

Book XX. 1–172, 306–503, end of the Book.

Book XXI. 1–397, 465–611, end of the Book.

Book XXII. 1–113, 181–378.

Book XXIII. 57–323, 457–589, 656–788, 856–897, end of the Book.

Book XXIV. 1–20, 285–483.

This gives, according to the ordinary numeration of the printed editions, the following summary of the number of lines in each Book:—

XII. 199, XIII. 372, XIV. 284, XV. 199, XVI. 266, XVIII. 333, XIX. 223, XX. 370, XXI. 544, XXII. 311, XXIII. 575, XXIV. 219.

These would make a total of three thousand eight hundred and ninety-five lines; but the number actually contained in these pages is three thousand eight hundred and seventy-three. Twenty-six verses of the ordinary editions are omitted, and four which are not found in them are inserted in this copy.

No complete manuscripts of the Iliad of Homer, of any very great antiquity, are known to be in existence. That in the British Museum, generally called the Townley Homer[a], is esteemed to be one of the earliest and most valuable, but it is probably not anterior to the thirteenth century. The Papyrus roll in the possession of Mr. Bankes, although it be supposed to be of greater antiquity than these Palimpsest pages, comprises only six hundred and seventy-eight lines of the last book of the Iliad[b]. Another similar fragment, recently discovered in the hand of a mummy at Manfalout, and now the property of Mr. Harris of Alexandria, contains not more than three hundred and six verses of the eighteenth book[c]. The fragments of the illustrated copy in the Ambrosian Library at Milan[d] probably do not exceed, if indeed they equal, these Nitrian fragments in antiquity, while the whole number of verses which they contain does not amount to eight hundred, and the greater part of them belong to the earlier books. This Syriac Rescript volume contains therefore at least about three thousand lines of the Iliad, transcribed several centuries earlier than any other copy of that poem now known to exist.

A Palimpsest Manuscript of such high antiquity, containing so large a portion of the great poem of Homer, seemed to deserve something more than a mere collation for the purposes of textual criticism. Moreover, although it has endured the climate of Egypt and the atmosphere of the East for many centuries without suffering any considerable

[a] See Catalogue of Manuscripts in the British Museum, New Series, vol. i. par. 11. p. 87. fol. Lond. MDCCCXL.

[b] See an account of this by Mr. Cornewall Lewis in the Philological Museum, 1832, p. 177.

[c] From line 311 to 616: see a short notice of this in the Athenæum, No. 1141, p. 918, and Archäologischer Anzeiger. 4to. Berlin, 1849, p. 93.

[d] Iliadis Fragmenta Antiquissima cum Picturis: item Scholia Vetera ad Odysseam, Edente Angelo Maio: fol. Mediolani, MDCCCXIX.

injury, it is uncertain what effect the climate of England and the atmosphere of London, in a few years, may produce upon the vellum and the ink; whether the original Greek, which, in order to make room for the Syriac text, has been so much obliterated as to be read with very great difficulty even now, may not in process of time, either by the decay of the material or by the ink growing continually fainter and fainter, become altogether illegible. Influenced by these considerations, I proposed to the Trustees of the British Museum, that the portion of the Iliad contained in this Nitrian Manuscript should be printed, page for page and line for line, in the type which had been cut to imitate the Codex Alexandrinus, and also be accompanied by a series of Facsimiles accurately representing the state of the Manuscript, which may be usefully studied for the purposes of Greek Palæography. To publish the work in this manner would serve to give a sufficiently accurate representation of it to such scholars as could not enjoy the opportunity of personally inspecting the Manuscript itself, and would preserve a faithful record of it for posterity, should the volume itself decay by the lapse of time or be destroyed by accident.

My proposal was favourably received by the Board of the Trustees of the British Museum, and the work ordered to be printed as I had recommended.

It will be seen, upon comparing the pages in facsimile with those which are printed in the type of the Alexandrian Manuscript, that the general aspect of the letters is similar, but that those of the Homer are larger and bolder, and that there is an obvious difference in some of the characters; for instance, Δ, Ε and C in the latter are more distinctly marked by bold points at their extremities; while, on the other hand, Π is formed by a horizontal stroke merely touching the tops of the two vertical lines and not extending beyond them, as in the Alexandrian character. Further, in the Homer Υ sinks below the level of the other letters like Ρ, and the elliptical part of Φ does not rise above them. There are a few other slight variations which will be observable upon making the comparison. At the end of the lines when the want of space rendered it necessary, the same sign of abbreviation is used in the Homer as is found in the other Manuscript; for instance, ΙΠΠ^ς for ΙΠΠΟΥϹ[a], ΕΛΑϹϹ^ς for ΕΛΑϹϹΑϹ, ΠΟΛΥΚ^ς for ΠΟΛΥΚΤΩΡ, and ΕΠ^ς for ΕΠΕϹΘΑΙ[b], &c. This sign is occasionally placed at the bottom of the letter instead of the top[c].

It deserves to be noticed in this copy of Homer, that when the letter Ρ is followed by a vowel, a mark similar to that by which elision is denoted is added; for instance, ΘΥΓΑΤΗΡ'ΑΦΡΟΔΙΤΗ[d]; and this not only in the middle but also at the end of a line when the next commences with a vowel. In the present state of the Manuscript, I cannot venture to assert that this mark was uniformly added in all such cases, because in many places the writing is now so effaced as to render it impossible to discern whether it ever existed or not, but the frequency of its occurrence would seem to imply that it must have been general. The same mark is also found in several instances after the letters Ψ[e], Ξ[f] and Χ[g], and also as distinguishing the elements of

[a] See Facsimile, Book XXIII. l. 101, p. 102. [b] See Book XXVI. l. 392, 397, 400, p. 116.

[c] Book XIV. l. 262, 264, p. 22; and the corresponding Facsimile.

[d] See Book XIV. l. 224, p. 21; and the Facsimile, *et passim*.

[e] Book XV. l. 364, p. 29: XVIII. l. 280, p. 46: XIX. l. 138, p. 51, &c. &c.

[f] Book XXIII. l. 228, p. 100: l. 288, p. 101, &c. [g] Book XXII. l. 96, p. 88.

compound words[a]. To how great an extent the addition of this mark was carried in these latter cases, the greatly faded state of the Manuscript precludes us from now forming an opinion.

In this, as in all other ancient Greek manuscripts of the same kind of character, the Iota coalescing with a long vowel preceding it, as in the dative case of nouns, &c., is written after the vowel, and not in an abbreviated form under it, as in more recent transcripts of a cursive character. I have observed, however, a few instances in which it has been omitted altogether by the scribe, and others in which it has been added, apparently by a subsequent hand, over the vowel in the following manner—ὠ, Ḣ.

The accents, it will be seen, in the printed sheets and in the corresponding Facsimiles, are sometimes added and sometimes omitted. It appears, however, highly probable that formerly they were added in all instances, but that by the process of obliteration which took place to prepare the vellum for the reception of the Syriac text of Severus, they have become so completely effaced as to be in many places no longer perceptible. They are printed in those instances only in which they were plainly discernible. Occasionally, in the earlier pages of the work, when nothing but the vertical line of the symbol of the lene or aspirate breathing was visible, that line only has been marked, omitting the horizontal part of the figure[b]. In the later pages this symbol is much more distinct, and consequently has always been printed entire.

[a] Book XXIII. l. 479, p. 103.

[b] For instance, ΟΥΤΕ, Book XII. l. 825, p. 2.

From the present faded condition of the writing, in which the ink is all reduced to the same colour, it is not possible to arrive at any certain decision, whether the accents were written by the original scribe, or added subsequently. My own opinion is, that in general they are due to the first hand, although occasional additions and corrections appear to have proceeded from the pen of one who afterwards revised the copy. It is quite evident that the whole work has undergone a complete revision by another hand; sometimes correcting the orthography, at others apparently modifying the accents, and sometimes adding whole lines in the margin; instances of all of which may be seen in the Facsimiles.

In printing the text, I have invariably followed the work of the original scribe; but I have noticed, in the collation at the end of the volume, all the alterations and corrections made by the revising hand. These are also of very great antiquity, and evidently very near to the same period as that of the original scribe. So far as I am able to form an opinion of the date of the transcription of this copy of Homer, it seems to be the production of about the fifth century of the Christian era.

In publishing these fragments of the Iliad, it has been no part of my design to enter into any critical discussions or inquiries respecting the Homeric text, but rather to furnish those who have directed their attention especially to that subject with the additional means of pursuing their investigations, which this remnant of so very ancient a transcript may supply.

I have appended to the volume a collation of the text with the edition of C. G. Heyne, which I made as the sheets passed through the press; not from any preference on my part for his edition, but because, having used it at the beginning of the work, I considered that a collation with that text would be as available as with any other.

The various readings of this copy are not numerous, but, with the exception of mere errors of the scribe, they are all deserving of attention, on account of its great antiquity; some of them perhaps may be introduced with advantage into the text of future editions[a]. The most important appear to be the omission and addition of entire verses. Not less than twenty-six lines are wanted in this copy which are found in the edition of Heyne; some of them, however, have been subsequently added by another hand in the margin. Four lines have been inserted which are not found in the printed text.

The following is a list of the omissions and additions:—

Omitted. Book XIV. 157, 158, 269.—XV. 551.—XVI. 689, 690.—XVIII. 200, 201, 427.—XIX. 177.—XX. 44, 45, 46: these are added in the margin by another hand. 312, 316, 317, 447.—XXI. 148, 480, 510.—XXIII. 283, 284 added in the margin. 565; 746 added in the margin, 864.—XXIV. 290 added in the margin.

Inserted. Book XIV. two verses after 306, viz. 208, 209 of the same book repeated.—XXI. a verse after 96.—XXII. a verse after 10[b].

[a] For instance, Book XII. l. 385, *ο δ' αρα νευτηρι*: for the common reading *ὁ δ' ἄρ' ἀρνευτῆρι.*

[b] Book IV. l. 33.

The Facsimiles are the work of M. Lepelle de Bois Gallois, well known for his labours in the illustrated work on Palæography by the Count Auguste de Bastard[a], and undoubtedly, in this particular branch, one of the most skilful artists of the present age. They reflect the highest credit upon his talent and exertions, and exhibit a faithful picture of the several pages which they are intended to represent. I have discovered a few trifling textual inaccuracies, and but very few, not exceeding four or five in the whole of the six lithographed pages. This indeed could scarcely be avoided by an artist looking only to the apparent forms of the accents, letters or words, and not to their signification;—liable also, under such circumstances, to mistake one similar character for another, and to confound an accidental stroke of the pen with the component part of a letter, or an accent. In comparing, therefore, the Facsimile with the corresponding page of printed text, whenever any slight variation may be discovered, the latter is to be preferred as more correct.

[a] Peintures des Manuscrits depuis le huitième siècle jusqu'à la fin du seizième.

ΤΕΤΡΆΦΘΩΠΡΟΤΙΝΗ̂ΑCΟΜΟΚΛ........Α......Ω̄

ΑΛΛΑΠΡΟCΩΙΕCΘΕΚΛ........Ο.....ΛΕCΘΕ

ΑΙΚΕΖΕΥCΔΩΗCΙΝΟΛ.......CΑCΤΕΡΟΠΗΤΗC

ΝΕΙΚΟCΑΠΩCΑΜΕΝ....Δ.......ΡΟΤΙΑCΤΥΔΙΕCΘΑΙ

Ω...ΩΓΕΠΡΟΒΟ........ΆΧΗΝΏΤΡΥΝΟΝΑΧΑΙΩ̂̄

ΤΩΝΔΏC.......................C.ΘΑΜΕΙΑῚ

ἩΜΑΤΙΧΕΙΜΕ...............ΜΗΤΙΈΤΑΖΕῪC

ΝΙΦΈΜΕΝΑΝΘ.........................ΟCΤΑΑΚΗ̂ΛΑ

Κ..ΜΗCΑCΔΑ.........ΧΕ.....Π...ΟΝΟΦΡΑΚΑΛΥΨΗΙ

Υ̃ΨΗΛΩΝΟ..ΩΝ............ΑΙΠ.Ώ́ΟΝΑCΑΚΡΟΥC

ΚΑΙΠΕΔΙΑΛΩ..ἜΥ......Λ................ΛΕΡΓΑ

Κ.......................................ΤΕΙΚΑῚΑΚΤΑΙ̂C

ΚΥ...ΔΕΜΙΝ........ΛΑΖ.....Υ......ΑΛΛΑΤΕΠΆΝΤΑ

ΕΙΛ..ΑΤΑΙΚΑΘ....................CΌΜΒΡΟC

ΩCΤΩΝΑΜΦΟΤΕ..........ΟΙΠ.......ΤΟΘΑΜΕΙΑΙ

ΑΙΜΕΝΑΡΕCΤΡΩ̂ΑCΑ.................ΑΧΑΙΟΥC

ΒΑΛΛΟΜΈΝΩΝΤΟΔΕ.........ΠΕΡΠ.....ΟΥΠΟCΟΡΩΡΕΙ

ΟΥΔΆΝΠΩΤ.....Ε......................ΕΚΤΩΡ

......ΟCΕΡ...............................ΧΗΛ

ΕΙΜΗΑΡΎΙΟΝ...................ΜΗΤΙΕΤΑΖΕῪC

ΩΡCΕΝΕ........ΟΙCΙΛ....................ΞΕΙΝ

ΑΥΤΙΚΑΔ...CΕΙCΗ̄

ΚΑΛ...................................ΥC

ΗΛΑC.............................ΜΕΙΑC

ΧΡΥCΕΙ....ΆΒ.........................Υ......

ΤΗΝΑΡΟΓΕΠΡΟC.......ΜΕΝ...........ΕΤΙΝΑCCΩ̄

...ΡΙΜΕΝΩCΤΕΛΕ.......ΕC....ΦΟCΟCΤΕΠΙΔΕΥῊC

Δ.....ΕΗΚΡΕΙΩΝ...............ΜΟCΑΓΉΝΩΡ

.....ΩΝΠΕΙΡΗCΟΝΤΑΙΚΑΙ........ΝΟΝΔΌΜΟΝΕΛΘΕ̂Ῑ

......ΡΓΑΡΧ̓ΕΥΡΗCΙΠΑΡ......ΦΙΒΩΤΟΡΑCΑΝΔΡΑC

CΥΝΚΥCΙΚΑΙΔΟΥ̓ΡΕCCΙΦΥΛΑCCΟΝΤΑCΠΕΡῚΜΗΛΑ

ΟΥΡΆΤ'ΑΠΕΙΡ........ΈΜΟΝΕ.......ΟΙΟΔΙΕCΘΑΙ

ΑΛΛΟΓΑΡΗΗΡΠΑΞ.....ΤΑΛΜΕΝΟCΗΕΚΑῚΑΥΤῸC

ΕΒΛΗΤΕΝΠΡΩΤΟΙΣΙΘΟΗΣΑΠΟΧΕΙΡΟΣΑΚΟΝΤΙ
ΩΣΡΑΤΟΤΑΝΤΙΘΕΟΝΣΑΡΠΗΔΟΝΑΘΥΜΟΣΑΝΗΚΕ
ΤΕΙΧΟΣΕΠΑΙΞΑΙΔΙΑΤΕΡΗΞΑΣΘΑΙΕΠΑΛΞΕΙΣ
ΑΥΤΙΚΑΔΕΓΛΑΥΚΟΝΠΡΟΣΕΦΗΠΑΙΔΙΠΠΟΛΟΧΟΙΟ
ΓΛΑΥΚΕΤΙΗΔΕΝΩΙΤΕΤΙΜΗΜΕΣΘΑΜΑΛΙΣΤΑ
ΕΔΡΗΙΤΕΚΡΕΑΣΙΝΤΕΙΔΕΠΛΕΙΟΙΣΔΕΠΑΕΣΣΙ
ΕΝΛΥΚΙΗΙΠΑΝΤΕΣΔΕΘΕΟΥΣΩΣΕΙΣΟΡΟΩΣΙΝ
ΚΑΙΤΕΜΕΝΟΣΝΕΜΟΜΕΣΘΑΜΕΓΑΞΑΝΘΟΙΟΠΑΡΟΧΘΑΣ
ΚΑΛΟΝΦΥΤΑΛΙΗΣΚΑΙΑΡΟΥΡΗΣΠΥΡΟΦΟΡΟΙΟ
ΤΩΝΥΝΧΡΗΛΥΚΙΟΙΣΙΜΕΤΑΠΡΩΤΟΙΣΙΝΕΟΝΤΑΣ
ΕΣΤΑΜΕΝΗΔΕΜΑΧΗΣΚΑΥΣΤΕΙΡΗΣΑΝΤΙΒΟΛΗΣΑΙ
ΟΦΡΑΤΙΣΩΔΕΙΠΗΙΛΥΚΙΩΝΠΥΚΑΘΩΡΗΚΤΑΩ̄
ΟΥΜΑΝΑΚΛΗΕΙΣΛΥΚΙΗΝΚΑΤΑΚΟΙΡΑΝΕΟΥΣΙΝ
ΗΜΕΤΕΡΟΙΒΑΣΙΛΗΕΣΕΔΟΥΣΙΠΙΟΝΑΜΗΛΑ
ΟΙΝΟΝΤΕΞΑΙΤΟΝΜΕΛΙΗΔΕΑΛΛΑΡΑΚΑΙΙΣ
ΕΣΘΛΗΕΠΕΙΛΥΚΙΟΙΣΙΜΕΤΑΠΡΩΤΟΙΣΙΜΑΧΟΝΤΑΙ
ΩΠΕΠΟΝΕΙΜΕΝΓΑΡΠΟΛΕΜΟΝΠΕΡΙΤΟΝΔΕΦΥΓΟΝΤΕΣ
ΑΙΕΙΔΗΜΕΛΛΟΙΜΕΝΑΓΗΡΩΤΑΘΑΝΑΤΩΤΕ
ΕΣΣΕΣΘΟΥΤΕΚΕΝΑΥΤΟΣΕΝΙΠΡΩΤΟΙΣΙΜΑΧΟΙΜΗΝ
ΟΥΤΕΚΕΣΕΣΤΕΛΛΟΙΜΙΜΑΧΗΝΕΣΚΥΔΙΑΝΕΙΡΑΝ
ΝΥΝΔΕΜΠΗΣΓΑΡΚΗΡΕΣΕΦΕΣΤΑΣΙΝΘΑΝΑΤΟΙΟ
ΜΥΡΙΑΙΑΣΟΥΚΕΣΤΙΦΥΓΕΙΝΒΡΟΤΟΝΟΥΔΥΠΑΛΥΞΑΙ
ΙΟΜΕΝΗΕΤΩΕΥΧΟΣΟΡΕΞΟΜΕΝΗΕΤΙΣΗΜΙΝ
ΩΣΕΦΑΤΟΥΔΕΓΛΑΥΚΟΣΑΠΕΤΡΑΠΕΤΟΥΔΑΠΙΘΗΣΕ
ΤΩΔΙΘΥΣΒΗΤΗΝΛΥΚΙΩΝΜΕΓΑΕΘΝΟΣΑΓΟΝΤΕ
ΤΟΥΣΔΕΙΔΩΝΡΙΓΗΣΥΙΟΣΠΕΤΕΩΟΜΕΝΕΣΘΕΥΣ
ΤΟΥΓΑΡΔΗΠΡΟΣΠΥΡΓΟΝΙΣΑΝΚΑΚΟΤΗΤΑΦΕΡΟΝΤΕΣ
ΠΑΠΤΗΝΕΝΔΑΝΑΠΥΡΓΟΝΑΧΑΙΩΝΕΙΤΙΝΙΔΟΙΤΟ
ΗΓΕΜΟΝΩΝΟΣΤΙΣΟΙΑΡΗΝΕΤΑΡΟΙΣΙΝΑΜΥΝΑΙ
ΕΣΔΕΝΟΗΣΑΙΑΝΤΕΔΥΩΠΟΛΕΜΟΥΑΚΟΡΗΤΩ
ΕΣΤΑΟΤΑΣΤΕΥΚΡΟΝΤΕΝΕΟΝΚΛΙΣΙΗΘΕΝΙΟΝΤΑ
ΕΓΓΥΘΕΝΑΛΛΟΥΠΩΣΟΙΕΗΝΒΩΣΑΝΤΙΓΕΓΩΝΕῙ.
ΤΟΣΣΟΣΓΑΡΚΤΥΠΟΣΗΕΝΑΥΤΗΔΟΥΡΑΝΟΝΙΚΕΝ

xii. 306—338.

ΒΑΛΛΟΜΕΝΩΝΣΑΚΕΩΝΤΕΚΑΙΙΠΠΟΚΟΜΩΝΤΡΥΦΑΛΕΙΩ̄
ΚΑΙΠΥΛΕΩΝΠΑΣΑΣΓΑΡΕΠΩΙΧΕΤΟΤΟΙΔΕΚΑΤΑΥΤΑΣ
ΙΣΤΑΜΕΝΟΙΠΕΙΡΩΝΤΟΒΙΗΙΡΗΞΑΝΤΕΣΕΣΕΛΘΕΙΝ
ΑΙΨΑΔΕΠΑΙΑΝΤΑΠΡΟΙΕΙΚΗΡΥΚΑΘΟΩΤΗΝ
ΕΡΧΕΟΔΙΕΘΟΩΤΑΘΕΩΝΑΙΑΝΤΕΚΑΛΕΣΣΟΝ
ΑΜΦΟΤΕΡΩΜΕΝΜΑΛΛΟΝΟΓΑΡΚΟΧΑΡΙΣΤΟΝΑΠΑΝΤΩΝ
ΕΙΗΕΠΕΙΤΑΧΑΤΗΙΔΕΤΕΤΕΥΞΕΤΑΙΑΙΠΥΣΟΛΕΘΡΟΣ
ΩΔΕΓΑΡΕΒΡΙΣΑΝΛΥΚΙΩΝΑΓΟΙΟΙΤΟΠΑΡΟΣΠΕΡ
ΖΑΧΡΗΕΙΣΤΕΛΕΘΟΥΣΙΚΑΤΑΚΡΑΤΕΡΑΣΥΣΜΙΝΑΣ
ΕΙΔΕΣΦΙΚΑΙΚΕΙΘΙΠΟΝΟΣΚΑΙΝΕΙΚΟΣΟΡΩΡΕΝ
ΑΛΛΑΠΕΡΟΙΟΣΙΤΩΤΕΛΑΜΩΝΙΟΣΑΛΚΙΜΟΣΑΙΑΣ
ΚΑΙΟΙΤΕΥΚΡΟΣΑΜΑΣΠΕΣΘΩΤΟΞΩΝΕΥΕΙΔΩΣ
ΩΣΕΦΑΤΟΥΔΑΡΑΟΙΚΗΡΥΞΑΠΙΘΗΣΕΝΑΚΟΥΣΑΣ
ΒΗΔΕΘΕΕΙΝΚΑΤΑΤΕΙΧΟΣΑΧΑΙΩΝΧΑΛΚΟΧΙΤΩΝΩΝ
ΣΤΗΔΕΠΑΡΑΙΑΝΤΕΣΣΙΚΙΩΝΕΙΘΑΡΔΕΠΡΟΣΗΥΔΑ
ΑΙΑΝΤΑΡΓΕΙΩΝΗΓΗΤΟΡΕΧΑΛΚΟΧΙΤΩΝΩΝ
ΗΝΩΓΕΙΠΕΤΕΩΟΔΙΟΤΡΕΦΕΟΣΦΙΛΟΣΥΙΟΣ
ΚΕΙΣΙΜΕΝΟΦΡΑΠΟΝΟΙΟΜΙΝΥΝΘΑΠΕΡΑΝΤΙΑΣΗΤΟ̄
ΑΜΦΟΤΕΡΩΜΕΝΜΑΛΛΟΝΟΓΑΡΚΟΧΑΡΙΣΤΟΝΑΠΑΝΤΩ̄
ΕΙΗΕΠΕΙΤΑΧΑΚΕΙΘΙΤΕΤΕΥΞΕΤΑΙΑΙΠΥΣΟΛΕΘΡΟΣ
ΩΔΕΓΑΡΕΒΡΙΣΑΝΛΥΚΙΩΝΑΓΟΙΟΙΤΟΠΑΡΟΣΠΕΡ
ΖΑΧΡΗΕΙΣΤΕΛΕΘΟΥΣΙΚΑΤΑΚΡΑΤΕΡΗΝΥΣΜΙΝΗΝ
ΕΙΔΕΚΑΙΕΝΘΑΔΕΠΕΡΠΟΛΕΜΟΣΚΑΙΝΕΙΚΟΣΟΡΩΡΕ
ΑΛΛΑΠΕΡΟΙΟΣΙΤΩΤΕΛΑΜΩΝΙΟΣΑΛΚΙΜΟΣΑΙΑΣ
ΚΑΙΟΙΤΕΥΚΡΟΣΑΜΑΣΠΕΣΘΩΤΟΞΩΝΕΥΕΙΔΩΣ
ΩΣΕΦΑΤΟΥΔΑΠΙΘΗΣΕΜΕΓΑΣΤΕΛΑΜΩΝΙΟΣΑΙΑΣ
ΑΥΤΙΚΟΙΛΙΑΔΗΝΕΠΕΑΠΤΕΡΟΕΝΤΑΠΡΟΣΗΥΔΑ
ΑΙΑΝΣΦΩΙΜΕΝΑΥΘΙΣΥΚΑΙΚΡΑΤΕΡΟΣΛΥΚΟΜΗΔΗΣ
ΕΣΤΑΟΤΕΣΔΑΝΑΟΥΣΟΤΡΥΝΕΤΟΝΙΦΙΜΑΧΕΣΘΑΙ
ΑΥΤΑΡΕΓΩΚΕΙΣΕΙΜΙΚΑΙΑΝΤΙΟΩΠΟΛΕΜΟΙΟ
ΑΙΨΑΔΕΛΕΥΣΟΜΑΙΑΥΤΙΣΕΠΗΝΕΥΤΟΙΣΕΠΑΜΥΝΩ
ΩΣΑΡΑΦΩΝΗΣΑΣΑΠΕΒΗΤΕΛΑΜΩΝΙΟΣΑΙΑΣ
ΚΑΙΟΙΤΕΥΚΡΟΣΑΜΗΙΕΚΑΣΙΓΝΗΤΟΣΚΑΙΟΠΑΤΡΟΣ

ΤΟΙϹΔΑΜΑΠΑΝΔΙΩΝΤΕΥΚΡΟΥΦΕΡΕΚΑΜΠΥΛΑΤΟΞΑ
ΟΥΤΕΜΕΝΕϹΘΗΟϹΜΕΓΑΘΥΜΟΥΠΥΡΓΟΝΙΚΟΝΤΟ
ΟΙΔΕΠΕΠΑΛΞΕΙϹΒΑΙΝΟΝΕΡΕΜΝΗΙΛΑΙΛΑΠΙΙϹΟΙ
ΙΦΘΙΜΟΙΛΥΚΙΩΝΗΓΗΤΟΡΕϹΗΔΕΜΕΔΟΝΤΕϹ
ϹΥΝΔΕΒΑΛΟΝΤΟΜΑΧΕϹΘΑΙΕΝΑΝΤΙΟΝΩΡΤΟΔΑΥΤΗ
ΑΙΑϹΔΕΠΡΩΤΟϹΤΕΛΑΜΩΝΙΟϹΑΝΔΡΑΚΑΤΕΚΤΑ
ϹΑΡΠΗΔΟΝΤΟϹΕΤΑΙΡΟΝΕΠΙΚΛΗΑΜΕΓΑΘΥΜΟΝ
ΜΑΡΜΑΡΩΙΟΚΡΙΟΕΝΤΙΒΑΛΩΝΟΡΑΤΕΙΧΕΟϹΕΝΤΟϹ
ΚΕΙΤΟΜΕΓΑϹΠΑΡΕΠΑΛΞΙΝΥΠΕΡΤΑΤΟϹΟΥΔΕΚΕΜΙΝΡΕΑ
ΧΕΙΡΕϹϹΑΜΦΟΤΕΡΗΙϹΕΧΟΙΑΝΗΡΟΥΔΕΜΑΛΗΒΩ̄
ΟΙΟΙΝΥΝΒΡΟΤΟΙΕΙϹΟΔΑΡΥΨΟΘΕΝΕΜΒΑΛΑΕΙΡΑϹ
ΘΛΑϹϹΕΔΕΤΕΤΡΑΦΑΛΟΝΚΥΝΕΗΝϹΥΝΔΟϹΤΕΑΡΑΞΕ
ΠΑΝΤΑΜΥΔΙϹΚΕΦΑΛΗϹΟΔΑΡΑΝΕΥΤΗΡΙΕΟΙΚΩϹ
ΚΑΠΠΕϹΑΦΥΨΗΛΟΥΠΥΡΓΟΥΛΙΠΕΔΟϹΤΕΑΘΥΜΟϹ
ΤΕΥΚΡΟϹΔΕΓΛΑΥΚΟΝΚΡΑΤΕΡΟΝΠΑΙΔΙΠΠΟΛΟΧΟΙΟ
ΙΩΙΕΠΕϹϹΥΜΕΝΟΝΒΑΛΕΤΕΙΧΕΟϹΥΨΗΛΟΙΟ
ΗΡΙΔΕΓΥΜΝΩΘΕΝΤΑΒΡΑΧΕΙΟΝΑΠΑΥϹΕΔΕΧΑΡΜΗϹ
ΑΨΔΑΠΟΤΕΙΧΕΟϹΑΛΤΟΛΑΘΩΝΙΝΑΜΗΤΙϹΑΧΑΙΩΝ
ΒΛΗΜΕΝΟΝΑΘΡΗϹΕΙΕΚΑΙΕΥΧΕΤΟΩΤΕΠΕΕϹϹΙ
ϹΑΡΠΗΔΟΝΤΙΔΑΧΟϹΓΕΝΕΤΟΓΛΑΥΚΟΥΑΠΙΟΝΤΟϹ
ΑΥΤΙΚΕΠΕΙΤΕΝΟΗϹΕΝΟΜΩϹΔΟΥΛΗΘΕΤΟΧΑΡΜΗϹ
ΑΛΛΟΓΕΘΕϹΤΟΡΙΔΗΝΑΛΚΜΑΟΝΑΔΟΥΡΙΤΥΧΗϹΑϹ
ΝΥΞΕΚΑΔΕϹΠΑϹΕΝΕΓΧΟϹΟΔΕϹΠΟΜΕΝΟϹΠΕϹΕΔΟΥΡΙ
ΠΡΗΝΗϹΑΜΦΙΔΕΟΙΒΡΑΧΕΤΕΥΧΕΑΠΟΙΚΙΛΑΧΑΛΚΩΙ
ϹΑΡΠΗΔΩΝΔΑΡΕΠΑΛΞΙΝΕΛΩΝΧΕΡϹΙϹΤΙΒΑΡΗϹῙ
ΕΛΧΗΔΕϹΠΕΤΟΠΑϹΑΔΙΑΜΠΕΡΕϹΑΥΤΑΡΥΠΕΡΘΕ
ΤΕΙΧΟϹΕΓΥΜΝΩΘΗΠΟΛΕΕϹϹΙΔΕΘΗΚΕΚΕΛΕΥΘΟ̄
ΤΟΝΔΑΙΑϹΚΑΙΤΕΥΚΡΟϹΟΜΑΡΤΗϹΑΝΘΟΜΕΝΙΩΙ
ΒΕΒΛΗΚΕΙΤΕΛΑΜΩΝΑΠΕΡΙϹΤΗΘΕϹϹΙΦΑΕΙΝΟΝ
ΑϹΠΙΔΟϹΑΜΦΙΒΡΟΤΗϹΑΛΛΑΖΕΥϹΚΗΡΑϹΑΜΥΝΕ
ΠΑΙΔΟϹΕΟΥΜΗΝΗΥϹΙΝΕΠΙΠΡΥΜΝΗΙϹΙΔΑΜΕΙΗ
ΑΙΑϹΔΑϹΠΙΔΑΝΥΞΕΝΕΠΑΛΜΕΝΟϹΗΔΕΔΙΑΠΡΟ
ΗΛΥΘΕΝΕΓΧΕΙΗϹΤΥΦΕΛΙΞΕΔΕΜΙΝΜΕΜΑΩΤΑ

ΧΩΡΗϹΕΝΔ'ΑΡΑΤΥΤΘΟΝΕΠΑΛΞΙΟϹΟΥΔ'ΟΓΕΠΑΜΠᾹ
ΧΑΖΕΤ'ΕΠΕΙΟΙΘΥΜΟϹΕΕΛΔΕΤΟΚΥΔΟϹΑΡΕϹΘΑΙ
ΚΕΚΛΕΤΟΔ'ΑΝΤΙΘΕΟΙϹΙΝΕΛΙΞΑΜΕΝΟϹΛΥΚΙΟΙϹῙ
ΩΛΥΚΙΟΙΤΙΤΑΡ'ΩΔΕΜΕΘΙΕΤΕΘΟΥΡΙΔΟϹΑΛΚΗϹ
ΑΡΓΑΛΕΟΝΔΕΜΟΙΕϹΤΙΚΑΙΙΦΘΙΜΩΙΠΕΡΕΟΝΤΙ
ΜΟΥΝΩΙΡΗΞΑΜΕΝΩΘΕϹΘΑΙΠΑΡΑΝΗΥϹΙΚΕΛΕΥΘΟ̄
ΑΛΛ'ΕΦΟΜΑΡΤΕΙΤΕΠΛΕΟΝΩΝΔΕΤΟΙΕΡΓΟΝΑΜΕΙΝΟ̄
ΩϹΕΦΑΘ'ΟΙΔΕΑΝΑΚΤΟϹΥΠΟΔΔΕΙϹΑΝΤΕϹΟΜΟΚΛΗΝ
ΜΑΛΛΟΝΕΠΕΒΡΙϹΑΝΒΟΥΛΗΦΟΡΟΝΑΜΦΙΑΝΑΚΤΑ
ΑΡΓΕΙΟΙΔ'ΕΤΕΡΩΘΕΝΕΚΑΡΤΥΝΑΝΤΟΦΑΛΑΓΓΑϹ
ΤΕΙΧΕΟϹΕΝΤΟϹΘΕΝΜΕΓΑΔΕϹΦΙϹΙΦΑΙΝΕΤΟΕΡΓΟΝ
ΟΥΤΕΓΑΡΙΦΘΙΜΟΙΛΥΚΙΟΙΔΑΝΑΩΝΕΔΥΝΑΝΤΟ
ΤΕΙΧΟϹΡΗΞΑΜΕΝΟΙΘΕϹΘΑΙΠΑΡΑΝΗΥϹΙΚΕΛΕΥΘΟ̄
ΟΥΤΕΠΟΤΑΙΧΜΗΤΑΙΔΑΝΑΟΙΛΥΚΙΟΥϹΕΔΥΝΑΝΤΟ
ΤΕΙΧΕΟϹΑΨΩϹΑϹΘΑΙΕΠΕΙΤΑΠΡΩΤΑΠΕΛΑϹΘΕΝ
ΑΛΛΩϹΤΑΜΦ'ΟΥΡΟΙϹΙΔΥΑΝΕΡΕΔΗΡΙΑΑϹΘΟΝ
ΜΕΤΡ'ΕΝΧΕΡϹΙΝΕΧΟΝΤΕϹΕΠΙΞΥΝΩΙΕΝΑΡΟΥΡΗΙ
ΩΤΟΛΙΓΩΕΝΙΧΩΡΩΕΡΙΖΗΤΟΝΠΕΡΙΙϹΗϹ
ΩϹΑΡΑΤΟΥϹΔΙΕΕΡΓΟΝΕΠΑΛΞΙΕϹΟΙΔ'ΥΠΕΡΑΥΤΕΩ̄
ΔΗΟΥΝΑΛΛΗΛΩΝΑΜΦΙϹΤΗΘΕϹϹΙΒΟΕΙΑϹ
ΑϹΠΙΔΑϹΕΥΚΥΚΛΟΥϹΛΑ....ΑΤΕΠΤΕΡΟΕΝΤΑ
ΠΟΛΛΟΙΔ'ΟΥΤΑΖΟΝΤΟΚΑΤΑΧΡΟΑΝΗΛΕΙΧΑΛΚΩΙ
ΗΜΕΝΟΤΩϹΤΡΕΦΘΕΝΤΙΜΕΤΑΦΡΕΝΑΓΥΜΝΩΘΕΙΗ
ΜΑΡΝΑΜΕΝΩΝΠΟΛΛΟΙΔΕΔΙΑΜΠΕΡΕϹΑϹΠΙΔΟϹΑΥΤΗϹ
ΠΑΝΤΗΔΗΠΥΡΓΟΙΚΑΙΕΠΑΛΞΙΕϹΑΙΜΑΤΙΦΩΤΩΝ
ΕΡΡΑΔΑΤ'ΑΜΦΟΤΕΡΩΘΕΝΑΠΟΤΡΩΩΝΚΑΙΑΧΑΙΩ̄
ΑΛΛΟΥΔΩϹΕΔΥΝΑΝΤΟΦΟΒΟΝΠΟΙΗϹΑΙΑΧΑΙΩΝ
ΑΛΛΕΧΟΝΩϹΤΕΤΑΛΑΝΤΑΓΥΝΗΧΕΡΝΗΤΙϹΑΛΗΘΗϹ
ΗΤΕϹΤΑΘΜΟΝΕΧΟΥϹΑΚΑΙΕΙΡΙΟΝΑΜΦΙϹΑΝΕΛΚΕΙ
ΙϹΑΖΟΥϹ'ΙΝΑΠΑΙϹΙΝΑΕΙΚΕΑΜΙϹΘΟΝΑΡΗΤΑΙ
ΩϹΜΕΝΤΩΝΕΠΙΙϹΑΜΑΧΗΤΕΤΑΤΟΠΤΟΛΕΜΟϹΤΕ
ΠΡΙΝΓ'ΟΤΕΔΗΖΕΥϹΚΥΔΟϹΥΠΕΡΤΕΡΟΝΕΚΤΟΡΙΔΩΚΕ
ΠΡΙΑΜΙΔΗΙΟϹΠΡΩΤΟϹΕϹΗΛΑΤΟΤΕΙΧΟϹΑΧΑΙΩ̄

ΗΫϹΕΝΔΕΔΙΑΠΡΫϹΙΟΝΤΡΩΕϹϹΙΓΕΓΩΝΩϹ
ΟΡΝΥϹΘΙΠΠΟΔΑΜΟΙΤΡΩΕϹΡΗΓΝΥϹΘΕΔΕΤΕΙΧΟϹ
ΑΡΓΕΙΩΝΚΑΙΝΗΥϹΙΝΕΝΙΕΤΕΘΕϹΠΙΔΑΕϹΠΥΡ
ΩϹΦΑΤΕΠΟΤΡΥΝΩΝΟΙΔΟΥΑϹΙΠΑΝΤΕϹΑΚΟΥΟ̄
ΙΘΥϹΑΝΔΕΠΙΤΕΙΧΟϹΑΟΛΛΕΕϹΟΙΜΕΝΕΠΕΙΤΑ
ΚΡΟϹϹΑΩΝΕΠΕΒΑΙΝΟΝΑΚΑΧΜΕΝΑΔΟΥΡΑΤΕΧΟΝΤΕϹ
ΕΚΤΩΡΔΑΡΠΑΞΑϹΛΑΑΝΦΕΡΕΝΟϹΡΑΠΥΛΑΩΝ
ΕϹΤΗΚΕΙΠΡΟϹΘΕΠΡΥΜΝΟϹΠΑΧΥϹΑΥΤΑΡΥΠΕΡΘΕ̄
ΟΞΥϹΕΗΝΤΟΝΟΥΚΕΔΥΑΝΕΡΕΔΗΜΟΥΑΡΙϹΤΩ
ΡΗΙΔΙΩϹΕΠΑΜΑΞΑΝΑΠΟΥΔΕΟϹΟΧΛΙϹϹΕΙΑΝ
ΟΙΟΙΝΥΝΒΡΟΤΟΙΕΙϹΟΔΕΜΙΝΡΕΑΠΑΛΛΕΚΑΙΟΙΟϹ
ΤΟΝΟΙΕΛΑΦΡΟΝΕΘΗΚΕΚΡΟΝΟΥ ΠΑΙϹΑΓΚΥΛΟΜΗΤΕΩ
ΩϹΔΟΤΕΠΟΙΜΗΝΡΕΙΑΦΕΡΕΙΠΟΚΟΝΑΡϹΕΝΟϹΟΙΟϹ
ΧΕΙΡΙΛΑΒΩΝΕΤΕΡΗΙΟΛΙΓΟΝΤΕΜΙΝΑΧΘΟϹΕΠΕΙΓΕΙ
ΩϹΕΚΤΩΡΙΘΥϹϹΑΝΙΔΩΝΦΕΡΕΛΑΑΝΑΕΙΡΑϹ
ΑΙΡΑΤΕΠΥΛΑϹΕΙΡΥΝΤΟΠΥΚΑϹΤΙΒΑΡΩϹΑΡΑΡΥΙΑϹ
ΔΙΚΛΙΔΑϹΥΨΗΛΑϹΔΟΙΟΙΔΕΝΤΟϹΘΕΝΟΧΗΕϹ
ΕΙΧΟΝΕΠΗΜΟΙΒΟΙΜΙΑΔΕΚΛΗΕΙϹΕΠΑΡΗΡΕΙ
ϹΤΗΔΕΜΑΛΕΓΓΥϹΙΩΝΚΑΙΕΡΕΙϹΑΜΕΝΟϹΒΑΛΕΜΕϹϹΑϹ
ΕΥΔΙΑΒΑϹΙΝΑΜΗΟΙΑΦΑΥΡΟΤΕΡΟΝΒΕΛΟϹΕΙΗ
ΡΗΞΕΔΕΠΑΜΦΟΤΕΡΟΥϹΘΑΙΡΟΥϹΠΕϹΕΔΕΛΙΘΟϹΕΙϹΩ
ΒΡΙΘΟϹΥΝΗΜΕΓΑΔΑΜΦΙΠΥΛΑΙΜΥΚΟΝΟΥΔΑΡΟΧΗΕϹ
ΕϹΧΕΘΕΤΗΝϹΑΝΙΔΕϹΔΙΕΤΜΑΓΕΝΑΛΛΥΔΙϹΑΛΛΗ
ΛΑΟϹΥΠΟΡΙΠΗϹΟΔΑΡΕϹΘΟΡΕΦΑΙΔΙΜΟϹΕΚΤΩΡ
ΝΥΚΤΙΘΟΗΙΑΤΑΛΑΝΤΟϹΥΠΩΠΙΑΛΑΜΠΕΔΕΧΑΛΚΩ̂
ϹΜΕΡΔΑΛΕΩΤΟΝΕΕϹΤΟΠΕΡΙΧΡΟΙΔΟΙΑΔΕΧΕΡϹΙ
ΔΟΥΡΕΧΟΝΟΥΚΑΝΤΙϹΜΙΝΕΡΥΚΑΚΟΙΑΝΤΙΒΟΛΗϹΑϹ
ΝΟϹΦΙΘΕΩΝΟΤΕϹΑΛΤΟΠΥΛΑϹΠΥΡΙΔΟϹϹΕΔΕΔΗΕΙ
ΚΕΚΛΕΤΟΔΕΤΡΩΕϹϹΙΝΕΛΙΞΑΜΕΝΟϹΚΑΘΟΜΙΛΟ̄
ΤΕΙΧΟϹΥΠΕΡΒΑΙΝΕΙΝΤΟΙΔΟΤΡΥΝΟΝΤΙΠΙΘΟΝΤΟ
ΑΥΤΙΚΑΔΟΙΜΕΝΤΕΙΧΟϹΥΠΕΡΒΑϹΑΝΟΙΔΕΚΑΤΑΥΤΑϹ
ΠΟΙΗΤΑϹΕϹΕΧΥΝΤΟΠΥΛΑϹΔΑΝΑΟΙΔΕΦΟΒΗΘΕ̄
ΝΗΑϹΑΝΑΓΛΑΦΥΡΑϹΟΜΑΔΟϹΔΑΛΙΑϹΤΟϹΕΤΥΧΘΗ

Μ

ΝΕΥΟΝΤΩΝΩϹΠΥΚΝΟΙΕΦΕϹΤΑϹΑΝΑΛΛΗΛΟΙϹΙ¯
ΕΓΧΕΑΔΕΠΤΥϹϹΟΝΤΟΘΡΑϹΕΙΑΩΝΑΠΟΧΕΙΡΩΝ
ϹΕΙΟΜΕΝΟΙΔΙΘΥϹΦΡΟΝΕΟΝΜΕΜΑϹΑΝΔΕΜΑΧΕϹΘΑΙ
ΤΡΩΕϹΔΕΠΡΟΥΤΥΨΑΝΑΟΛΛΕΕϹΗΡΧΕΔΑΡΕΚΤΩΡ
ΑΝΤΙΚΡΥΜΕΜΑΩϹΟΛΟΟΙΤΡΟΧΟϹΩϹΑΠΟΠΕΤΡΗϹ
ΟΝΤΕΚΑΤΑϹΤΕΦΑΝΗϹΠΟΤΑΜΟϹΧΕΙΜΑΡΡΟϹΩϹΗΙ
ΡΗΞΑϹΑϹΠΕΤΩΙΟΜΒΡΩΙΑΝΑΙΔΕΟϹΕΧΜΑΤΑΠΕΤΡΗϹ
ΥΨΙΔΑΝΑΘΡΩϹΚΩΝΠΕΤΕΤΑΙΚΤΥΠΕΕΙΔΕΘΥΠΑΥΤΟΥ
ΥΛΗΙΟΔΑϹΦΑΛΕΩϹΘΕΕΙΕΜΠΕΔΟΝΟΦΡΑΝΙΚΗΤΑΙ
ΙϹΟΠΕΔΟΝΤΟΤΕΔΟΥΤΙΚΥΛΙΝΔΕΤΑΙΕϹϹΥΜΕΝΟϹΠΕΡ
ΩϹΕΚΤΩΡΕΙΩϹΜΕΝΑΠΕΙΛΕΙΜΕΧΡΙΘΑΛΑϹϹΗϹ
ΡΕΙΑΔΕΛΕΥϹΕϹΘΑΙΚΛΙϹΙΑϹΚΑΙΝΗΑϹΑΧΑΙΩΝ
ΚΤΕΙΝΩΝΑΛΛΟΤΕΔΗΠΥΚΙΝΗΙϹΕΝΕΚΥΡϹΕΦΑΛΑΓΞΙ
ϹΤΗΡΑΜΑΛΕΓΧΡΙΜΦΘΕΙϹΟΙΔΑΝΤΙΟΙΥΙΕϹΑΧΑΙΩΝ
ΝΥϹϹΟΝΤΕϹΞΙΦΕϹΙΝΤΕΚΑΙΕΓΧΕϹΙΝΑΜΦΙΓΥΟΙϹΙ¯
ΩϹΑΝΑΠΟϹΦΕΙΩΝΟΔΕΧΑϹϹΑΜΕΝΟϹΠΕΛΕΜΙΧΘΗ
ΗΥϹΕΝΔΕΔΙΑΠΡΥϹΙΟΝΤΡΩΕϹϹΙΓΕΓΩΝΩϹ
ΤΡΩΕϹΚΑΙΛΥΚΙΟΙΚΑΙΔΑΡΔΑΝΟΙΑΓΧΙΜΑΧΗΤΑΙ
ΠΑΡΜΕΝΕΤΟΥΤΟΙΔΗΡΟΝΕΜΕϹΧΗϹΟΥϹΙΝΑΧΑΙΟΙ
ΚΑΙΜΑΛΑΠΥΡΓΗΔΟΝϹΦΕΑϹΑΥΤΟΥϹΑΡΤΥΝΑΝΤΕϹ
ΑΛΛΟΙΩΧΑϹϹΟΝΤΑΙΥΠΕΓΧΕΟϹΕΙΕΤΕΟΝΜΕ
ΩΡϹΕΘΕΩΝΩΡΙϹΤΟϹΕΡΙΓΔΟΥΠΟϹΠΟϹΙϹΗΡΗϹ
ΩϹΕΙΠΩΝΩΤΡΥΝΕΜΕΝΟϹΚΑΙΘΥΜΟΝΕΚΑϹΤΟΥ
ΔΗΙΦΟΒΟϹΔΕΝΤΟΙϹΙΜΕΓΑΦΡΟΝΕΩΝΕΒΕΒΗΚΕΙ
ΠΡΙΑΜΙΔΗϹΠΡΟϹΘΕΝΔΕΧΕΝΑϹΠΙΔΑΠΑΝΤΟϹΕΙϹΗΝ
ΚΟΥΦΑΠΟϹΙΠΡΟΒΙΒΑϹΚΑΙΥΠΑϹΠΙΔΙΑΠΡΟΠΟΔΙΖΩ¯
ΜΗΡΙΟΝΗϹΔΑΥΤΟΙΟΤΙΤΥϹΚΕΤΟΔΟΥΡΙΦΑΕΙΝΩ
ΚΑΙΒΑΛΕΝΟΥΔΑΦΑΜΑΡΤΕΚΑΤΑϹΠΙΔΑΠΑΝΤΟϹΕΙϹΗ¯
ΤΑΥΡΕΙΗΝΤΗϹΔΟΥΤΙΔΙΗΛΑϹΕΝΑΛΛΑΠΟΛΥΠΡΙ¯
ΕΝΚΑΥΛΩΙΕΑΓΗΔΟΛΙΧΟΝΔΟΡΥΔΗΙΦΟΒΟϹΔΕ
ΑϹΠΙΔΑΤΑΥΡΕΙΗΝϹΧΕΘΑΠΟΕΟΔΕΙϹΕΔΕΘΥΜΩΙ
ΕΓΧΟϹΜΗΡΙΟΝΑΟΔΑΙΦΡΟΝΟϹΑΥΤΑΡΟΓΗΡΩϹ
ΑΨΔΕΤΑΡΩΝΕΙϹΕΘΝΟϹΕΧΑΖΕΤΟΧΩϹΑΤΟΔΑΙΝΩϹ

xiii. 133—165.

ἈΜΦΌΤΕΡΟΝΝΊΚΗϹΤΕΚΑῚΈΓΧΕΟϹΟΞΥ͂ΝΈΑΞΕ
ΒΗ͂Δ'ΙΈΝΑΙΠΑΡΑΤΕΚΛΙϹΙΑϹΚΑῚΝΗ͂ΑϹΑΧΑΙΩ͂Ν
ΟΙϹΟΜΕΝΟϹΔΟΡΥΜΑΚΡῸΝΌΟΙΚΛΙϹΊΗΦΙΛΕΛΕΙΠΤΟ
ΟΙΔ'ΑΛΛΟΙΜΆΡΝΑΝΤΟΒΟΗ͂Δ'ἌϹΒΕϹΤΟϹΟΡΩ͂ΡΕΙ
ΤΕΥ͂ΚΡΟϹΔῈΠΡΩ͂ΤΟϹΤΕΛΑΜΩΝΙΟϹΆΝΔΡΑΚΑΤΈΚΤΑ
ΊΜΒΡΙΟΝΑΙΧΜΗΤῊΝΠΟΛΥΊΠΠΟΥΜΕΝΤΟΡΟϹΥ͂ΙΟ̄
ΝΑΙ͂ΕΔῈΠΗΔΑΙΟΝΠΡῚΝΕΛΘΕΙΝΥ͂ΙΑϹΑΧΑΙΩ͂Ν
ΚΟΥ͂ΡΗΝΔῈΠΡΙΆΜΟΙΟΝΌΘΗΝΕΧΕΜΗΔΕϹΙΚΆϹΤΗΝ
ΑΥΤᾺΡΕΠΕῚΔΑΝΑΩ͂ΝΝΈΕϹΗΛΥΘΟΝΑΜΦΙΈΛΙϹϹΑΙ
ΑΨΕΙϹΊΛΙΟΝΗΛΘΕΜΕΤΈΠΡΕΠΕΔῈΤΡΩΕϹϹΙ
ΝΑΙΕΔῈΠΑΡΠΡΙΑΜΩΙΟΔΕΜΙΝΤΊΕΝΙϹΑΤΈΚΕϹϹΙ
ΤῸΝΔ'Υ͂ΙΟϹΤΕΛΑΜΩ͂ΝΟϹΥΠΟΥ͂ΑΤΟϹΕΓΧΕΙΜΑΚΡΩΙ
ΝΥ͂Ξ'ΕΚΔ'ἝϹΠΑϹΕΝΈΓΧΟϹΟΔ'ΑΥΤΕΠΕϹΕΝΜΕΛΊΗΩϹ
ΗΤ'ΌΡΕΟϹΚΟΡΥΦΗ͂ΙϹΕΚΑΘΕΝΠΕΡΙΦΑΙΝΟΜΈΝΟΙΟ
ΧΑΛΚΩ͂ΙΤΕΜΝΟΜΕΝΗΤΕΡΕΝΑΧΘΟΝῚΦΥ͂ΛΛΑΠΕΛΆϹϹΗΙ
ΩϹΠΕϹΕΝΑΜΦῚΔΈΟΙΒΡΑΧΕ . . . . ΧΑΛΚΩΙ
ΤΕΥΚΡΟϹΔ'ΩΡΜΗΘΗΜΕΜΑΩϹΑΠΟΤΕΥΧΕΑ . . . . .
ἝΚΤΩΡΔ'ΟΡΜΗΘΈΝΤΟϹΑΚΌΝΤΙϹΕ . . . .
ΑΛΛ'ΟΜῈΝΆΝΤΑΙΔΩ͂ΝΗΛΕΥ͂ΑΤΟΧΆΛ . . . .
ΤΥΤΘῸΝΌΔ'ΑΜΦΙΜΑΧΟΝΚΤΕΑΤΟΥΥ͂ΙΆΚΤΟΡΙΩΝΟϹ
ΝΕΙϹΌΜΕΝΟΝ . . . . ΟΥΡΙ
ΔΟΥΠΗϹΕΝΔΕΠΕϹΩΝΑΡΑΒΗ . . . . ΤΩ
ἝΚΤΩΡΔ'ΩΡΜ . . . Η . . . . . Α . . . .
ΚΡΑΤῸϹΑΦΑΡΠΑΞΑΙ . . . .
ΑΙΑϹΔΟΡΜΗΕΈ . . . . ΩΙ
ΕΚΤΟΡΟϹΑΛ . . . .
ϹΜΕΡΔΑΛΕ . ΚΕ . . . ΛΥ . . . . . ΑΡ . . . ΊΔ . . . . . ΦΑΛΟΝΟΥΤΑ
Ω͂ϹΕΔΈΜΙΝϹΘΕΝΕΙΜΕΓΑ . . . . ΑϹϹΑΤΟΠΙϹϹΩ
ΝΕΚΡΩΝΑΜΦΟΤΕΡΩΝ . . . . ΑΧΑΙΟΊ
ΑΜΦΊΜΑΧΟΝΜῈΝΆΡΑϹΤ . . . Ο . . . . ΕΜΕΝΕϹΘΕῪϹ
ΑΡΧΟῚΑΘΗΝΑΙΩΝΚΌΜΙϹΑΝ . . . . ΑΧΑΙΩ͂Ν
ΙΜΒΡΙΟΝΑΥΤΑΙΑΝ . . . . ΥΡΙΔΟϹΑΛΚΗ͂Ϲ
Ώ̔ϹΤΕΔΥ͂ΑΙΓΑ . . . . Υ . . . . Υ . . . . ΌΝΤΩ̄

xiii. 166—198.

ΑΡΠΑΞΑΝΤΕΦΕΡΗΤΟΝΑΝΑΡΩΠΗΙΑΠΥΚΝΑ
ΥΨΟΥΥΠΕΡΓΑΙΗϹΜΕΤΑΓΑΜΦΗΛΗΙϹΙΝΕΧΟΝΤΕϹ
ΩϹΑΡΑΤΟΝΥΨΟΥΕΧΟΝΤΕΔΥΩΑΙΑΝΤΕΚΟΡΥϹΤΑ
ΤΕΥΧΕΑϹΥΛΗΤΗΝΚΕΦΑΛΗΝΔΑΠΑΛΗϹΑΠΟΔΕΙΡΗϹ
ΚΟΨΕΝΟΙΛΙΑΔΗϹΚΕΧΟΛΩΜΕΝΟϹΑΜΦΙΜΑΧΟΙΟ
ΗΚΕΔΕΜΙΝϹΦΑΙΡΗΔΟΝΕΛΙΞΑΜΕΝΟϹΔΙΟΜΙΛΟΥ
ΕΚΤΟΡΙΔΕΠΡΟΠΑΡΟΙΘΕΠΟΔΩΝΠΕϹΕΝΕΝΚΟΝΙΗΙϹΙ̅
ΚΑΙΤΟΤΕΔΗΠΕΡΙΚΗΡΙΠΟϹΙΔΑΩΝΕΧΟΛΩΘΗ
ΥΙΩΝΟΙΟΠΕϹΟΝΤΟϹΕΝΙΚΡΑΤΕΡΗΙΥϹΜΙΝΗΙ
ΒΗΔΙΕΝΑΙΠΑΡΑΤΕΚΛΙϹΙΑϹΚΑΙΝΗΑϹΑΧΑΙΩΝ
ΟΤΡΥΝΕΩΝΔΑΝΑΟΥϹΤΡΩΕϹϹΙΔΕΚΗΔΕΕΤΕΥΧΕ̅
ΙΔΟΜΕΝΕΥϹΔΑΡΑΟΙΔΟΥΡΙΚΛΥΤΟϹΑΝΤΕΒΟΛΗϹΕ̅
ΕΡΧΟΜΕΝΟϹΠΑΡΕΤΑΙΡΟΥΟΟΙΝΕΟΝΕΚΠΟΛΕΜΟΙΟ
ΗΛΘΕΚΑΤΙΓΝΥΗΝΒΕΒΛΗΜΕΝΟϹΟΞΕΙΧΑΛΚΩΙ
ΤΟΝΜΕΝΕΤΑΙΡΟΙΕΝΕΙΚΑΝΟΔΙΗΤΡΟΙϹΕΠΙΤΕΙΛΑϹ
ΗΙΕΝΕϹΚΛΙϹΙΗΝΕΤΙΓΑΡΠΟΛΕΜΟΙΟΜΕΝΟΙΝΑ
ΑΝΤΙΑΑΝΤΟΝΔΕΠΡΟϹΕΦΗΚΡΕΙΩΝΕΝΟϹΙΧΘΩΝ
ΕΙϹΑΜΕΝΟϹΦΘΟΓΓΗΝΑΝΔΡΑΙΜΟΝΟϹΥΙΕΙΘΟΑΝΤΙ
ΟϹΠΑϹΗΙΠΛΕΥΡΩΝΙΚΑΙΑΙΠΕΙΝΗΙΚΑΛΥΔΩΝΙ
ΑΙΤΩΛΟΙϹΙΝΑΝΑϹϹΕΘΕΟϹΔΩϹΤΙΕΤΟΔΗΜΩΙ
ΙΔΟΜΕΝΕΥΚΡΗΤΩΝΒΟΥΛΗΦΟΡΕΠΟΥΤΟΙΑΠΕΙΛΑΙ
ΟΙΧΟΝΤΑΙΤΑϹΤΡΩϹΙΝΑΠΕΙΛΕΟΝΥΙΕϹΑΧΑΙΩΝ
ΤΟΝΔΑΥΤΙΔΟΜΕΝΕΥϹΚΡΗΤΩΝΑΓΟϹΑΝΤΙΟΝΗΥΔΑ
ΩΘΟΑΝΟΥΤΙϹΑΝΗΡΝΥΝΑΙΤΙΟϹΟϹϹΟΝΕΓΩΓΕ
ΓΙΝΩϹΚΩΠΑΝΤΕϹΓΑΡΕΠΙϹΤΑΜΕΘΑΠΤΟΛΕΜΙΖΕΙ̅
ΟΥΤΕΤΙΝΑΔΕΟϹΙϹΧΕΙΑΚΗΡΙΟΝΟΥΤΕΤΙϹΟΚΝΩΙ
ΕΙΚΩΝΑΝΔΥΕΤΑΙΠΟΛΕΜΟΝΚΑΚΟΝΑΛΛΑΠΟΥΟΥΤΩ
ΜΕΛΛΕΙΔΗΦΙΛΟΝΕΙΝΑΙΥΠΕΡΜΕΝΕΙΚΡΟΝΙΩΝΙ
ΝΩΝΥΜΝΟΥϹΑΠΟΛΕϹΘΑΙΑΠΑΡΓΕΟϹΕΝΘΑΔΑΧΑΙΟΥϹ
ΑΛΛΑΘΟΑΝΚΑΙΓΑΡΤΟΠΑΡΟϹΜΕΝΕΔΗΙΟϹΗϹΘΑ
ΟΤΡΥΝΕΙϹΔΕΚΑΙΑΛΛΟΝΟΘΙΜΕΘΙΕΝΤΑΙΔΗΑΙ
ΤΩΝΥΝΜΗΤΑΠΟΛΗΓΕΚΕΛΕΥΕΔΕΦΩΤΙΕΚΑϹΤΩΙ
ΤΟΝΔΗΜΕΙΒΕΤΕΠΕΙΤΑΠΟϹΙΔΑΩΝΕΝΟϹΙΧΘΩ̅

ΙΔΟΜΕΝΕΥΜΗΚΕΙΝΟϹΑΝΗΡΕΤΙΝΟϹΤΗϹΕΙΕΝ
ΕΚΤΡΟΙΗϹΑΛΛ'ΑΥΘΙΚΥΝΩΝΜΕΛΠΗΘΡΑΓΕΝΟΙΤΟ
ΟϹΤΙϹΕΠΗΜΑΤΙΤΩΙΔΕΕΚΩΝΜΕΘΕΗΙϹΙΜΑΧΕϹΘ
ΑΛΛ'ΑΓΕΔΕΥΡΟΤΕΥΧΕΑΛΑΒΩΝΙΘΙΤΑΥΤΑΔ'ΑΜΑΧΡΗ
ϹΠΕΥΔΕΙΝΑΙΚ'ΟΦΕΛΟϹΤΙΓΕΝΩΜΕΘΑΚΑΙΔΥΕΟΝΤΕ
ϹΥΜΦΕΡΤΗΔ'ΑΡΕΤΗΠΕΛΕΙΑΝΔΡΩΝΚΑΙΜΑΛΑΛΥΓΡΩ¯
ΝΩΙΔΕΚΑΙΚ'ΑΓΑΘΟΙϹΙΝΕΠΙϹΤΙΜΕϹΘΑΜΑΧΕϹΘΑΙ
ΩϹΕΙΠΩΝΟΜΕΝΑΥΤΙϹΕΒΗΘΕΟϹΑΜΠΟΝΟΝΑΝΔΡΩ¯
ΙΔΟΜΕΝΕΥϹΔ'ΟΤΕΔΗΚΛΙϹΙΗΝΕΥΤΥΚΤΟΝΙΚΑΝΕ
ΔΥϹΕΤΟΤΕΥΧΕΑΚΑΛΑΠΕΡΙΧΡΟΙΓΕΝΤΟΔΕΔΟΥΡΕ
ΒΗΔ'ΙΜΕΝΑϹΤΕΡΟΠΗΙΕΝΑΛΙΓΚΙΟϹΗΝΤΕΚΡΟΝΙΩ¯
ΧΕΙΡΙΛΑΒΩΝΕΤΙΝΑΞΕΝΑΠ'ΑΙΓΛΗΕΝΤΟϹΟΛΥΜΠΟΥ
ΔΕΙΚΝΥϹϹΗΜΑΒΡΟΤΟΙϹΙΝΑΡΙΖΗΛΟΙΔΕΟΙΑΥΓΑΙ
ΩϹΤΟΥΧΑΛΚΟϹΕΛΑΜΠΕΠΕΡΙϹΤΗΘΕϹϹΙΘΕΟΝΤΟϹ
ΜΗΡΙΟΝΗϹΔ'ΑΡΑΟΙΘΕΡΑΠΩΝΕΥϹΑΝΤΕΒΟΛΗϹΕ¯
ΕΓΓΥϹΕΤΙΚΛΙϹΙΗϹΜΕΤΑΓΑΡΔΟΡΥΧΑΛΚΕΟΝΗΕΙ
ΟΙϹΟΜΕΝΟϹΤΟΝΔΕΠΡΟϹΕΦΗϹΘΕΝΟϹΙΔΟΜΕΝΗΟϹ
ΜΗΡΙΟΝΗΜΟΛΟΥΥΙΕΠΟΔΑϹΤΑΧΥΦΙΛΤΑΘΕΤΑΙΡΩ¯
ΤΙΠΤ'ΗΛΘΕϹΠΟΛΕΜΟΝΤΕΛΙΠΩΝΚΑΙΔΗΙΟΤΗΤΑ
ΗΕΤΙΒΕΒΛΗΑΙΒΕΛΕΟϹΔΕϹΕΤΕΙΡΕΙΑΚΩΚΗ
ΗΕΤΕΥΑΓΓΕΛΙΗϹΜΕΤΕΜΗΛΥΘΕϹΟΥΔΕΤΟΙΑΥΤΟϹ
ΗϹΘΑΙΕΝΙΚΛΙϹΙΗΙϹΙΛΙΛΑΙΟΜΑΙΑΛΛΑΜΑΧΕϹΘΑΙ
ΤΟΝΔΑΥΜΗΡΙΟΝΗϹΠΕΠΝΥΜΕΝΟϹΑΝΤΙΟΝΗΥΔΑ
ΕΡΧΟΜΑΙΕΙΤΙΤΟΙΕΓΧΟϹΕΝΙΚΛΙϹΙΗΙϹΙΛΕΛΕΙΠΤΑΙ
ΟΙϹΟΜΕΝΟϹΤΟΝΥΓΑΡΚΑΤΕΑΞΑΜΕΝΟΠΡΙΝΕΧΕϹΚΟ¯
ΑϹΠΙΔΑΔΗΙΦΟΒΟΙΟΒΑΛΩΝΥΠΕΡΗΝΟΡΕΟΝΤΟϹ
ΤΟΝΔ'ΑΥΤ'ΙΔΟΜΕΝΕΥϹΚΡΗΤΩΝΑΓΟϹΑΝΤΙΟΝΗΥΔΑ
ΔΟΥΡΑΤΑΤ'ΑΙΚΕΘΕΛΗΙϹΘΑΚΑΙΕΝΚΑΙΕΙΚΟϹΙΔΗΕΙϹ
ΕϹΤΑΟΤ'ΕΝΚΛΙϹΙΗΙΠΡΟϹΕΝΩΠΙΑΠΑΜΦΑΝΟΩΝΤΑ
ΤΡΩΙΑΤΑΚΤΑΜΕΝΩΝΑΠΟΑΙΝΥΜΑΙΟΥΓΑΡΟΙΩ
ΑΝΔΡΩΝΔΥϹΜΕΝΕΩΝΕΚΑϹΙϹΤΑΜΕΝΟϹΠΟΛΕΜΙΖΕΙ¯
ΤΩΜΟΙΔΟΥΡΑΤΑΤ'ΕϹΤΙΚΑΙΑϹΠΙΔΕϹΟΜΦΑΛΟΕϹϹΑΙ
ΚΑΙΚΟΡΥΘΕϹΚΑΙΘΩΡΗΚΕϹΛΑΜΠΡΟΝΓΑΝΟΩΝΤΕϹ

ΤΩΝΔ'ΟΜΟΝΙϹΤΑΤΟΝΕΙΚΟϹΕΠΙΠΡΥΜΝΗΙϹΙΝΕΕϹϹΙ¯
ΩϹΔ'ΟΘΥΠΟΛΙΓΕΩΝΑΝΕΜΩΝϹΠΕΡΧΩϹΙΝΑΕΛΛΑΙ
ΗΜΑΤΙΤΩΙΟΤΕΤΕΠΛΕΙϹΤΗΚΟΝΙϹΑΜΦΙΚΕΛΕΥΘΟΥϹ
ΟΙΤΑΜΥΔΙϹΚΟΝΙΗϹΜΕΓΑΛΗΝΙϹΤΑϹΙΝΟΜΙΧΛΗΝ
ΩϹΑΡΑΤΩΝΟΜΟϹΗΛΘΕΜΑΧΗΜΕΜΑϹΑΝΔ'ΕΝΙΘΥΜΩΙ
ΑΛΛΗΛΟΥϹ . . . . ΟΜΙΛΟΝΕΝΑΙΡΕΜΕΝΟΞΕΙΧΑΛΚΩΙ
ΕΦΡΙΞΕΝΔΕΜΑΧΗΦΘΙϹΙΜΒΡΟΤΟϹΕΓΧΕΙΗΙϹΙΝ
. . . . ϹΑϹΕΙΧΟΝ . . . . ΧΡΟΑϹΟϹϹΕΔ'ΑΜΕΡΔΕ¯
ΑΥΓΗΧΑΛΚΕΙΗ . . . . ΑΠΟ . . . . . . ΜΕΝΑΩΝ
ΘΩΡΗΚΩΝ . . . . . . ϹΜΗΚΤΩ . . . . ΩΝΤΕΦΑΕΙΝΩ¯
ΕΡΧΟΜΕΝΩΝ . . . . ΑΛΛ . . . . . . ϹΥΚΑΡΔΙΟϹΕΙΗ
ΟϹΤΟΤΕΓΗΘΗϹΕ . . . ΙΔΩΝ . . . . . . ΝΟΥΔ'ΑΚΑΧΟΙΤΟ
ΤΩΔ'ΑΜΦΙϹΦΡΟΝΕΟΝΤΕΔ . . . . . ΟΝΟΥΥΙΕΚΡΑΤΑΙΩ
ΑΝΔΡΑϹΙΝΗΡΩΕ . . . . ΕΛΛΥΓΡΑ
ΖΕΥϹΜΕΝΑΡΑΤΡΩΕϹϹΙΚΑΙΕΚ . . . . ΕΤΟΝΙΚΗ¯
ΚΥΔΑΙΝΩΝΑΧΙΛΗΑΠΟΔΑϹΤΑΧΥΝ . . . . . Γ . ΠΑΜΠΑ¯
ΗΘΕΛΕΛΑΟΝΟΛΕϹΘΑΙΑΧΑΙΙΚΟΝΙΛΙΟΘΙΠΡΟ
. . . . ΤΙΝΙΚΥΔ . . . .
. . . . ΕΛΘΩ¯
ΛΑΘΡΗΥΠΕΞ . . . .
ΤΡΩϹΙΝΔΑΜΝΑΜΕΝΟΥϹ . . . . ΜΕϹϹΑ
ΗΜΑΝΑΜΦΟΤΕΡ . . . . ΟΝ . . . .
ΑΛΛΑΖΕΥϹΠΡΟΤ . . . . ΟΝΑΗΔΗ
ΤΩΡΑΙΚΑΙΑΜΦΑΔΙ . . . . ΑΛΕΞΕΜΕΝΑΙΑΛΛΕΕΙΝΕ
ΛΑΘΡΗΔ'ΑΙΕΝΕ . . . . . ΚΑΤΑ . . . . ΕΟΙΚΩϹ
ΕΙΔΕΡΙΔΟϹΚ . . . . ΟΙΙΟΥΠΟΛΕΜΟΙΟ
ΠΕΙΡΑΡΕΠΑΛΛΑΞ . . . . ΤΑΝΥϹϹΑ¯
ΑΡΡΗΚΤΟΝΤΑ . . . . ΤΟΠΟΛΛΩ . . . .
ΕΝΘΑΜΕϹΑΙΠΟΛΙΟϹΠΕΡΕΩΝΔΑΝΑΟΙϹΙΚΕΛΕΥϹΑϹ
ΙΔΟΜΕΝΕΥϹΤΡΩΕϹϹΙΜΕΤΑΛΜΕΝ . . . .
ΠΕΦΝΕΓΑΡ . . . . ϹΟΘΕΝΕΝΔΟΝΕΟΝΤΑ
ΟϹΡΑΝΕΟΝΠΟΛΕΜΟΙΟΜΕΤΑΚΛΕΟϹΕΙΛΗΛΟΥΘΕΙ
ΗΤΕΕΔΕΠΠΡΙΑΜΟΙΟΘΥΓΑΤΡΩΝΕΙΔΟϹΑΡΙϹΤΗΝ

xiii. 333—365.

ΚΑϹϹΑΝΔΡΗΝΑΝΑΕΔΝΟΝΥΠΕϹΧΕΤΟΔΕΜΕΓΑΕΡΓΟ̄
ΕΚΤΡΟΙΗϹΑΕΚΟΝΤΑϹΑΠΩϹΕΜΕΝΥΙΑϹΑΧΑΙΩ̄
ΤΩΔΟΓΕΡΩΝΠΡΙΑΜΟϹΥΠΕϹΧΕΤΟΚΑΙΚΑΤΕΝΕΥϹΕ̄
ΔΩϹΕΜΕΝΑΙΟΔΕΜΑΡΝΑΘΥΠΟϹΧΕϹΙΗϹΙΠΙΘΗϹΑϹ
ΙΔΟΜΕΝΕΥϹΔΑΥΤΟΙΟΤΙΤΥϹΚΕΤΟΔΟΥΡΙΦΑΕΙΝΩΙ
ΚΑΙΒΑΛΕΝΥΨΙΒΙΒΑΝΤΑΤΥΧΩΝΟΥΔΗΡΚΕϹΕΘΩΡΗΞ
ΧΑΛΚΕΟϹΟΝΦΟΡΕΕϹΚΕΜΕϹΗΙΔΕΝΓΑϹΤΕΡΙΠΗΞΕ
ΔΟΥΠΗϹΕΝΔΕΠΕϹΩΝΟΔΕΠΕΥΞΑΤΟΦΩΝΗϹΕΝΤΕ
ΑΘΡΥΟΝΕΥΠΕΡΙΔΗϹΕΒΡΟΤΩΝΑΙΝΙΖΟΜΑΠΑΝΤΩ̄
ΕΙΕΤΕΟΝΔΗΠΑΝΤΑΤΕΛΕΥΤΗϹΕΙϹΟϹΥΠΕϹΤΗϹ
ΔΑΡΔΑΝΙΔΗΙΠΡΙΑΜΩΙΟΔΥΠΕϹΧΕΤΟΘΥΓΑΤΕΡΑΗΝ
ΚΑΙΚΕΤΟΙΗΜΕΙϹΤΑΥΤΥΠΟϹΧΟΜΕΝΟΙΤΕΛΕϹΑΙΜΕ̄
ΔΟΙΜΕΝΔΑΤΡΕΙΔΑΟΘΥΓΑΤΡΩΝΕΙΔΟϹΑΡΙϹΤΗΝ
ΑΡΓΕΟϹΕΞΑΓΑΓΟΝΤΕϹΟΠΥΙΕΜΕΝΕΙΚΕϹΥΝΑΜΜῙ
ΙΛΙΟΥΕΚΠΕΡϹΗΙϹΕΥΝΑΙΟΜΕΝΟΝΠΤΟΛΙΕΘΡΟΝ
ΑΛΛΕΠΕΥΟΦΡΕΠΙΝΗΥϹΙϹΥΝΩΜΕΘΑΠΟΝΤΟΠΟΡΟΙϹΙΝ
ΑΜΦΙΓΑΜΩΙΕΠΕΙΟΥΤΟΙΕΕΔΝΩΤΑΙΚΑΚΟΙΕΙΜΕ̄
.... ΚΕΚΑΤΑΚΡΑΤΕΡΗΝΥϹΜΙΝΗΝ
ΗΡΩϹΙΔΟΜΕΝΕΥϹΤΩ ....
ΠΕΖΟϹΠΡΟϹΘΙΠΠΩΝΤΩΔΕΠΝΕΙΟΝΤΕΚΑΤΩΜΩ̄
ΑΙΕΝΕΧΗΝΙΟΧΟϹΘΕΡΑΠΩΝΟΔΕΙΕΤΟΘΥΜΩΙ
ΙΔΟΜΕΝΗΑΒΑΛΕΙΝΟΔΕΜΙΝΦΘΑΜΕΝΟϹΒΑΛΕΔΟΥΡΙ
ΛΑΙΜΟΝΥΠΑΝΘΕΡΕΩΝΑΔΙΑΠΡΟΔΕΧΑΛΚΟΝΕΛΑϹϹΕ̄
ΗΡΙΠΕΔΩϹΟΤΕΤΙϹΔΡΥϹΗΡΙΠΕΝΗΑΧΕΡΩΙϹ
ΗΕΠΙΤΥϹΒΛΩΘΡΗΤΗΝΤΟΥΡΕϹΙΤΕΚΤΟΝΕϹΑΝΔΡΕϹ
ΕΞΕΤΑΜΟΝΠΕΛΕΚΕϹϹΙΝΕΗΚΕϹΙΝΗΙΟΝΕΙΝΑΙ
ΩϹΟΠΡΟϹΘΙΠΠΩΝΚΑΙΔΙΦΡΟΥΚΕΙΤΟΤΑΝΥϹΘΕΙϹ
ΒΕΒΡΥΧΩϹΚΟΝΙΟϹΔΕΔΡΑΓΜΕΝΟϹΑΙΜΑΤΟΕϹϹΗϹ
ΕΚΔΕΟΙΗΝΙΟΧΟϹΠΛΗΓΗΦΡΕΝΑϹΑϹΠΑΡΟϹΕΙΧΕΝ
ΟΥΔΟΓΕΤΟΛΜΗϹΕΝΔΗΙΩΝΥΠΟΧΕΙΡΑϹΑΛΥΞΑϹ
ΑΨΙΠΠΟΥϹϹΤΡΕΨΑΙΤΟΝΔΑΝΤΙΛΟΧΟϹΜΕΝΕΧΑΡΜΗϹ
ΔΟΥΡΙΜΕϹΟΝΠΕΡΟΝΗϹΕΤΥΧΩΝΟΥΔΗΡΚΕϹΕΘΩΡΗΞ
ΧΑΛΚΕΟϹΟΝΦΟΡΕΕϹΚΕΜΕϹΗΙΔΕΝΓΑϹΤΕΡΙΠΗΞΕΝ

xiii. 366—398.

ΑΛΛΕΠΕΥΑΛΚΑΘΟΩΙΕΠΑΜΥΝΟΜΕΝΟΣΣΕΠΑΡΟΣΓΕ
ΓΑΜΒΡΟΣΕΩΝΕΘΡΕΨΕΔΟΜΟΙΣΕΝΙΤΥΤΘΟΝΕΟΝΤΑ
ΤΟΝΔΕΤΟΙΙΔΟΜΕΝΕΥΣΔΟΥΡΙΚΛΥΤΟΣΕΞΕΝΑΡΙΞΕ¯
ΩΣΦΑΤΟΤΩΔΑΡΑΘΥΜΟΝΕΝΙΣΤΗΘΕΣΣΙΝΟΡΙΝΕ
ΒΗΔΕΜΕΤΙΔΟΜΕΝΗΑΜΕΓΑΠΤΟΛΕΜΟΙΟΜΕΜΗΛΩΣ
ΑΛΛΟΥΚΙΔΟΜΕΝΗΑΦΟΒΟΣΛΑΒΕΤΗΛΥΓΕΤΟΝΩΣ
ΑΛΛΕΜΕΝΩΣΟΤΕΤΙΣΣΥΣΟΥΡΕΣΙΝΑΛΚΙΠΕΠΟΙΘΩΣ
ΟΣΤΕΜΕΝΕΙΚΟΛΟΣΥΡΤΟΝΕΠΕΡΧΟΜΕΝΟΝΠΟΛΥΝΑΝΔΡΩΝ
ΧΩΡΩΙΕΝΟΙΟΠΟΛΩΙΦΡΙΣΣΕΙΔΕΤΕΝΩΤΟΝΥΠΕΡΘΕΝ
ΟΦΘΑΛΜΩΔΑΡΑΟΙΠΥΡΙΛΑΜΠΕΤΟΝΑΥΤΑΡΟΔΟΝΤΑΣ
ΘΗΓΕΙΑΛΕΞΑΣΘΑΙΜΕΜΑΩΣΚΥΝΑΣΗΔΕΚΑΙΑΝΔΡΑΣ
ΩΣΜΕΝΕΝΙΔΟΜΕΝΕΥΣΔΟΥΡΙΚΛΥΤΟΣΟΥΔΥΠΕΧΩΡΕΙ
ΑΙΝΕΙΑΝΕΠΙΟΝΤΑΒΟΗΘΟΟΝΑΥΕΔΕΤΑΙΡΟΥΣ
ΑΣΚΑΛΑΦΟΝΤΕΣΟΡΩΝΑΦΑΡΗΑΤΕΔΗΙΠΥΡΟΝΤΕ
ΜΗΡΙΟΝΗΝΤΕΚΑΙΑΝΤΙΛΟΧΟΝΜΗΣΤΩΡΑΣΑΥΤΗΣ
ΤΟΥΣΟΓΕΠΟΤΡΥΝΩΝΕΠΕΑΠΤΕΡΟΕΝΤΑΠΡΟΣΗΥΔΑ
ΔΕΥΤΕΦΙΛΟΙΚΑΙΜΟΙΩΑΜΥΝΕΤΕΔΕΙΔΙΑΔΑΙΝΩΣ
.... ΟΝΤΑΠΟΔΑΣΤΑΧΥΝΟΣΜΟΙΕΠΕΙΣΙΝ
.... Ρ .... Φ ....
ΚΑΙΔΕΧΕΙΗΒΗΣΑΝΘΟΣΟΤΕΚΡΑΤΟΣΕΣΤΙΜΕΓΙΣΤΟ¯
ΕΙΓΑΡΟΜΗΛΙΚΙΗΓΕΓΕΝΟΙΜΕΘΑΤΩΔΕΠΙΘΥΜΩΙ
ΑΙΨΑΚΕΝΗΕΦΕΡΟΙΤΟΜΕΓΑΚΡΑΤΟΣΗΚΕΦΕΡΟΙΜΗΝ
ΩΣΕΦΑΘΟΙΔΑΡΑΠΑΝΤΕΣΕΝΑΦΡΕΣΙΘΥΜΟΝΕΧΟΝΤΕΣ
ΠΛΗΣΙΟΙΕΣΤΗΣΑΝΣΑΚΕΩΜΟΙΣΙΚΛΙΝΑΝΤΕΣ
ΑΙΝΕΙΑΣΔΕΤΕΡΩΘΕΝΕΚΕΚΛΕΤΟΟΙΣΕΤΑΡΟΙΣΙ
ΔΗΙΦΟΒΟΝΤΕΠΑΡΙΝΤΕΣΟΡΩΝΚΑΙΑΓΗΝΟΡΑΔΙΟ¯
ΤΟΙΟΙΑΜΗΓΕΜΟΝΕΣΤΡΩΩΝΕΣΑΝΑΥΤΑΡΕΠΕΙΤΑ
ΛΑΟΙΕΠΟΝΘΩΣΕΙΤΕΜΕΤΑΚΤΙΛΟΝΕΣΠΕΤΟΜΗΛΑ
ΠΙΟΜΕΝΕΚΒΟΤΑΝΗΣΓΑΝΥΤΑΙΔΑΡΑΤΕΦΡΕΝΑ ......
ΩΣΑΙΝΕΙΑΙΘΥΜΟΣΕΝΙΣΤΗΘΕΣΣΙΓΕΓΗΘΕΙ
ΩΣΙΔΕΛΑΩΝΕΘΝΟΣΕΠΙΣΠΟΜΕΝΟΝ ....
ΟΙΔΑΜΦΑΛΚΑΘΟΩΙΑΥΤΟΣΧΕΔΟΝΩΡΜΗΘΗΣΑΝ
ΜΑΚΡΟΙΣΙΞΥΣΤΟΙΣΙΠΕΡΙΣΤΗΘΕΣΣΙΔΕΧΑΛΚΟΣ

xiii. 465—497.

ϹΜΕΡΔΑΛΕΟΝΚΟΝΑΒΙΖΕΤΙΤΥϹΚΟΜΕΝΩΝΚΑΘΟΜΙΛΟ̅
ΑΛΛΗΛΩΝΔΥΟΔΑΝΔΡΕϹΑΡΗΙΟΙΕΞΟΧΟΝΑΛΛΩΝ
ΑΙΝΕΙΑϹΤΕΚΑΙΙΔΟΜΕΝΕΥϹΑΤΑΛΑΝΤΟΙΑΡΗΙ
ΙΕΝΤΑΛΛΗΛΩΝΤΑΜΕΕΙΝΧΡΟΑΝΗΛΕΙΧΑΛΚΩΙ
ΑΙΝΕΙΑϹΔΕΠΡΩΤΟϹΑΚΟΝΤΙϹΕΝΙΔΟΜΕΝΗΟϹ
ΑΛΛΟΜΕΝΑΝΤΑΙΔΩΝΗΛΕΥΑΤΟΧΑΛΚΕΟΝΕΓΧΟϹ
ΑΙΧΜΗΔΑΙΝΕΙΑΟΚΡΑΔΑΙΝΟΜΕΝΗΚΑΤΑΓΑΙΗϹ
ΩΧΕΤΕΠΕΙΡΑΛΙΟΝϹΤΙΒΑΡΗϹΑΠΟΧΕΙΡΟϹΟΡΟΥϹΕ̅
ΙΔΟΜΕΝΕΥϹΔΑΡΑΟΙΝΟΜΑΟΝΒΑΛΕΓΑϹΤΕΡΑΜΕϹϹΗ̅
ΡΗΞΕΔΕΘΩΡΗΚΟϹΓΥΑΛΟΝΔΙΑΔΕΝΤΕΡΑΧΑΛΚΟϹ
ΗΦΥϹΟΔΕΝΚΟΝΙΗΙϹΙΠΕϹΩΝΕΛΕΓΑΙΑΝΑΓΟϹΤΩΙ
ΙΔΟΜΕΝΕΥϹΔΕΚΜΕΝΝΕΚΥΟϹΔΟΛΙΧΟϹΚΙΟΝΕΓΧΟϹ
ΕϹΠΑϹΑΤΟΥΔΑΡΕΤΑΛΛΑΔΥΝΗϹΑΤΟΤΕΥΧΕΑΚΑΛΑ
ΩΜΟΙΙΝΑΦΕΛΕϹΘΑΙΕΠΕΙΓΕΤΟΓΑΡΒΕΛΕΕϹϹΙΝ
ΟΥΓΑΡΕΤΕΜΠΕΔΑΓΥΙΑΠΟΔΩΝΗΝΟΡΜΗΘΕΝΤΙ
ΟΥΤΑΡΕΠΑΙΞΑΙΜΕΘΕΟΝΒΕΛΟϹΟΥΤΑΛΕΑϹΘΑΙ
ΤΩΡΑΚΑΙΕΝϹΤΑΔΙΗΙΜΕΝΑΜΥΝΕΤΟΝΗΛΕΕϹΗΜΑΡ
ΤΡΕϹϹΕΔΟΥΚΕΤΙΡΙΜΦΑΠΟΔΕϹΦΕ . . . . ΕΜΟΙΟ
ΤΟΥΔΕΒΑΔΗΝΑΠΙΟΝΤΟϹΑΚΟΝΤΙϹΕΔΟΥΡΙΦΑΕΙΝΩΙ
ΔΗΙΦΟΒΟϹΔΗΓΑΡΟΙΕΧΕΙΚΟΤΟΝΕΜΜΕΝΕϹΑΙΕΙ
ΑΛΛΟΓΕΚΑΙΤΟΘΑΜΑΡΤΕΝΟΔΑϹΚΑΛΑΦΟΝΒΑΛΕΔΟΥΡΙ
ΥΙΟΝΕΝΥΑΛΙΟΙΟΔΙΩΜΟΥΔΟΒΡΙΜΟΝΕΓΧΟϹ
ΕϹΧΕΝΟΔΕΝΚΟΝΙΗΙϹΙΠΕϹΩΝΕΛΕΓΑΙΑΝΑΓΟϹΤΩΙ
ΟΥΔΑΡΑΠΩΤΙΠΕΠΥϹΤΟΒΡΙΗΠΥΟϹΟΒΡΙΜΟϹΑΡΗϹ
ΥΙΟϹΕΟΙΟΠΕϹΟΝΤΟϹΕΝΙΚΡΑΤΕΡΗΙΥϹΜΙΝΗΙ
ΑΛΛΟΓΑΡΑΚΡΩΙΟΛΥΜΠΩΙΕΝΙΧΡΥϹΕΟΙϹΙΝΕΦΕϹϹΙ̅
ΗϹΤΟΔΙΟϹΒΟΥΛΗΙϹΙΝΕΕΛΜΕΝΟϹΕΝΘΑΠΕΡΑΛΛΟΙ
ΑΘΑΝΑΤΟΙΘΕΟΙΗϹΑΝΕΕΡΓΟΜΕΝΟΙΠΟΛΕΜΟΙΟ
ΟΙΔΑΜΑΛΚΑΘΟΩΙΑΥΤΟϹΧΕΔΟΝΩΡΜΗΘΗϹΑΝ
ΔΗΙΦΟΒΟϹΜΕΝΑΠΑϹΚΑΛΑΦΟΥΠΗΛΗΚΑΦΑΕΙΝΗΝ
ΗΡΠΑϹΕΜΗΡΙΟΝΗϹΔΕΘΟΩΙΑΤΑΛΑΝΤΟϹΑΡΗΙ
ΔΟΥΡΙΒΡΑΧΙΟΝΑΤΥΨΕΝΕΠΑΛΜΕΝΟϹΕΚΔΑΡΑΧΕΙΡΟϹ
ΑΥΛΩΠΙϹΤΡΥΦΑΛΕΙΑΧΑΜΑΙΒΟΜΒΗϹΕΠΕϹΟΥϹΑ

xiii. 498—530.

ΗΝΔΕΤΙCΕΥΧΗΝΩΡΠΟΛΥΕΙΔΟΥΜΑΝΤΙΟCΥΙΟC
ΑΦΝΕΙΟCΤΑΓΑΘΟCΤΕΚΟΡΙΝΘΟΘΙΟΙΚΙΑΝΑΙΩΝ
ΟCΡΕΥΕΙΔΩCΚΗΡΟΛΟΗΝΕΠΙΝΗΟCΕΒΑΙΝΕ
ΠΟΛΛΑΚΙΓΑΡΟΙΕΕΙΠΕΓΕΡΩΝΑΓΑΘΟCΠΟΛΥΕΙΔΟC
ΝΟΥCΩΙΥΠΑΡΓΑΛΕΗΙΦΘΕΙCΘΑΙΟΙCΕΝΜΕΓΑΡΟΙCΙ̅
ΗΜΕΤΑΧΑΙΩΝΝΗΥCΙΝΥΠΟΤΡΩΕCCΙΔΑΜΗΝΑΙ
ΤΩΡΑΜΑΤΑΡΓΑΛΕΗΝΘΩΗΝΑΛΕΕΙΝΕΝΑΧΑΙΩΝ
ΝΟΥCΟΝΤΕCΤΥΓΕΡΗΝΙΝΑΜΗΠΑΘΟΙΑΛΓΕΑΘΥΜΩΙ
ΤΟΝΒΑΛΥΠΟΓΝΑΘΜΟΙΟΚΑΙΟΥΑΤΟCΩΚΑΔΕΘΥΜΟC
ΩΧΕΤΑΠΟΜΕΛΕΩΝCΤΥΓΕΡΟCΔΑΡΑΜΙΝCΚΟΤΟCΕΙΛΕΝ
ΩCΟΙΜΕΝΜΑΡΝΑΝΤΟΔΕΜΑCΠΥΡΟCΑΙΘΟΜΕΝΟΙΟ
ΕΚΤΩΡΔΟΥΚΕΠΕΠΥCΤΟΔΙΙΦΙΛΟCΟΥΔΕΤΙΗΔΗ
ΟΤΤΙΡΑΟΙΝΗΩΝΕΠΑΡΙCΤΕΡΑΔΗΙΟΩΝΤΟ
ΛΑΟΙΥΠΑΡΓΕΙΩΝΤΑΧΑΔΑΝΚΑΙΚΥΔΟCΑΧΑΙΩΝ
ΕΠΛΕΤΟΤΟΙΟCΓΑΡΓΑΙΗΟΧΟCΕΝΝΟCΙΓΑΙΟC
ΩΤΡΥΝΑΡΓΕΙΟΥCΠΡΟCΘΕΝΕΙΑΥΤΟCΑΜΥΝΕΝ
ΑΛΛΕΧΕΝΗΙΤΑΠΡΩΤΑΠΥΛΑCΚΑΙΤΕΙΧΟCΕCΑΛΤΟ
ΡΗΞΑΜΕΝΟCΔΑΝΑΩΝΠΥΚΙΝΑCCΤΙΧΑCΑCΠΙCΤΑΩ̅
ΕΝΘΕCΑΝΑΙΑΝΤΟCΤΕΝΕΕCΚΑΙΠΡΩΤΕCΙΛΑΟΥ
ΘΙΝΕΦΑΛΟCΠΟΛΙΗCΕΙΡΥΜΕΝΑΙΑΥΤΑΡΥΠΕΡΘΕ
ΤΕΙΧΟCΕΔΕΔΜΗΤΟΧΘΑΜΑΛΩΤΑΤΟΝΕΝΘΑΜΑΛΙCΤΑ
ΖΑΧΡΗΕΙCΓΙΝΟΝΤΟΜΑΧΗCΑΥΤΟΙΤΕΚΑΙΙΠΠΟΙ
ΕΝΘΑΔΕΒΟΙΩΤΟΙΚΑΙΙΑΟΝΕCΕΛΚΕΧΙΤΩΝΕC
ΛΟΚΡΟΙΚΑΙΦΘΙΟΙΚΑΙΦΑΙΔΙΜΟΕΝΤΕCΕΠΕΙΟΙ
CΠΟΥΔΗΕΠΑΙCCΟΝΤΑΝΕΩΝΕΧΟΝΟΥΔΕΔΥΝΑΝΤΟ
ΩCΑΙΑΠΟCΦΕΙΩΝΦΛΟΓΙΕΙΚΕΛΟΝΕΚΤΟΡΑΔΙΟΝ
ΟΙΜΕΝΑΘΗΝΑΙΩΝΠΡΟΛΕΛΕΓΜΕΝΟΙΕΝΔΑΡΑΤΟΙCΙΝ
ΗΡΧΥΙΟCΠΕΤΕΩΟΜΕΝΕCΘΕΥCΟΙΔΑΜΕΠΟΝΤΟ
ΦΕΙΔΑCΤΕCΤΙΧΙΟCΤΕΒΙΑCΤΕΥCΑΥΤΑΡΕΠΕΙΩΝ
ΦΥΛΕΙΔΗCΤΕΜΕΓΗCΑΜΦΙΩΝΤΕΔΡΑΚΙΟCΤΕ
ΠΡΟΦΘΙΩΝΔΕΜΕΔΩΝΤΕΜΕΝΕΠΤΟΛΕΜΟCΤΕΠΟΔΑΡΚΗC
ΗΤΟΙΟΜΕΝΝΟΘΟCΥΙΟCΟΙΛΗΟCΘΕΙΟΙΟ
ΕCΚΕΜΕΔΩΝΑΙΑΝΤΟCΑΔΕΛΦΕΟCΑΥΤΑΡΕΝΑΙΕΝ

xiii. 663—695.

ΕΝΦΥΛΑΚΗΙΓΑΙΗΣΑΠΟΠΑΤΡΙΔΟΣΑΝΔΡΑΚΑΤΑΚΤΑΣ
ΓΝΩΤΟΝΜΗΤΡΥΙΗΣΕΡΙΩΠΙΔΟΣΗΝΕΧΟΙΛΕΥΣ
ΑΥΤΑΡΟΙΦΙΚΛΟΙΟΠΑΙΣΤΟΥΦΥΛΑΚΙΔΑΟ
ΟΙΜΕΝΠΡΟΦΘΙΩΝΜΕΓΑΘΥΜΩΝΘΩΡΗΧΘΕΝΤΕΣ
ΝΑΥΦΙΝΑΜΥΝΟΜΕΝΟΙΜΕΤΑΒΟΙΩΤΩΝΕΜΑΧΟΝΤΟ
ΑΙΑΣΔΟΥΚΕΤΙΠΑΜΠΑΝΟΙΛΗΟΣΤΑΧΥΣΥΙΟΣ
ΙΣΤΑΤΑΠΑΙΑΝΤΟΣΤΕΛΑΜΩΝΙΟΥΟΥΔΗΒΑΙΟΝ
ΑΛΛΩΣΤΕΝΝΕΙΩΙΒΟΕΟΙΝΟΠΕΠΗΚΤΟΝΑΡΟΤΡΟ̄
ΙΣΟΝΘΥΜΟΝΕΧΟΝΤΕΤΙΤΑΙΝΕΤΟΝΑΜΦΙΔΑΡΑΣΦΙ
ΠΡΥΜΝΟΙΣΙΝΚΕΡΑΕΣΣΙΠΟΛΥΣΑΝΕΚΗΚΙΕΝΙΔΡΩΣ
ΤΩΜΕΝΤΕΖΥΓΟΝΟΙΟΝΕΥΞΟΟΝΑΜΦΙΣΕΕΡΓΕΙ
ΙΕΜΕΝΩΚΑΤΑΩΛΚΑΚΑΤΕΜΝΕΙΔΕΤΕΤΕΛΣΟΝΑΡΟΥΡΗΣ
ΩΣΤΩΠΑΡΒΕΒΑΩΤΕΜΑΛΕΣΤΑΣΑΝΑΛΛΗΛΟΙΣΙΝ
ΑΛΛΗΤΟΙΤΕΛΑ . . . . ΠΟΛΛΟΙΤΕΚΑΙΕΣΘΛΟΙ
ΛΑΟΙΕΠΟΝΘ . . . . . . ΟΙΟΙΣΑΚΟΣΕΞΕΔΕΧΟΝΤΟ
ΟΠ . . ΟΤΕ . . . ΚΑΜΑΤΟΣΤΕΚΑΙΙΔΡΩΣΓΟΥΝΑΘΙΚΟΙΤΟ
. . . ? . . . . . ΛΙΑ . . . ΜΕΓΑΛΗΤΟΡΙΛΟΚΡΟΙΕΠΟΝΤΟ
ΟΥΓΑΡΣΦΙΣΤΑΔΙΗΙΥΣΜΙΝΗΙΜΙΜΝΕΦΙΛΟΝΗΤΟΡ
ΟΥΓΑΡΕΧΟΝΚΟΡΥΘΑΣΧΑΛΚΗΡΕΑΣΙΠΠΟΔΑΣΕΙΑΣ
ΟΥΔΕΧΟΝΑΣΠΙΔΑΣΕΥΚΥΚΛΟΥΣΚΑΙΜΕΙΛΙΝΑΔΟΥΡΑ
ΑΛΛΑΡΑΤΟΞ . . . . ΕΥΣΤΡΟΦΩΙΟΙΟΣΑΩΤΩΙ
ΙΛΙΟΝΕΙΣΑΜΕΠΟΝΤΟΠΕΠΟΙΘΟΤΕΣΟΙΣΙΝΕΠΕΙΤΑ
ΤΑΡΦΕΑΒΑΛΛΟΝΤΕΣΤΡΩΩΝΡΗΓΝΥΝΤΟΦΑΛΑΓΓΑΣ
ΔΗΡΑΤΟΘΟΙΜΕΝΠΡΟΣΘΕΣΥΝΕΝΤΕΣΙΔΑΙΔΑΛΕΟΙΣΙ
ΜΑΡΝΑΝΤΟΤΡΩΣΙΝΤΕΚΑΙΕΚΤΟΡΙΧΑΛΚΟΚΟΡΥΣΤΗΙ
ΟΙΔΟΠΙΘΕΝΒΑΛΛΟΝΤΕΣΕΛΑΝΘΑΝΟΝΟΥΔΕΤΙΧΑΡΜΗΣ
ΤΡΩΕΣΜΙΜΝΗΣΚΟΝΤΟΣΥΝΕΚΛΟΝΕΟΝΓΑΡΟΙΣΤΟΙ
ΕΝΘΑΚΕΛΕΥΓΑΛΕΩΣΝΗΩΝΑΠΟΚΑΙΚΛΙΣΙΑΩΝ
ΤΡΩΕΣΕΧΩΡΗΣΑΝΠΡΟΤΙΙΛΙΟΝΗΝΕΜΟΕΣΣΑΝ
ΕΙΜΗΠΟΥΛΥΔΑΜΑΣΘΡΑΣΥΝΕΚΤΟΡΑΕΙΠΕΠΑΡΑΣΤΑΣ
. . . . Α . . ΣΕΣΣΙΠΑΡΑΡΗΤΟΙΣΙΠΙΘΕΣΘΑΙ
ΟΥΝΕΚΑΤΟΙΠΕΡΙΔΩΚΕΘΕΟΣΠΟΛΕΜΗΙΑΕΡΓΑ
ΤΟΥΝΕΚΑΚΑΙΒΟΥΛΗΙΕΘΕΛΕΙΣΠΕΡΙΙΔΜΕΝΑΙΑΛΛΩ̄

xiii. 696—728.

ΘΕΣΠΕΣΙΩΙΔΟΜΑΔΩΙΑΛΙΜΙΣΓΕΤΑΙΕΝΔΕΤΕΠΟΛΛΑ
ΚΥΜΑΤΑΠΑΦΛΑΖΟΝΤΑΠΟΛΥΦΛΟΙΣΒΟΙΟΘΑΛΑΣΣΗΣ
ΚΥΡΤΑΦΑΛΗΡΙΟΩΝΤΑΠΡΟΜΕΝΤΑΛΛΑΥΤΑΡΕΠΑΛΛΑ
ΩΣΤΡΩΕΣΠΡΟΜΕΝΑΛΛΟΙΑΡΗΡΟΤΕΣΑΥΤΑΡΕΠΑΛΛΟΙ
ΧΑΛΚΩΙΜΑΡΜΑΙΡΟΝΤΕΣΑΜΗΓΕΜΟΝΕΣΣΙΝΕΠΟΝΤΟ
ΕΚΤΩΡΔΗΓΕΙΤΟΒΡΟΤΟΛΟΙΓΩΙΙΣΟΣΑΡΗΙ
ΠΡΙΑΜΙΔΗΣΠΡΟΕΘΕΝΔΕΧΕΝΑΣΠΙΔΑΠΑΝΤΟΣΕΙΣΗ̅
ΡΙΝΟΙΣΙΝΠΥΚΙΝΗΝΠΟΛΛΟΣΔΕΠΕΛΗΛΑΤΟΧΑΛΚΟΣ
ΑΜΦΙΔΕΟΙΚΡΟΤΑΦΟΙΣΙΦΑΕΙΝΗΣΕΙΕΤΟΠΗΛΗΞ
ΠΑΝΤΗΔΑΜΦΙΦΑΛΑΓΓΑΣΕΠΕΙΡΑΤΟΠΡΟΠΟΔΙΖΩ̅
ΕΙΠΩΣΟΙΕΙΞΕΙΑΝΥΠΑΣΠΙΔΙΑΠΡΟΒΙΒΩΝΤΙ
ΑΛΛΟΥΣΥΓΧΕΙΘΥΜΟΝΕΝΙΣΤΗΘΕΣΣΙΝΑΧΑΙΩΝ
ΑΙΑΣΔΕΠΡΩΤΟΣΠΡΟΚΑΛΕΣΣΑΤΟΦΩΝΗΣΕΝΤΕ
ΔΑΙΜΟΝΙΕΣΧΕΔΟΝΕΛΘΕΤΙΗΔΕΙΔΙΣΣΕΑΙΟΥΤΩΣ
ΑΡΓΕΙΟΥΣΟΥΤΟΙΤΙΜΑΧΗΣΑΔΑΗΜΟΝΕΣΕΙΜΕΝ
ΑΛΛΑΔΙΟΣΜΑΣΤΙΓΙΚΑΚΗΙΕΔΑΜΗΜΕΝΑΧΑΙΟΙ
ΗΘΗΝΠΟΥΤΟΙΘΥΜΟΣΕΕΛΠΕΤΑΙΕΞΑΛΑΠΑΞΕΙΝ
ΝΗΑΣΑΦΑΡΔΕΟΙΧΕΙΡΕΣΑΜΥΝΕΙΝΕΙΣΙΚΑΙΗΜΙΝ

. . . .

ΧΕΡΣΙΝΥΦΗΜΕΤΕΡΗΙΣΙΝΑΛΟΥΣΑΤΕΠΕΡΘΟΜΕΝΗΤΕ
ΣΟΙΔΑΥΤΩΦΗΜΙΣΧΕΔΟΝΕΜΜΕΝΑΙΟΠΠΟΤΕΦΕΥΓΩ̅
ΑΡΗΣΗΔΙΙΠΑΤΡΙΚΑΙΑΛΛΟΙΣΑΘΑΝΑΤΟΙΣΙΝ
ΘΑΣΣΟΝΑΣΙΡΗΚΩΝΕΜΕΝΑΙΚΑΛΛΙΤΡΙΧΑΣΙΠΠΟΥΣ
ΟΙΣΕΠΟΛΙΝΔΟΙΣΟΥΣΙΚΟΝΙΟΝΤΕΣΠΕΔΙΟΙΟ
ΩΣΑΡΑΟΙΕΙΠΟΝΤΙΕΠΕΠΤΑΤΟΔΕΞΙΟΣΟΡΝΙΣ
ΑΙΕΤΟΣΥΨΙΠΕΤΗΣΕΠΙΔΙΑΧΕΛΑΟΣΑΧΑΙΩΝ
ΘΑΡΣΥΝΟΣΟΙΩΝΩΙΟΔΑΜΕΙΒΕΤΟΦΑΙΔΙΜΟΣΕΚΤΩΡ
ΑΙΑΝΑΜΑΡΤΟΕΠΕΣΒΟΥΓΑΙΕΠΟΙΟΝΕΕΙΠΕΣ
ΑΙΓΑΡΕΓΩΝΟΥΤΩΓΕΔΙΟΣΠΑΙΣΑΙΓΙΟΧΟΙΟ
ΕΙΗΝΗΜΑΤΑΠΑΝΤΑΤΕΚΟΙΔΕΜΕΠΟΤΝΙΑΗΡΗ
ΤΙΟΙΜΗΝΔΩΣΤΙΕΤΑΘΗΝΑΙΗΚΑΙΑΠΟΛΛΩΝ
ΩΣΝΥΝΗΜΕΡΗΗΔΕΚΑΚΟΝΦΕΡΕΙΑΡΓΕΙΟΙΣΙ
ΠΑΣΙΜΑΛΕΝΔΕΣΥΤΟΙΣΙΠΕΦΗΣΕΑΙΑΙΚΕΤΑΛΑΣΣΗΣ

xiii. 797—829.

ΜΕΐΝΑΙΕΜῸΝΔΟΡΥΜΑΚΡΟΝΌΤΟΙΧΡΟΑΛΕΙΡΙΟΕΝΤΑ

....ΝΟΥϹ

......................................ϹΙΝΑΧΑΙΩ͂

......................................ΠΟΝΤΟ

......ΕϹΠ......ΙΔΙΑΧΕΛΑΔῸϹΌΠΙϹΘΕΝ

Λ......ΕΤΕΡΩΘΕΝΕΠΙΑ...........ΆΘΟΝΤΟ

...........ΕΜΕΝΟΝΤΡΏΩ...........ΑΡΊϹΤΟΥϹ

...........ΟΤΕΡΩΝΙΚΕΤΑΙΘΈΡΑΚΑῚΔΙΟϹΑΥΓΑϹ

.................................ΟΝΤΆΠΕΡΕΜΠΗϹ

.................................ΟΕΝΤΑΠΡΟϹΗΥΔΑ

...................................ΆΔΕΕΡΓΑ

.................................ΡΩ..........

....

....

....

....ΑΡ..ΩΝΕΛΘΩΝ........ΟΜΑΙΕ...........

ΩϹ.....................ΥΓΜΕΝΟΝΥΙΟϹΕΟΙΟ

......ΝΟΝΕΝ......ΘΡΑϹΥΜΗΔΕΟϹΙΠΠΟΔΑΜΟΙΟ

ΧΑΛΚΩ͂ΙΠΑΜΦ......ΟΔΕΧΆϹΠΙΔΑΠΑΤΡΟϹΕΟΙΟ

ΕΙΛΕΤΟΔ'ΑΛΚΙΜΟΝΈΓΧΟϹΑΚΑΧΜΕΝΟΝΟΞΕΐΧΑΛΚΩ͂Ι

....Δ'ΕΚΤῸϹΚΛΙϹΙΗϹΤΆΧΑΔ'ΕΐϹΙΔΕΝΕΡΓΟΝΑΕΙΚΈϹ

ΤΟῪϹΜῈΝΟΡΙΝΟΜΕΝΟΥϹΤΟΥϹΔῈΚΛΟΝΕΟΝΤΑϹΌΠΙϹΘΕ̄

ΤΡΩ͂ΑϹΥΠΕΡΘΥΜΟΥϹΕΡΈΡΙΠΤΟΔῈΤΕΐΧΟϹΑΧΑΙΩ͂̄

ΩϹΔ'ΟΤΕΠΟΡΦΥΡΗΙΠΈΛΑΓΟϹΜΈΓΑΚΥΜΑΤΙΚΩΦΩ͂Ι

ΟϹϹΟΜΕΝΟΝΛΙΓΕΩΝΑΝΕΜΩΝΛΑΙΨΗΡᾺΚΈΛΕΥΘΑ

ΑΫ́ΤΩϹΟΥΔ'ἌΡΑΤΕΠΡΟΚΥΛΊΝΔΕΤΑΙΟΥ̓Δ'ΕΤΈΡΩϹΕ

ΠΡΊΝΤΙΝΑΚΕΚΡΙΜΈΝΟΝΚΑΤΑΒΗΜΕΝΑΙΕΚΔΙῸϹΟΥ͂ΡΟ̄

ΩϹΟΓΕΡΩΝΏΡΜΑΙΝΕΔΑΪΖΌΜΕΝΟϹΚΑΤΑΘΥΜΟΝ

xiii. 830—xiv. 20.

ΑΥΤΟΚΑϹΙΓΝΗΤΟΝΚΑΙΔΑΕΡΑΧΑΙΡΕΔΕΘΥΜΩΙ
ΜΕΡΜΗΡΙΞΕΔΕΠΕΙΤΑΒΟΩΠΙϹΠΟΤΝΙΑΗΡΗ
ΟΠΠΩϹΕΞΑΠΑΦΟΙΤΟΔΙΟϹΝΟΟΝΑΙΓΙΟΧΟΙΟ
ΗΔΕΔΕΟΙΚΑΤΑΘΥΜΟΝΑΡΙϹΤΗΦΑΙΝΕΤΟΒΟΥΛΗ
ΕΛΘΕΙΝΕΙϹΙΔΗΝΕΥΕΝΤΥΝΑϹΑΝΕΑΥΤΗΝ
ΕΙΠΩϹΙΜΕΙΡΑΙΤΟΠΑΡΑΔΡΑΘΕΕΙΝΦΙΛΟΤΗΤΙ
ΗΙΧΡΟΙΗΙΤΩΙΔΥΠΝΟΝΑΠΗΜΟΝΑΤΕΛΙΑΡΟΝΤΕ
ΧΕΥΗΙΕΠΙΒΛΕΦΑΡΟΙϹΙΝΙΔΕΦΡΕϹΙΠΕΥΚΑΛΙΜΗΙϹΙ
ΒΗΡΙΜΕΝΕϹΘΑΛΑΜΟΝΤΟΝΟΙΦΙΛΟϹΥΙΟϹΕΤΕΥΞΕ
ΗΦΑΙϹΤΟϹΠΥΚΙΝΑϹΔΕΘΥΡΑϹϹΤΑΘΜΟΙϹΙΝΕΠΗΡϹΕ
ΚΛΗΙΔΙΚΡΥΠΤΗΙΤΗΝΔΟΥΘΕΟϹΑΛΛΟϹΑΝΩΓΕΝ
ΕΝΘΗΓΕΙϹΕΛΘΟΥϹΑΘΥΡΑϹΕΠΕΘΗΚΕΦΑΕΙΝΑϹ
ΑΜΒΡΟϹΙΗΙΜΕΝΠΡΩΤΟΝΑΠΟΧΡΟΟϹΙΜΕΡΟΕΝΤΟϹ
ΛΥΜΑΤΑΠΑΝΤΑΚΑΘΗΡΕΝΑΛΕΙΨΑΤΟΔΕΛΙΠΕΛΑΙΩΙ
ΑΜΒΡΟϹΙΩΕΔΑΝΩΤΟΡΑΟΙΤΕΘΥΩΜΕΝΟΝΗΕΝ
ΤΟΥΚΑΙΚΙΝΥΜΕΝΟΙΟΔΙΟϹΠΟΤΙΧΑΛΚΟΒΑΤΕϹΔΩ
ΕΜΠΗϹΕϹΓΑΙΑΝΤΕΙΚΑΙΟΥΡΑΝΟΝΙΚΕΤΑΥΤΜΗ
ΤΩΡΗΓΕΧΡΟΑΚΑΛΟΝΑΛΕΙΨΑΜΕΝΗΙΔΕΧΑΙΤΑϹ
ΠΕΞΑΜΕΝΗΧΕΡϹΙΠΛΟΚΑΜΟΥϹΕΠΛΕΞΕΦΑΕΙΝΟΥϹ
ΚΑΛΟΥϹΑΜΒΡΟϹΙΟΥϹΕΚΚΡΑΑΤΟϹΑΘΑΝΑΤΟΙΟ
ΑΜΦΙΔΑΡΑΜΒΡΟϹΙΟΝΕΑΝΟΝΕϹΑΘΟΝΟΙΑΘΗΝΗ
ΕΞΥϹΑϹΚΗϹΑϹΑΤΙΘΕΙΔΕΝΙΔΑΙΔΑΛΑΠΟΛΛΑ
ΧΡΥϹΕΙΗϹΔΕΝΕΤΗΙϹΙΚΑΤΑϹΤΗΘΟϹΠΕΡΟΝΑΤΟ
ΖΩϹΑΤΟΔΕΖΩΝΗΗΝΕΚΑΤΟΝΘΥϹΑΝΟΙϹΑΡΑΡΥΙΑΝ
ΕΝΔΕΟΙΕΡΜΑΤΑΗΚΕΝΕΥΤΡΗΤΟΙϹΙΛΟΒΟΙϹΙΝ
ΤΡΙΓΛΗΝΑΜΟΡΟΕΝΤΑΧΑΡΙϹΔΑΠΕΛΑΜΠΕΤΟΠΟΛΛΗ
ΚΡΗΔΕΜΝΩΙΔΕΦΥΠΕΡΘΕΚΑΛΥΨΑΤΟΔΙΑΘΕΑΩ
ΚΑΛΩΝΗΓΑΤΕΩΛΕΥΚΟΝΔΗΝΗΕΛΙΟϹΩϹ
ΠΟϹϹΙΔΥΠΟΛΙΠΑΡΟΙϹΙΝΕΔΗϹΑΤΟΚΑΛΑΠΕΔΙΛΑ
ΑΥΤΑΡΕΠΕΙΔΗΠΑΝΤΑΠΕΡΙΧΡΟΙΘΗΚΑΤΟΚΟϹΜΟΝ
ΒΗΡΙΜΕΝΕΚΘΑΛΑΜΟΙΟΚΑΛΕϹϹΑΜΕΝΗΔΑΦΡΟΔΙΤΗ
ΤΩΝΑΛΛΩΝΑΠΑΝΕΥΘΕΘΕΩΝΠΡΟϹΜΥΘΟΝΕΕΙΠΕΝ
ΗΡΑΝΥΜΟΙΤΙΠΙΘΟΙΟΦΙΛΟΝΤΕΚΟϹΟΤΤΙΚΕΝΕΙΠΩ

xiv. 156—190.

ΗΕΚΕΝΑΡΝΗϹΑΙΟΚΟΤΕϹϹΑΜΕΝΗΤΟΓΕΘΥΜΩΙ
ΟΥΝΕΚΕΓΩΔΑΝΑΟΙϹΙϹΥΔΕΤΡΩΕϹϹΙΝΑΡΗΓΕΙϹ
ΤΗΝΔΗΜΕΙΒΕΤΕΠΕΙΤΑΔΙΟϹΘΥΓΑΤΗΡΑΦΡΟΔΙΤΗ
ΗΡΗΠΡΕϹΒΑΘΕΑΘΥΓΑΤΕΡΜΕΓΑΛΟΙΟΚΡΟΝΟΙΟ
ΑΥΔΑΟΤΙΦΡΟΝΕΕΙϹΤΕΛΕϹΑΙΔΕΜΕΘΥΜΟϹΑΝΩΓΕ
ΕΙΔΥΝΑΜΑΙΤΕΛΕϹΑΙΓΕΚΑΙΕΙΤΕΤΕΛΕϹΜΕΝΟΝΕϹΤΙ
ΤΗΝΔΕΔΟΛΟΦΡΟΝΕΟΥϹΑΠΡΟϹΗΥΔΑΠΟΤΝΙΑΗΡΗ
ΔΟϹΝΥΝΜΟΙΦΙΛΟΤΗΤΑΚΑΙΙΜΕΡΟΝΩΤΕϹΥΠΑΝΤΑϹ
ΔΑΜΝΑΑΘΑΝΑΤΟΥϹΗΔΕΘΝΗΤΟΥϹΑΝΘΡΩΠΟΥϹ
ΕΙΜΙΓΑΡΟΨΟΜΕΝΗΠΟΛΥΦΟΡΒΟΥΠΕΙΡΑΤΑΓΑΙΗϹ
ΩΚΕΑΝΟΝΤΕΘΕΩΝΓΕΝΕϹΙΝΚΑΙΜΗΤΕΡΑΤΗΘΥΝ
ΟΙΜΕΝϹΦΟΙϹΙΔΟΜΟΙϹΙΝΕΥΤΡΕΦΟΝΗΔΑΤΙΤΑΛΛΟΝ
ΔΕΞΑΜΕΝΟΙΡΕΙΗϹΟΤΕΤΕΚΡΟΝΟΝΕΥΡΥΟΠΑΖΕΥϹ
ΓΑΙΗϹΝΕΡΘΕΚΑΘΕΙϹΕΚΑΙΑΤΡΥΓΕΤΟΙΟΘΑΛΑϹϹΗϹ
ΤΟΥϹΙΜΟΨΟΜΕΝΗΚΑΙϹΦΑΚΡΙΤΑΝΕΙΚΕΑΛΥϹΩ
ΗΔΗΓΑΡΔΗΡΟΝΧΡΟΝΟΝΑΛΛΗΛΩΝΑΠΕΧΟΝΤΑΙ
ΕΥΝΗϹΚΑΙΦΙΛΟΤΗΤΟϹΕΠΕΙΧΟΛΟϹΕΜΠΕϹΕΘΥΜΩΙ
ΕΙΚΕΙΝΩΓΕΠΕΕϹϹΙΠΑΡΑΙΠΕΠΙΘΟΥϹΑΦΙΛΟΝΚΗΡ
ΕΙϹΕΥΝΗΝΑΝΕϹΑΙΜΙΟΜΩΘΗΝΑΙΦΙΛΟΤΗΤΙ
ΑΙΕΙΚΕϹΦΙΦΙΛΗΤΕΙΚΑΙΑΙΔΟΙΗΚΑΛΕΟΙΜΗΝ
ΤΗΝΔΑΥΤΕΠΡΟϹΕΕΙΠΕΦΙΛΟΜΜΕΙΔΗϹΑΦΡΟΔΙΤΗ
ΟΥΚΕϹΤΟΥΔΕΕΟΙΚΕΤΕΟΝΕΠΟϹΑΡΝΗϹΑϹΘΑΙ
ΖΗΝΟϹΓΑΡΤΟΥΑΡΙϹΤΟΥΕΝΑΓΚΟΙΝΗΙϹΙΝΙΑΥΕΙϹ
ΗΚΑΙΑΠΟϹΤΗΘΕϹΦΙΝΕΛΥϹΑΤΟΚΕϹΤΟΝΙΜΑΝΤΑ
ΠΟΙΚΙΛΟΝΕΝΘΑΔΕΟΙΘΕΛΚΤΗΡΙΑΠΑΝΤΑΤΕΤΥΚΤΟ
ΕΝΘΕΝΙΜΕΝΦΙΛΟΤΗϹΕΝΔΙΜΕΡΟϹΕΝΔΟΑΡΙϹΤΥϹ
ΠΑΡΦΑϹΙϹΗΤΕΚΛΕΨΕΝΟΟΝΠΥΚΑΠΕΡΦΡΟΝΕΟΝΤΩΝ
ΤΟΝΡΑΟΙΕΜΒΑΛΕΧΕΡϹΙΝΕΠΟϹΤΕΦΑΤΕΚΤΟΝΟΜΑΖΕ
ΤΗΝΥΝΤΟΥΤΟΝΙΜΑΝΤΑΤΕΩΙΕΓΚΑΤΘΕΟΚΟΛΠΩΙ
ΠΟΙΚΙΛΟΝΩΙΕΝΙΠΑΝΤΑΤΕΤΕΥΧΑΤΑΙΟΥΔΕϹΕΦΗΜΙ
ΑΠΡΗΚΤΟΝΓΕΝΕΕϹΘΑΙΟΤΙΦΡΕϹΙϹΗΙϹΙΜΕΝΟΙΝΑϹ
ΩϹΦΑΤΟΜΕΙΔΗϹΕΝΔΕΒΟΩΠΙϹΠΟΤΝΙΑΗΡΗ
ΜΕΙΔΗϹΑϹΑΔΕΠΕΙΤΑΕΩΙΕΓΚΑΤΘΕΤΟΚΟΛΠΩΙ

xiv. 191—223.

ΗΜΕΝΕΒΗΠΡΟϹΔΩΜΑΔΙΟϹΘΥΓΑΤΗΡΑΦΡΟΔΙΤΗ
ΗΡΗΔΑΙΞΑϹΑΛΙΠΕΝΡΙΟΝΟΥΛΥΜΠΟΙΟ
ΠΙΕΡΙΗΝΔΕΠΙΒΑϹΑΚΑΙΗΜΑΘΙΗΝΕΡΑΤΕΙΝΗΝ
ϹΕΥΑΤΕΦΙΠΠΟΠΟΛΩΝΘΡΗΙΚΩΝΟΡΕΑΝΙΦΟΕΝΤΑ
ΑΚΡΟΤΑΤΑϹΚΟΡΥΦΑϹΟΥΔΕΧΘΟΝΑΜΑΡΠΤΕΠΟΔΟΙΙΝ
ΕΞΑΘΟΩΙΔΕΠΙΠΟΝΤΟΝΕΒΗϹΑΤΟΚΥΜΑΙΝΟΝΤΑ
ΛΗΜΝΟΝΔΕΙϹΑΦΙΚΑΝΕΠΟΛΙΝΘΕΙΟΙΟΘΟΑΝΤΟϹ
ΕΝΘΥΠΝΩΙΞΥΜΒΛΗΤΟΚΑϹΙΓΝΗΤΩΙΘΑΝΑΤΟΙΟ
ΕΝΤΑΡΑΟΙΦΥΧΕΙΡΙΕΠΟϹΤΕΦΑΤΕΚΤΟΝΟΜΑΖΕΝ
ΥΠΝΕΑΝΑΞΠΑΝΤΩΝΤΕΘΕΩΝΠΑΝΤΩΝΤΑΝΘΡΩΠΩ̄
ΗΜΕΝΔΗΠΟΤΕΜΟΝΕΠΟϹΕΚΛΥΕϹΗΔΕΤΙΚΑΙΝῩ
ΠΕΙΘΕΥΕΓΩΔΕΚΕΤΟΙΙΔΕΩΧΑΡΙΝΗΜΑΤΑΠΑΝΤΑ
ΚΟΙΜΗϹΟΝΜΟΙΖΗΝΟϹΥΠΟΦΡΥϹΙΝΟϹϹΕΦΑΕΙΝΩ
ΑΥΤΙΚΕΠΕΙΚΕΝΕΓΩΠΑΡΑΛΕΞΟΜΑΙΕΝΦΙΛΟΤΗΤΙ
ΔΩΡΑΔΕΤΟΙΔΩϹΩΚΑΛΟΝΘΡΟΝΟΝΑΦΘΙΤΟΝΑΙΕΙ
ΧΡΥϹΕΟΝΗΦΑΙϹΤΟϹΔΕΚΕΜΟϹΠΑΙϹΑΜΦΙΓΥΗΕΙϹ
ΤΕΥΧΕΙΑϹΚΗϹΑϹΥΠΟΔΕΘΡΗΝΥΝΠΟϹΙΝΗϹΕΙ
ΤΩΙΚΕΝΕΠΙϹΧΟΙΑϹΛΙΠΑΡΟΥϹΠΟΔΑϹΕΙΛΑΠΙΝΑΖΩ̄
ΤΗΝΔΑΠΑΜΕΙΒΟΜΕΝΟϹΠΡΟϹΕΦΩΝΕΕΝΗΔΥΜΟϹΥΠΝΟϹ
ΗΡΗΠΡΕϹΒΑΘΕΑΘΥΓΑΤΕΡΜΕΓΑΛΟΙΟΚΡΟΝΟΙΟ
ΑΛΛΟΝΜΕΝΚΕΝΕΓΩΓΕΘΕΩΝΑΙΕΙΓΕΝΕΤΑΩΝ
ΡΕΙΑΚΑΤΕΥΝΗϹΑΙΜΙΚΑΙΑΝΠΟΤΑΜΟΙΟΡΕΕΘΡΑ
ΩΚΕΑΝΟΥΟϹΠΕΡΓΕΝΕϹΙϹΠΑΝΤΕϹϹΙΤΕΤΥΚΤΑΙ
ΖΗΝΟϹΔΟΥΚΑΝΕΓΩΓΕΚΡΟΝΙΟΝΟϹΑϹϹΟΝΙΚΟΙΜΗ̄
ΟΥΔΕΚΑΤΕΥΝΗϹΑΙΜΟΤΕΜΗΑΥΤΟϹΓΕΚΕΛΕΥΟΙ
ΗΔΗΓΑΡΜΕΚΑΙΑΛΛΟΤΕΗΕΠΕΝΥϹϹΕΝΕΦΕΤΜΗΙ
ΗΜΑΤΙΤΩΙΟΤΕΚΕΙΝΟϹΥΠΕΡΘΥΜΟϹΔΙΟϹΥΙΟϹ
ΕΠΛΕΕΝΙΛΙΟΘΕΝΤΡΩΩΝΠΟΛΙΝΕΞΑΛΑΠΑΞΑϹ
ΗΤΟΙΕΓΩΜΕΝΕΛΕΞΑΔΙΟϹΝΟΟΝΑΙΓΙΟΧΟΙΟ
ΝΗΔΥΜΟϹΑΜΦΙΧΥΘΕΙϹϹΥΔΕΟΙΚΑΚΑΜΗϹΑΟΘΥΜΩΙ
ΟΡϹΑϹΑΡΓΑΛΕΩΝΑΝΕΜΩΝΕΠΙΠΟΝΤΟΝΑΗΤΑϹ
ΚΑΙΜΙΝΕΠΕΙΤΑΚΟΩΝΔΕΥΝΑΙΟΜΕΝΗΝΑΠΕΝΕΙΚΑϹ
ΝΟϹΦΙΦΙΛΩΝΠΑΝΤΩΝΟΔΕΠΕΓΡΟΜΕΝΟϹΧΑΛΕΠΑΙΝΕ

xiv. 224—256.

ΡΙΠΤΑΖΩΝΚΑΤΑΔΩΜΑΘΕΟΥCΕΜΕΔΕΞΟΧΑΠΑΝΤΩ̄
ΖΗΤΕΙΚΑΙΚΕΜΑΙCΤΟΝΑΠΑΙΘΕΡΟCΕΜΒΑΛΕΠΟΝΤΩΙ
ΕΙΜΗΝΥΞΔΜΗΤΕΙΡΑΘΕΩΝΕCΑΩCΕΚΑΙΑΝΔΡΩ̄
ΤΗΝΙΚΟΜΗΝΦΕΥΓΩΝΟΔΕΠΑΥCΑΤΟΧΩΟΜΕΝΟCΠ
ΑΖΕΤΟΓΑΡΜΗΝΥΚΤΙΘΟΗΙΑΠΟΘΥΜΙΑΕΡΔΟΙ
ΝΥΝΑΥΤΟΥΤΟΜΑΝΩΓΑCΑΜΗΧΑΝΟΝΑΛΛΟΤΕΛΕCC
ΤΟΝΔΑΥΤΕΠΡΟCΕΕΙΠΕΒΟΩΠΙCΠΟΤΝΙΑΗΡΗ
ΥΠΝΕΤΙΗΔΕCΥΤΑΥΤΑΜΕΤΑΦΡΕCΙCΗΙCΙΜΕΝΟΙΝΑC
ΗΦΗCΩCΤΡΩΕCCΙΝΑΡΗΞΕΜΕΝΕΥΡΥΟΠΑΖΗΙ
ΝΩCΗΡΑΚΛΗΟCΠΕΡΙΧΩCΑΤΟΠΑΙΔΟCΕΟΙΟ
ΑΛΛΙΘΕΓΩΔΕΚΕΤΟΙΧΑΡΙΤΩΝΜΙΑΝΟΠΛΟΤΕΡΑΩ̄
ΔΩCΩΟΠΥΙΕΜΕΝΑΙΚΑΙCΗΝΚΕΚΛΗCΘΑΙΑΚΟΙΤῙ
ΩCΦΑΤΟΧΗΡΑΤΟΔΥΠΝΟCΑΜΕΙΒΟΜΕΝΟCΔΕΠΡΟC
ΑΓΡΕΙΝΥΝΜΟΙΟΜΟCCΟΝΑΑΑΤΟΝCΤΥΓΟCΥΔΩΡ
ΧΕΙΡΙΔΕΤΗΙΕΤΕΡΗΙΜΕΝΕΛΕΧΘΟΝΑΠΟΥΛΥΒΟΤΕΙΡᾹ
ΤΗΙΔΕΤΕΡΗΙΑΛΑΜΑΡΜΑΡΕΗΝΙΝΑΝΩΙΝΑΠΑΝΤΕC
ΜΑΡΤΥΡΟΙΩCΟΙΕΝΕΡΘΕΘΕΟΙΚΡΟΝΟΝΑΜΦΙCΕΟΝΤ
ΗΜΕΝΕΜΟΙΔΩCΕΙΝΧΑΡΙΤΩΝΜΙΑΝΟΠΛΟΤΕΡΑΩ̄
ΠΑCΙΘΕΗΝΗCΤΑΥΤΟCΕΕΛΔΟΜΑΙΗΜΑΤΑΠΑΝΤΑ
ΩCΕΦΑΤΟΥΔΑΠΙΘΗCΕΒΟΩΠΙCΠΟΤΝΙΑΗΡΗ
ΩΜΝΥΕΔΩCΕΚΕΛΕΥΕΘΕΟΥCΔΟΝΟΜΗΝΕΝΑΠΑΝΤΑC
ΤΟΥCΥΠΟΤΑΡΤΑΡΙΟΥCΟΙΤΙΤΗΝΕCΚΑΛΕΟΝΤΑΙ
ΑΥΤΑΡΕΠΕΙΡΟΜΟCΕΝΤΕΤΕΛΕΥΤΗCΕΝΤΕΤΟΝΟΡΚΟ̄
ΤΩΒΗΤΗΝΛΗΜΝΟΥΤΕΚΑΙΙΜΒΡΟΥΑCΤΥΛΙΠΟΝΤΕ
ΗΕΡΑΕCCΑΜΕΝΩΡΙΜΦΑΠΡΗCCΟΝΤΕΚΕΛΕΥΘΟ̄
ΙΔΗΝΔΙΚΕCΘΗΝΠΟΛΥΠΙΔΑΚΑΜΗΤΕΡΑΘΗΡΩΝ
ΛΕΚΤΟΝΟΘΙΠΡΩΤΟΝΛΙΠΕΤΗΝΑΛΑΤΩΔΕΠΙΧΕΡCΟΥ
ΒΗΤΗΝΑΚΡΟΤΑΤΗΔΕΠΟΔΩΝΥΠΕCΕΙΕΤΟΥΛΗ
ΕΝΘΥΠΝΟCΜΕΝΕΜΕΙΝΕΠΑΡΟCΔΙΟCΟCCΕΙΔΕCΘ
ΕΙCΕΛΑΤΗΝΑΝΑΒΑCΠΕΡΙΜΗΚΕΤΟΝΗΤΟΤΕΝΙΔΗΙ
ΜΑΚΡΟΤΑΤΗΙΠΕΦΥΥΙΑΔΙΗΕΡΟCΑΙΘΕΡΙΚΑΝΕΝ
ΕΝΘΗCΤΟΖΟΙCΙΠΕΠΥΚΑCΜΕΝΟCΕΙΛΑΤΙΝΟΙCΙΝ
ΟΡΝΙΘΙΛΙΓΥΡΗΙΕΝΑΛΙΓΚΙΟCΗΝΤΕΝΟΡΕCCΙ

xiv. 257—290.

ΧΑΛΚΙΔΑΚΙΚΛΗΣΚΟΥΣΙΘΕΟΙΑΝΔΡΕΣΔΕΚΥΜΙΝΔΙ̅
ΗΡΗΔΕΚΡΑΙΠΝΩΣΠΡΟΣΕΒΗΣΑΤΟΓΑΡΓΑΡΟΝΑΚΡΟ̅
ΙΔΗΣΥΨΗΛΗΣΙΔΕΔΕΝΕΦΕΛΗΓΕΡΕΤΑΖΕΥΣ
ΩΣΔΙΔΕΝΩΣΜΙΝΕΡΟΣΠΥΚΙΝΑΣΦΡΕΝΑΣΑΜΦΕΚΑΛΥΨ
ΟΙΟΝΟΤΕΠΡΩΤΙΣΤΟΝΕΜΙΣΓΕΣΘΗΝΦΙΛΟΤΗΤΙ
ΕΙΣΕΥΝΗΝΦΟΙΤΩΝΤΕΦΙΛΟΥΣΛΗΘΟΝΤΕΤΟΚΗΑΣ
ΣΤΗΔΑΥΤΗΣΠΡΟΠΑΡΟΙΘΕΝΕΠΟΣΤΕΦΑΤΕΚΤΟΝΟΜΑΖΕ
ΗΡΗΠΗΜΕΜΑΥΙΑΚΑΤΟΥΛΥΜΠΟΥΤΟΔΙΚΑΝΕΙΣ
ΙΠΠΟΙΔΟΥΠΑΡΕΑΣΙΚΑΙΑΡΜΑΤΑΤΩΝΚΕΠΙΒΑΙΗΣ
ΤΟΝΔΕΔΟΛΟΦΡΟΝΕΟΥΣΑΠΡΟΣΗΥΔΑΠΟΤΝΙΑΗΡΗ
ΕΡΧΟΜΑΙΟΨΟΜΕΝΗΠΟΛΥΦΟΡΒΟΥΠΕΙΡΑΤΑΓΑΙΗΣ
ΩΚΕΑΝΟΝΤΕΘΕΩΝΓΕΝΕΣΙΝΚΑΙΜΗΤΕΡΑΤΗΘΥ̅
ΟΙΜΕΝΣΦΟΙΣΙΔΟΜΟΙΣΙΝΕΥΤΡΕΦΟΝΗΔΑΤΙΤΑΛΛΟ̅
ΤΟΥΣΙΜΟΨΟΜΕΝΗΚΑΙΣΦΑΚΡΙΤΑΝΕΙΚΕΑΛΥΣΩ
ΗΔΗΓΑΡΔΗΡΟΝΧΡΟΝΟΝΑΛΛΗΛΩΝΑΠΕΧΟΝΤΑΙ
ΕΥΝΗΣΚΑΙΦΙΛΟΤΗΤΟΣΕΠΕΙΧΟΛΟΣΕΜΠΕΣΕΘΥΜΩΙ
ΕΙΚΕΙΝΩΓΕΠΕΕΣΣΙΠΑΡΑΙΠΕΠΙΘΟΥΣΑΦΙΛΟΝΚΗΡ
ΕΙΣΕΥΝΗΝΑΝΕΣΑΙΜΙΟΜΩΘΗΝΑΙΦΙΛΟΤΗΤΙ
ΙΠΠΟΙΔΕΝΠΡΥΜΝΩΡΕΙΗΠΟΛΥΠΙΔΑΚΟΣΙΔΗΣ
ΕΣΤΑΣΟΙΜΟΙΣΟΥΣΙΝΕΠΙΤΡΑΦΕΡΗΝΤΕΚΑΙΥΓΡΗ̅
ΝΥΝΔΕΣΕΥΕΙΝΕΚΑΔΕΥΡΟΚΑΤΟΥΛΥΜΠΟΥΤΟΔΙΚΑΝΩ
ΜΗΠΩΣΜΟΙΜΕΤΕΠΕΙΤΑΧΟΛΩΣΕΑΙΑΙΚΕΣΙΩΠΗ
ΟΙΧΩΜΑΙΠΡΟΣΔΩΜΑΒΑΘΥΡΡΟΟΥΩΚΕΑΝΟΙΟ
ΤΗΝΔΑΠΑΜΕΙΒΟΜΕΝΟΣΠΡΟΣΕΦΗΝΕΦΕΛΗΓΕΡΕΤΑΖΕΥΣ
ΗΡΗΚΕΙΣΕΜΕΝΕΣΤΙΚΑΙΥΣΤΕΡΟΝΟΡΜΗΘΗΝΑΙ
ΝΩΙΔΑΓΕΝΦΙΛΟΤΗΤΙΤΡΑΠΕΙΟΜΕΝΕΥΝΗΘΕΝΤΕΣ
ΟΥΓΑΡΠΩΠΟΤΕΜΩΔΕΘΕΑΣΕΡΟΣΟΥΔΕΓΥΝΑΙΚΟΣ
ΘΥΜΟΝΕΝΙΣΤΗΘΕΣΣΙΠΕΡΙΠΡΟΧΥΘΕΙΣΕΔΑΜΑΣΣΕΝ
ΟΥΔΟΠΟΤΗΡΑΣΑΜΗΝΙΞΙΟΝΙΗΣΑΛΟΧΟΙΟ
ΗΤΕΚΕΠΕΙΡΙΘΟΟΝΘΕΟΦΙΝΜΗΣΤΩΡΑΤΑΛΑΝΤΟΝ
ΟΥΔΟΤΕΠΕΡΔΑΝΑΗΣΚΑΛΛΙΣΦΥΡΟΥΑΚΡΙΣΙΩΝΗΣ
ΗΤΕΚΕΠΕΡΣΗΑΠΑΝΤΩΝΑΡΙΔΕΙΚΕΤΟΝΑΝΔΡΩΝ

xiv. 291—320.

ΟΥΔ'ΟΤΕΠΕΡΦΟΙΝΙΚΟϹΚΟΥΡΗϹΤΗΛΕΚΛΕΙΤΟΙΟ
ΗΤΕΚΕΜΟΙΜΙΝΩΑΤΕΚΑΙΑΝΤΙΘΕΟΝΡΑΔΑΜΑΝΘΥ¯
ΟΥΔ'ΟΤΕΠΕΡϹΕΜΕΛΗϹΟΥΔ'ΑΛΚΜΗΝΗϹΕΝΙΘΗΒΗΙ
ΗΡ'ΗΡΑΚΛΗΑΚΡΑΤΕΡΟΦΡΟΝΑΓΕΙΝΑΤΟΠΑΙΔΑ
ΗΔΕΔΙΩΝΥϹΟΝϹΕΜΕΛΗΤΕΚΕΧΑΡΜΑΒΡΟΤΟΙϹΙΝ
ΟΥΔ'ΟΤΕΔΗΜΗΤΡΟϹΚΑΛΛΙΠΛΟΚΑΜΟΙΟΑΝΑϹϹΗϹ
ΟΥΔ'ΟΠΟΤΕΛΗΤΟΥϹΕΡΙΚΥΔΕΟϹΟΥΔΕϹΕΥΑΥΤΗϹ
ΩϹϹΕΟΝΥΝΕΡΑΜΑΙΚΑΙΜΕΓΛΥΚΥϹΙΜΕΡΟϹΑΙΡΕΙ
ΤΟΝΔΕΔΟΛΟΦΡΟΝΕΟΥϹΑΠΡΟϹΗΥΔΑΠΟΤΝΙΑΗΡΗ
ΑΙΝΟΤΑΤΕΚΡΟΝΙΔΗΠΟΙΟΝΤΟΝΜΥΘΟΝΕΕΙΠΕϹ
ΕΙΝΥΝΕΝΦΙΛΟΤΗΤΙΛΙΛΑΙΕΑΙΕΥΝΗΘΗΝΑΙ
ΙΔΗϹΕΝΚΟΡΥΦΗΙϹΙΤΑΔΕΠΡΟΠΕΦΑΝΤΑΙΑΠΑΝΤΑ
ΠΩϹΚ'ΕΟΙΕΙΤΙϹΝΩΙΘΕΩΝΑΙΕΙΓΕΝΕΤΑΩΝ
ΕΥΔΟΝΤ'ΑΘΡΗϹΕΙΕΘΕΟΙϹΙΔΕΠΑϹΙΜΕΤΕΛΘΩΝ
ΠΕΦΡΑΔΟΙΟΥΚΑΝΕΓΩΓΕΤΕΟΝΠΡΟϹΔΩΜΑΝΕΟΙΜΗ¯
ΕΞΕΥΝΗϹΑΝϹΤΑϹΑΝΕΜΕϹϹΗΤΟΝΔΕΚΕΝΕΙΗΙ
ΑΛΛ'ΕΙΔΗΡ'ΕΘΕΛΕΙϹΚΑΙΤΟΙΦΙΛΟΝΕΠΛΕΤΟΘΥΜΩΙ
ΕϹΤΙΝΤΟΙΘΑΛΑΜΟϹΤΟΝΤΟΙΦΙΛΟϹΥΙΟϹΕΤΕΥΞΕ¯
. . . . Υ . . . . Ρ . . . .
ΕΝΘ'ΙΟΜΕΝΚΕΙΟΝΤΕϹΕΠΕΙΝΥΤΟΙΕΥΑΔΕΝΕΥΝΗ
ΤΗΝΔ'ΑΠΑΜΕΙΒΟΜΕΝΟϹΠΡΟϹΕΦΗΝΕΦΕΛΗΓΕΡΕΤΑΖ
ΗΡΗΜΗΤΕΘΕΟΝΤΟΓΕΔΕΙΔΙΘΙΜΗΤΕΤΙΝ'ΑΛΛΟΝ
ΑΘΑΝΑΤΩΝΤΟΙΟΝΤΟΙΕΓΩΝΕΦΟϹΑΜΦΙΚΑΛΥΨΩ
ΧΡΥϹΕΟΝΟΥΔ'ΑΝΝΩΙΔΙΑΔΡΑΚΟΙΗΕΛΙΟϹΠΕΡ'
ΟΥΤΕΚΑΙΟΞΥΤΑΤΟΝΠΕΛΕΤΑΙΦΑΟϹΕΙϹΟΡΑΑϹΘΑΙ
ΗΡΑΚΑΙΑΓΚΑϹΕΜΑΡΠΤΕΚΡΟΝΟΥΠΑΙϹΗΝΠΑΡΑΚΟΙΤΙ¯
ΤΟΙϹΙΔ'ΥΠΟΧΘΩΝΔΙΑΦΥΕΝΝΕΟΘΗΛΕΑΠΟΙΗ¯
ΛΩΤΟΝΘ'ΕΡϹΗΕΝΤΑΙΔΕΚΡΟΚΟΝΗΔ'ΥΑΚΙΝΘΟ¯
ΠΥΚΝΟΝΚΑΙΜΑΛΑΚΟΝΟϹΑΠΟΧΘΟΝΟϹΥΨΟϹΕΕΡΓΕ
ΤΩ'ΕΝΙΛΕΞΑϹΘΗΝΕΠΙΔΕΝΕΦΕΛΗΝΕϹϹΑΝΤΟ
ΚΑΛΗΝΧΡΥϹΕΙΗΝϹΤΙΛΠΝΑΙΔ'ΑΠΕΠΙΠΤΟΝΕΕΡϹΑΙ
ΩϹΟΜΕΝΑΤΡΕΜΑϹΕΥΔΕΠΑΤΗΡΑΝΑΓΑΡΓΑΡΩΙΑΚΡΩΙ
ΥΠΝΩΙΚΑΙΦΙΛΟΤΗΤΙΔΑΜΕΙϹΕΧΕΔ'ΑΓΚΑϹΑΚΟΙΤΙΝ

xiv. 321—353.

ΒΗΔΕΘΕΕΙΝΕΠΙΝΗΑΣΑΧΑΙΩΝΝΗΔΥΜΟΣΥΠΝΟΣ
ΑΓΓΕΛΙΗΝΕΡΕΩΝΓΑΙΗΟΧΩΙΕΝΝΟΣΙΓΑΙΩΙ
ΑΓΧΟΥΔΙΣΤΑΜΕΝΟΣΕΠΕΑΠΤΕΡΟΕΝΤΑΠΡΟΣΗΥΔΑ
ΠΡΟΦΡΩΝΝΥΝΔΑΝΑΟΙΣΙΠΟΣΙΔΑΟΝΕΠΑΜΥΝΕ
ΚΑΙΣΦΙΝΚΥΔΟΣΟΠΑΖΕΜΙΝΥΝΘΑΠΕΡΟΦΡΕΤΙΕΥΔΕΙ
ΖΕΥΣΕΠΕΙΑΥΤΩΙΕΓΩΜΑΛΑΚΟΝΠΕΡΙΚΩΜΑΚΑΛΥΨΑ
ΗΡΗΔΕΝΦΙΛΟΤΗΤΙΠΑΡΗΠΑΦΕΝΕΥΝΗΘΗΝΑΙ
ΩΣΕΙΠΩΝΟΜΕΝΩΙΧΕΤΕΠΙΚΛΥΤΑΦΥΛΑΝΘΡΩΠΩ
ΤΟΝΔΕΤΙΜΑΛΛΟΝΑΝΗΚΕΝΑΜΥΝΕΜΕΝΑΙΔΑΝΑΟΙΣΙ
ΑΥΤΙΚΑΔΕΝΠΡΩΤΟΙΣΙΜΕΓΑΠΡΟΘΟΡΩΝΕΚΕΛΕΥΕ
ΑΡΓΕΙΟΙΚΑΙΔΑΥΤΕΜΕΘΙΕΜΕΝΕΚΤΟΡΙΝΙΚΗΝ
ΠΡΙΑΜΙΔΗΙΙΝΑΝΗΑΣΕΛΗΙΚΑΙΚΥΔΟΣΑΡΗΤΑΙ
ΑΛΛΟΜΕΝΟΥΤΩΦΗΣΙΚΑΙΕΥΧΕΤΑΙΟΥΝΕΚΑΧΙΛΛΕΥΣ
ΝΗΥΣΙΝΕΠΙΓΛΑΦΥΡΗΙΣΙΜΕΝΕΙΚΕΧΟΛΩΜΕΝΟΣΗΤΟΡ
ΚΕΙΝΟΥΔΟΥΤΙΛΙΗΝΠΟΘΗΕΣΣΕΤΑΙΕΙΚΕΝΟΙΑΛΛΟΙ
ΗΜΕΙΣΟΤΡΥΝΩΜΕΘΑΜΥΝΕΜΕΝΑΛΛΗΛΟΙΣΙΝ
ΑΛΛΑΓΕΘΩΣΑΝΕΓΩΕΙΠΩΠΕΙΘΩΜΕΘΑΠΑΝΤΕΣ
ΑΣΠΙΔΑΣΟΣΣΑΙΑΡΙΣΤΑΙΕΝΙΣΤΡΑΤΩΙΗΔΕΜΕΓΙΣΤΑΙ
ΕΣΣΑΜΕΝΟΙΚΕΦΑΛΑΣΔΕΠΑΝΑΙΘΗΙΣΙΝΚΟΡΥΘΕΣΣΙ
ΚΡΥΨΑΝΤΕΣΧΕΡΣΙΝΔΕΤΑΜΑΚΡΟΤΑΤΕΓΧΕΕΛΟΝΤΕΣ
ΙΟΜΕΝΑΥΤΑΡΕΓΩΝΗΓΗΣΟΜΑΙΟΥΔΕΤΙΦΗΜΙ
ΕΚΤΟΡΑΠΡΙΑΜΙΔΗΝΜΕΝΕΕΙΝΜΑΛΑΠΕΡΜΕΜΑΩΤΑ
ΟΣΔΕΚΑΝΗΡΜΕΝΕΧΑΡΜΟΣΕΧΗΙΔΟΛΙΓΟΝΣΑΚΟΣΩΜΩΙ
ΧΕΙΡΟΝΙΦΩΤΙΔΟΤΩΟΔΕΝΑΣΠΙΔΙΜΕΙΖΟΝΙΔΥΤΩ
ΩΣΕΦΑΘΟΙΔΑΡΑΤΟΥΜΑΛΑΜΕΝΚΛΥΟΝΗΔΕΠΙΘΟΝΤΟ
ΤΟΥΣΔΑΥΤΟΙΒΑΣΙΛΗΕΣΕΚΟΣΜΕΟΝΟΥΤΑΜΕΝΟΙΠΕΡ
ΤΥΔΕΙΔΗΣΟΔΥΣΕΥΣΤΕΚΑΙΑΤΡΕΙΔΗΣΑΓΑΜΕΜΝΩΝ
ΟΙΧΟΜΕΝΟΙΔΕΠΙΠΑΝΤΑΣΑΡΗΙΑΤΕΥΧΕΑΜΕΙΒΟΝ
ΕΣΘΛΑΜΕΝΕΣΘΛΟΣΕΔΥΝΕΧΕΡΕΙΑΔΕΧΕΙΡΟΝΙΔΟΣΚΕΝ
ΑΥΤΑΡΕΠΕΙΡΕΣΣΑΝΤΟΠΕΡΙΧΡΟΙΝΩΡΟΠΑΧΑΛΚΟΝ
ΒΑΝΡΙΜΕΝΗΡΧΕΔΑΡΑΣΦΙΠΟΣΙΔΑΩΝΕΝΟΣΙΧΘΩΝ
ΔΕΙΝΟΝΑΟΡΤΑΝΥΗΚΕΣΕΧΩΝΕΝΧΕΙΡΙΠΑΧΕΙΗΙ
ΕΙΚΕΛΟΝΑΣΤΕΡΟΠΗΙΤΩΔΟΥΘΕΜΙΣΕΣΤΙΜΙΓΗΝΑΙ

xiv. 354—386.

ΕΝΔΑΪΛΕΥΓΑΛΕΗΙΑΛΛΑΔΕΟΣΙΣΧΑΝΕΙΑΝΔΡΑΣ
ΤΡΩΑΣΔΑΥΘΕΤΕΡΩΘΕΝΕΚΟΣΜΕΙΦΑΙΔΙΜΟΣΕΚΤΩΡ
ΔΗΡΑΤΟΤΑΙΝΟΤΑΤΗΝΕΡΙΔΑΠΤΟΛΕΜΟΙΟΤΑΝΥΣΣᾹ
ΚΥΑΝΟΧΑΙΤΑΠΟΣΙΔΑΩΝΚΑΙΦΑΙΔΙΜΟΣΕΚΤΩΡ
ΗΤΟΙΟΜΕΝΤΡΩΕΣΣΙΝΟΔΑΡΓΕΙΟΙΣΙΝΑΡΗΓΩΝ
ΕΚΛΥΣΘΗΔΕΘΑΛΑΣΣΑΠΟΤΙΚΛΙΣΙΑΣΤΕΝΕΑΣΤΕ
ΑΡΓΕΙΩΝΟΙΔΕΞΥΝΙΣΑΝΜΕΓΑΛΩΙΑΛΑΛΗΤΩΙ
ΟΥΤΕΘΑΛΑΣΣΗΣΚΥΜΑΤΟΣΟΝΒΟΑΑΙΠΟΤΙΧΕΡΣΟ̄
ΠΟΝΤΟΘΕΝΟΡΝΥΜΕΝΟΝΠΝΟΙΗΙΒΟΡΕΩΑΛΕΓΕΙΝΗΙ
ΟΥΤΕΠΥΡΟΣΤΟΣΣΟΣΓΕΠΟΤΙΒΡΟΜΟΣΑΙΘΟΜΕΝΟΙΟ
ΟΥΡΕΟΣΕΝΒΗΣΣΗΣΟΤΕΤΩΡΕΤΟΚΑΙΕΜΕΝΥΛΗΝ
ΟΥΤΑΝΕΜΟΣΤΟΣΣΟΝΓΕΠΟΤΙΔΡΥΣΙΝΥΨΙΚΟΜΟΙΣΙΝ
ΗΠΥΕΙΟΣΤΕΜΑΛΙΣΤΑΜΕΓΑΒΡΕΜΕΤΑΙΧΑΛΕΠΑΙΝΩΝ
ΤΟΣΣΗΑΡΑΤΡΩΩΝΚΑΙΑΧΑΙΩΝΕΠΛΕΤΟΦΩΝΗ
ΔΕΙΝΟΝΑΥΣΑΝΤΩΝΟΤΕΠΑΛΛΗΛΟΙΣΙΝΟΡΟΥΣΑΝ
ΑΙΑΝΤΟΣΔΕΠΡΩΤΟΣΑΚΟΝΤΙΣΕΦΑΙΔΙΜΟΣΕΚΤΩΡ
ΕΓΧΕΙΕΠΙΤΕΤΡΑΠΤΟΠΡΟΣΙΘΥΜΟΥΔΑΦΑΜΑΡΤΕ
ΤΗΙΡΑΔΥΩΤΕΛΑΜΩΝΕ ....
ΗΤΟΙΟΜΕΝΣΑΚΕΟΣΟΔΕΦΑΣΓΑΝΟΥΑΡΓΥΡΟΗΛΟΥ
ΤΩΟΙΡΥΣΑΣΘΗΝΤΕΡΕΝΑΧΡΟΑΧΩΣΑΤΟΔΕΚΤΩΡ
ΟΤΤΙΡΑΟΙΒΕΛΟΣΩΚΥΕΤΩΣΙΟΝΕΚΦΥΓΕΧΕΙΡΟΣ
ΑΨΔΕΤΑΡΩΝΕΙΣΕΘΝΟΣΕΧΑΖΕΤΟΚΗΡΑΛΕΕΙΝΩΝ
ΤΟΝΜΕΝΕΠΕΙΤΑΠΙΟΝΤΑΜΕΓΑΣΤΕΛΑΜΩΝΙΟΣΑΙΑΣ
ΧΕΡΜΑΔΙΩΙΤΑΡΑΠΟΛΛΑΘΟΑΩΝΕΧΜΑΤΑΝΗΩΝ
ΠΑΡΠΟΣΙΜΑΡΝΑΜΕΝΩΝΕΚΥΛΙΝΔΕΤΟΤΩΝΕΝΑΕΙΡΑΣ
ΣΤΗΘΟΣΒΕΒΛΗΚΕΙΥΠΕΡΑΝΤΥΓΟΣΑΓΧΟΘΙΔΕΙΡΗΣ
ΣΤΡΟΜΒΟΝΔΩΣΕΣΣΕΥΕΒΑΛΩΝΠΕΡΙΔΕΔΡΑΜΕΠΑΝΤΗ
ΩΣΔΟΘΥΠΟΡΙΠΗΣΠΑΤΡΟΣΔΙΟΣΕΞΕΡΙΠΗΙΔΡΥΣ
ΠΡΟΡΡΙΖΟΣΔΕΙΝΗΔΕΘΕΕΙΟΥΓΙΝΕΤΑΙΟΔΜΗ
ΕΞΑΥΤΗΣΤΟΝΔΟΥΠΕΡΕΧΕΙΘΡΑΣΟΣΟΣΚΕΝΙΔΗΤΑΙ
ΕΓΓΥΣΕΩΝΧΑΛΕΠΟΣΔΕΔΙΟΣΜΕΓΑΛΟΙΟΚΕΡΑΥΝΟΣ
ΩΣΕΠΕΣΕΚΤΟΡΟΣΩΚΑΧΑΜΑΙΜΕΝΟΣΕΝΚΟΝΙΗΙΣΙ
ΧΕΙΡΟΣΔΕΚΒΑΛΕΝΕΓΧΟΣΕΠΑΥΤΩΙΔΑΣΠΙΣΕΑΦΘΗ

xiv. 387—419.

ΒΑϹΚΊΘΙἾΡΙΤΑΧΕΙΑΠΟϹΙΔΑΩΝΙΑΝΑΚΤΙ
ΠΆΝΤΑΤΑΔ'ΑΓΓΕῖΛΑΙΜΗΔῈΨΕΥΔΑΓΓΕΛΟϹΕἾΝΑΙ
ΠΑΥϹΆΜΕΝΟΝΜΙΝΆΝΩΧΘΙΜΑΧΗϹΗΔῈΠΤΟΛΈΜΟΙΟ
ἘΡΧΕϹΘΑΙΜΕΤΑΦΫ́ΛΑΘΕΩΝΗΕΙϹΆΛΑΔΙΑΝ
ΕΙΔΈΜΟΙΟΥΚΕΠΈΕϹϹ'ΕΠΙΠΕΊϹΕΤΑΙΑΛΛ'ΑΛΟΓΗϹΕΙ
ΦΡΑΖΈϹΘΩΔΗΠΕΙΤΑΚΑΤᾺΦΡΕΝΑΚΑῚΚΑΤΑΘΥΜΟ̄
ΜΉΜ'ΟΫΔΕΙΚΡΑΤΕΡΌϹΠΕΡΕΩ̂ΝΕΠΙΟΝΤΑΤΑΛΆϹϹΗ
ΜΕΙΝΑΙΕΠΕΙΕΟΦΗΜΙΒΊΗΠΟΛΥΦΈΡΤΕΡΟϹΕἾΝΑΙ
ΚΑῚΓΕΝΕΗ̂ΙΠΡΟΤΕΡΟϹΤΟΥ̂Δ'ΟΥΚΟΘΕΤΑΙΦΊΛΟΝΗ̂ΤΟΡ'
ἾϹΟΝΕΜΟῚΦΑϹΘΑΙΤΌΝΤΕϹΤΥΓΈΟΥϹΙΚΑῚΑΛΛΟΙ
ΩϹΕΦΑΤ'ΟΥΔ'ΑΠΊΘΗϹΕΠΟΔΉΝΕΜΟϹΩΚΈΑἾΡΙϹ
ΒΗΔῈΚΑΤ'ΙΔΑΊΩΝΟΡΕΩΝΕΙϹΊΛΙΟΝΙΡΉΝ
Ω . . . . . ΑΝΕΚΝΕΦΈΩΝΠΤΗ̂ΤΑΙΝΙΦᾺϹΗΕΧΆΛΑΖΑ
. . . . . ΡΗΥΠΟΡΙΠΗ̂ϹΑΙΘΡΗΓΕΝΈΟϹΒΟΡΕΑΟ
. . . . ΙΠΝΩϹΜΕΜΑΥΙΑΔΙΈΠΤΑΤΟΩΚΕΑΙΡΙϹ
. . . . ΔΙϹΤΑΜΕΝΗΠΡΟϹΕΦΗΚΑΥΤῸΝΕΝΝΟϹΙΓΑΙΟ̄
ΑΓΓΕΛΙΗΝΤΙΝΆΤΟΙΓΑΙΉΟΧΕΙΚΥΑΝΟΧΑῖΤΑ
. . . . ΕΥΡ . . . . . . ΥϹΑΠΑΡΑῚΔΙῸϹΑΙΓΙΌΧΟΙΟ
ΠΑΥϹΑΜΕΝΌΝϹΕΚΈΛΕΥϹΕΜΆΧΗϹΗΔῈΠΤΟΛΈΜΟΙΟ
. . . . ΕϹΘΑΙΜΕΤΑΦΫ́ΛΑΘΕΩΝΗΕΙϹΆΛΑΔΙ̂ΑΝ
. . . . ΥΚ . ΠΕΕϹϹΕΠΙΠΕΙϹΕΑΙΑΛΛ'ΑΛΟΓΉϹΕΙϹ
. . . . . ΛΕΙΙΚΑΙΚ . . . . . . ΝΑΝΤΙΒΙΟΝΠΟΛΕΜΙΖΩ̄
ΕΝΘΑΔ'ΕΛΕΥ . . . . ϹΕΔ'ΥΠΕΞΑΛΈΑϹΘΑΙΑΝΏΓΕΙ
ΧΕΙΡΑϹ . . . . ΟΦΗϹΙΒΊΗΦΙΠΟΛΥΦΈΡΤΕΡΟϹΕΙΝΑΙ
. . . . ΠΡΌ . . . . . ϹΟΝΔΟΥΚΟΘΕΤΑΙΦΊΛΟΝΗΤΟΡ
ΙϹΟΝΕΜΟΙΦΑϹΘΑΙΤΟΝΤΕϹΤΥΓΈΟΥϹΙΚΑῚΆΛΛΟΙ
ΤῊΝΔῈΜΕΓ'ΟΧΘΗϹΑϹΠΡΟϹΈΦΗΚΑΥΤῸϹΕΝΝΟϹΊΓΑΙΟϹ
ΩΠΟΠΟΙΗΡ'ΑΓΑΘΟϹΠΕΡΕΩΝΫ́ΠΕΡΟΠΛΟΝΈΕΙΠΕ̄
ΕΙΜ'ΟΜΌΤΙΜΟΝΕΟΝΤΑΒ . . . . . ΟΝΤΑΙΚΑΘΕ̂ΞΕΙ
ΤΡΕΙϹΓΆΡΤΕΚΡΌΝΟΥΕΙΜῈΝΑΔΕΛΦΕΟῚΟΥϹΤΈΚΕΤΟΡΈΑ
ΖΕΥϹΚΑΙΕΓΩΤΡΊΤΑΤΟϹΔ'ΑΊΔΗϹΕΝΈΡΟΙϹΙΝΑΝΑϹϹΩ̄
ΤΡΙΧΘΑΔΕΠΑΝΤΑΔΈΔΑϹΤΑΙΕΚΑϹΤΟϹΔ'ΕΜΜΟΡΕΤΙΜΗϹ
. . . . Ω̂ΝΈΛΑΧΟΝΠΟΛΙΗ̂ΝΆΛΑΝΑΙΈΜΕΝΑΙΕῚ

xv. 158—190.

ΠΑΛΛΟΜΕΝΩΝΑΙΔΗCΔΕΛΑΧΕΖΟΦΟΝΗΕΡΟΕΝΤΑ
ΖΕΥCΔ'ΕΛΑΧ'ΟΥΡΑΝΟΝΕΥΡΥΝΕΝΑΙΘΕΡΙΚΑΙΝΕΦΕΛΗ..
ΓΑΙΑΔ'ΕΤΙΞΥΝΗΠΑΝΤΩΝΚΑΙΜΑΚΡΟCΟΛΥΜΠΟC
ΤΩΡΑΚΑΙΟΥΤΙΔΙΟCΒΕΟΜΑΙΦΡΕCΙΝΑΛΛΑΕΚΗΛΟC
ΚΑΙΚΡΑΤΕΡΟCΠΕΡΕΩΝΜΕΝΕΤΩΤΡΙΤΑΤΗΕΝΙΜΟΙΡΗΙ
ΧΕΡCΙΔΕΜΗΤΙΜΕΠΑΓΧΥΚΑΚΟΝΩCΔΕΙΔΙΞΕCΘΩ
ΘΥΓΑΤΕΡΕCCΙΝΓΑΡΤΕΚΑΙΥΙΑCΙΚΕΡΔΙΟΝΕΙΗ
ΕΚΠΑΓΛΟΙCΕΠΕΕCCΙΝΕΝΙCΝΕΜΕΝΟΥCΤΕΚΕΝΑΥΤΟC
ΟΙΕΘΕΝΟΤΡΥΝΟΝΤΟCΑΚΟΥCΟΝΤΑΙΚΑΙΑΝΑΓΚΗ
ΤΟΝΔ'ΗΜΕΙΒΕΤ'ΕΠΕΙΤΑΠΟΔΗΝΕΜΟCΩΚΕΑΙΡΙC
ΟΥΤΩΓΑΡΔΗΤΟΙΓΑΙΗΟΧΕΙΚΥΑΝΟΧΑΙΤΑ
ΤΟΝΔΕΦΕΡΩΔΙΙΜΥΘΟΝΑΠΗΝΕΑΤΕΚΡΑΤΕΡΟΝΤΕ
ΗΤΕΜΕΤΑCΤΡΕΨΕΙCCΤΡΕΠΤΑΙΜΕΝΤΕΦΡΕΝΕCΕCΘΛΩ̄
ΟΙCΘ'ΩCΠΡΕCΒΥΤΕΡΟΙCΙΝΕΡΙΝΝΥΕCΑΙΕΝΕΠΟΝΤΑΙ
ΤΗΝΔ'ΑΥΤΕΠΡΟCΕΕΙΠΕΠΟCΙΔΑΩΝΕΝΟCΙΧΘΩ̄
ΙΡΙΘΕΑΜΑΛΑΤΟΥΤΟΕΠΟCΚΑΤΑΜΟΙΡΑΝΕΕΙΠΕC
ΕCΘΛΟΝΚΑΙΤΟΤΕΤΥΚΤΑΙΟΤ'ΑΓΓΕΛΟCΑΙCΙΜΑΕΙΔΗΙ
ΑΛΛΑΤΟΔ'ΑΙΝΟΝΑΧΟCΚΡΑΔΙΗΝΚΑΙΘΥΜΟΝΙΚΑΝΕΙ
ΟΠΠΟΤΑΝΙCΟΜΟΡΟΝΚΑΙΟΜΗΙΠΕΠΡΩΜΕΝΟΝΑΙCΗΙ
ΝΕΙΚΕΙΕΙΝΕΘΕΛΗΙCΙΧΟΛΩΤΟΙCΙΝΕΠΕΕCCΙΝ
ΑΛΛ'ΗΤΟΙΝΥΝΜΕΝΚΕΝΕΜΕCCΗΘΕΙCΥΠΟΕΙΞΩ
ΑΛΛΟΔΕΤΟΙΕΡΕΩΚΑΙΑΠΕΙΛΗCΩΤΟΓΕΘΥΜΩΙ
ΑΙΚΕΝΑΝΕΥΕΜΕΘΕΝΚΑΙΑΘΗΝΑΙΗCΑΓΕΛΕΙΗC
ΗΡΗCΘ'ΕΡΜΕΙΩΤΕΚΑΙΗΦΑΙCΤΟΙΟΑΝΑΚΤΟC
ΙΛΙΟΥΑΙΠΕΙΝΗCΠΕΦΙΔΗCΕΤΑΙΟΥΔ'ΕΘΕΛΗCΕΙ
ΕΚΠΕΡCΑΙΔΟΥΝΑΙΔΕΜΕΓΑΚΡΑΤΟCΑΡΓΕΙΟΙCΙΝ
ΙCΤΩΤΟΥΘ'ΟΤΙΝΩΙΝΑΝΗΚΕCΤΟCΧΟΛΟCΕCΤΑΙ
ΩCΕΙΠΩΝΛΙΠΕΛΑΟΝΑΧΑΙΙΚΟΝΕΝΝΟCΙΓΑΙΟC
ΔΥΝΕΔΕΠΟΝΤΟΝΙΩΝΠΟΘΕCΑΝΔ'ΗΡΩΕCΑΧΑΙΟΙ
ΚΑΙΤΟΤ'ΑΠΟΛΛΩΝΑΠΡΟCΕΦΗΝΕΦΕΛΗΓΕΡΕΤΑΖΕΥC
ΕΡΧΕΟΝΥΝΦΙΛΕΦΟΙΒΕΜΕΘ'ΕΚΤΟΡΑΧΑΛΚΟΚΟΡΥCΤΗ̄
ΗΔΗΜΕΝΓΑΡΤΟΙΓΑΙΗΟΧΟCΕΝΝΟCΙΓΑΙΟC
ΟΙΧΕΤΑΙΕΙCΑΛΑΔΙΑΝΑΛΕΥΑΜΕΝΟCΧΟΛΟΝΑΙΠῩ

xv. 191—223.

ΡΕΙ͂ΌΧΘΑΣΚΑΠΈΤΟΙΟΒΑΘΕΊΗΣΠΟΣΣῚΝΕΡΕΊΠΩ̄
ΕΣΜΈΣΣΟΝΚΑΤΈΒΑΛΛΕΓΕΦΎΡΩΣΕΝΔΕΚΈΛΕΥΘΟ̄
ΜΑΚΡῊΝΗΔ᾽ΕΥΡΕΙ͂ΑΝΟΣΟΝΤ᾽ΕΠΙΔΟΥΡΟΣΕΡΩΉ
ΓΊΓΝΕΤΑΙΟΠΠΌΤ᾽ΑΝῊΡΣΘΈΝΕΟΣΠΕΙΡΏΜΕΝΟΣΉΣΕΙ
ΤΗΙΡ᾽ΟΊΓΕΠΡΟΧΈΟΝΤΟΦΑΛΑΓΓΗΔῸΝΠΡΟΔ᾽ΑΠΌΛΛΩ̄
ΑΙΓΙΔ᾽ΈΧΩΝΕΡΊΤΙΜΟΝΕΡΕΙΠΕΔῈΤΕΙΧΟΣΑΧΑΙΩ͂̄
ΡΕΙ͂ΑΜΆΛ᾽ΩΣΌΤΕΤΙΣΨΑΜΑΘΟΝΠΑΪ͂ΣΆΓΧΙΘΑΛΑΣΣΗΣ
ΌΣΤ᾽ΕΠΕΙΟΥ͂ΝΠΟΙΉΣΗΙΑΘΥΡΜΑΤΑΝΗΠΙΈΗΙΣΙΝ
ΑΨ᾽ΑΥ͂ΤΙΣΣΥΝΕΧΕΥΕΠΟΣΙΝΚΑΙΧΕΡΣῚΝΑΘΥΡΩΝ
ΩΣΡΑΣΥΉΙΕΦΟΙΒΕΠΟΛΥΝΚΑΜΑΤΟΝΚΑΙΟΪΖΥΝ
ΣΎΓΧΕΑΣΑΡΓΕΊΩΝΑΥΤΟΙΣΙΔΕΦΥ͂ΖΑΝΕΝΩΡΣΑΣ
ὩΣΟΙΜΕΝΠΑΡΑΝΗΥ͂ΣῚΝΕΡΗΤΎΟΝΤΟΜΈΝΟΝΤΕΣ
ἈΛΛΉΛΟΙΣΙΤΕΚΕΚΛΟΜΕΝΟΙΚΑῚΠΑ͂ΣΙΘΕΟΙ͂ΣΙ
ΧΕΙ͂ΡΑΣΑΝΙΣΧΟΝΤΕΣΜΕΓΆΛ᾽ΕΥΧΕΤΟΩΝΤΟΈΚΑΣΤΟΣ
ΝΕΣΤΩΡΔ᾽ΑΥΤΕΜΑΛΙΣΤΑΓΕΡΉΝΙΟΣΟΥ͂ΡΟΣΑΧΑΙΩ̄
ΕΥΧΕΤΟΧΕΙΡ᾽ΟΡΈΓΩΝΕΙΣΟΥΡΑΝῸΝΑΣΤΕΡΟΕΝΤΑ
ΖΕΥ͂ΠΆΤΕΡΕΊΠΟΤΕΤΙΣΤΟΙΕΝΑΡΓΕΙΠΕΡΠΟΛΥΠΎΡΩ
ΗΒΟῸΣΗΟΙΟΣΚΑΤᾺΠΊΟΝΑΜΗΡΊΑΚΑΊΩΝ
·Υ·...
ΤΩ͂ΝΜΝΗΣΑΙΚΑῚἊΜΥΝΟΝΟΛΎΜΠΙΕΝΗΛΕΕΣΗΜΑΡ
ΜΗΔ᾽ΟΎΤΩΤΡΩΕΣΣΙΝΈΑΔΆΜΝΑΣΘΑΙΑΧΑΙΟΥΣ
ΩΣΈΦΑΤ᾽ΕΥΧΌΜΕΝΟΣΜΕΓΑΔ᾽ΕΚΤΥΠΕΜΗΤΙΕΤΑΖΕΥΣ
ΑΡΆΩΝΑΪΩΝΝΗΛΗΙΑΔΑΟΓΈΡΟΝΤΟΣ
ΤΡΩ͂ΕΣΔ᾽ΩΣΕΠΥΘΟΝΤΟΔΙῸΣΚΤΥΠΟΝΑΙΓΙΟΧΟΙΟ
ΜΑ͂ΛΛΟΝΕΠΑΡΓΕΙΟΙΣΙΘΌΡΟΝΜΝΉΣΑΝΤΟΔΕΧΆΡΜΗΣ
ΟΙΔ᾽ΩΣΤΕΜΕΓΑΚΥ͂ΜΑΘΑΛΆΣΣΗΣΕΥΡΥΠΌΡΟΙΟ
ΝΗῸΣΥΠῈΡΤΟΙΧΩΝΚΑΤΑΒΗΣΕΤΑΙΟΠΠΟΤΕΠΕΊΓΗΙ
ΙΣΑΝΈΜΟΥΗΓΑΡΤΕΜΆΛΙΣΤΑΓΕΚΥΜΑΤ᾽ΟΦΈΛΛΕΙ
ΩΣΤΡΩ͂ΕΣΜΕΓΆΛΗΙΙΑΧΗ͂ΙΚΑΤᾺΤΕΙΧΟΣΕΒΑΙΝΟΝ
ἹΠΠΟΥΣΔ᾽ΕΙΣΕΛΑΣΑΝΤΕΣΕΠΙΠΡΥΜΝΗΙΣΙΜΑΧΟΝΤΟ
ΕΓΧΕΣΙΝΑΜΦΙΓΥΟΙΣΑΥΤΟΣΧΕΔῸΝΟΙΜῈΝΑΦ᾽ΙΠΠΩΝ
ΟΙΔ᾽ΑΠῸΝΗΩ͂ΝΥ͂ΨΙΜΕΛΑΙΝΆΩΝΕΠΙΒΑΝΤΕΣ
ΜΑΚΡΟΙ͂ΣΙΞΥΣΤΟΙΣΙΤΑΡΑΣΦ᾽ΕΠΙΝΗΥΣῚΝΈΚΕΙΤΟ

xv. 356—388.

ΝΑΥΜΑΧΑΚΟΛΛΗΕΝΤΑΚΑΤΑΣΤΟΜΑΕΙΜΕΝΑΧΑΛΚΩΙ
ΠΑΤΡΟΚΛΟΣΔ'ΕΙΩΣΜΕΝΑΧΑΙΟΙΤΕΤΡΩΕΣΤΕ
ΤΕΙΧΕΟΣΑΜΦΕΜΑΧΟΝΤΟΘΟΑΩΝΕΚΤΟΘΙΝΗΩ̄
ΤΟΦΡ'ΟΓ'ΕΝΙΚΛΙΣΙΗΙΑΓΑΠΗΝΟΡΟΣΕΥΡΥΠΥΛΟΙΟ
ΗΣΤΟΤΕΚΑΙΤΟΝΕΤΕΡΠΕΛΟΓΟΙΣΕΠΙΔ'ΕΛΚΕΙΛΥΓΡΩΙ
ΦΑΡΜΑΚ'ΑΚΗΜΑΤ'ΕΠΑΣΣΕΜΕΛΑΙΝΑΩΝΟΔΥΝΑΩ̄
ΑΥΤΑΡΕΠΕΙΔΗΤΕΙΧΟΣΕΠΕΣΣΥΜΕΝΟΥΣΕΝΟΗΣΕ
ΤΡΩΑΣΑΤΑΡΔΑΝΑΩΝΓΕΝΕΤΟΙΑΧΗΤΕΦΟΒΟΣΤΕ
ΩΙΜΩΞΕΝΤ'ΑΡ'ΕΠΕΙΤΑΚΑΙΩΠΕΠΛΗΓΕΤΟΜΗΡΩ
ΧΕΡΣΙΚΑΤΑΠΡΗΝΕΣΣ'ΟΛΟΦΥΡΟΜΕΝΟΣΔΕΠΡΟΣΗΥΔΑ
ΕΥΡΥΠΥΛ'ΟΥΚΕΤΙΤΟΙΔΥΝΑΜΑΙΧΑΤΕΟΝΤΙΠΕΡΕΜΠΗΣ
ΕΝΘΑΔΕΠΑΡΜΕΝΕΜΕΝΔΗΓΑΡΜΕΓΑΝΕΙΚΟΣΟΡΩΡΕΝ
ΑΛΛΑΣΕΜΕΝΘΕΡΑΠΩΝΠΟΤΙΤΕΡΠΕΤΩΑΥΤΑΡΕΓΩΓΕ
ΣΠΕΥΣΟΜΑΙΕΙΣΑΧΙΛΗΑΙΝ'ΟΤΡΥΝΩΠΟΛΕΜΙΖΕῙ
ΤΙΣΔ'ΟΙΔ'ΕΙΚΕΝΟΙΣΥΝΔΑΙΜΟΝΙΘΥΜΟΝΟΡΙΝΩ
ΠΑΡΕΙΠΩΝΑΓΑΘΗΔΕΠΑΡΑΙΦΑΣΙΣΕΣΤΙΝΕΤΑΙΡΟΥ
ΤΟΝΜΕΝΑΡ'ΩΣΕΙΠΟΝΤΑΠΟΔΕΣΦΕΡΟΝ . . . .
ΤΡΩΑΣΕΠΕΡΧΟΜΕΝΟΥΣΜΕΝΟΝΕΜ . . . .
. . . .
ΟΥΔΕΠΟΤΕΤΡΩΕΣΔΑΝΑΩΝ . . . .
ΡΗΞΑΜΕΝΟΙΚΛΙΣΙΗΣΙΜΙΓΗ . . . .
ΑΛΛ'ΩΣΤΕ . . . . ΔΟΡΥΝΗΙΟΝ . . . .
ΤΕΚΤΟΝΟΣΕΝΠΑΛΑΜΗΙΣΙΔΑΗΜΟ . . . .
ΕΥΕΙΔΗΙΣΟΦΙΗΣΥΠΟΘΗΜΟΣΥ . . . .
ΩΣΜΕΝ . . . . ΕΠΙΙΣΑΜΑΧΗΤΕΤΑΤΟ . . . .
ΑΛΛΟΙΔΑΜΦ'ΑΛΛΗΙΣΙΜΑΧΗΝΕΜΑΧΟΝΤΟ . . . . . .
ΕΚΤΩΡΔΑΝΤΑΙΑΝΤΟΣΕΕΙΣΑΤΟΚΥΔΑΛΙΜ . . .
ΤΩΔΕΜΙΗΣΠΕΡΙΝΗΟΣΕΧΟΝΠΟΝΟΝΟΥΔΕΔΥΝΑΝΤΟ
ΟΥΘ'ΟΤΟΝΕΞΕΛΑΣΑΙΚΑΙΕΝΙΠΡΗΣΑΙΠΥΡΙΝΗΑΣ
ΟΥΘΟΤΟΝΑΨΩΣΑΣΘΑΙΕΠΕΙΡΕΠΕΛΑΣΣΕΓΕΔΑΙΜΩ̄
ΕΝΘ'ΥΙΑΚΛΥΤΙΟΙΟΚΑΛΗΤΟΡΑΦΑΙΔΙΜΟΣ . . . .
ΠΥΡΕΣΝΗΑΦΕΡΟΝΤΑΚΑΤΑΣΤΗΘΟΣΒΑΛΕΔΟΥΡΙ
ΔΟΥΠΗΣΕΝΔΕΠΕΣΩΝΔΑΛΟΣΔΕΟΙΕΚΠΕΣΕΧΕΙΡΟΣ

xv. 389—421.

ΗΜΕΝΟΤΕΟΙΣΙΝΚΥΔΟΣΥΠΕΡΤΕΡΟΝΕΓΓΥΑΛΙΞΗΙ
ΗΔΟΤΙΝΑΣΜΙΝΥΘΗΙΣΙΚΑΙΟΥΚΕΘΕΛΗΙΣΙΝΑΜΥΝΕΙ̅
ΩΣΝΥΝΑΡΓΕΙΩΝΜΙΝΥΘΕΙΜΕΝΟΣΑΜΜΙΔΑΡΗΓΕΙ
ΑΛΛΑΜΑΧΕΣΘΕΠΙΝΗΥΣΙΝΑΟΛΛΕΕΣΟΣΔΕΚΕΝΥΜΜΕΩ̅
ΒΛΗΜΕΝΟΣΗΕΤΥΠΕΙΣΘΑΝΑΤΟΝΚΑΙΠΟΤΜΟΝΕΠΙΣΠΗ
ΤΕΘΝΑΤΩΟΥΟΙΑΕΙΚΕΣΑΜΥΝΟΜΕΝΩΠΕΡΙΠΑΤΡΗΣ
ΤΕΘΝΑΜΕΝΑΛΛΑΛΟΧΟΣΤΕΣΟΗΚΑΙΠΑΙΔΕΣΟΠΙΣΣΩ
ΚΑΙΟΙΚΟΣΚΑΙΚΛΗΡΟΣΑΚΗΡΑΤΟΣΕΙΚΕΝΑΧΑΙΟΙ
ΟΙΧΩΝΤΑΙΣΥΝΝΗΥΣΙΦΙΛΗΝΕΣΠΑΤΡΙΔΑΓΑΙΑΝ
ΩΣΕΙΠΩΝΩΤΡΥΝΕΜΕΝΟΣΚΑΙΘΥΜΟΝΕΚΑΣΤΟΥ
ΑΙΑΣΔΑΥΘΕΤΕΡΩΘΕΝΕΚΕΚΛΕΤΟΟΙΣΕΤΑΡΟΙΣΙΝ
ΑΙΔΩΣΑΡΓΕΙΟΙΝΥΝΑΡΚΙΟΝΗΑΠΟΛΕΣΘΑΙ
ΗΕΣΑΩΘΗΝΑΙΚΑΙΑΠΩΣΑΣΘΑΙΚΑΚΑΝΗΩΝ
ΗΕΛΠΕΣΘΗΝΝΗΑΣΕΛΗΙΚΟΡΥΘΑΙΟΛΟΣΕΚΤΩΡ
ΕΜΒΑΔΟΝΙΞΕΣΘΑΙΗΝΠΑΤΡΙΔΑΓΑΙΑΝΕΚΑΣΤΟΣ
ΗΟΥΚΟΤΡΥΝΟΝΤΟΣΑΚΟΥΕΤΕΛΑΟΝΑΠΑΝΤΑ
ΕΚΤΟΡΟΣΟΣΔΗΝΗΑΣΕΝΙΠΡΗΣΑΙΜΕΝΕΑΙΝΕΙ
ΟΥΜΑΝΕΣΤΕΧΟΡΟΝΚΕΛΕΤΕΛΘΕΜΕΝΑΛΛΑΜΑΧΕΣΘΑΙ
ΗΜΙΝΔΟΥΤΙΣΤΟΥΔΕΝΟΟΣΚΑΙΜΗΤΙΣΑΜΕΙΝΩΝ
ΗΑΥΤΟΣΧΕΔΙΗΙΜΙΞΑΙΧΕΙΡΑΣΤΕΜΕΝΟΣΤΕ
ΒΕΛΤΕΡΟΝΗΑΠΟΛΕΣΘΑΙΕΝΑΧΡΟΝΟΝΗΕΒΙΩΝΑΙ
ΗΔΗΘΑΣΤΡΕΥΓΕΣΘΑΙΕΝΑΙΝΗΙΔΗΙΟΤΗΤΙ
ΩΔΑΥΤΩΣΠΑΡΑΝΗΥΣΙΝΥΠΑΝΔΡΑΣΙΧΕΙΡΟΤΕΡΟΙΣΙ
ΩΣΕΙΠΩΝΩΤΡΥΝΕΜΕΝΟΣΚΑΙΘΥΜΟΝΕΚΑΣΤΟΥ
ΕΝΘΕΚΤΩΡΜΕΝΕΛΕΣΧΕΔΙΟΝΠΕΡΙΜΗΔΕΟΣΥΙΟ̅
ΑΡΧΟΝΦΩΚΕΙΩΝΑΙΑΣΔΕΛΕΛΑΟΔΑΜΑΝΤΑ
ΗΓΕΜΟΝΑΠΡΥΛΕΩΝΑΝΤΗΝΟΡΟΣΑΓΛΑΟΝΥΙΟΝ
ΠΟΥΛΥΔΑΜΑΣΔΩΤΟΝΚΥΛΛΗΝΙΟΝΕΞΕΝΑΡΙΞΕΝ
ΦΥΛΕΙΔΕΩΕΤΑΡΟΝΜΕΓΑΘΥΜΩΝΑΡΧΟΝΕΠΕΙΩ̅
ΤΩΙΔΕΜΕΓΗΣΕΠΟΡΟΥΣΕΝΙΔΩΝΟΔΥΠΑΙΘΑΛΙΑΣΘΗ
ΠΟΥΛΥΔΑΜΑΣΚΑΙΤΟΥΜΕΝΑΠΗΜΒΡΟΤΕΝΟΥΓΑΡΑΠΟΛΛΩ̅
ΕΙΑΠΑΝΘΟΥΥΙΟΝΕΝΙΠΡΟΜΑΧΟΙΣΙΔΑΜΗΝΑΙ
ΑΥΤΑΡΟΓΕΚΡΟΙΣΜΟΥΣΤΗΘΟΣΜΕΣΟΝΟΥΤΑΣΕΔΟΥΡΙ

xv. 491—523.

ΔΟΥΠΗϹΕΝΔΕΠΕϹΩΝΟΔΑΠΩΜΩΝΤΕΥΧΕΕϹΥΛΑ
ΤΟΦΡΑΔΕΤΩΙΕΠΟΡΟΥϹΕΔΟΛΟΨΑΙΧΜΗϹΕΥΕΙΔΩϹ
ΛΑΜΠΕΤΙΔΗϹΟΝΛΑΜΠΟϹΕΓΕΙΝΑΤΟΦΕΡΤΑΤΟΝΥΙΟ̄
ΛΑΟΜΕΔΟΝΤΙΑΔΗϹΕΥΕΙΔΟΤΑΘΟΥΡΙΔΟϹΑΛΚΗϹ
...... ΕΦΥΛΕΙΔΑΟΜΕϹΟΝϹΑΚΟϹΟΥΤΑϹΕΔΟΥΡΙ
.... ΟΡΜΗΘΕΙϹΠΥΚΙΝΟϹΔΕΟΙΗΡΚΕϹΕΘΩΡΗΞ
..... ΕΦΟΡΕΙΓΥΑΛΟΙϹΙΝΑΡΗΡΟΤΑΤΟΝΠΟΤΕΦΥΛΕΥϹ
ΗΓΑΓΕΝΕΞΕΦ .... ΠΟΤΑΜΟΥΑΠΟϹΕΛΛΗΕΝΤΟϹ
ΞΕΙΝΟϹΓΑΡΟΙΕΔΩΚΕΝΑΝΑΞΑΝΔΡΩΝΕΥΦΗΤΗϹ
..... ΟΛΕΜΟΝΦΟΡΕΕΙΝΔΗΙΩΝΑΝΔΡΩΝΑΛΕΩΡΗ̄
. ϹΟΙ . . Ι . ΟΤΕΠΑΙΔΟϹΑΠΟΧΡΟΟϹΗΡΚΕϹΟΛΕΘΡΟ̄
...... Ε . . ΕΓΗϹΚΟΡΥΘΟϹΧΑΛΚΗΡΕΟϹΙΠΠΟΔΑϹΕΙΗϹ
. Υ . . ΒΑΧΟΝΑΚΡΟΤΑΤΟΝΝΥΞΕΓΧΕΙΟΞΥΟΕΝΤΙ
ΡΗΞΕΔΑΦΙΠ ...... ΛΟΦΟΝΑΥΤΟΥΠΑϹΔΕΧΑΜΑΖΕ
ΚΑΠΠΕϹΕΝΕΝΚΟΝΙΗΙϹΙΝΕΟΝΦΟΙΝΙΚΙΦΑΕΙΝΟϹ
ΕΩϹΟΤΩΠΟΛΕΜΙΖΕΜΕΝΩΝΕΤΙΔΗΛΠΕΤΟΝΙΚΗ̄
ΤΟΦΡΑΔΕΟΙΜΕΝΕΛΑΟϹΑΡΗΙΟϹΗΛΘΕΝΑΜΥΝΤΩΡ
ϹΤΗΔΕΥΡΑΞϹΥΝΔΟΥΡΙΛΑΘΩΝΒΑΛΕΔΩΜΟΝΟΠΙϹΘΕΝ
ΑΙΧΜΗΔΕϹΤΕΡΝΟΙΟΔΙΕϹϹΥΤΟΜΑΙΜΩ .....
ΠΡΟϹϹΩΙΕΜΕΝΗΟΔΑΡΑΠΡΗΝΗϹΕΛΙΑϹΘΗ
ΤΩΜΕΝΕΕΙϹΑϹΘΗΝΧΑΛΚΗΡΕΑΤΕΥΧΕΑΠΩΜΩΝ
ϹΥΛΗϹΕΙΝΕΚΤΩΡΔΕΚΑϹΙΓΝΗΤΟΙϹΙΚΕΛΕΥΕ
ΠΑϹΙΜΑΛΑΠΡΩΤΟΝΔΙΚΕΤΑΟΝΙΔΗΝΕΝΕΝΙΠΕΝ
ΙΦΘΙΜΟΝΜΕΛΑΝΙΠΠΟΝΟΔΟΦΡΑΜΕΝΕΙΛΙΠΟΔΑϹΒ
ΒΟϹΚΕΝΠΕΡΚΩΤΗΙΔΗΙΩΝΑΠΟΝΟϹΦΙΝΕΟΝΤΩ̄
ΑΥΤΑΡΕΠΕΙΔΑΝΑΩΝΝΕΕϹΗΛΥΘΟΝΑΜΦΙΕΛΙϹϹΑΙ
ΑΨΕΙϹΙΛΙΟΝΗΛΘΕΜΕΤΕΠΡΕΠΕΔΕΤΡΩΕϹϹΙΝ
ΤΟΝΔΕ .... ΙΠΕΝΕΠΟϹΤΕΦΑΤΕΚΤΟΝΟΜΑΖΕ
ΟΥΤΩΔΗΜΕΛΑΝΙΠΠΕΜΕΘΗϹΟΜΕΝΟΥΔΕΝΥϹΟΙΠΕΡ
ΕΝΤΡΕΠΕΤΑΙΦΙΛΟΝΗΤΟΡΑΝΕΨΙΟΥΚΤΑΜΕΝΟΙΟ
ΟΥΧΟΡΑΑϹΟΙΟΝΔΟΛΟΠΟϹΠΕΡΙΤΕΥΧΕΕΠΟΥϹΙΝ
ΑΛΛΕΠΕΥΟΥΓΑΡΕΤΕϹΤΙΝΑΠΟϹΤΑΔΟΝΑΡΓΕΙΟΙϹΙ
ΜΑΡΝΑϹΘΑΙΠΡΙΝΓΗΕΚΑΤΑΚΤΑΜΕΝΗΕΚΑΤΑΚΡΗϹ

xv. 524—557.

ϹΤΗ͂ϹΕΝΕΥΚΡΙΝΑϹΚΡΑΤΕΡΟΝΔΕΠΙΜΥΘΟΝΈΤΕΛΛΕ
ΜΥΡΜΙΔΟΝΕϹΜΗΤΙϹΜΟΙΑΠΕΙΛΑΩΝΛΕΛΑΘΕϹΘΩ
ΑϹΕΠῚΝΗΥϹΙΘΟΗ͂ΙϹΙΝΑΠΕΙΛΕΙΤΕΤΡΩ͂ΕϹϹΙΝ
ΠΑΝΘ̓ΥΠΟΜΗΝΙΘΜΟΝΚΑΙΜΗΤΙΑΑϹΘΕΕΙΚΑϹΤΟϹ
ϹΧΈΤΛΙΕΠΗΛΕΟϹΥἹῈΧΟΛΩΙΑΡΑϹΕΤΡΕΦΕΜΗΤΗΡ
ΝΗΛΕῈϹΟϹΠΑΡᾺΝΗΥϹῚΝΕΧΕΙϹΑΈΚΟΝΤΑϹΕΤΑΊΡΟΥϹ
ΟἹΚΑΔΕΠΕΡϹΥΝΝΗΥϹΙΝΕΩΜΕΘΑΠΟΝΤΟΠΟΡΟΙϹΙΝ
ΑΥΤΙϹΕΠΕΙΡΑ͂ΤΟΙΩΔΕΙΚΑΚΟϹΧΟΛΟϹΈΜΠΕϹΕΘΥΜΩ͂Ι
ΤΑΥ͂Θ᾽ΑΜΑΓΕΙΡΌΜΕΝΟΙΘΑΜΈΒΑΖΕΤΕΝΥΝΔΕΠΕΦΑΝΤΑΙ
ΦΥΛΌΠΙΔΟϹΜΈΓΑΕΡΓΟΝΕΗϹΤΟΠΡΙΝΓ᾽ΕΡΑΑϹΘΕ
ΕΝΘΑ͂ΤΙϹΑΛΚΙΜΟΝΗΤΟΡΈΧΩΝΤΡΩ͂ΕϹϹΙΜΑΧΕϹΘΩ
ὩϹΕΙΠΩΝΩΤΡΥΝΕΜΈΝΟϹΚΑΙΘΥΜΟΝΕΚΑϹΤΟΥ
ΜΑ͂ΛΛΟΝΔῈϹΤΙΧΕϹΑ͂ΡΘΕΝΕΠΕΙΒΑϹΙΛΗΟϹΑΚΟΥϹΑ̅
ὩϹΔ᾽ΟΤΕΤΟἹΧΟΝΑΝΗΡΑ .... ΥΚΙΝΟ ....
ΔΩ͂ΜΑΤΟϹΥ͂ΨΗΛΟΙΟΒΙΑϹΑΝΕΜΩΝΑΛΕΕΙΝΩΝ
ΩϹΑ͂ΡΑΡΟΝΚΟΡΥΘΕϹΤΕΚΑΙΑϹΠΙΔΕϹΟΜΦΑΛΌΕϹϹΑΙ
ΑϹΠΙϹΑΡ᾽ΑϹΠΊΔΈΡΕΙΔΕΚΌΡΥϹΚΌΡΥΝΑΝΈΡΑΔΑΝῊΡ᾽
ΨΑΥΟΝΔἹΠΠΟΚΟΜΟΙΚΌΡΥΘΕϹΛΑΜΠΡΟΙϹΙΦΆΛΟΙϹΙ
ΝΕΥΟΝΤΩΝΩϹΠΥΚΝΟΙΕΦΕϹ ....
ΠΑ͂ΝΤΩΝΔῈΠΡΟΠΑ͂ΡΟΙΘΕΔΥ᾽ΑΝΈΡΕΘΩΡΉϹϹΟΝΤΟ
ΠΑΤΡΟΚΛΟϹΤΕΚΑΙΑΥΤΟΜΈΔΩΝΈΝΑΘΥΜ ....
ΠΡΌϹΘΕΝΜΥΡΜΙΔΟΝΩΝΠΟΛΕΜΙΖΕΜΕΝΑΥ ....
ΒΗ͂Ρ᾽ΙΜΕΝΕϹΚΑΙϹΊΗΝΧΗΛΟΥΔΑΠΟΠΩ͂Μ᾽ΑΝΕΩΓΕ
ΚΑΛΗ͂ϹΔΑΙΔΑΛΈΗϹΤΉΝΟΙΘΈΤΙϹΑΡΓΥΡΟΠΕΖΑ
ΘΗΚ᾽ΕΠῚΝΗΟϹΆΓΕϹΘΑΙΕΥΠΛΗϹΑϹΑΧΙΤΏΝΩΝ
ΧΛΑΙΝΑΩΝΤΑΝΕΜΟϹΚΕΠΕΩΝΟΥΛΩΝΤΕΤΑΠΗΤΩ̅
ΕΝΘΑΔΈΟΙΔΈΠΑϹΈϹΚΕΤΕΤΥΓΜΕΝΟΝΟΥΔΕΤΙϹΑ ....
ΟΥΤ᾽ΑΝΔΡΩ͂ΝΠΊΝΕϹΚΕΝΑΠΑΥΤΟΥΑΙΘΟΠΑΟἾΝΟ̅
ΟΥΤΈΤΕΩΙϹΠΈΝΔΕϹΚΕΘΕΩ͂ΝΟΤΕΜΗΔΙΙΠΑΤΡΙ
ΤΌΝΡΑΤΟΤ᾽ΕΚΧΗΛΟἹΟΛΑΒΩΝΕΚΑ͂ΘΗΡΕΘΕΕΙΩΙ
ΠΡΩ͂ΤΟΝΈΠΕΙΤΑΔΕΝΊΖ᾽ΥΔΑΤΟϹΚΑΛΗΙϹΙΡΟΗ͂ΙϹΙ
ΝΙΨΑΤΟΔ᾽ΑΥΤΟϹΧΕΙ͂ΡΑϹΑΦΥϹϹΑΤΟΔΑΊΘΟΠΑΟἾΝΟΝ
ΕΥΧΕΤ᾽ΕΠΕΙΤ᾽ΑΝϹΤΑϹΜΈϹΩΙΈΡΚΕΙΛΕΙΒΕΔΕΟΙΝΟ̅

xvi. 199—231.

ΟΥΡΑΝΟΝΕΙΣΑΝΙΔΩΝΔΙΑΔΟΥΛΑΘΕΤΕΡΠΙΚΕΡΑΥΝΟ̄
ΖΕΥΑΝΑΔΩΔΩΝΑΙΕΠΕΛΑΣΓΙΚΕΤΗΛΟΘΙΝΑΙΩΝ
ΔΩΔΩΝΗΣΜΕΔΕΩΝΔΥΣΧΕΙΜΕΡΟΥΑΜΦΙΔΕΣΕΛΛΟΙ
ΣΟΙΝΑΙΟΥΣΥΠΟΦΗΤΑΙΑΝΙΠΤΟΠΟΔΕΣΧΑΜΑΙΕΥΝΑΙ
ΗΜΕΝΔΗΠΟΤΕΜΟΝΕΠΟΣΕΚΛΥΕΣΕΥΞΑΜΕΝΟΙΟ
ΤΙΜΗΣΑΣΜΕΝΕΜΕΜΕΓΑΔΙΨΑΟΛΑΟΝΑΧΑΙΩΝ
ΗΔΕΤΙΚΑΙΝΥΝΜΟΙΤΟΔΕΠΙΚΡΗΗΝΟΝΕΕΛΔΩΡ
ΑΥΤΟΣΜΕΝΓΑΡΕΓΩΜΕΝΕΩΝΗΩΝΕΝΑΓΩΝΙ
ΑΛΛΕΤΑΡΟΝΠΕΜΠΩΠΟΛΕΣΙΜΕΤΑΜΥΡΜΙΔΟΝΕΣΣῙ
ΜΑΡΝΑΣΘΑΙΤΩΙΚΥΔΟΣΑΜΑΠΡΟΕΣΕΥΡΥΟΠΑΖΕΥ
ΘΑΡΣΥΝΟΝΔΕΟΙΗΤΟΡΕΝΙΦΡΕΣΙΝΟΦΡΑΚΑΙΕΚΤΩΡ
ΕΙΣΕΤΑΙΗΡΑΚΑΙΟΙΟΣΕΠΙΣΤΗΤΑΙΠΟΛΕΜΙΖΕΙΝ
ΗΜΕΤΕΡΟΣΘΕΡΑΠΩΝΗΟΙΤΟΤΕΧΕΙΡΕΣΑΑΠΤΟΙ
ΜΑΙΝΟΝΘΟΠΠΟΤΕΓΩΠΕΡΙΩΜΕΤΑΜΩΛΟΝΑΡΗΟΣ
ΑΥΤΑΡΕΠΕΙΚΑΠΟΝΑΥΦΙΜΑΧΗΝΕΝΟΠΗΝΤΕΔΙΗΤΑΙ
ΑΣΚΗΘΗΣΜΟΙΕΠΕΙΤΑΘΟΑΣΕΠΙΝΗΑΣΙΚΕΣΘΩ
ΤΕΥΧΕΣΙΤΕΞΥΜΠΑΣΙΚΑΙΑΓΧΕΜΑΧΟΙΣΕΤΑΡΟΙΣΙΝ
ΩΣΕΦΑΤΕΥΧΟΜΕΝΟΣΤΟΥΔΕΚΛΥΕΜΗΤΙΕΤΑΖΕΥΣ
ΤΩΙΔΕ .... ΕΔΩΚΕΠΑΤΗΡΕΤΕΡΟΝΔΑΝΕΝΕΥΣΕ
ΝΗΩΝΜΕΝΟΙΑΠΩΣΑΣΘΑΙΠΟΛΕΜΟΝΤΕΜΑΧΗΝΤΕ
ΔΩΚΕΣΟΟΝΔΑΝΕΝΕΥΣΕΜΑΧΗΣΕΞΑΠΟΝΕΕΣΘΑΙ
ΗΤΟΙΟΜΕΝΣΠΕΙΣΑΣΤΕΚΑΙΕΥΞΑΜΕΝΟΣΔΙΙΠΑΤΡΙ
ΑΨΚΛΙΣΙΗΝΕΙΣΗΛΘΕΔΕΠΑΣΔΑΠΕΘΗΚΕΝΙΧΗΛΩΙ
ΣΤΗΔΕΠΑΡΟΙΘΕΛΘΩΝΚΛΙΣΙΗΣΕΤΙΔΗΘΕΛΕΘΥΜΩΙ
ΕΙΣΙΔΕΕΙΝΤΡΩΩΝΚΑΙΑΧΑΙΩΝΦΥΛΟΠΙΝΑΙΝΗΝ
ΟΙΔΑΜΑΠΑΤΡΟΚΛΩΙΜΕΓΑΛΗΤΟΡΙΘΩΡΗΧΘΕΝΤΕΣ
ΕΣΤΙΧΟΝΟΦΡΕΝΤΡΩΣΙΜΕΓΑΦΡΟΝΕΟΝΤΕΣΟΡΟΥΣᾹ
ΑΥΤΙΚΑΔΕΣΦΗΚΕΣΣΙΝΕΟΙΚΟΤΕΣΕΞΕΧΕΟΝΤΟ
ΕΙΝΟΔΙΟΙΣΟΥΣΠΑΙΔΕΣΕΡΙΔΜΑΙΝΩΣΙΝΕΘΟΝΤΕΣ
ΑΙΕΙΚΕΡΤΟΜΕΟΝΤΕΣΟΔΩΙΕΠΙΟΙΚΙΕΧΟΝΤΕΣ
ΝΗΠΙΑΧΟΙΞΥΝΟΝΔΕΚΑΚΟΝΠΟΛΕΕΣΣΙΤΙΘΕΙΣΙ
ΤΟΥΣΕΙΠΕΡΠΑΡΑΤΙΣΤΕΚΙΩΝΑΝΘΡΩΠΟΣΟΔΙΤΗΣ
ΚΙΝΗΣΗΙΑΕΚΩΝΟΙΔΑΛΚΙΜΟΝΗΤΟΡΕΧΟΝΤΕΣ

xvi. 232—264.

ΖΩῸΝΕΛΕΒΛΑΦΘΈΝΤΑΚΑΤᾺΚΛΌΝΟΝΑΛΛΆΟΙΑΥ͂ΘΙ
ΛΥϹΕΜΕΝΟϹ .... Φ .... ΩΠΉΕΝΤΙ
ΠΑ͂ΝΔΎΠΕΘ .... ΦΟϹΑ ..... ΤῸΝΔΕΚΑΤΌϹϹΕ
ΕΛΛΑΒΕ .... ΚΑΙΜΟΙ͂ΡΑΚΡΑΤΑΙΉ
ΠΗΝΈΛΕΩϹΑ .... ΕϹ ... ΕΔΡΑΜΟΝΕΓΧΕϹΙΜΕΝΓᾺΡ
ἩΜΒΡΟΤΟΝ .... ΗΚΌΝΤΙϹΑΝΑΜΦΩ
ΤΩ͂ΔΑΥ͂ΤΙϹ .... ΟΝΈΝΘΑΛΥ͂ΚΩΝΜΕ̄
ΙΠΠΟΚΌ .... ΗΛΑϹΕ .... ΦΙΔΕΚ ......
ΦΆϹΓΑΝΟΝ .... ΟΥΑΤΟϹΑΥΧΕΝΑΘΕΙΝΕ
ΠΗΝΕΛΕΩϹ .... ϹΈϹΧΕΘΕΔΟΙΟ̄
ΔΈΡΜΑΠΑΡΗ .... ΤΟΔΕΓΥ͂ΙΑ
ΜΗΡΙΌΝΗϹ .... ΑΛΊΜΟΙϹΙ
ΝΥ̓ΞΊΠΠΩ .... ΔΕΞΙΟΝΩ͂ΜΟΝ
ἬΡΙΠΕΔΕΞΟΧ .... ἘΧΥΤΆΧΛΎϹ
ΙΔΟΜΕΝΕΥϹ .... ΕΙΧΑΛΚΩ͂Ι
ΝΎ .. ΤΟΔᾺ .... ΕΡΗϹΕ
ΝΕΡΘΕΝΥ̓Π .... ΟϹΤΈΑΛΕΥΚΑ
.... ΟΙΆΜΦΩ
....
... ΗϹΕΧΑΝΩ͂ΝΘΑΝΑΤΟΥΔΕΜΕΛΑΝΝΕΦΟϹΑΜΦΕΚΑΛΥΨΕ
ΟΥΤΟΙΑΡΗΓΕΜΌΝΕϹΔΑΝΑΩΝΈΛΟΝΑ͂ΝΔΡΑΈΚΑϹΤΟΝ
ΩϹΔᾺΛΥΚΟΙΆ .... ΕΠΈΧΡΑΟΝΗΕΡΙΦΟΙϹΙ
ϹΙΝΤΑΙΥΠΈΚΜΉΛΩΝΑΙΡΕΥΜΈΝΟΙΑΙΤΕΝΟΡΕϹϹΙ
ΠΟΙΜΕΝΟϹΑΦΡΑΔΙΗΙϹΙΔΙΕΤΜΑΓΟΝΟΙΔῈΙΔΟΝΤΕϹ
ΑΙ͂ΨΑΔΙΑΡΠΑΖΟΥϹΙΝΑΝΆΛΚΙΔΑΘΥΜΟΝΕΧΟΥϹΑϹ
ΩϹΔΑΝΑΟῚΤΡΩΕϹϹΙΝΕΠΈΧΡΑΟΝΟΙΔῈΦΟΒΟΙΟ
ΔΥϹΚΕΛΑΔΟΥΜΝΉϹΑΝΤΟΛΆΘΟΝΤΟΔΕΘΟΎΡΙΔΟϹΑΛΚΗϹ
ΑΙΑϹΔΌΜΕΓΑϹΑΙΕΝΕΦΈΚΤΟΡΙΧΑΛΚΟΚΟΡΥϹΤΗΙ
ΙΕΤΆΚΟΝΤΙϹϹΑΙΟΔΕΙΔΡΕΙΗΙΠΟΛΈΜΟΙΟ
ΑϹΠΙΔΙΤΑΥΡΕΙΗΙΚΕΚΑΛΥΜΜΈΝΟϹΕΥΡΈΑϹΏΜΟΥϹ
ϹΚΕΠΤΕΤΌΙϹΤΩ͂ΝΤΕΡΟΙΖΟΝΚΑῚΔΟΥΠΟΝΑΚΟΝΤΩ̄
ΗΜΕΝΔΗΓΙΓΝΩϹΚΕΜΑΧΗϹΕΤΕΡΑΛΚΕΑΝΙΚΗΝ
ΑΛΛᾺΚΑῚΩϹΑΝΕΜΙΜΝΕϹΆΩΔΕΡΙΉΡΑϹΕΤΑΙΡΟΥϹ

xvi. 331—363.

ΩΣΔΟΤΑΠΟΥΛΥΜΠΟΥΝΕΦΟΣΕΡΧΕΤΑΙΟΥΡΑΝΟΝΕΙΣΩ
ΑΙΘΕΡΟΣΕΚΔΙΗΣΟΤΕΤΕΖΕΥΣΛΑΙΛΑΠΑΤΕΙΝΗΙ
ΩΣΤΩΝΕΚΝΗΩΝΓΕΝΕΤΟΙΑΧΗΤΕΦΟΒΟΣΤΕ
ΟΥΔΕΚΑΤΑΜΟΙΡΑΝΠΕΡΑΟΝΠΑΛΙΝΕΚΤΟΡΑΔΙΠΠΟΙ
ΕΚΦΕΡΟΝΩΚΥΠΟΔΕΣΣΥΝΤΕΥΧΕΣΙΛΕΙΠΕΔΕΛΑΟ̄
ΤΡΩΙΚΟΝΟΥΣΑΕΚΟΝΤΑΣΟΡΥΚΤΗΤΑΦΡΟΣΕΕΡΓΕ
ΠΟΛΛΟΙΔΕΝΤΑΦΡΩΙΕΡΥΣΑΡΜΑΤΕΣΩΚΕΕΣΙΠΠΟΙ
ΑΞΑΝΤΕΝΠΡΩΤΩΙΡΥΜΩΙΛΙΠΟΝΑΡΜΑΤΑΝΑΚΤΩ̄
ΠΑΤΡΟΚΛΟΣΔΕΠΕΤΟΣΦΕΔΑΝΟΝΔΑΝΑΟΙΣΙΚΕΛΕΥΩ̄
ΤΡΩΣΙΚΑΚΑΦΡΟΝΕΩΝΟΙΔΕΙΑΧΗΙΤΕΦΟΒΩΙΤΕ
ΠΑΣΑΣΠΛΗΣΑΝΟΔΟΥΣΕΠΕΙΑΡΤΜΑΓΕΝΥΨΙΔΑΕΛΛΗ
ΣΚΙΔΝΑΘΥΠΑΙΝΕΦΕΩΝΤΑΝΥΟΝΤΟΔΕΜΩΝΥΧΕΣΙΠΠΟΙ
ΑΨΟΡΡΟΝΠΡΟΤΙΑΣΤΥΝΕΩΝΑΠΟΚΑΙΚΛΙΣΙΑΩΝ
ΠΑΤΡΟΚΛΟΣΔΗΙΠΛΕΙΣΤΟΝΟΡΙΝΟΜΕΝΟΝΙΔΕΛΑΟ̄
ΤΗΙΡΕΧΟΜΟΚΛΗΣΑΣΥΠΟΔΑΞΟΣΙΦΩΤΕΣΕΠΙΠΤΟ̄
ΠΡΗΝΕΕΣΕΞΟΧΕΩΝΔΙΦΡΟΙΔΑΝΑΚΥΜΒΑΛΙΑΖΟ̄
ΑΝΤΙΚΡΥΔΑΡΑΤΑΦΡΟΝΥΠΕΡΘΟΡΟΝΩΚΕΕΣΙΠΠΟΙ
ΠΡΟΣΣΩΙΕΜΕΝΟΙΕΠΙΔΕΚΤΟΡΙΚΕΚΛΕΤΟΘΥΜΟΣ
ΙΕΤΟΓΑΡΒΑΛΕΕΙ .... ΦΕΡ .... ΚΕΕΣΙΠΠΟΙ
ΩΣΔΟΘΥΠΟΛΑΙΛΑΠΙΠΑΣΑΚΕΛΑΙΝΗΒΕΒΡΙΘΕΧΘΩ̄
ΗΜΑΤΟΠΩΡΙΝΩΙΟΤΕΛΑΒΡΟΤΑΤΟΝΧΕΕΙΥΔΩΡ
ΖΕΥΣΟΤΕΔΗΑΝΔΡΕΣΣΙΚΟΤΕΣΣΑΜΕΝΟΣΧΑΛΕΠΗΝΗΙ
ΟΙΒΙΗΙΕΙΝΑΓΟΡΗΙΣΚΟΛΙΑΣΚΡΙΝΩΣΙΘΕΜΙΣΤΑΣ
ΕΚΔΕΔΙΚΗΝΕΛΑΣΩΣΙΘΕΩΝΟΠΙΝΟΥΚΑΛΕΓΟΝΤΕΣ
ΤΩΝΔΕΤΕΠΑΝΤΕΣΜΕΝΠΟΤΑΜΟΙΠΛΗΘΟΥΣΙΡΕΟΝΤΕΣ
ΠΟΛΛΑΣΔΕΚΛΙΤΥΣΤΟΤΑΠΟΤΜΗΓΟΥΣΙΧΑΡΑΔΡΑΙ
ΕΙΣΔΑΛΑΠΟΡΦΥΡΕΗΝΜΕΓΑΛΑΣΤΕΝΑΧΟΥΣΙΡΕΟΥΣΑΙ
ΕΞΟΡΕΩΝΕΠΙΚΑΡΜΙΝΥΘΕΙΔΕΤΕΕΡΓΑΝΘΡΩΠΩΝ
ΩΣΙΠΠΟΙΤΡΩΑΙΜΕΓΑΛΑΣΤΕΝΑΧΟΝΤΟΘΕΟΥΣΑΙ
ΠΑΤΡΟΚΛΟΣΔΕΠΕΙΟΥΝΠΡΩΤΑΙΣΕΝΕΚΕΡΣΕΦΑΛΑΓΞΙ
ΑΨΕΠΙΝΗΑΣΕΕΡΓΕΠΑΛΙΜΠΕΤΕΣΟΥΔΕΠΟΛΗΟΣ
ΕΙΑΙΕΜΕΝΟΥΣΕΠΙΒΑΙΝΕΜΕΝΑΛΛΑΜΕΣΗΓΥ
ΝΗΩΝΚΑΙΠΟΤΑΜΟΥΚΑΙΤΕΙΧΕΟΣΥΨΗΛΟΙΟ

xvi. 364—397.

ΧΑΛΚΕΑΜΑΡΜΑΙΡΟΝΤΑΤΑΜΕΝΚΟΙΛΑCΕΠΙΝΗΑC
ΔΩΚΕΦΕΡΕΙΝΕΤΑΡΟΙCΙΜΕΝΟΙΤΙΟΥΑΛΚΙΜΟCΥΙΟC
ΚΑΙΤΟΤΑΠΟΛΛΩΝΑΠΡΟCΕΦΗΝΕΦΕΛΗΓΕΡΕΤΑΖΕΥC
ΕΙΔΑΓΕΝΥΝΦΙΛΕΦΟΙΒΕΚΕΛΑΙΝΕΦΕCΑΙΜΑΚΑΘΗΡΟΝ
ΕΛΘΩΝΕΚΒΕΛΕΩΝCΑΡΠΗΔΟΝΑΚΑΙΜΙΝΕΠΕΙΤΑ
ΠΟΛΛΟΝΑΠΟΠΡΟΦΕΡΩΝΛΟΥCΟΝΠΟΤΑΜΟΙΟΡΟΗΙCΙ
ΧΡΕΙCΟΝΤΑΜΒΡΟCΙΗΙΠΕΡΙΔΑΜΒΡΟΤΑΕΙΜΑΤΑΕCCΟ̄
ΠΕΜΠΕΔΕΜΙΝΠΟΜΠΟΙCΙΝΑΜΑΚΡΑΙΠΝΟΙCΙΦΕΡΕCΘΑΙ
ΥΠΝΩΙΚΑΙΘΑΝΑΤΩΙΔΙΔΥΜΑΟCΙΝΟΙΡΑΜΙΝΩΚΑ
ΘΗCΟΥCΕΝΛΥΚΙΗCΕΥΡΕΙΗCΠΙΟΝΙΔΗΜΩΙ
ΕΝΘΑΕΤΑΡΧΥCΟΥCΙΚΑCΙΓΝΗΤΟΙΤΕΕΤΑΙΤΕ
ΤΥΜΒΩΙΤΕCΤΗΛΗΙΤΕΤΟΓΑΡΓΕΡΑCΕCΤΙΘΑΝΟΝΤΩΝ
ΩCΕΦΑΤΟΥΔΑΡΑΠΑΤΡΟCΑΝΗΚΟΥCΤΗCΕΝΑΠΟΛΛΩ̄
ΒΗΔΕΚΑΤΙΔΑΙΩΝΟΡΕΩΝΕCΦΥΛΟΠΙΝΑΙΝΗΝ
ΑΥΤΙΚΑΔΕΚΒΕΛΕΩΝCΑΡΠΗΔΟΝΑΔΙΟΝΑΕΙΡΑC
ΠΟΛΛΟΝΑΠΟΠΡΟΦΕΡΩΝΛΟΥCΕΝΠΟΤΑΜΟΙΟΡΟΗΙCΙ
ΧΡΕΙCΕΝΤΑΜΒΡΟCΙΗΙΠΕΡΙΔΑΜΒΡΟΤΑΕΙΜΑΤΑΕCCΕ
ΠΕΜΠΕΔΕΜΙΝΠΟΜΠΟΙCΙΝΑΜΑΚΡΑΙΠΝΟΙ . . . .
Υ . . . .
ΚΑΤΘΕCΑΝΕΝΛΥΚΙΗCΕΥΡΕΙΗCΠΙΟΝΙΔΗΜΩΙ
ΠΑΤΡΟΚΛΟCΔΙΠΠΟΙCΙΚΑΙΑΥΤΟΜΕΔΟΝΤΙΚΕΛΕΥCΑC
ΤΡΩΑCΙΚΑΙΛΥΚΙΟΥCΜΕΤΕΚΙΑΘΕΙΚΑΙΜΕΓΑΑCΘΗ
ΝΗΠΙΟCΕΙΔΕΕΠΟCΠΗΛΗΙΑΔΑΟΦΥΛΑΞΕΝ
ΗΤΑΝΥΠΕΚΦΥΓΕΚΗΡΑΚΑΚΗΝΜΕΛΑΝΟCΘΑΝΑΤΟΙΟ
ΑΛΛΑΙΕΙΓΕΔΙΟCΚΡΕΙCCΩΝΝΟΟCΗΕΠΕΡΑΝΔΡΟC
ΟCΟΙΚΑΙΤΟΤΕΘΥΜΟΝΕΝΙCΤΗΘΕCCΙΝΕΝΗΚΕ
ΕΝΘΑΤΙΝΑΠΡΩΤΟΝΤΙΝΑΔΥCΤΑΤΟΝΕΞΕΝΑΡΙΞΑC
ΠΑΤΡΟΚΛΕΙCΟΤΕΔΗCΕΘΕΟΙΘΑΝΑΤΟΝΔΕΚΑΛΕCCΑΝ
ΑΔΡΗCΤΟΝΜΕΝΠΡΩΤΑΚΑΙΑΥΤΟΝΟΟΝΚΑΙΕΧΕΚΛΟΝ
ΚΑΙΠΕΡΙΜΟΝΜΕΓΑΔΗΝΚΑΙΕΠΙCΤΟΡΑΚΑΙΜΕΛΑΝ . . . . .
ΑΥΤΑΡΕΠΕΙΤΕΛΑCΟΝΚΑΙΜΟΥΛΙΟΝΗΔΕΠΥΛΑΡΤΗΝ
ΤΟΥCΕΛΕΝΟΙΔΑΛΛΟΙΦΥΓΑΔΕΜΝΩΟΝΤΟΕΚΑCΤΟC
ΕΝΘΑΚΕΝΥΨΙΠΥΛΟΝΤΡΟΙΗΝΕΛΟΝΥΙΕCΑΧΑΙΩΝ

xvi. 664—698.

ΠΑΤΡΟΚΛΟΥΥΠΟΧΕΡϹΙΠΕΡΙΠΡΟΓΑΡΕΓΧΕΙΘΥΕΝ
ΕΙΜΗΑΠΟΛΛΩΝΦΟΙΒΟϹΕΥΔΜΗΤΟΥΕΠΙΠΥΡΓΟΥ
ΕϹΤΗΤΩΙΟΛΟΑΦΡΟΝΕΩΝΤΡΩΕϹϹΙΔΑΡΗΓΩ¯
ΤΡΙϹΜΕΝΕΠΑΓΚΩΝΟϹΒΗΤΕΙΧΕΟϹΥΨΗΛΟΙΟ
ΠΑΤΡΟΚΛΟϹΤΡΙϹΔΑΥΤΟΝΑΠΕϹΤΥΦΕΛΙΞΕΝΑΠΟΛΛΩΝ
ΧΕΙΡΕϹϹΑΘΑΝΑΤΗΙϹΙΦΑΕΙΝΗΝΑϹΠΙΔΑΝΥϹϹΩΝ
ΑΛΛΟΤΕΔΗΤΟΤΕΤΑΡΤΟΝΕΠΕϹϹΥΤΟΔΑΙΜΟΝΙΙϹΟϹ
ΔΕΙΝΑΔΟΜΟΚΛΗϹΑϹΠΡΟϹΕΦΗΕΚΑΕΡΓΟϹΑΠΟΛΛΩ¯
ΧΑΖΕΟΔΙΟΓΕΝΕϹΠΑΤΡΟΚΛΕΙϹΟΥΝΥΤΟΙΑΙϹΑ
ϹΩΙΥΠΟΔΟΥΡΙΠΟΛΙΝΠΕΡΘΑΙΤΡΩΩΝΑΓΕΡΩΧΩΝ
ΟΥΔΥΠΑΧΙΛΛΗΟϹΟϹΠΕΡϹΕΟΠΟΛΛΟΝΑΜΕΙΝΩΝ
ΩϹΦΑΤΟΠΑΤΡΟΚΛΟϹΔΑΝΕΧΑΖΕΤΟΠΟΛΛΟΝΟΠΙϹϹΩ
ΜΗΝΙΝΑΛΕΥΑΜΕΝΟϹΕΚΑΤΗΒΟΛΟΥΑΠΟΛΛΩΝΟϹ
ΕΚΤΩΡΔΕΝϹΚΑΙΗΙϹΙΠΥ . . . ϹΕΧΕΜΩΝΥΧΑϹΙΠΠΟΥϹ
ΔΙΖΕΓΑΡΗΕΜΑΧΟΙΤΟΚΑΤΑΚΛΟΝΟΝΑΥΤΙϹΕΛΑϹϹΑϹ
ΗΛΑΟΥϹΕϹΤΕΙΧΟϹΟΜΟΚΛΗϹΕΙΕΝΑΛΗΝΑΙ
ΤΑΥΤΑΡΑΟΙΦΡΟΝΕΟΝΤΙΠΑΡΙϹΤΑΤΟΦΟΙΒΟϹΑΠΟΛΛΩ¯
ΑΝΕΡΙΕΙϹΑ . . . . ΕΚΡΑΤΕΡΩ . . .
. . . .
ΑΥΤΟΚΑϹΙΓΝΗΤΟϹ . . . . . . ϹΥΙ . . . . ΑΝΤΟϹ
ΟϹΦΡΥΓΙΗΝΝΑΙΕϹΚΕΡΟΗΙϹΕΠΙϹΑΓΓΑΡΙΟΙΟ
ΤΩΙΜΙΝΕΕΙϹΑΜΕΝΟϹΠΡΟϹΕΦΗΔΙΟϹΥΙΟϹΑΠΟΛΛΩ¯
ΕΚΤΩΡΤΙΠΤΕΜΑΧΗϹ . . . . ΙϹΕΧΡΗ
ΑΙΘΟϹΟΝΗϹϹΩΝΕΙΜΙΤΟϹΟΝϹΕΟΦΕΡΤΕΡΟϹΕΙΗΝ
ΤΩΚΕΤΑΧΑϹΤΥΓΕΡΩϹΠΟΛΕΜΟΥΑΠΕΡΩΗϹΕΙΑϹ
ΑΛΛΑΓΕΠΑΤΡΟΚΛΩΙΕΦΕΠΕΚΡΑΤΕΡΩΝΥΧΑϹΙΠΠΟΥϹ
ΑΙΚΕΝΠΩϹΜΙΝΕΛΗΙϹΔΩΗΙΔΕΤΟΙΕΥΧΟϹΑΠΟΛΛΩ¯
ΩϹΕΙΠΩΝΟΜΕΝΑΥΤΙϹΕΒΗΘΕΟϹΑΜΠΟΝΟΝΑΝΔΡΩ¯
ΚΕΒΡΙΟΝΗΙΔΕΚΕΛΕΥϹΕΔΑΙΦΡΟΝΙΦΑΙΔΙΜΟϹΕΚΤΩΡ
ΙΠΠΟΥϹΕϹΠΟΛΕΜΟΝΠΕΠΛ . . . . ΑΥΤΑΡΑΠΟΛΛΩ¯
ΔΥϹΕΘΟΜΙΛΟΝΙΩΝΕΝΔΕΚΛ . . . . . ΑΡΓΕΙΟΙϹΙΝ
ΗΚΕΚΑΚΟΝΤΡΩϹΙΝΔΕΚΑΙΕΚΤΟΡΙΚΥΔΟϹΟΠΑΖΕΝ
ΕΚΤΩΡΔΑΛΛΟΥϹΜΕΝΔΑΝΑΟΥϹΕΑΟΥΔΕΝΑΡΙΖΕΝ

xvi. 699—731.

ΑΛΛΑΝΔΡΟϹΘΕΙΟΙΟΚΑΡΗΧΑΡΙΕΝΤΕΜΕΤΩΠΟΝ
ΡΥΕΤΑΧΙΛΛΗΟϹΤΟΤΕΔΕΖΕΥϹΕΚΤΟΡΙΔΩΚΕΝ
ΗΙΚΕΦΑΛΗΙΦΟΡΕΕΙΝϹΧΕΔΟΘΕΝΔΕΟΙΗΕΝΟΛΕΘΡΟϹ
ΠΑΝΔΕΟΙΕΝΧΕΙΡΕϹϹΙΝΑΓΗΔΟΛΙΧΟϹΚΙΟΝΕΓΧΟϹ
ΒΡΙΘΥΜΕΓΑϹΤΙΒΑΡΟΝΚΕΚΟΡΥΘΜΕΝΟΝΑΥΤΑΡΑΠΩΜΩ̄
ΑϹΠΙϹϹΥΝΤΕΛΑΜΩΝΙΧΑΜΑΙΠΕϹΕΤΕΡΜΙΟΕϹϹΑ
ΛΥϹΕΔΕΟΙΘΩΡΗΚΑΑΝΑΞΔΙΟϹΥΙΟϹΑΠΟΛΛΩΝ
ΤΟΝΔΑΤΗΦΡΕΝΑϹΕΙΛΕΛΥΘΕΝΔΥΠΟΦΑΙΔΙΜΑΓΥΙΑ
ϹΤΗΔΕΤΑΦΩΝΟΠΙΘΕΝΔΕΜΕΤΑΦΡΕΝΟΝΟΞΕΙΔΟΥΡΙ
ΩΜΩΝΜΕϹϹΗΓΥϹϹΧΕΔΟΘΕΝΒΑΛΕΔΑΡΔΑΝΟϹΑΝΗΡ
ΠΑΝΘΟΙΔΗϹΕΥΦΟΡΒΟϹΟϹΗΛΙΚΙΗΝΕΚΕΚΑϹΤΟ
ΕΓΧΕΙΘΙΠΠΟϹΥΝΗΙΤΕΠΟΔΕϹϹΙΤΕΚΑΡΠΑΛΙΜΟΙϹΙ
ΚΑΙΓΑΡΔΗΤΟΤΕΦΩΤΑϹΕΕΙΚΟϹΙΒΗϹΕΝΑΦΙΠΠΩ̄
ΠΡΩΤΕΛΘΩΝϹΥΝΟΧΕϹΦΙΔΙΔΑϹΚΟΜΕΝΟϹΠΟΛΕΜΟΙΟ
ΟϹΤΟΙΠΡΩΤΟϹΕΦΗΚΕΒΕΛΟϹΠΑΤΡΟΚΛΕΙϹΙΠΠΕΥ
ΟΥΔΕΔΑΜΑϹΟΜΕΝΑΥΤΙϹΑΝΕΔΡΑΜΕΜΙΚΤΟΔΟΜΙΛΩΙ
ΕΚΧΡΟΟϹΑΡΠΑΞΑϹΔΟΡΥΜΕΙΛΙΝΟΝΟΥΔΥΠΕΜΕΙΝΕ
ΠΑΤΡΟΚΛΟΝΓΥΜΝΟΝΠΕΡΕΟΝΤΕΝΔΗΙΟΤΗΤΙ
ΠΑΤΡΟΚΛΟϹΔΕΘΕΟΥΠΛΗΓΗΙΚΑΙΔΟΥΡΙΔΑΜΑϹΘΕΙϹ
ΑΨΔΕΤΑΡΩΝΕΙϹΕΘΝΟϹΕΧΑΖΕΤΟΚΗΡΑΛΕΕΙΝΩΝ
ΕΚΤΩΡΔΩϹΕΙΔΕΠΑΤΡΟΚΛΗΑΜΕΓΑΘΥΜΟΝ
ΑΨΑΝΑΧΑΖΟΜΕΝΟΝΒΕΒΛΗΜΕΝΟΝΟΞΕΙΧΑΛΚΩΙ
ΑΓΧΙΜΟΛΟΝΔΕΟΙΗΛΘΕΚΑΤΑϹΤΙΧΑϹΟΥΤΑΔΕΔΟΥΡΙ
ΝΕΙΑΤΟΝΕϹΚΕΝΕΩΝΑΔΙΑΠΡΟΔΕΧΑΛΚΟΝΕΛΑϹϹΕ
ΔΟΥΠΗϹΕΝΔΕΠΕϹΩΝΜΕΓΑΔΗΚΑΧΕΛΑΟΝΑΧΑΙΩΝ
ΩϹΔΟΤΕϹΥΝΑΚΑΜΑΝΤΑΛΕΩΝΕΒΙΗϹΑΤΟΧΑΡΜΗΙ
ΩΤΟΡΕΟϹΚΟΡΥΦΗΙϹΙΜΕΓΑΦΡΟΝΕΟΝΤΕΜΑΧΕϹΘΑΙ
ΠΙΔΑΚΟϹΑΜΦΟΛΙΓΗϹΕΘΕΛΟΥϹΙΔΕΠΙΕΜΕΝΑΜΦΩ
ΠΟΛΛΑΔΕΤΑϹΘΜΑΙΝΟΝΤΑΛΕΩΝΕΔΑΜΑϹϹΕΒΙΗΦΙΝ
ΩϹΠΟΛΕΑϹΠΕΦΝΟΝΤΑΜΕΝΟΙΤΙΟΥΑΛΚΙΜΟΝΥΙΟΝ
ΕΚΤΩΡΠΡΙΑΜΙΔΗϹϹΧΕΔΟΝΕΓΧΕΙΘΥΜΟΝΑΠΗΥΡΑ
ΚΑΙΟΙΕΠΕΥΧΟΜΕΝΟϹΕΠΕΑΠΤΕΡΟΕΝΤΑΠΡΟϹΗΥΔΑ
ΠΑΤΡΟΚΛΗΠΟΥΕΦΗϹΘΑΠΟΛΙΝΚΕΡΑΙΖΕΜΕΝΑΜΗΝ

xvi. 798—830.

ΠΑΤΡΟΚΛΗΠΟΥΕΦΗϹΘΑΠΟΛΙΝΚΕΡΑΙΖΕΜΕΝΑΜΗΝ
ΤΡΩΙΑΔΑϹΔΕΓΥΝΑΙΚΑϹΕΛΕΥΘΕΡΟΝΗΜΑΡΑΠΟΥΡΑ ·
ΑΞΕΙΝΕΝΝΗΕϹϹΙΦΙΛΗΝΕϹΠΑΤΡΙΔΑΓΑΙΑΝ
ΝΗΠΙΕΤΑΩΝΔΕΠΡΟϹΘΕΙΚΤΟΡΟϹΩΚΕΕϹΙΠΠΟΙ
ΠΟϹϹΙΝΟΡΩΡΕΧΑΤΑΙΠΟΛΕΜΙΖΕΜΕΝΕΓΧΕΙΔΑΥΤΟϹ
ΤΡΩϹΙΦΙΛΟΠΤΟΛΕΜΟΙϹΙΜΕΤΑΠΡΕΠΩΟϹϹΦΙΝΑΜΥΝΩ
ΗΜΑΡΑΝΑΓΚΑΙΟΝϹΕΔΕΤΕΝΘΑΔΕΓΥΠΕϹΕΔΟΝΤΑΙ
ΑΔΕΙΛΟΥΔΕΤΟΙΕϹΘΛΟϹΕΩΝΧΡΑΙϹΜΗϹΕΝΑΧΙΛΛΕΥϹ
ΟϹΠΟΥΤΟΙΜΑΛΑΠΟΛΛΑΜΕΝΩΝΕΠΕΤΕΛΛΕΤΙΟΝΤΙ
ΜΗΜΟΙΠΡΙΝ .... ΙΠΠΟΚΕΛΕΥΘΕ
ΝΗΑϹΕΠΙΓΛΑΦΥΡΑϹΠΡΙΝΕΚΤΟΡΟϹΙΠΠΟΔΑΜΟΙΟ
ΑΙΜΑΤΟΕΝΤΑΧΙΤΩΝΑΠΕΡΙϹΤΗΘΕϹϹΙΔΑΙΞΑΙ
ΩϹΠΟΥϹΟΙΠ .... ϹΟΙΔΕΦΡΕΝΑϹΑΦΡΟΝΙΠΕΙΘΕ
ΤΟΝΔΟΛΙΓΟΔΡΑΝΕΩΝΠΡΟϹΕΦΗϹΠΑΤΡΟΚΛΕΙϹΙΠΠΕΥ
ΗΔΗΝΥΝΕΚΤΟΡ ... ΑΛΕΥΧΕΟϹΟΙΓΑΡΕΔΩΚΕ
ΝΙΚΗΝΖΕΥϹΚΡΟΝΙΔΗϹΚΑΙΑΠΟΛΛΩΝΟΙΜΕΔΑΜΑϹϹΑΝ
ΡΗΙΔΙΩϹΑΥΤΟΙΓΑΡΑΠΩΜΩΝΤΕΥΧΕΕΛΟΝΤΟ
ΤΟΙΟΥΤΟΙΔΕΙΠΕΡΜΟΙΕΕΙΚΟϹΙΝΑΝΤΕΒΟΛΗϹΑΝ
ΠΑΝΤΕϹΚΑΥΤΟΘΟΛΟΝΤΟΕΜΩΙΥΠΟΔΟΥΡΙ ....
ΑΛΛΑΜΕΜΟΙΡΟΛΟΗΚΑΙΛΗΤΟΥϹΕΚΤΑΝΕΝΥΙΟϹ
ΑΝΔΡΩΝΔΕΥΦΟΡΒΟϹϹΥΔΕΜΕΤΡΙΤΟϹΕΞΕΝΑΡΙΖΕΙϹ
ΑΛΛΟΔΕΤΟΙΕΡΕΩϹΥΔΕΝΙΦΡΕϹΙΒΑΛΛΕΟϹΗϹΙΝ
ΟΥΘΗΝΟΥΔΑΥΤΟϹΔΗΡΟΝΒΕΗΙΑΛΛΑΤΟΙΗΔΗ
ΑΓΧΙΠΑΡΕϹΤΗΚΕΘΑΝΑΤΟϹΚΑΙΜΟΙΡΑΚΡΑΤΑΙΗ
ΧΕΡϹΙΔΑΜΕΝΤΑΧΙΛΗΟϹΑΜΥΜΟΝΟϹΑΙΑΚΙΔΑΟ
ΩϹΑΡΑΜΙΝΕΙΠΟΝΤΑΤΕΛΟϹΘΑΝΑΤΟΙΟΚΑΛΥΨΕ
ΨΥΧΗΔΕΚΡΕΘΕΩΝΠΤΑΜΕΝΗΑΙΔΟϹΔΕΒΕΒΗΚΕΙ
ΟΝΠΟΤΜΟΝΓΟΟΩϹΑΛΙΠΟΥϹΑΝΔΡΟΤΗΤΑΚΑΙΗΒΗ̄
ΤΟΝΚΑΙΤΕΘΝΕΙΩΤΑΠΡΟϹΗΥΔΑΦΑΙΔΙΜΟϹΕΚΤΩΡ
ΠΑΤΡΟΚΛΕΙϹΤΙΝΥΜΟΙΜΑΝΤΕΥΕΑΙΑΙΠΥΝΟΛΕΘΡΟΝ
ΤΙϹΔΟΙΔΕΙΚΑΧΙΛΕΥϹΘΕΤΙΔΟϹΠΑΙϹΗΥΚΟΜΟΙΟ
ΦΘΗΗΕΜΩΙΥΠΟΔΟΥΡΙΤΥΠΕΙϹΑΠΟΘΥΜΟΝΟΛΕϹϹΑΙ
ΩϹΑΡΑΦΩΝΗϹΑϹΔΟΡΥΧΑΛΚΕΟΝΕΞΩΤΕΙΛΗϹ

xvi. 831—862.

ΠΑΤΡΟΚΛΟΙΟΔΕΛΩΡΑΜΕΝΟΙΤΙΑΔΕΩΑΠΟΤΙϹΗΙ
ΤΟΝΔΑΥΤΕΠΡΟϹΕΕΙΠΕΘΕΤΙϹΚΑΤΑΔΑΚΡΥΧΕΟΥϹΑ
ΩΚΥΜΟΡΟϹΔΗΜΟΙΤΕΚΟϹΕϹϹΕΑΙΟΙΑΓΟΡΕΥΕΙϹ
ΑΥΤΙΚΑΓΑΡΤΟΙΕΠΕΙΤΑΜΕΘΕΚΤΟΡΑΠΟΤΜΟϹΕΤΟΙΜΟϹ
ΤΗΝΔΕΜΕΓΟΧΘΗϹΑϹΠΡΟϹΕΦΗΠΟΔΑϹΩΚΥϹΑΧΙΛΛΕΥϹ
ΑΥΤΙΚΑΤΕΘΝΑΙΗΝΕΠΕΙΟΥΚΑΡΕΜΕΛΛΟΝΕΤΑΙΡΩΙ
ΚΤΕΙΝΟΜΕΝΩΙΕΠΑΜΥΝΑΙΟΜΕΝΜΑΛΑΤΗΛΟΘΙΠΑΤΡΗϹ
ΕΦΘΙΤΕΜΕΙΟΔΕΔΗϹΕΝΑΡΗϹΑΛΚΤΗΡΑΓΕΝΕϹΘΑΙ
ΝΥΝΔΕΠΕΙΟΥΝΕΟΜΑΙΓΕΦΙΛΗΝΕϹΠΑΤΡΙΔΑΓΑΙΑΝ
ΟΥΔΕΤΙΠΑΤΡΟΚΛΩΙΓΕΝΟΜΗΝΦΑΟϹΟΥΔΕΤΑΡΟΙϹΙ
ΤΟΙϹΑΛΛΟΙϹΟΙΔΗΠΟΛΕΕϹΔΑΜΕΝΕΚΤΟΡΙΔΙΩΙ
ΑΛΛΗΜΑΙΠΑΡΑΝΗΥϹΙΝΕΤΩϹΙΟΝΑΧΘΟϹΑΡΟΥΡΗϹ
ΤΟΙΟϹΕΩΝΟΙΟϹΟΥΤΙϹΑΧΑΙΩΝΧΑΛΚΟΧΙΤΩΝΩΝ
ΕΝΠΟΛΕΜΩΙΑΓΟΡΗΙΔΕΤΑΜΕΙΝΟΝΕϹΕΙϹΙΚΑΙΑΛΛΟΙ
ΩϹΕΡΙϹΕΚΤΕΘΕΩΝΕΚΤΑΝΘΡΩΠΩΝΑΠΟΛΟΙΤΟ
ΚΑΙΧΟΛΟϹΟϹΤΕΦΕΗΚΕΠΟΛΥΦΡΟΝΑΠΕΡΧΑΛΕΠΗΝΑΙ
ΟϹΤΕΠΟΛΥΓΛΥΚΙΩΝΜΕΛΙΤΟϹΚΑΤΑΛΕΙΒΟΜΕΝΟΙΟ
ΑΝΔΡΩΝΕΝϹΤΗΘΕϹϹΙΝΑΕΞΕΤΑΙΗΥΤΕΚΑΠΝΟϹ
ΩϹΕΜΕΝΥΝΕΧΟΛΩϹΕΝΑΝΑΞΑΝΔΡΩΝΑΓΑΜΕΜΝΩΝ
ΑΛΛΑΤΑΜΕΝΠΡΟΤΕΤΥΧΘΑΙΕΑϹΟΜΕΝΑΧΝΥΜΕΝΟΙΠΕΡ
ΘΥΜΟΝΕΝΙϹΤΗΘΕϹϹΙΦΙΛΟΝΔΑΜΑϹΑΝΤΕϹΑΝΑΓΚΗΙ
ΝΥΝΔΕΙΜΟΦΡΑΦΙΛΗϹΚΕΦΑΛΗϹΟΛΕΤΗΡΑΚΙΧΕΙΩ
ΕΚΤΟΡΑΚΗΡΑΔΕΓΩΤΟΤΕΔΕΞΟΜΑΙΟΠΠΟΤΕΚΕΝΔΗ
ΖΕΥϹΕΘΕΛΗΙΤΕΛΕϹΑΙΗΔΑΘΑΝΑΤΟΙΘΕΟΙΑΛΛΟΙ
ΟΥΔΕΓΑΡΟΥΔΕΒΙΗΗΡΑΚΛΗΟϹΦΥΓΕΚΗΡΑ
ΟϹΠΕΡΦΙΛΤΑΤΟϹΕϹΚΕΔΙΙΚΡΟΝΙΩΝΙΑΝΑΚΤΙ
ΑΛΛΑΕΜΟΙΡΑΔΑΜΑϹϹΕΚΑΙΑΡΓΑΛΕΟϹΧΟΛΟϹΗΡΗϹ
ΩϹΚΑΙΕΓΩΝΕΙΔΗΜΟΙΟΜΟΙΗΜΟΙΡΑΤΕΤΥΚΤΑΙ
ΚΕΙϹΟΜΕΠΕΙΚΕΘΑΝΩΝΥΝΔΕΚΛΕΟϹΕϹΘΛΟΝΑΡΟΙΜΗΝ
ΚΑΙΤΙΝΑΤΡΩΙΑΔΩΝΚΑΙΔΑΡΔΑΝΙΔΩΝΒΑΘΥΚΟΛΠΩΝ
ΑΜΦΟΤΕΡΗΙϹΙΝΧΕΡϹΙΠΑΡΕΙΑΩΝΑΠΑΛΑΩΝ
ΔΑΚΡΥΟΜΟΡΞΑΜΕΝΗΝΑΔΙΝΟΝϹΤΟΝΑΧΗϹΑΙΕΦΕΙΗΝ
ΓΝΟΙΕΝΔΩϹΔΗΔΗΡΟΝΕΓΩΠΟΛΕΜΟΙΟΠΕΠΑΥΜΑΙ

ΜΗΔΕΜΕΡΥΚΕΜΑΧΗΣΦΙΛΕΟΥΣΑΠΕΡΟΥΔΕΜΕΠΕΙΣΕΙΣ
ΤΟΝΔΗΜΕΙΒΕΤΕΠΕΙΤΑΘΕΑΘΕΤΙΣΑΡΓΥΡΟΠΕΖΑ
ΝΑΙΔΗΤΑΥΤΑΓΕΤΕΚΝΟΝΕΤΗΤΥΜΟΝΟΥΚΑΚΟΝΕΣΤΙ
ΤΕΙΡΟΜΕΝΟΙΣΕΤΑΡΟΙΣΙΝΑΜΥΝΕΜΕΝΑΙΠΥΝΟΛΕΘΡΟ̄
ΑΛΛΑΤΟΙΕΝΤΕΑΚΑΛΑΜΕΤΑΤΡΩΕΣΣΙΝΕΧΟΝΤΑΙ
ΧΑΛΚΕΑΜΑΡΜΑΙΡΟΝΤΑΤΑΜΕΝΚΟΡΥΘΑΙΟΛΟΣΕΚΤΩΡ
ΑΥΤΟΣΕΧΩΝΩΜΟΙΣΙΝΑΓΑΛΛΕΤΑΙΟΥΔΕΕΦΗΜΙ
ΔΗΡΟΝΕΠΑΓΛΑΙΕΙΣΘΑΙΕΠΕΙΦΟΝΟΣΕΓΓΥΘΕΝΑΥΤΩΙ
ΑΛΛΑΣΥΜΕΝΜΗΠΩΚΑΤΑΔΥΣΕΟΜΩΛΟΝΑΡΗΟΣ
ΠΡΙΝΓΕΜΕΔΕΥΡΕΛΘΟΥΣΑΝΕΝΟΦΘΑΛΜΟΙΣΙΝΙΔΗΑΙ
ΗΩΘΕΝΓΑΡΝΕΥΜΑΙΑΜΗΕΛΙΩΙΑΝΙΟΝΤΙ
ΤΕΥΧΕΑΚΑΛΑΦΕΡΟΥΣΑΠΑΡΗΦΑΙΣΤΟΙΟΑΝΑΚΤΟΣ
ΩΣΑΡΑΦΩΝΗΣΑΣΑΠΑΛΙΝΤΡΑΠΕΘΥΙΟΣΕΗΟΣ
ΚΑΙΣΤΡΕΦΘΕΙΣΑΛΙΗΙΣΙΚΑΣΙΓΝΗΤΗΙΣΙΜΕΤΗΥΔΑ
ΥΜΕΙΣΜΕΝΝΥΝΔΥΤΕΘΑΛΑΣΣΗΣΕΥΡΕΑΚΟΛΠΟΝ
ΟΨΟΜΕΝΑΙΤΕΓΕΡΟΝΘΑΛΙΟΝΚΑΙΔΩΜΑΤΑΠΑΤΡΟΣ
ΚΑΙΟΙΠΑΝΤΑΓΟΡΕΥΣΑΤΕΓΩΔΕΣΜΑΚΡΟΝΟΛΥΜΠΟ̄
ΕΙΜΙΠΑΡΗΦΑΙΣΤΟΝΚΛΥΤΟΤΕΧΝΗΝΑΙΚΕΘΕΛΗΣῙ
ΥΙΕΙΕΜΩΙΔΟΜΕΝΑΙΚΛΥΤΑΤΕΥΧΕΑΠΑΜΦΑΝΟΩΝΤΑ
ΩΣΕΦΑΘΑΙΔΥΠΟΚΥΜΑΘΑΛΑΣΣΗΣΑΥΤΙΚΕΔΥΣΑΝ
ΗΜΕΝΑΡΟΥΛΥΜΠΟΝΔΕΘΕΑΘΕΤΙΣΑΡΓΥΡΟΠΕΖΑ
ΗΙΕΙΜΕΝΟΦΡΑΦΙΛΩΙΠΑΙΔΙΚΛΥΤΑΤΕΥΧΕΕΝΕΙΚΑΙ
ΤΗΝΜΕΝΑΡΟΥΛΥΜΠΟΝΔΕΠΟΔΕΣΦΕΡΟΝΑΥΤΑΡΑΧΑΙΟΙ
ΘΕΣΠΕΣΙΩΙΑΛΑΛΗΤΩΙΥΦΕΚΤΟΡΟΣΑΝΔΡΟΦΟΝΟΙΟ
ΦΕΥΓΟΝΤΕΣΝΗΑΣΤΕΙΚΑΙΕΛΛΗΣΠΟΝΤΟΝΙΚΟΝΤΟ
ΟΥΔΕΚΕΠΑΤΡΟΚΛΟΝΠΕΡΕΥΚΝΗΜΙΔΕΣΑΧΑΙΟΙ
ΕΚΒΕΛΕΩΝΕΡΥΣΑΝΤΟΝΕΚΥΝΘΕΡΑΠΟΝΤΑΧΙΛΗΟΣ
ΑΥΤΙΣΓΑΡΔΗΤΟΝΓΕΚΙΧΟΝΛΑΟΣΤΕΚΑΙΙΠΠΟΙ
ΕΚΤΩΡΤΕΠΡΙΑΜΟΙΟΠΑΙΣΦΛΟΓΙΙΚΕΛΟΣΑΛΚΗΝ
ΤΡΙΣΜΕΝΜΙΝΜΕΤΟΠΙΣΘΕΠΟΔΩΝΛΑΒΕΦΑΙΔΙΜΟΣΕΚΤ'
ΕΛΚΕΜΕΝΑΙΜΕΜΑΩΣΜΕΓΑΔΕΤΡΩΕΣΣΙΝΟΜΟΚΛΑ
ΤΡΙΣΔΕΔΥΑΙΑΝΤΕΣΘΟΥΡΙΝΕΠΙΕΙΜΕΝΟΙΑΛΚΗΝ
ΝΕΚΡΟΥΑΠΕΣΤΥΦΕΛΙΞΑΝΟΔΕΜΠΕΔΟΝΑΛΚΙΠΕΠΟΙΘΩΣ

xviii. 126—158.

ΑΛΛΟΤΕΠΑΙΞΑϹΚΕΚΑΤΑΜΟΘΟΝΑΛΛΟΤΕΔΑΥΤΕ
ϹΤΑϹΚΕΜΕΓΑΙΑΧΩΝΟΠΙϹΩΔΟΥΧΑΖΕΤΟΠΑΜΠΑΝ
ΩϹΔΑΠΟϹΩΜΑΤΟϹΟΥΤΙΛΕΟΝΤΑΙΘΩΝΑΔΥΝΑΝΤΑΙ
ΠΟΙΜΕΝΕϹΑΓΡΑΥΛΟΙΜΕΓΑΠΕΙΝΑΟΝΤΑΔΙΕϹΘΑΙ
ΩϹΡΑΤΟΝΟΥΚΕΔΥΝΑΝΤΟΔΥΩΑΙΑΝΤΕΚΟΡΥϹΤΑ
ΕΚΤΟΡΑΠΡΙΑΜΙΔΗΝΑΠΟΝΕΚΡΟΥΔΕΙΔΙΞΕϹΘΑΙ
ΚΑΙΝΥΚΕΝΕΙΡΥϹϹΕΝΤΕΚΑΙΑϹΠΕΤΟΝΗΡΑΤΟΚΥΔΟϹ
ΕΙΜΗΠΗΛΕΙΩΝΙΠΟΔΗΝΕΜΟϹΩΚΕΑΙΡΙϹ
ΑΓΓΕΛΟϹΗΛΘΕΘΕΟΥϹΑΠΟΥΛΥΜΠΟΥΘΩΡΗϹϹΕϹΘΑΙ
ΚΡΥΒΔΑΔΙΟϹΑΛΛΩΝΤΕΘΕΩΝΠΡΟΓΑΡΗΚΕΜΙΝΗΡΗ
ΑΓΧΟΥΔΙϹΤΑΜΕΝΗΕΠΕΑΠΤΕΡΟΕΝΤΑΠΡΟϹΗΥΔΑ
ΟΡϹΕΟΠΗΛΕΙΔΗΠΑΝΤΩΝΕΚΠΑΓΛΟΤΑΤΑΝΔΡΩ̄
ΠΑΤΡΟΚΛΩΙΕΠΑΜΥΝΟΝΟΥΕΙΝΕΚΑΦΥΛΟΠΙϹΑΙΝΗ
ΕϹΤΗΚΕΠΡΟΝΕΩΝΟΙΔΑΛΛΗΛΟΥϹΟΛΕΚΟΥϹΙΝ
ΟΙΜΕΝΑΜΥΝΟΜΕΝΟΙΝΕΚΥΟϹΠΕΡΙΤΕΘΝΕΙΩΤΟϹ
ΟΙΔΕΕΡΥϹϹΑϹΘΑΙΠΡΟΤΙΙΛΙΟΝΗΝΕΜΟΕϹϹΑΝ
ΤΡΩΕϹΕΠΙΘΥΟΥϹΙΜΑΛΙϹΤΑΔΕΦΑΙΔΙΜΟϹΕΚΤΩΡ
ΕΛΚΕΜΕΝΑΙΜΕΜΟΝΕΝΚΕΦΑΛΗΝΤΕΕΘΥΜΟϹΑΝΩΓΕΙ
ΠΗΞΑΙΑΝΑϹΚΟΛΟΠΕϹϹΙΤΑΜΟΝΘΑΠΑΛΗϹΑΠΟΔΕΙΡΗϹ
ΑΛΛΑΝΑΜΗΔΕΤΙΚΕΙϹΟϹΕΒΑϹΔΕϹΕΘΥΜΟΝΙΚΕϹΘΩ
ΠΑΤΡΟΚΛΟΝΤΡΩΗΙϹΙΚΥϹΙΜΕΛΠΗΘΡΑΓΕΝΕϹΘΑΙ
ϹΟΙΛΩΒΗΑΙΚΕΝΤΙΝΕΙΚΥϹΗϹΧΥΜΕΝΟϹΕΛΘΗϹ
ΤΗΝΔΗΜΕΙΒΕΤΕΠΕΙΤΑΠΟΔΑΡΚΗϹΔΙΟϹΑΧΙΛΛΕΥϹ
ΙΡΙΘΕΑΤΙϹΓΑΡϹΕΘΕΩΝΕΜΟΙΑΓΓΕΛΟΝΗΚΕ
ΤΟΝΔΑΥΤΕΠΡΟϹΕΕΙΠΕΠΟΔΗΝΕΜΟϹΩΚΕΑΙΡΙϹ
ΗΡΗΜΕΠΡΟΕΗΚΕΔΙΟϹΚΥΔΡΗΠΑΡΑΚΟΙΤΙϹ
ΟΥΤΟΙΔΕΚΡΟΝΙΔΗϹΥΨΙΖΥΓΟϹΟΥΤΕΤΙϹΑΛΛΟϹ
ΑΘΑΝΑΤΩΝΟΙΟΛΥΜΠΟΝΑΓΑΝΝΙΦΟΝΑΜΦΙΝΕΜΟΝΤΑΙ
ΤΗΝΔΑΠΑΜΕΙΒΟΜΕΝΟϹΠΡΟϹΕΦΗΠΟΔΑϹΩΚΥϹΑΧΙΛΛΕΥϹ
ΠΩϹΤΑΡΙΩΜΕΤΑΜΩΛΟΝΕΧΟΥϹΙΔΕΤΕΥΧΕΕΚΕΙΝΟΙ
ΜΗΤΗΡΔΟΥΜΕΦΙΛΗΠΡΙΝΓΕΙΑΘΩΡΗϹϹΕϹΘΑΙ
ΠΡΙΝΓΑΥΤΗΝΕΛΘΟΥϹΑΝΕΝΟΦΘΑΛΜΟΙϹΙΝΙΔΩΜΑΙ
ϹΤΕΥΤΟΓΑΡΗΦΑΙϹΤΟΙΟΠΑΡΟΙϹΕΜΕΝΕΝΤΕΑΚΑΛΑ

xviii. 159—191.

ΑΛΛΟΥΔΟΥΤΕΥΟΙΔΑΤΕΥΑΝΚΛΥΤΑΤΕΥΧΕΑΔΥΩ
ΕΙΜΗΑΙΑΝΤΟϹΓΕϹΑΚΟϹΤΕΛΑΜΩΝΙΑΔΑΟ
ΑΛΛΑΚΑΙΑΥΤΟϹΟΓΕΛΠΟΜΕΝΙΠΡΩΤΟΙϹΙΝΟΜΙΛΕΙ
ΕΓΧΕΙΔΗΙΟΩΝΠΕΡΙΠΑΤΡΟΚΛΟΙΟΘΑΝΟΝΤΟϹ
ΤΟΝΔΑΥΤΕΠΡΟϹΕΕΙΠΕΠΟΔΗΝΕΜΟϹΩΚΕΑΙΡΙϹ
ΕΥΝΥΚΑΙΗΜΕΙϹΙΔΜΕΝΟΤΟΙΚΛΥΤΑΤΕΥΧΕΕΧΟΝΤΑΙ
ΑΛΛΑΥΤΩϹΕΠΙΤΑΦΡΟΝΙΩΝΤΡΩΕϹϹΙΦΑΝΗΘΙ
ΑΙΚΕϹΥΠΟΔΔΕΙϹΑΝΤΕϹΑΠΟϹΧΩΝΤΑΙΠΟΛΕΜΟΙΟ
ΗΜΕΝΑΡΩϹΕΙΠΟΥϹΑΠΕΒΗΠΟΔΑϹΩΚΕΑΙΡΙϹ
ΑΥΤΑΡΑΧΙΛΛΕΥϹΩΡΤΟΔΙΙΦΙΛΟϹΑΥΤΑΡΑΘΗΝΗ
ΩΜΟΙϹΙΦΘΙΜΟΙϹΙΒΑΛΑΙΓΙΔΑΘΥϹϹΑΝΟΕϹϹΑΝ
ΑΜΦΙΔΕΟΙΚΕΦΑΛΗΙΝΕΦΟϹΕϹΤΕΦΕΔΙΑΘΕΑΩΝ
ΧΡΥϹΕΟΝΕΚΔΑΥΤΟΥΔΑΙΕΦΛΟΓΑΠΑΜΦΑΝΟΩϹΑΝ
ΩϹΔΟΤΕΚΑΠΝΟϹΙΩΝΕΞΑϹΤΕΟϹΑΙΘΕΡΙΚΗΤΑΙ
ΤΗΛΟΘΕΝΕΚΝΗϹΟΥΤΗΝΔΗΙΟΙΑΜΦΙΜΑΧΟΝΤΑΙ
ΟΙΤΕΠΑΝΗΜΕΡΙΟΙϹΤΥΓΕΡΩΙΚΡΙΝΩΝΤΑΙΑΡΗΙ
ΑϹΤΕΟϹΕΚϹΦΕΤΕΡΟΥΑΜΑΔΗΕΛΙΩΙΚΑΤΑΔΥΝΤΙ
ΠΥΡϹΟΙΤΕΦΛΕΓΕΘΟΥϹΙΝΕΠΗΤΡΙΜΟΙΥΨΟϹΕΔΑΥΓΗ
ΓΙΓΝΕΤΑΙΑΙϹϹΟΥϹΑΠΕΡΙΚΤΙΟΝΕϹϹΙΝΙΔΕϹΘΑΙ
ΑΙΚΕΜΠΩϹϹΥΝΝΗΥϹΙΝΑΡΕΩϹΑΛΚΤΗΡΕϹΙΚΩΝΤΑΙ
ΩϹΑΠΑΧΙΛΛΗΟϹΚΕΦΑΛΗϹϹΕΛΑϹΑΙΘΕΡΙΚΑΝΕΝ
ϹΤΗΔΕΠΙΤΑΦΡΟΝΙΩΝΑΠΟΤΕΙΧΕΟϹΟΥΔΕϹΑΧΑΙΟΥϹ
ΜΙϹΓΕΤΟΜΗΤΡΟϹΓΑΡΠΥΚΙΝΗΝΩΠΙΖΕΤΕΦΕΤΜΗΝ
ΕΝΘΑϹΤΑϹΗΥϹΑΠΑΤΕΡΘΕΔΕΠΑΛΛΑϹΑΘΗΝΗ
ΦΘΕΓΞΑΤΑΤΑΡΤΡΩΕϹϹΙΝΕΝΑϹΠΕΤΟΝΩΡϹΕΚΥΔΟΙΜΟΝ
ΩϹΔΟΤΑΡΙΖΗΛΗΦΩΝΗΟΤΕΤΙΑΧΕϹΑΛΠΙΓΞ
ΑϹΤΥΠΕΡΙΠΛΟΜΕΝΩΝΔΗΙΩΝΥΠΟΘΥΜΟΡΑΙϹΤΕΩΝ
ΩϹΤΟΤΑΡΙΖΗΛΗΦΩΝΗΓΕΝΕΤΑΙΑΚΙΔΑΟ
ΟΙΔΩϹΟΥΝΑΙΟΝΟΠΑΧΑΛΚΕΟΝΑΙΑΚΙΔΑΟ
ΠΑϹΙΝΟΡΙΝΘΗΘΥΜΟϹΑΤΑΡΚΑΛΛΙΤΡΙΧΕϹΙΠΠΟΙ
ΑΨΟΧΕΑΤΡΟΠΕΟΝΟϹϹΟΝΤΟΓΑΡΑΛΓΕΑΘΥΜΩΙ
ΗΝΙΟΧΟΙΔΕΚΠΛΗΓΕΝΕΠΕΙΙΔΟΝΑΚΑΜΑΤΟΝΠΥΡ
ΔΕΙΝΟΝΥΠΕΡΚΕΦΑΛΗϹΜΕΓΑΘΥΜΟΥΠΗΛΕΙΩΝΟϹ

xviii. 192—226.

ΔΑΙΟΜΕΝΟΝΤΟΔΕΔΑΙΕΘΕΑΓΛΑΥΚΩΠΙϹΑΘΗΝΗ
ΤΡΙϹΜΕΝΥΠΕΡΤΑΦΡΟΥΜΕΓΑΛΙΑΧΕΔΙΟϹΑΧΙΛΛΕΥϹ
ΤΡΙϹΔΕΚΥΚΗΘΗϹΑΝΤΡΩΕϹΚΛΕΙΤΟΙΤΕΠΙΚΟΥΡΟΙ
ΕΝΘΑΔΕΚΑΙΤΟΤΟΛΟΝΤΟΔΥΩΔΕΚΑΦΩΤΕϹΑΡΙϹΤΟΙ
ΑΜΦΙϹΦΟΙϹΟΧΕΕϹϹΙΚΑΙΕΓΧΕϹΙΝΑΥΤΑΡΑΧΑΙΟΙ
ΑϹΠΑϹΙΩϹΠΑΤΡΟΚΛΟΝΥΠΕΚΒΕΛΕΩΝΕΡΥϹΑΝΤΕϹ
ΚΑΤΘΕϹΑΝΕΝΛΕΧΕΕϹϹΙΦΙΛΟΙΔΑΜΦΕϹΤΑΝΕΤΑΙΡΟΙ
ΜΥΡΟΜΕΝΟΙΜΕΤΑΔΕϹΦΙΠΟΔΩΚΗϹΕΙΠΕΤΑΧΙΛΛΕΥϹ
ΔΑΚΡΥΑΘΕΡΜΑΧΕΩΝΕΠΕΙΕΙϹΙΔΕΠΙϹΤΟΝΕΤΑΙΡΟΝ
ΚΕΙΜΕΝΟΝΕΝΦΕΡΤΡΩΙΔΕΔΑΙΓΜΕΝΟΝΟΞΕΙΧΑΛΚΩΙ
ΤΟΝΡΗΤΟΙΜΕΝΕΠΕΜΠΕϹΥΝΙΠΠΟΙϹΙΝΚΑΙΟΧΕϹΦΙΝ
ΕϹΠΟΛΕΜΟΝΟΥΔΑΥΤΙϹΕΔΕΞΑΤΟΝΟϹΤΗϹΑΝΤΑ
ΗΕΛΙΟΝΔΑΚΑΜΑΝΤΑΒΟΩΠΙϹΠΟΤΝΙΑΗΡΗ
ΠΕΜΨΕΝΕΠΩΚΕΑΝΟΙΟΡΟΑϹΑΕΚΟΝΤΑΝΕΕϹΘΑΙ
ΗΕΛΙΟϹΜΕΝΕΔΥΠΑΥϹΑΝΤΟΔΕΔΙΟΙΑΧΑΙΟΙ
ΦΥΛΟΠΙΔΟϹΚΡΑΤΕΡΗϹΚΑΙΟΜΟΙΪΟΥΠΤΟΛΕΜΟΙΟ
ΤΡΩΕϹΔΑΥΘΕΤΕΡΩΘΕΝΑΠΟΚΡΑΤΕΡΗϹΥϹΜΙΝΗϹ

. . . .

ΕϹΔΑΓΟΡΗΝΑΓΕΡΟΝΤΟΠΑΡΟϹΔΟΡΠΟΙΟΜΕΔΕϹΘΑΙ
ΟΡΘΩΝΔΕϹΤΑΟΤΩΝΑΓΟΡΗΓΕΝΕΤΟΥΔΕΤΙϹΕΤΛΗ
ΕΖΕϹΘΑΙΠΑΝΤΑϹΓΑΡΕΧΕΤΡΟΜΟϹΟΥΝΕΚΑΧΙΛΛΕΥϹ
ΕΞΕΦΑΝΗΔΗΡΟΝΔΕΜΑΧΗϹΕΠΕΠΑΥΤΑΛΕΓΕΙΝΗϹ
ΤΟΙϹΙΔΕΠΟΥΛΥΔΑΜΑϹΠΕΠΝΥΜΕΝΟϹΗΡΧΑΓΟΡΕΥΕΙ
ΠΑΝΘΟΙΔΗϹΟΓΑΡΟΙΟϹΟΡΑΠΡΟϹϹΩΚΑΙΟΠΙϹϹΩ
ΕΚΤΟΡΙΔΗΕΝΕΤΑΙΡΟϹΙΗΙΔΕΝΝΥΚΤΙΓΕΝΟΝΤΟ
ΑΛΛΟΜΕΝΑΡΜΥΘΟΙϹΙΝΟΔΕΓΧΕΙΠΟΛΛΟΝΕΝΙΚΑ
ΟϹϹΦΙΝΕΥΦΡΟΝΕΩΝΑΓΟΡΗϹΑΤΟΚΑΙΜΕΤΕΕΙΠΕΝ
ΑΜΦΙΜΑΛΑΦΡΑΖΕϹΘΕΦΙΛΟΙΚΕΛΟΜΑΙΓΑΡΕΓΩΓΕ
ΑϹΤΥΔΕΝΥΝΙΕΝΑΙΜΗΜΙΜΝΕΙΝΗΩΔΙΑΝ
ΕΝΠΕΔΙΩΙΠΑΡΑΝΗΥϹΙΝΕΚΑϹΔΑΠΟΤΕΙΧΕΟϹΕΙΜΕΝ
ΟΦΡΑΜΕΝΟΥΤΟϹΑΝΗΡΑΓΑΜΕΜΝΟΝΙΜΗΝΙΕΔΙΩΙ
ΤΟΦΡΑΔΕΡΗΙΤΕΡΟΙΠΟΛΕΜΙΖΕΙΝΗϹΑΝΑΧΑΙΟΙ
ΧΑΙΡΕϹΚΟΝΓΑΡΕΓΩΓΕΘΟΗΙϹΕΠΙΝΗΥϹΙΝΙΑΥΩΝ

xviii. 227—259.

ΕΛΠΌΜΕΝΟϹΝΗΑϹΑΙΡΗϹΕΜΕΝΑΜΦΙΕΛΙϹϹΑϹ
ΝΥ͂ΝΔ'ΑΙΝΩ͂ϹΔΕΙΔΟΙΚΑΠΟΔΩ͂ΚΕΑΠΗΛΕΊΩΝΑ
ΟἾΟϹΕΚΕΙΝΟΥΘΥ͂ΜῸϹΥΠΈΡΒΙΟϹΟΥΚ'ΕΘΕΛΉϹΕΙ
ΜΙΜΝΕΙΝΕΝΠΕΔΙΩΙΌΘΙΠΕΡΤΡΩΕϹΚΑῚΑΧΑΙΟΊ
ΕΝΜΈϹΩΙΑΜΦΟΤΕΡΟΙΜΕΝΟϹἌΡΗΟϹΔΑΤΈΟΝΤΑΙ
ΑΛΛΑΠΕΡῚΠΤΟΛΙΟϹΤΕΜΑΧΉϹΕΤΑΙΗΔῈΓΥΝΑΙΚΩ͂̄
ΑΛΛἼΟΜΕΝΠΡΟΤΙΑϹΤΥΠΙΘΕϹΘΕΜΟΙΩ͂ΔΕΓᾺΡἜϹΤΑΙ
ΝΥ͂ΝΜΈΝΝΥΞΑΠΈΠΑΥϹΕΠΟΔΩ͂ΚΕΑΠΗΛΕΙΩΝΑ
ΑΜΒΡΟϹΊΗΕΙΔΑΜΜΕΙΚΙΧΗϹΕΤΑΙΕΝΘΑΔ'ΕΟΝΤΟϹ
ΑΥΡΙΟΝΟΡΜΗΘΕΙϹϹΥ͂ΝΤΕΥΧΕϹΙΝΕΥΝΥΤΙϹΑΥΤΟ̄
ΓΝΩ͂ϹΕΤΑΙΑϹΠΑϹΙΩϹΓᾺΡΑΦΙΞΕΤΑΙἸΛΙΟΝἸΡΗ̄Ν
ὉϹΚΕΦΎΓΗΙΠΟΛΛΟΥ͂ϹΔῈΚΥΝΕϹΚΑΙΓΥΠΕϹΕΔΟΝΤΑΙ
ΤΡΩΩΝΑΙΓΑΡΔΗΜΟΙΑΠΟΎΑΤΟϹΩ͂ΔΕΓΈΝΟΙΤΟ
ΕΙΔΑΝΕΜΟΙ͂ϹΕΠΈΕϹϹΙΠΙΘΩΜΕΘΑΚΗΔΟΜΕΝΟΊΠΕΡ
ΝΥΚΤΑΜΕΝΕΙΝΑΓΟΡῆΙϹΘΈΝΟϹΈΞΟΜΕΝΑϹΤΥΔῈΠΥΡΓΟΙ
Υ̓ΨΗΛΑΙΤΕΠΥΛΑΙϹΑΝΙΔΕϹΔ'ΕΠΙΤΗΙϹΑΡΑΡΥ͂ΙΑΙ
ΜΑΚΡΑῚΕΎΞΕϹΤΟΙΕΖΕΥΓΜΈΝΑΙΕΙΡΥϹΟΝΤΑΙ

. . . .

ϹΤΗϹΟΜΕΘΑΝΠΎΡΓΟΥϹΤΩΙΔ'ἌΛΓΙΟΝΑΙΚ'ἘΘΕΛΗϹΙΝ
ΕΛΘΩ͂ΝΕΚΝΗΩ͂ΝΠΕΡῚΤΕΊΧΕΟϹἈΜΜΙΜΆΧΕϹΘΑΙ
ΑΨ'ΠΆΛΙΝΕΙϹ'ΕΠῚΝῆΑϹΕΠΕΊΚΕΡΙΑΎΧΕΝΑϹΙΠΠΟΥϹ
ΠΑΝΤΟΙΟΥΔΡΌΜΟΥἌϹΗΙΥΠΟΠΤΌΛΙΝΗΛΑϹΚΆΖΩ̄
ΕΙϹΩΔ'ΟΎΜΙΝΘΥΜῸϹΕΦΟΡΜΗΘῆΝΑΙΕἈϹΕΙ
ΟΥΔΕΠΟΤ'ΕΚΠΈΡϹΕΙΠΡΊΝΜΙΝΚΥΝΕϹΑΡΓΟῚΈΔΟΝΤΑΙ
ΤΟΝΔΑΡΥ͂ΠΟΔΡΑΙΔΩΝΠΡΟϹΈΦΗΚΟΡΥΘΑΊΟΛΟϹΕΚΤΩΡ
ΠΟΥΛΥΔΆΜΑϹΥΜῈΝΟΥΚΈΤ'ΕΜΟΙΦΊΛΑΤΑΥΤ'ΑΓΟΡΕΎΕΙϹ
ΟϹΚΈΛΕΑΙΚΑΤᾺΑϹΤΥΑΛΗΜΕΝΑΙἈΥ͂ΤΙϹΙΟΝΤΑϹ
ΗΟΥΠΩΚΕΚΌΡΗϹΘΕΕΕΛΜΈΝΟΙΕΝΔΟΘΙΠΎΡΓΩ̄
ΠΡΙΝΜῈΝΓᾺΡΠΡΙΆΜΟΙΟΠΌΛΙΝΜΕΡΟΠΕϹἌΝΘΡΩΠΟΙ
ΠΑΝΤΕϹΜΥΘΈϹΚΟΝΤΟΠΟΛΎΧΡΥϹΟΝΠΟΛΎΧΑΛΚΟ̄
ΝΥΝΔῈΔῊΕΞΑΠΌΛΩΛΕΔΌΜΩΝΚΕΙΜΉΛΙΑΚΑΛΑ
ΠΟΛΛᾺΔῈΚΑῚΦΡΥΓΊΗΝΚΑΙΜΗΟΝΊΗΝΕΡΑΤΕΙΝῊΝ
ΚΤΗΜΑΤΑΠΕΡΝΆΜΕΝἼΚΕΙΕΠΕῚΜΕΓΑϹΩΔΎϹΑΤΟΖΕΥϹ

xviii. 260—292.

ΝΥΝΔΟΤΕΠΕΡΜΟΙΕΔΩΚΕΚΡΟΝΟΥΠΑΙΣΑΓΚΥΛΟΜΗΤΕΩ
ΚΥΔΟΣΑΡΕΣΘΕΠΙΝΗΥΣΙΘΑΛΑΣΣΗΙΤΕΛΣΑΙΑΧΑΙΟΥΣ
ΝΗΠΙΕΜΗΚΕΤΙΤΑΥΤΑΝΟΗΜΑΤΑΦΑΙΝΕΝΙΔΗΜΩΙ
ΟΥΓΑΡΤΙΣΤΡΩΩΝΕΠΙΠΕΙΣΕΤΑΙΟΥΓΑΡΕΑΣΩ
ΑΛΛΑΓΕΘΩΣΑΝΕΓΩΕΙΠΩΠΕΙΘΩΜΕΘΑΠΑΝΤΕΣ
ΝΥΝΜΕΝΔΟΡΠΟΝΕΛΕΣΘΕΚΑΤΑΣΤΡΑΤΟΝΕΝΤΕΛΕΕΣΣΙ
ΚΑΙΦΥΛΑΚΗΣΜΝΗΣΑΣΘΕΚΑΙΕΓΡΗΓΟΡΘΕΕΚΑΣΤΟΣ
ΤΡΩΩΝΔΟΣΚΤΕΑΤΕΣΣΙΝΥΠΕΡΦΙΑΛΩΣΑΝΙΑΖΕΙ
ΣΥΛΛΕΞΑΣΛΑΟΙΣΙΔΟΤΩΚΑΤΑΔΗΜΟΒΟΡΗΣΑΙ
ΤΩΝΤΙΝΑΒΕΛΤΕΡΟΝΕΣΤΙΝΕΠΑΥΡΕΜΕΝΗΠΕΡΑΧΑΙΟΥΣ
ΠΡΩΙΔΥΠΗΟΙΟΙΣΥΝΤΕΥΧΕΣΙΘΩΡΗΧΘΕΝΤΕΣ
ΝΗΥΣΙΝΕΠΙΓΛΑΦΥΡΗΙΣΙΝΕΓΕΙΡΟΜΕΝΟΞΥΝΑΡΗΑ
ΕΙΔΕΤΕΟΝΠΑΡΑΝΑΥΦΙΝΑΝΕΣΤΗΔΙΟΣΑΧΙΛΛΕΥΣ
ΑΛΓΙΟΝΑΙΚΕΘΕΛΗΙΣΙΤΩΙΕΣΣΕΤΑΙΟΥΜΙΝΕΓΩΓΕ
ΦΕΥΞΟΜΑΙΕΚΠΟΛΕΜΟΙΟΔΥΣΗΧΕΟΣΑΛΛΑΜΑΛΑΝΤΗ̄
ΣΤΗΣΟΜΑΙΗΚΕΦΕΡΟΙΤΟΜΕΓΑΚΡΑΤΟΣΗΚΕΦΕΡΟΙΜΗ̄
ΞΥΝΟΣΕΝΥΑΛΙΟΣΚΑΙΤΕΚΤΑΝΕΟΝΤΑΚΑΤΕΚΤΑ
ΩΣΕΚΤΩΡΑΓΟΡΕΥΕΠΙΔΕΤΡΩΕΣΚΕΛΑΔΗΣΑΝ
ΝΗΠΙΟΙΕΚΓΑΡΣΦΕΩΝΦΡΕΝΑΣΕΞΕΛΕΤΟΖΕΥΣ
ΕΚΤΟΡΙΜΕΝΓΑΡΕΠΗΝΗΣΑΝΚΑΚΑΜΗΤΙΟΩΝΤΙ
ΠΟΥΛΥΔΑΜΑΝΤΙΔΑΡΟΥΤΙΣΟΣΕΣΘΛΗΝΦΡΑΖΕΤΟΒΟΥΛΗ̄
ΔΟΡΠΟΝΕΠΕΙΘΕΙΛΟΝΤΟΚΑΤΑΣΤΡΑΤΟΝΑΥΤΑΡΑΧΑΙΟΙ
ΠΑΝΝΥΧΙΟΙΠΑΤΡΟΚΛΟΝΑΝΕΣΤΕΝΑΧΟΝΤΟΓΟΩΝΤΕΣ
ΤΟΙΣΙΔΕΠΗΛΕΙΔΗΣΑΔΙΝΟΥΕΞΗΡΧΕΓΟΟΙΟ
ΧΕΙΡΑΣΕΠΑΝΔΡΟΦΟΝΟΥΣΘΕΜΕΝΟΣΣΤΗΘΕΣΣΙΝΕΤΑΙΡΟΥ
ΠΟΛΛΑΜΑΛΑΣΤΕΝΑΧΩΝΩΣΤΕΛΙΣΗΥΓΕΝΕΙΟΣ
ΩΙΡΑΘΥΠΟΣΚΥΜΝΟΥΣΕΛΑΦΗΒΟΛΟΣΑΡΠΑΣΗΑΝΗΡ
ΥΛΗΣΕΚΠΥΚΙΝΗΣΟΔΕΤΑΧΝΥΤΑΙΥΣΤΕΡΟΣΕΛΘΩΝ
ΠΟΛΛΑΔΕΤΑΓΚΕΕΠΗΛΘΕΜΕΤΑΝΕΡΟΣΙΧΝΙΕΡΕΥΝΩ̄
ΕΙΠΟΘΕΝΕΞΕΥΡΟΙΜΑΛΑΓΑΡΔΡΙΜΥΣΧΟΛΟΣΑΙΡΕΙ
ΩΣΟΒΑΡΥΣΤΕΝΑΧΩΝΜΕΤΕΦΩΝΕΕΜΥΡΜΙΔΟΝΕΣΣΙ
ΩΠΟΠΟΙΗΡΑΛΙΟΝΕΠΟΣΕΚΒΑΛΟΝΗΜΑΤΙΚΕΙΝΩΙ
ΘΑΡΣΥΝΩΝΗΡΩΑΜΕΝΟΙΤΙΟΝΕΝΜΕΓΑΡΟΙΣΙ

xviii. 293—325.

ΦΗΝΔΕΟΙΕΙϹΟΠΟΕΝΤΑΠΕΡΙΚΛΥΤΟΝΥΙΟΝΑΠΑΞΕΙΝ
ΙΛΙΟΝΕΚΠΕΡϹΑΝΤΑΛΑΧΟΝΤΑΤΕΛΗΙΔΟϹΑΙϹΑΝ
ΑΛΛΟΥΖΕΥϹΑΝΔΡΕϹϹΙΝΟΗΜΑΤΑΠΑΝΤΑΤΕΛΕΥΤΑΙ
ΑΜΦΩΓΑΡΠΕΠΡΩΤΑΙΟΜΟΙΗΝΓΑΙΑΝΕΡΕΥϹΑΙ
ΑΥΤΟΥΕΝΙΤΡΟΙΗΙΕΠΕΙΟΥΔΕΜΕΝΟϹΤΗϹΑΝΤΑ
ΔΕΞΕΤΑΙΕΝΜΕΓΑΡΟΙϹΙΓΕΡΩΝΙΠΠΗΛΑΤΑΠΗΛΕΥϹ
ΟΥΔΕΘΕΤΙϹΜΗΤΗΡΑΛΛΑΥΤΟΥΓΑΙΑΚΑΘΕΞΕΙ
ΝΥΝΔΕΠΕΙΟΥΝΠΑΤΡΟΚΛΕϹΕΥΥϹΤΕΡΟϹΕΙΜΥΠΟΓΑΙᾹ
ΟΥϹΕΠΡΙΝΚΤΕΡΙΩΠΡΙΝΓΕΚΤΟΡΟϹΕΝΘΑΔΕΝΕΙΚΑΙ
ΤΕΥΧΕΑΚΑΙΚΕΦΑΛΗΝΜΕΓΑΘΥΜΟΥϹΕΙΟΦΟΝΗΟϹ
ΔΩΔΕΚΑΔΕΠΡΟΠΑΡΟΙΘΕΠΥΡΗϹΑΠΟΔΕΙΡΟΤΟΜΗϹΩ
ΤΡΩΩΝΑΓΛΑΑΤΕΚΝΑϹΕΘΕΝΚΤΑΜΕΝΟΙΟΧΟΛΩΘΕΙϹ
ΤΟΦΡΑΔΕΜΟΙΠΑΡΑΝΗΥϹΙΚΟΡΩΝΙϹΙΚΕΙϹΕΑΙΑΥΤΩϹ
ΑΜΦΙΔΕϹΕΤΡΩΙΑΙΚΑΙΔΑΡΔΑΝΙΔΕϹΒΑΘΥΚΟΛΠΟΙ
ΚΛΑΥϹΟΝΤΑΙΝΥΚΤΑϹΤΕΚΑΙΗΜΑΤΑΔΑΚΡΥΧΕΟΥϹΑΙ
ΤΑϹΑΥΤΟΙΚΑΜΟΜΕϹΘΑΒΙΗΦΙΤΕΔΟΥΡΙΤΕΜΑΚΡΩΙ
ΠΙΕΙΡΑϹΠΕΡΘΟΝΤΕϹΠΟΛΕΙϹΜΕΡΟΠΩΝΑΝΘΡΩΠΩΝ
ΩϹΕΙΠΩΝΕΤΑΡΟΙϹΙΝΕΚΕΚΛΕΤΟΔΙΟϹΑΧΙΛΛΕΥϹ
ΑΜΦΙΠΥΡΙϹΤΗϹΑΙΤΡΙΠΟΔΑΜΕΓΑΝΟΦΡΑΤΑΧΙϹΤΑ
ΠΑΤΡΟΚΛΟΝΛΟΥϹΕΙΑΝΑΠΟΒΡΟΤΟΝΑΙΜΑΤΟΕΝΤΑ
ΟΙΔΕΛΟΕΤΡΟΧΟΟΝΤΡΙΠΟΔΙϹΤΑϹΑΝΕΝΠΥΡΙΚΗΛΕΩΙ
ΕΝΔΑΡΥΔΩΡΕΧΕΑΝΥΠΟΔΕΞΥΛΑΔΑΙΟΝΕΛΟΝΤΕϹ
ΓΑϹΤΡΗΝΜΕΝΤΡΙΠΟΔΟϹΠΥΡΑΜΦΕΠΕΘΕΡΜΕΤΟΔΥΔΩΡ
ΑΥΤΑΡΕΠΕΙΔΗΖΕϹϹΕΝΥΔΩΡΕΝΙΗΝΟΠΙΧΑΛΚΩΙ
ΚΑΙΤΟΤΕΔΗΛΟΥϹΑΝΤΕΚΑΙΗΛΕΙΨΑΝΛΙΠΕΛΑΙΩΙ
ΕΝΔΩΤΕΙΛΑϹΠΛΗϹΑΝΑΛΕΙΦΑΤΟϹΕΝΝΕΩΡΟΙΟ
ΕΝΛΕΧΕΕϹϹΙΔΕΘΕΝΤΕϹΕΑΝΩΙΛΙΤΙΚΑΛΥΨΑΝ
ΕϹΠΟΔΑϹΕΚΚΕΦΑΛΗϹΚΑΘΥΠΕΡΘΕΔΕΦΑΡΕΙΛΕΥΚΩΙ
ΠΑΝΝΥΧΙΟΙΜΕΝΕΠΕΙΤΑΠΟΔΑϹΤΑΧΥΝΑΜΦΑΧΙΛΗΑ
ΜΥΡΜΙΔΟΝΕϹΠΑΤΡΟΚΛΟΝΑΝΕϹΤΕΝΑΧΟΝΤΟΓΟΩΝΤΕϹ
ΖΕΥϹΔΗΡΗΝΠΡΟϹΕΕΙΠΕΚΑϹΙΓΝΗΤΗΝΑΛΟΧΟΝΤΕ
ΕΠΡΗΞΑϹΚΑΙΕΠΕΙΤΑΒΟΩΠΙϹΠΟΤΝΙΑΗΡΗ
ΑΝϹΤΗϹΑϹΑΧΙΛΗΑΠΟΔΑϹΤΑΧΥΝΗΡΑΝΥϹΕΙΟ

xviii. 326—358.

ΑΥΔΑΟΤΙΦΡΟΝΕΕΙCΤΕΛΕCΑΙΔΕΜΕΘΥΜΟCΑΝΩΓΕΝ
ΤΟΝΔΗΜΕΙΒΕΤΕΠΕΙΤΑΘΕΤΙCΚΑΤΑΔΑΚΡΥΧΕΟΥCΑ
ΗΦΑΙCΤΗΑΡΑΔΗΤΙCΟCΑΙΘΕΑΙΕΙCΕΝΟΛΥΜΠΩΙ
ΤΟCCΑΔΕΝΙΦΡΕCΙΝΗΙCΙΝΑΝΕCΧΕΤΟΚΗΔΕΑΛΥΓΡΑ
ΟCCΕΜΟΙΕΚΠΑCΕΩΝΚΡΟΝΙΔΗCΖΕΥCΑΛΓΕΕΔΩΚΕΝ
ΕΚΜΕΝΜΑΛΛΑΩΝΑΛΙΑΩΝΑΝΔΡΙΔΑΜΑCCΕΝ
ΑΙΑΚΙΔΗΙΠΗΛΗΙΚΑΙΕΤΛΗΝΑΝΕΡΟCΕΥΝΗΝ
ΠΟΛΛΑΜΑΛΟΥΚΕΘΕΛΟΥCΑΟΜΕΝΔΗΓΗΡΑΙΛΥΓΡΩΙ
ΚΕΙΤΑΙΕΝΙΜΕΓΑΡΟΙCΑΡΗΜΕΝΟCΑΛΛΑΔΕΜΟΙΝΥΝ
ΥΙΟΝΕΠΕΙΜΟΙΔΩΚΕΓΕΝΕCΘΑΙΤΕΤΡΑΦΕΜΕΝΤΕ
ΕΞΟΧΟΝΗΡΩΩΝΟΔΑΝΕΔΡΑΜΕΝΕΡΝΕΙΙCΟC
ΤΟΝΜΕΝΕΓΩΘΡΕΨΑCΑΦΥΤΟΝΩCΓΟΥΝΩΙΑΛΩΗC
ΝΗΥCΙΝΕΠΙΠΡΟΕΗΚΑΚΟΡΩΝΙCΙΝΙΛΙΟΝΕΙCΩ
ΤΡΩCΙΜΑΧΗCΟΜΕΝΟΝΤΟΝΔΟΥΧΥΠΟΔΕΞΟΜΑΙΑΥΤΙC
ΟΙΚΑΔΕΝΟCΤΗCΑΝΤΑΔΟΜΟΝΠΗΛΗΙΟΝΕΙCΩ
ΟΦΡΑΔΕΜΟΙΖΩΕΙΚΑΙ . . . . ΟCΗΕΛΙΟΙΟ
ΑΧΝΥΤΑΙΟΥΔΕΤΙΟΙΔΥΝΑΜΑΙΧΡΑΙCΜΗCΑΙΙΟΥCΑ
ΚΟΥΡΗΝΗΝΑΡΑΟΙΓΕΡΑCΕΞΕΛΟΝΥΙΕCΑΧΑΙΩΝ
ΤΗΝΑΨΕΚΧΕΙΡΩΝΕΛΕΤΟΚΡΕΙΩΝΑΓΑΜΕΜΝΩ̄
ΗΤΟΙΟΤΗCΑΧΕΩΝΦΡΕΝΑCΕΦΘΙΕΝΑΥΤΑΡΑΧΑΙΟΥC
ΤΡΩΕCΕΠΙΠΡΥΜ . . . . ΛΕΟΝΟΥΔΕΘΥΡΑΖΕ
ΕΙΩΝΕΞΙΕΝΑΙΤΟΝΔΕΛΙCCΟΝΤΟΓΕΡΟΝΤΕC
ΑΡΓΕΙΩΝΚΑΙΠΟΛΛΑΠΕΡΙΚΛΥΤΑΔΩΡΟΝΟΜΑΖΟΝ
ΕΝΘΑΥΤΟCΜΕΝΕΠΕΙΤΗΝΑΙΝΕΤΟΛΟΙΓΟΝΑΜΥΝΑΙ
ΑΥΤΑΡΟΠΑΤΡΟΚΛΟΝΠΕΡΙΜΕΝΤΑΤΕΥΧΕΑΕCCΕ
ΠΕΜΠΕΔΕΜΙΝΠΟΛΕΜΟΝΔΕΠΟΛΥΝΔΑΜΑΛΟΝΟΠΑCCΕ
ΠΑΝΔΗΜΑΡΜΑΡΝΑΝΤΟΠΕΡΙCΚΑΙΗΙCΙΠΥΛΗCΙ
ΚΑΙΝΥΚΕΝΑΥΤΗΜΑΡΠΟΛΙΝΕΠΡΑΘΟΝΕΙΜΗΑΠΟΛΛΩ̄
ΠΟΛΛΑΚΑΚΑΡΕΞΑΝΤΑΜΕΝΟΙΤΙΟΥΑΛΚΙΜΟΝΥΙΟΝ
ΕΚΤΑΝΕΝΙΠΡΟΜΑΧΟΙCΙΚΑΙΕΚΤΟΡΙΚΥΔΟCΕΔΩΚΕ
ΤΟΥΝΕΚΑΝΥΝΤΑCΑΓΟΥΝΑΘΙΚΑΝΟΜΑΙΑΙΚΕΘΕΛΗCΘΑ
ΥΙΕΙΕΜΩΙΚΥΜΟΡΩΙΔΟΜΕΝΑCΠΙΔΑΚΑΙΤΡΥΦΑΛΕΙΑΝ
ΚΑΙΚΑΛΑCΚΝΗΜΙΔΑCΕΠΙCΦΥΡΙΟΙCΑΡΑΡΥΙΑC

ΚΑΙΘΩΡΗΧΟΓΑΡΗΝΟΙΑΠΩΛΕΣΕΠΙΣΤΟΣΕΤΑΙΡΟΣ
ΤΡΩΣΙΔΑΜΕΙΣΟΔΕΚΕΙΤΑΙΕΠΙΧΘΟΝΙΘΥΜΟΝΑΧΕΥΩ̄
ΤΗΝΔΗΜΕΙΒΕΤΕΠΕΙΤΑΠΕΡΙΚΛΥΤΟΣΑΜΦΙΓΥΗΕΙΣ
ΘΑΡΣΕΙΜΗΤΟΙΤΑΥΤΑΜΕΤΑΦΡΕΣΙΣΗΙΣΙΜΕΛΟΝΤΩ̄
ΑΙΓΑΡΜΙΝΘΑΝΑΤΟΙΟΔΥΣΗΧΕΟΣΩΔΕΔΥΝΑΙΜΗΝ
ΝΟΣΦΙΝΑΠΟΚΡΥΨΑΙΟΤΕΜΙΝΜΟΡΟΣΑΙΝΟΣΙΚΑΝΕΙ
ΩΣΟΙΤΕΥΧΕΑΚΑΛΑΠΑΡΕΣΣΕΤΑΙΟΙΑΤΙΣΑΥΤΕ
ΑΝΘΡΩΠΩΝΠΟΛΕΩΝΘΑΥΜΑΣΣΕΤΑΙΟΣΚΕΝΙΔΗΤΑΙ
ΩΣΕΙΠΩΝΤΗΝΜΕΝΛΙΠΕΝΑΥΤΟΥΒΗΔΕΠΙΦΥΣΑΣ
ΤΑΣΔΕΣΠΥΡΕΤΡΕΨΕΚΕΛΕΥΣΕΤΕΕΡΓΑΖΕΣΘΑΙ
ΦΥΣΑΙΔΕΝΧΟΑΝΟΙΣΙΝΕΕΙΚΟΣΙΠΑΣΑΙΕΦΥΣΩΝ
ΠΑΝΤΟΙΗΝΕΥΠΡΗΣΤΟΝΑΥΤΜΗΝΕΞΑΝΙΕΙΣΑΙ
ΑΛΛΟΤΕΜΕΝΣΠΕΥΔΟΝΤΙΠΑΡΕΜΜΕΝΑΙΑΛΛΟΤΕΔΑΥΤΕ
ΟΠΠΩΣΗΦΑΙΣΤΟΣΤΕΘΕΛΟΙΚΑΙΕΡΓΟΝΑΝΟΙΤΟ
ΧΑΛΚΟΝΔΕΝΠΥΡΙΒΑΛΛΕΝΑΤΕΙΡΕΑΚΑΣΣΙΤΕΡΟΝΤΕ
ΚΑΙΧΡΥΣΟΝΤΙΜΗΝΤΑΚΑΙΑΡΓΥΡΟΝΑΥΤΑΡΕΠΕΙΤΑ
ΘΗΚΕΝΕΝΑΚΜΟΘΕΤΩΙΜΕΓΑΝΑΚΜΟΝΑΓΕΝΤΟΔΕΧΕΙΡΙ
ΡΑΙΣΤΗΡΑΚΡΑΤΕΡΗΝΕΤΕΡΗΙΦΙΔΕΓΕΝΤΟΠΥΡΑΓΡΗΝ
ΠΟΙΕΙΔΕΠΡΩΤΙΣΤΑΣΑΚΟΣΜΕΓΑΤΕΣΤΙΒΑΡΟΝΤΕ
ΠΑΝΤΟΣΕΔΑΙΔΑΛΛΩΝΠΕΡΙΔΑΝΤΥΓΑΒΑΛΛΕΦΑΕΙΝΗΝ
ΤΡΙΠΛΑΚΑΜΑΡΜΑΡΕΗΝΕΚΔΑΡΓΥΡΕΟΝΤΕΛΑΜΩΝΑ
ΠΕΝΤΕΔΑΡΑΥΤΟΥΕΣΑΝΣΑΚΕΟΣΠΤΥΧΕΣΑΥΤΑΡΕΝΑΥΤ·
ΠΟΙΕΙΔΑΙΔΑΛΑΠΟΛΛΑΕΙΔΥΙΗΙΣΙΠΡΑΠΙΔΕΣΣΙΝ
ΕΝΜΕΝΓΑΙΑΝΕΤΕΥΞΕΝΔΟΥΡΑΝΟΝΕΝΔΕΘΑΛΑΣΣΑΝ
ΗΕΛΙΟΝΤΑΚΑΜΑΝΤΑΣΕΛΗΝΗΝΤΕΠΛΗΘΟΥΣΑΝ
ΕΝΔΕΤΑΤΕΙΡΕΑΠΑΝΤΑΤΑΤΟΥΡΑΝΟΣΕΣΤΕΦΑΝΩΤΑΙ
ΠΛΗΙΑΔΑΣΘΥΑΔΑΣΤΕΤΟΤΕΣΘΕΝΟΣΩΡΙΩΝΟΣ
ΑΡΚΤΟΝΘΗΝΚΑΙΑΜΑΞΑΝΕΠΙΚΛΗΣΙΝΚΑΛΕΟΥΣΙ
ΗΤΑΥΤΟΥΣΤΡΕΦΕΤΑΙΚΑΙΤΩΡΙΩΝΑΔΟΚΕΥΕΙ
ΟΙΗΔΑΜΜΟΡΟΣΕΣΤΙΛΟΕΤΡΩΝΩΚΕΑΝΟΙΟ
ΕΝΔΕΔΥΩΠΟΙΗΣΕΠΟΛΕΙΣΜΕΡΟΠΩΝΑΝΘΡΩΠΩΝ
ΚΑΛΑΣΕΝΤΗΙΜΕΝΡΑΓΑΜΟΙΤΕΣΑΝΕΙΛΑΠΙΝΑΙΤΕ
ΝΥΜΦΑΣΔΕΚΘΑΛΑΜΩΝΔΑΙΔΩΝΥΠΟΛΑΜΠΟΜΕΝΑΩΝ

ΟΥΔΥΝΑΜΗΝΛΕΛΑΘΕϹΘΑΤΗϹΗΙΠΡΩΤΟΝΑΑϹΘΗΝ
ΑΛΛΕΠΕΙΑΑϹΑΜΗΝΚΑΙΜΕΥΦΡΕΝΑϹΕΞΕΛΕΤΟΖΕΥϹ
ΑΨΕΘΕΛΩΑΡΕϹΑΙΔΟΜΕΝΑΙΤΑΠΕΡΕΙϹΙΑΠΟΙΝΑ
ΑΛΛΟΡϹΕΥΠΟΛΕΜΟΝΔΕΚΑΙΑΛΛΟΥϹΟΡΝΥΘΙΛΑΟΥϹ
ΔΩΡΑΔΕΓΩΤΑΔΕΠΑΝΤΑΠΑΡΑϹΧΕΜΕΝΟϹϹΑΤΟΙΕΛΘΩΝ
ΧΘΙΖΟϹΕΝΙΚΛΙϹΙΗΙϹΙΝΥΠΕϹΧΕΤΟΔΙΟϹΟΔΥϹϹΕΥϹ
ΕΙΔΕΘΕΛΕΙϹΕΠΙΜΕΙΝΟΝΕΠΕΙΓΟΜΕΝΟϹΠΕΡΑΡΗΟϹ
ΔΩΡΑΔΕΤΟΙΘΕΡΑΠΟΝΤΕϹΕΜΗϹΑΠΟΝΗΟϹΕΛΟΝΤΕϹ
ΟΙϹΟΥϹΟΦΡΑΙΔΗΑΙΟΤΟΙΜΕΝΟΕΙΚΕΑΔΩϹΩ
ΤΟΝΔΗΜΕΙΒΕΤΕΠΕΙΤΑΠΟΔΑΡΚΗϹΔΙΟϹΑΧΙΛΛΕΥϹ
ΑΤΡΕΙΔΗΚΥΔΙϹΤΕΑΝΑΞΑΝΔΡΩΝΑΓΑΜΕΜΝΟΝ
ΔΩΡΑΜΕΝΑΙΚΕΘΕΛΗΙϹΘΑΠΑΡΑϹΧΕΜΕΝΩϹΕΠΙΕΙΚΕϹ
ΗΤΕΧΕΜΕΝΠΑΡΑϹΟΙΝΥΝΔΕΜΝΗϹΩΜΕΘΑΧΑΡΜΗϹ
ΑΙΨΑΜΑΛΟΥΓΑΡΧΡΗΚΛΟΤΟΠΕΥΕΙΝΕΝΘΑΔΕΟΝΤΑϹ
ΟΥΔΕΔΙΑΤΡΙΒΕΙΝΕΤΙΓΑΡΜΕΓΑΕΡΓΟΝΑΡΕΚΤΟΝ
ΩϹΚΕΤΙϹΑΥΤΑΧΙΛΗΑΜΕΤΑΠΡΩΤΟΙϹΙΝΙΔΗΤΑΙ
ΕΓΧΕΙΧΑΛΚΕΙΩΙΤΡΩΩΝΟΛΕΚΟΝΤΑΦΑΛΑΓΓΑϹ
ΩΔΕΤΙϹΥΜΕΙΩΝΜΕΜΝΗΜΕΝΟϹΑΝΔΡΙΜΑΧΕϹΘΩ
ΤΟΝΔΑΠΑΜΕΙΒΟΜΕΝΟϹΠΡΟϹΕΦΗΠΟΛΥΜΗΤΙϹΟΔΥϹ
ΜΗΔΟΥΤΩϹΑΓΑΘΟϹΠΕΡΕΩΝΘΕΟΕΙΚΕΛΑΧΙΛΛΕΥ
ΝΗϹΤΙΑϹΟΤΡΥΝΕΠΡΟΤΙΙΛΙΟΝΥΙΑϹΑΧΑΙΩΝ
ΤΡΩϹΙΜΑΧΗϹΟΜΕΝΟΥϹΕΠΕΙΟΥΚΟΛΙΓΟΝΧΡΟΝΟΝΕϹΤΑΙ
ΦΥΛΟΠΙϹΕΥΤΑΝΠΡΩΤΟΝΟΜΙΛΗϹΩϹΙΦΑΛΑΓΓΕϹ
ΑΝΔΡΩΝΕΝΔΕΘΕΟϹΠΝΕΥϹΗΙΜΕΝΟϹΑΜΦΟΤΕΡΟΙϹΙΝ
ΑΛΛΑΠΑϹΑϹΘΑΙΑΝΩΧΘΙΘΟΗΙϹΕΠΙΝΗΥϹΙΝΑΧΑΙΟΥϹ
ϹΙΤΟΥΚΑΙΟΙΝΟΙΟΤΟΓΑΡΜΕΝΟϹΕϹΤΙΚΑΙΑΛΚΗ
ΟΥΓΑΡΑΝΗΡΠΡΟΠΑΝΗΜΑΡΕϹΗΕΛΙΟΝΚΑΤΑΔΥΝΤΑ
ΑΚΜΗΝΟϹϹΙΤΟΙΟΔΥΝΗϹΕΤΑΙΑΝΤΑΜΑΧΕϹΘΑΙ
ΕΙΠΕΡΓΑΡΘΥΜΩΙΓΕΜΕΝΟΙΝΑΑΠΟΛΕΜΙΖΕΙΝ
ΑΛΛΑΤΕΛΑΘΡΗΓΥΙΑΒΑΡΥΝΕΤΑΙΗΔΕΚΙΧΑΝΕΙ
ΔΙΨΑΤΕΚΑΙΛΙΜΟϹΒΛΑΒΕΤΑΙΔΕΤΕΓΟΥΝΑΤΙΟΝΤΙ
ΟϹΔΕΚΑΝΗΡΟΙΝΟΙΟΚΟΡΕϹϹΑΜΕΝΟϹΚΑΙΕΔΩΔΗϹ
ΑΝΔΡΑϹΙΔΥϹΜΕΝΕΕϹϹΙΠΑΝΗΜΕΡΙΟϹΠΟΛΕΜΙΖΗΙ

xix. 136—168.

ΘΑΡΣΑΛΕΟΝΝΥΟΙΗΤΟΡΕΝΙΦΡΕΣΙΝΟΥΔΕΤΙΓΥΙΑ
ΠΡΙΝΚΑΜΝΕΙΠΡΙΝΠΑΝΤΑΣΕΡΩΗΣΑΙΠΟΛΕΜΟΙΟ
ΑΛΛΑΓΕΛΑΟΝΜΕΝΣΚΕΔΑΣΟΝΚΑΙΔΕΙΠΝΟΝΑΝΩΧΘΙ
ΟΠΛΕΣΘΑΙΤΑΔΕΔΩΡΑΑΝΑΞΑΝΔΡΩΝΑΓΑΜΕΜΝΩ̄
ΟΙΣΕΤΩΕΣΜΕΣΣΗΝΑΓΟΡΗΝΙΝΑΠΑΝΤΕΣΑΧΑΙΟΙ
ΟΦΘΑΛΜΟΙΣΙΝΙΔΩΣΙΣΥΔΕΦΡΕΣΙΣΗΙΣΙΝΙΑΝΘΗΣ
ΟΜΝΥΕΤΩΔΕΤΟΙΟΡΚΟΝΕΝΑΡΓΕΙΟΙΣΙΝΑΝΑΣΤΑΣ
ΜΗΠΟΤΕΤΗΣΕΥΝΗΣΕΠΙΒΗΜΕΝΑΙΗΔΕΜΙΓΗΝΑΙ
ΚΑΙΔΕΣΟΙΑΥΤΩΙΘΥΜΟΣΕΝΙΦΡΕΣΙΝΙΛΑΟΣΕΣΤΩ
ΑΥΤΑΡΕΠΕΙΤΑΣΕΔΑΙΤΙΕΝΙΚΛΙΣΙΗΙΣΑΡΕΣΑΣΘΩ
ΠΙΕΙΡΗΙΙΝΑΜΗΤΙΔΙΚΗΣΕΠΙΔΕΥΕΣΕΧΗΙΣΘΑ
ΑΤΡΕΙΔΗΣΥΔΕΠΕΙΤΑΔΙΚΑΙΟΤΕΡΟΣΚΑΙΕΠΑΛΛΩΙ
ΕΣΣΕΑΙΟΥΜΕΝΓΑΡΤΙΝΕΜΕΣΣΗΤΟΝΒΑΣΙΛΗΑ
ΑΝΔΡΑΠΑΡΕΣΣΑΣΘΑΙΟΤΕΤΙΣΠΡΟΤΕΡΟΣΧΑΛΕΠΗΝΗ
ΤΟΝΔΑΥΤΕΠΡΟΣΕΕΙΠΕΝΑΝΑΞΑΝΔΡΩΝΑΓΑΜΕΜΝΩ̄
ΧΑΙΡΩΣΕΥΛΑΕΡΤΙΑΔΗΤΟΝΜΥΘΟΝΑΚΟΥΣΑΣ
ΕΝΜΟΙΡΗΙΓΑΡΠΑΝΤΑΔΙΙΚΕΟΚΑΙΚΑΤΕΛΕΞΑΣ
ΤΑΥΤΑΔΕΓΩΝΕΘΕΛΩΟΜΟΣΑΙΚΕΛΕΤΑΙΔΕΜΕΘΥΜΟΣ
ΟΥΔΕΠΙΟΡΚΗΣΩΠΡΟΣΔΑΙΜΟΝΟΣΑΥΤΑΡΑΧΙΛΛΕΥΣ
ΜΙΜΝΕΤΩΑΥΘΙΤΕΩΣΠΕΡΕΠΕΙΓΟΜΕΝΟΣΠΕΡΑΡΗΟΣ
ΜΙΜΝΕΤΕΔΑΛΛΟΙΑΟΛΛΕΕΣΑΟΛΛΕΕΣΟΦΡΑΤΑΔΩΡΑ
ΕΚΚΛΙΣΙΗΣΕΛΘΗΙΣΙΚΑΙΟΡΚΙΑΠΙΣΤΑΤΑΜΩΜΕΝ
ΣΟΙΔΑΥΤΩΙΤΟΔΕΓΩΝΕΠΙΤΕΛΛΟΜΑΙΗΔΕΚΕΛΕΥΩ
ΚΡΙΝΑΜΕΝΟΣΚΟΥΡΗΤΑΣΑΡΙΣΤΗΑΣΠΑΝΑΧΑΙΩ̄
ΔΩΡΑΕΜΗΣΠΑΡΑΝΗΟΣΕΝΕΓΚΕΜΕΝΟΣΣΑΧΙΛΗΙ
ΧΘΙΖΟΝΥΠΕΣΤΗΜΕΝΔΩΣΕΙΝΑΓΕΜΕΝΤΕΓΥΝΑΙΚΑΣ
ΤΑΛΘΥΒΙΟΣΔΕΜΟΙΩΚΑΚΑΤΑΣΤΡΑΤΟΝΕΥΡΥΝΑΧΑΙΩ̄
ΚΑΠΡΟΝΕΤΟΙΜΑΣΑΤΩΤΑΜΕΕΙΝΔΙΙΤΗΕΛΙΩΙΤΕ
ΤΟΝΔΑΠΑΜΕΙΒΟΜΕΝΟΣΠΡΟΣΕΦΗΠΟΔΑΣΩΚΥΣΑΧΙΛς
ΑΤΡΕΙΔΗΚΥΔΙΣΤΕΑΝΑΞΑΝΔΡΩΝΑΓΑΜΕΜΝΟΝ
ΑΛΛΟΤΕΠΕΡΚΑΙΜΑΛΛΟΝΟΦΕΛΛΕΤΕΤΑΥΤΑΠΕΝΕΣΘΑΙ
ΟΠΠΟΤΕΤΙΣΜΕΤΑΠΑΥΣΩΛΗΠΟΛΕΜΟΙΟΓΕΝΗΤΑΙ
ΚΑΙΜΕΝΟΣΟΥΤΟΣΟΝΗΙΣΙΝΕΝΙΣΤΗΘΕΣΣΙΝΕΜΟΙΣΙ

xix, 169—202.

ΝΥΝΔ'ΟΙΜΕΝΚΕΑΤΑΙΔΕΔΑΙΓΜΕΝΟΙΟΥCΕΔΑΜΑCCΕ̄
ΕΚΤΩΡΠΡΙΑΜΙΔΗCΟΤΕΟΙΖΕΥCΚΥΔΟCΕΔΩΚΕΝ
ΥΜΕΙCΔ'ΕCΒΡΩΤΥΝΟΤΡΥΝΕΤΟΝΗΤΑΝΕΓΩΓΕ
ΝΥΝΜΕΝΑΝΩΓΟΙΜΙΠΟΛΕΜΙΖΕΙΝΥΙΑCΑΧΑΙΩΝ
ΝΗCΤΙΑCΑΚΜΗΝΟΥCΑΜΑΔ'ΗΕΛΙΩΙΚΑΤΑΔΥΝΤΙ
ΤΕΥΞΕCΘΑΙΜΕΓΑΔΟΡΠΟΝΕΠΗΝΤΙCΑΙΜΕΘΑΛΩΒΗ̄
ΠΡΙΝΔ'ΟΥΠΩCΑΝΕΜΟΙΓΕΦΙΛΟΝΚΑΤΑΛΑΙΜΟΝΙΕΙΗ
ΟΥΠΟCΙCΟΥΔΕΒΡΩCΙCΕΤΑΙΡΟΥΤΕΘΝΕΙΩΤΟC
ΟCΜΟΙΕΝΙΚΛΙCΙΗΙCΔΕΔΑΙΓΜΕΝΟCΟΞΕΙΧΑΛΚΩΙ
ΚΕΙΤΑΙΑΝΑΠΡΟΘΥΡΟΝΤΕΤΡΑΜΜΕΝΟCΑΜΦΙΔΕΤΑΙΡΟΙ
ΜΥΡΟΝΤΑΙΤΟΜΟΙΟΥΤΙΜΕΤΑΦΡΕCΙΤΑΥΤΑΜΕΜΗΛΕ̄
ΑΛΛΑΦΟΝΟCΤΕΚΑΙΑΙΜΑΚΑΙΑΡΓΑΛΕΟCCΤΟΝΟCΑΝΔΡΩ̄
ΤΟΝΔ'ΑΠΑΜΕΙΒΟΜΕΝΟCΠΡΟCΕΦΗΠΟΛΥΜΗΤΙCΟΔΥCC5
ΩΑΧΙΛΕΥΠΗΛΕΩCΥΙΕΜΕΓΑΦΕΡΤΑΤ'ΑΧΑΙΩΝ
ΚΡΕΙCCΩΝΕΙCΕΜΕΘΕΝΚΑΙΦΕΡΤΕΡΟCΟΥΚΟΛΙΓΟΝΠΕΡ
ΕΓΧΕΙΕΓΩΔΕΚΕCΕΙΟΝΟΗΜΑΤΙΓΕΠΡΟΒΑΛΟΙΜΗΝ
ΠΟΛΛΟΝΕΠΕΙΠΡΟΤΕΡΟCΓΕΝΟΜΗΝΚΑΙΠΛΕΙΟΝΑΟΙΔΑ
ΤΩΤΟΙΕΠΙΤΛΗΤΩΚΡΑΔ . . . .
ΑΙΨΑΔΕΦΥΛΟΠΙΔΟCΠΕΛΕΤΑΙΚΟΡΟCΑΝΘΡΩΠΟΙCΙ
ΗCΤΕΠΛΕΙCΤΗΝΜΕΝΚΑΛΑΜΗΝΧΘΟΝΙΧΑΛΚΟCΕΧΕΥ . .
ΑΜΗΤΟCΔ'ΟΛΙΓΙCΤΟCΕΠΗΝΚΛΙΝΗΙCΙΤΑΛΑΝΤΑ
ΖΕΥCΟCΤΑΝΘΡΩΠΩΝΤΑΜΙΗCΠΟΛΕΜΟΙΟΤΕΤΥΚΤΑΙ
ΓΑCΤΕΡΙΔΟΥΠΩCΕCΤΙΝΕΚΥΝΠΕΝΘΗCΑΙΑΧΑΙΟΥC
ΛΙΗΝΓΑΡΠΟΛΛΟΙΚΑΙΕΠΗΤΡΙΜΟΙΗΜΑΤΑΠΑΝΤΑ
ΠΙΠΤΟΥCΙΝΠΟΤΕΚΕΝΤΙCΑΝΑΠΝΕΥCΕΙΕΠΟΝΟΙΟ
ΑΛΛΑΧΡΗΤΟΝΜΕΝΚΑΤΑΘΑΠΤΕΙΝΟCΚΕΘΑΝΗCΙ
ΝΗΛΕΑΘΥΜΟΝΕΧΟΝΤΑCΕΠΗΜΑΤΙΔΑΚΡΥCΑΝΤΑC
ΟCCΟΙΔΑΝΠΟΛΕΜΟΙΟΠΕΡΙCΤΥΓΕΡΟΙΟΛΙΠΩΝΤΑΙ
ΜΕΜΝΗCΘΑΙΠΟCΙΟCΚΑΙΕΔΗΤΥΟCΟΦΡΕΤΙΜΑΛΛΟΝ
ΑΝΔΡΑCΙΔΥCΜΕΝΕΕCCΙΜΑΧΩΜΕΘΑΝΩΛΕΜΕCΑΙΕΙ
ΕCCΑΜΕΝΟΙΧΡΟΙΧΑΛΚΟΝΑΤΕΙΡΕΑΜΗΔΕΤΙCΑΛΛΗΝ
ΛΑΩΝΟΤΡΥΝΤΥΝΠΟΤΙΔΕΓΜΕΝΟCΙCΧΑΝΑΑCΘΩ
ΗΔΕΓΑΡΟΤΡΥΝΤΥCΚΑΚΟΝΕCCΕΤΑΙΟCΚΕΛΙΠΗΤΑΙ

ΝΗΥϹΙΝΕΠΑΡΓΕΙΩΝΑΛΛΑΘΡΟΟΙΟΡΜΗΘΈΝΤΕϹ
ΤΡΩϹΙΝΕΦΙΠΠΟΔΑΜΟΙϹΙΝΕΓΕΙΡΟΜΕΝΟΞΥ͂ΝΆΡΗΑ
Η͂ΙΚΑΙΝΈϹΤΟΡΟϹΥΙ͂ΑϹΟΠΆϹϹΑΤΟΚΥΔΑΛΊΜΟΙΟ
ΦΥΛΕΙΔΗΝΤΕΜΕΓΗΤΑΘΟΑΝΤΑΤΕΜΗΡΙΟΝΗΝΤΕ
ΚΑΙΚΡΕΙΟΝΤΙΑΔΗΝΛΥΚΟΜΗΔΕΑΚΑΙΜΕΛΆΝΙΠΠΟΝ
ΒΑΝΔΙΜΕΝΕϹΚΛΙϹΙΗΝΑΓΑΜΈΜΝΟΝΟϹΑΤΡΕΊΔΑΟ
ΑΥΤΙΚ'ΕΠΕΙΘ'ΑΜΑΜΥΘΟϹΈΗΝΤΕΤΕΛΕϹΤΟΔΕΈΡΓΟΝ
ΕΠΤᾺΜῈΝΕΚΚΛΙϹΙΗϹΤΡΊΠΟΔΑϹΦΈΡΟΝΟϹΟΙΥ͂ΠΕϹΤ
ΑΙΘΩΝΑϹΔῈΛΕΒΗΤΑϹΕΕΙΚΟϹΙΔΩΔΕΚΑΔ'ΪΠΠΟΥϹ
ΕΚΔ'ΑΓΟΝΑΙΨΑΓΥΝΑΙΚΑϹΑΜΥΜΟΝΑΕΡΓ'ΕΙΔΥΪΑϹ
ΕΠΤΑΤΑΡΟΓΔΟΑΤΗΝΒΡΙϹΗΙΔΑΚΑΛΛΙΠΆΡΗΟΝ
ΧΡΥϹΟΥΔῈϹΤΉϹΑϹΟΔΥϹϹΕΥϹΔΕΚΑΠΑΝΤΑΤΆΛΑΝΤΑ
ΗΡΧ'ΑΜΑΔ'ΑΛΛΟΙΔΩ͂ΡΑΦΕΡΟΝΚΟΥΡΗΤΕϹΑΧΑΙΩ͂Ν
ΚΑΙ͂ΤΑΜΕΝΕΝΜΕϹϹΗΙΑΓΟΡΗ͂ΘΈϹΑΝΑΝΔ'ΑΓΑΜΕΜΝΩ̄
Ι͂ϹΤΑΤΟΤΑΛΘΥΒΙΟϹΔῈΘΕΩΙΕΝΑΛΙΓΚΙΟϹΑΥΔΗ͂Ν
ΚΑΠΡΟΝΕΧΩΝΕΝΧΕΙΡΙΠΑΡΙϹΤΑΤΟΠΟΙΜΈΝΙΛΑΩ̄
ΑΤΡΕΙΔΗϹΔΕΕΡΥϹϹΆΜΕΝΟϹΧΕΊΡΕϹϹΙΜΆΧΑΙΡᾹ
ΗΟΙΠΑΡΞΙΦΕΟϹΜΈΓΑΚΟΥΛΕῸΝΑΙΕΝΆΩΡΤΟ
ΚΑΠΡΟΥΑΠΟΤΡΊΧΑϹΑΡΞΆΜΕΝΟϹΔΙΙΧΕΙ͂ΡΑϹΑΝΑϹΧΩ̄
ΕΥΧΕΤΟΤΟῚΔ'ΑΜΑΠΆΝΤΕϹΕΠΑΥΤΌΦΙΝΕΊΑΤΟϹΙΓΗ͂Ι
ΑΡΓΕΙ͂ΟΙΚΑΤΑΜΟΙΡΑΝΑΚΟΥΟΝΤΕϹΒΑϹΙΛΗ͂ΟϹ
ΕΥΞΆΜΕΝΟϹΔ'ΑΡΑΕΙ͂ΠΕΝΙΔΩ͂ΝΕΙϹΟΥΡΑΝῸΝΕΥΡῩ
ΙϹΤΩΝΥ͂ΝΖΕΥϹΠΡΩ͂ΤΑΘΕΩΝΎΠΑΤΟϹΚΑΙ͂Α͂ΡΙϹΤΟϹ
ΓΗ͂ΤΕΚΑΙ͂ΗΕΛΙΟϹΚΑΙ͂ΕΡΙΝΝΥΕϹΑΊΘ'ΥΠΟΓΑΙ͂ΑΝ
ΑΝΘΡΩΠΟΥϹΤΙΝΥΝΤΑΙΌΤΙϹΚΕΠΙΟΡΚΟΝΟΜΌϹϹΗΙ
ΜΗΜῈΝΕΓΩ͂ΚΟΥΡΗΙΒΡΙϹΗΙΔΙΧΕΙΡ'ΕΠΕΝΕΊΚΑΙ
ΟΥ'Τ'ΕΥΝΗϹΠΡΟΦΑϹΙΝΚΕΧΡΗΜΈΝΟϹΟΥΤ'ΕΤΕΥΆΛΛΟΥ
ΑΛΛ'ΕΜΕΝΑΠΡΟΤΙΜΑϹΤΟϹΕΝΙ͂ΚΛΙϹΙΗϹΙΝΕΜΗ͂ΙϹΙ
ΕΙΔΕΤΙΤΩ͂ΝΔΕΠΙΟΡΚΟΝΕΜΟῚΘΕΟῚΑΛΓΕΑΔΟΙ͂ΕΝ
ΠΟΛΛᾺΜΆΛΟϹϹΑΔΙΔΟΥϹΙΝΆΤΙϹΦΑΛΙΤΗΤΑΙΟΜΌϹϹΑϹ
Η͂ΙΚΑΙ͂ΑΠΟϹΤΌΜΑΧΟΝΚΑΠΡΟΥΤΑΜΕΝΗΛΈΙΧΑΛΚΩ͂Ι
ΤΟΝΜΕΝΤΑΛΘΥΒΙΟϹΠΟΛΙΗϹΑΛΟϹΕϹΜΈΓΑΛΑΙΤΜΑ
ΡΙΨ'ΕΠΙΔΙΝΗϹΑϹΒΟϹΙΝΙ͂ΧΘΥϹΙΝΑΥΤΑΡΑΧΙΛΛΕΥ͂Ϲ

xix. 236—268.

ΤΕΘΝΑΜΕΝΗΠΟΥΤΥΤΘΟΝΕΤΙΖΩΟΝΤΑΚΑΧΗΣΘΑΙ
ΓΗΡΑΙΤΕΣΤΥΓΕΡΩΙΚΑΙΕΜΗΝΠΟΤΙΔΕΓΜΕΝΟΝΑΙΕΙ
ΛΥΓΡΗΝΑΓΓΕΛΙΗΝΟΤΑΠΟΦΘΙΜΕΝΟΙΟΠΥΘΗΤΑΙ
ΩΣΕΦΑΤΟΚΛΑΙΩΝΕΠΙΔΕΣΤΕΝΑΧΟΝΤΟΓΕΡΟΝΤΕΣ
ΜΝΗΣΑΜΕΝΟΙΤΑΕΚΑΣΤΟΣΕΝΙΜΕΓΑΡΟΙΣΙΝΕΛΕΙΠΕ
ΜΥΡΟΜΕΝΟΥΣΔΑΡΑΤΟΥΣΓΕΙΔΩΝΕΛΕΗΣΕΚΡΟΝΙΩΝ
ΑΙΨΑΔΑΘΗΝΑΙΗΝΕΠΕΑΠΤΕΡΟΕΝΤΑΠΡΟΣΗΥΔΑ
ΤΕΚΝΟΝΕΜΟΝΔΗΠΑΜΠΑΝΑΠΟΙΧΕΑΙΑΝΔΡΟΣΕΗΟΣ
ΗΝΥΤΟΙΟΥΚΕΤΙΠΑΓΧΥΜΕΤΑΦΡΕΣΙΜΕΜΒΛΕΤΑΧΙΛΛΕΥΣ
ΚΕΙΝΟΣΟΓΕΠΡΟΠΑΡΟΙΘΕΝΕΩΝΟΡΘΟΚΡΑΙΡΑΩ̄
ΗΣΤΑΙΟΔΥΡΟΜΕΝΟΣΕΤΑΡΟΝΦΙΛΟΝΟΙΔΕΔΗΑΛΛΟΙ
ΟΙΧΟΝΤΑΙΜΕΤΑΔΕΙΠΝΟΝ . . . . ΑΠΑΣΤΟΣ
. . . . ΑΜΒΡΟΣΙΗΝΕΡΑΤΕΙΝΗΝ
ΣΤΑ . . . . ΟΣΙΚΗΤΑΙ
. . . . ΑΘΗΝΗΝ
Η . . . . ΛΙΓΥΦΩΝΩΙ
. . . . ΟΙ
. . . .
. . . . ΣΤΗΘΕΣΣΙΚΑΙΑΜΒΡΟΣΙΗΝΕΡΑΤΕΙΝΗΝ
. . . . ΥΝΑΘΙΚΗΤΑΙ
ΑΥΤΗΔΕΠΡΟΣΠΑΤΡΟΣΕΡΙΣΘΕΝΕΟΣΠΥΚΙΝΟΝΔΩ
ΩΧΕΤΟΤΟΙΔΑΠΑΝΕΥΘΕΝΕΩΝΕΧΕΟΝΤΟΘΟΑΩΝ
ΩΣΔΟΤΕΤΑΡΦΕΙΑΙΝΙΦΑΔΕΣΔΙΟΣΕΚΠΟΤΕΟΝΤΑΙ
ΨΥΧΡΑΙΥΠΟΡΙΠΗΣΑΙΘΡΗΓΕΝΕΟΣΒΟΡΕΑΟ
ΩΣΤΟΤΕΤΑΡΦΕΙΑΙΚΟΡΥΘΕΣΛΑΜΠΡΟΝΓΑΝΟΩΣΑΙ
ΝΗΩΝΕΚΦΟΡΕΟΝΤΟΚΑΙΑΣΠΙΔΕΣΟΜΦΑΛΟΕΣΣΑΙ
ΘΩΡΗΚΕΣΤΕΚΡΑΤΑΙΓΥΑΛΟΙΚΑΙΜΕΙΛΙΝΑΔΟΥΡΑ
ΑΙΓΛΗΔΟΥΡΑΝΟΝΙΚΕΓΕΛΑΣΣΕΔΕΠΑΣΑΠΕΡΙΧΘΩ̄
ΧΑΛΚΟΥΥΠΟΣΤΕΡΟΠΗΣΥΠΟΔΕΚΤΥΠΟΣΩΡΝΥΤΟΠΟΣΣΙΝ
ΑΝΔΡΩΝΕΝΔΕΜΕΣΟΙΣΙΚΟΡΥΣΣΕΤΟΔΙΟΣΑΧΙΛΛΕΥΣ
ΤΟΥΚΑΙΟΔΟΝΤΩΝΜΕΝΚΑΝΑΧΗΠΕΛΕΤΩΔΕΟΙΟΣΣΕ
ΛΑΜΠΕΣΘΗΝΩΣΕΙΤΕΠΥΡΟΣΣΕΛΑΣΕΝΔΕΟΙΗΤΟΡ
ΔΥΝΑΧΟΣΑΤΛΗΤΟΝΟΔΑΡΑΤΡΩΣΙΝΜΕΝΕΑΙΝΩΝ

xix. 335—367.

ΔΥϹΕΤΟΔΩΡΑΘΕΟΥΤΑΟΙΉΦΑΙϹΤΟϹΚΑΜΕΤΕΥΧΩ̄
ΚΝΗΜΙΔΑϹΜΕΝΠΡΩ͂ΤΑΠΕΡΙΚΝΗΜΗΙϹΙΝΕΘΗΚΕ
ΚΑΛΑϹΑΡΓΥΡΕΟΙϹΙΝΕΠΙϹΦΥΡΙΟΙϹΑΡΑΡΥΙΑϹ
ΔΕΥΤΕΡΟΝΑΥ͂ΘΩΡΗΚΑΠΕΡΙϹΤΉΘΕϹϹΙΝΕΔΥΝΕ
ΑΜΦΙΔΑΡ'ΩΜΟΙϹΙΝΒΑΛΕΤΟΞΙΦΟϹΑΡΓΥΡΟΗΛΟ̄
ΧΑΛΚΕΟΝΑΥΤΑΡΕΠΕΙΤΑϹΑΚΟϹΜΕΓΑΤΕϹΤΙΒΑΡΟΝΤΕ
ΕΙΛΕΤΟΤΟΥΔΑΠΑΝΕΥΘΕϹΕΛΑϹΓΕΝΕΤΗΥΤΕΜΗΝΗϹ
ΩϹΔ'ΟΤΑΝΕΚΠΌΝΤΟΙΟϹΈΛΑϹΝΑΎΤΗΙϹΙΦΑΝΗΗ
ΚΑΙΟΜΕΝΟΙΟΠΥΡῸϹΤΟΔΕΚΑΙΕΤΑΙΥ̓·ΨΟΘΌΡΕϹΦΙ
ϹΤΑΘΜΩΙΕΝΟΙΟΠΩΛΩΙΤΟΥϹΔ'ΟΥΚΕΘΈΛΟΝΤΑϹΑΕΛΛΑΙ
ΠΟΝΤΟΝΕΠΙΧΘΥΟΕΝΤΑΦΙΛΩΝΑΠΑΝΕΥΘΕΦΕΡΟΥϹΙΝ
ΩϹΑΠ'ΑΧΙΛΛΗΟϹΚΕΦΑΛΗϹϹΕΛΑϹΑΙΘΕΡ'ΙΚΑΝΕ
ΚΑΛΟΥΔΑΙΔΑΛΕΟΥΠΕΡΙΔῈΤΡΥΦΑΛΕΙΑΝΑΕΙΡΑϹ
ΚΡΑΤΙΘΕΤΟΒΡΙΑΡΗΝΗΔ'ΑϹΤΗΡΩϹΑΠΕΛΑΜΠΕΝ
ΙΠΠΟΥΡΙϹΤΡΥΦΑΛΕΙΑΠΕΡΙϹϹΕΙΟΝΤΟΔῈΘΕΙΡΑΙ
ΧΡΥϹΕΑΙΑϹΗΦΑΙϹΤΟϹΙΕΙΛΟΦΟΝΑΜΦΙΘΑΜ . . . .
. . . . ΧΙΛΛ . . .
. . . .

ΤΩΙΔΕΥΤΕΠΤΕΡΑΓΙΓΝΕΤΑΕΙΡΕΔΕΠΟΙ . . . .
ΕΚΔ'ΑΡΑϹΥΡΙΓΓΟϹΠΑΤΡΩΙΟΝΕϹΠΑϹΑΤΕΓΧΟϹ
ΒΡΙΘΥΜΕΓΑϹΤΙΒΑΡΟΝΤΟΜΕΝΟΥΔΥΝΑΤΑΛΛΟϹΑΧΑΙΩ̄
ΠΑΛΛΕΙΝΑΛΛΑΜΙΝΟΙΟϹΕΠΙϹΤΑΤΟΠΗΛΑΙΑΧΙΛΛΕΥϹ
ΠΗΛΙΑΔΑΜΕΛΙΗΝΤΗΝΠΑΤΡῚΦΙΛΩΙΠΟΡΕΧΕΙΡΩ̄
ΠΗΛΙΟΥΕΚΚΟΡΥΦΗϹΦΌΝΟΝΕΜΜΕΝΑΙΗΡΩΕϹϹῙ
ΊΠΠΟΥϹΔΑΥΤΟΜΕΔΩΝΤΕΚΑΙΑΛΚΙΜΟϹΑΜΦΙΕΠΟΝΤ^{S}
ΖΕΥΓΝΥΟΝΑΜΦΙΔΕΚΑΛΑΛΕΠΑΔΝΕϹΑΝΕΝΔΕΧΑΛΙΝΟΥϹ
ΓΑΜΦΗΛΗϹΕΒΑΛΟΝΚΑΤΑΔΗΝΊΑΤΕΙΝΑΝΟΠΙϹϹΩ
ΚΟΛΛΗΤΟΝΠΡΟΤΙΔΙΦΡΟΝΟΔΕΜΑϹΤΙΓΑΦΑΕΙΝΗ̄
ΧΕΙΡῚΛΑΒΩΝΑΡΑΡΥΙ͂ΑΝΕΦΙΠΠΟΙΙΝΑΝΟΡΟΥϹΕ̄
ΑΥΤΟΜΕΔΩΝΌΠΙΘΕΝΔΕΚΟΡΥϹϹΆΜΕΝΟϹΒΗΑΧΙΛΛΕΥϹ
ΤΕΎΧΕϹΙΠΑΜΦΑΙΝΩΝΩϹΤΗΛΈΚΤΩΡΥΠΕΡΙΩ̄
ϹΜΕΡΔΑΛΕΟΝΔΙΠΠΟΙϹΙΝΕΚΕΚΛΕΤΟΠΑΤΡΟϹΕΟ͂ΙΟ
ΞΑΝΘΕΤΕΚΑΙΒΑΛΙΕΤΗΛΕΚΛΥΤΑΤΕΚΝΑΠΟΔΑΡΓΗϹ

xix. 368—400.

ΑΛΛΩϹΔΗΦΡΑΖΕϹΘΕϹΑΩϹΕΜΕΝΗΝΙΟΧΗΑϹ
ΑΨΔΑΝΑΩΝΕϹΟΜΙΛΟΝΕΠΕΙΧΕΩΜΕΝΠΟΛΕΜΟΙΟ
ΜΗΔΩϹΠΑΤΡΟΚΛΟΝΛΙΠΕΤΑΥΤΟΘΙΤΕΘΝΕΙΩ . .
ΤΟΝΔΑΡΥΠΟΖΥΓΟΦΙΠΡΟϹΕΦΗΠΟΔΑϹΑΙΟΛΟϹΙΠΠΟϹ
ΞΑΝΘΟϹΑΦΑΡΔΗΜΥϹΕΚΑΡΗΑΤΙΠΑϹΑΔΕΧΑΙΤΗ
ΖΕΥΓΛΗϹΕΞΕΡΙΠΟΥϹΑΠΑΡΑΖΥΓΟΝΟΥΔΑϹΙΚΑΝ . .
ΑΥΔΗΕΝΤΑΔΕΘΗΚΕΘΕΑΛΕΥΚΩΛΕΝΟϹΗΡΗ
ΚΑΙΛΙΗΝϹΕΤΙΝΥΝΓΕϹΑΩϹΟΜΕΝΟΒΡΙΜΑΧΙΛΛΕΥ
ΑΛΛΑΤΟΙΕΓΓΥΘΕΝΗΜΑΡΟΛΕΘΡΙΟΝΟΥΔΕΤΟΙΗΜΕΙϹ
ΑΙΤΙΟΙΑΛΛΑΘΕΟϹΤΕΜΕΓΑϹΚΑΙΜΟΙΡΑΚΡΑΤΑΙΗ
ΟΥΔΕΓΑΡΗΜΕΤΕΡΗΙΒΡΑΔΥΤΗΤΙΤΕΝΩΧΕΛΙΗΙΤΕ
ΤΡΩΕϹΑΠΩΜΟΙΙΝΠΑΤΡΟΚΛΟΥΤΕΥΧΕΕΛΟΝΤΟ
ΑΛΛΑΘΕΩΝΩΡΙϹΤΟϹΟΝΗΥΚΟΜΟϹΤΕΚΕΛΗΤΩ
ΕΚΤΑΝΕΝΙΠΡΟΜΑΧΟΙϹΙΚΑΙΕΚΤΟΡΙΚΥΔΟϹΕΔΩΚΕ
ΝΩΙΔΕΚΑΙΚΕΝΑΜΑΠΝΟΙΗΙΖΕΦΥΡΟΙΟΘΕ . . . . .
ΤΗΝΠΕΡΕΛΑΦΡΟΤΑΤΗΝΦΑϹΕΜΜΕΝΑΙΑΛΛΑ . . . .
. . . .
. . . .
ΤΟΝΔΕΜΕΓΟΧΘΗϹΑϹΠΡΟϹΕΦΗΠΟΔΑϹΩΚΥϹΑΧΙΛΛ . .
ΞΑΝΘΕΤΙΜΟΙΘΑΝΑΤΟΝΜΑΝΤΕΥΕΑΙΟΥΔΕΤΙϹΕΧΡΗ
ΕΥΝΥΤΟΙΟΙΔΑΚΑΙΑΥΤΟϹΟΜΟΙΜΟΡΟϹΕΝΘΑΔΟΛΕϹΘΑΙ
ΝΟϹΦΙΦΙΛΟΥΠΑΤΡΟϹΚΑΙΜΗΤΕΡΟϹΑΛΛΑΚΑΙΕΜΠΗϹ
ΟΥΛΗΞΩΠΡΙΝΤΡΩΑϹΑΔΗΝΕΛΑϹΑΙΠΟΛΕΜΟΙΟ
ΗΡΑΚΑΙΕΝΠΡΩΤΟΙϹΙΑΧΩΝΕΧΕΜΩΝΥΧΑϹΙΠΠΟΥϹ

Τ

Υ

ΩϹΟΙΜΕΝΠΑΡΑΝΗΥϹΙΚΟΡΩΝΙϹΙΘΩΡΗϹϹΟΝΤΟ
ΑΜΦΙϹΕΠΗΛΕΟϹΥΙΕΜΑΧΗϹΑΚΟΡΗΤΟΝΑΧΑΙΟΙ
ΤΡΩΕϹΔΑΥΘΕΤΕΡΩΘΕΝΕΠΙΘΡΩϹΜΩΙΠΕΔΙΟΙΟ
ΖΕΥϹΔΕΘΕΜΙϹΤΑΚΕΛΕΥϹΕΘΕΟΥϹΑΓΟΡΗΝΔΕΚΑΛΕϹϹΑΙ

ΚΡΑΤΟϹΑΠΟΥΛΥΜΠΟΙΟΠΟΛΥΠΤΥΧΟΥΗΔ'ΑΡΑΠΑΝΤΗΙ
ΦΟΙΤΗϹΑϹΑΚΕΛΕΥϹΕΔΙΟϹΠΡΟϹΔΩΜΑΝΕΕϹΘΑΙ
ΟΥΤΕΤΙϹΟΥΝΠΟΤΑΜΩΝΑΠΕΗΝΝΟϹΦΩΚΕΑΝΟΙΟ
ΟΥΤΑΡΑΝΥΜΦΑΩΝΤΑΙΤΑΛϹΕΑΚΑΛΑΝΕΜΟΝΤΑΙ
ΚΑΙΠΗΓΑϹΠΟΤΑΜΩΝΚΑΙΠΕΙϹΕΑΠΟΙΗΕΝΤΑ
ΕΛΘΟΝΤΕϹΔΕϹΔΩΜΑΔΙΟϹΝΕΦΕΛΗΓΕΡΕΤΑΟ
ΞΕϹΤΗϹΑΙΘΟΥϹϹΗΙϹΙΝΕΦΙΖΑΝΟΝΑϹΔΙΙΠΑΤΡΙ
ΗΦΑΙϹΤΟϹΠΟΙΗϹ'ΕΙΔΥΙΗΙϹΙΠΡΑΠΙΔΕϹϹΙΝ
ΩϹΟΙΜΕΝΔΙΟϹΑΓΗΓΕΡΑΟΟΥΔΕΝΟϹΙΧΘΩΝ
ΝΗΚΟΥϹΤΗϹΕΘΕΑϹΑΛΛΕΞΑΛΟϹΗΛΘΕΜΕΤΑΥΤΟΥϹ
ΙΖΕΔΑΡ'ΕΝΜΕϹϹΟΙϹΙΔΙΟϹΔΕΞΕΙΡΕΤΟΒΟΥΛΗΝ
ΤΙΠΤΑΥΤΑΡΓΙΚΕΡΑΥΝΕΘΕΟΥϹΑΓΟΡΗΝΔΕΚΑΛΕϹϹΑϹ
ΗΤΙΠΕΡΙΤΡΩΩΝΚΑΙΑΧΑΙΩΝΜΕΡΜΗΡΙΖΕΙϹ
ΤΩΓΑΡΝΥΝΑΓΧΙϹΤΑΜΑΧΗΠΟΛΕΜΟϹΤΕΔΕΔΗΕ
ΤΟΝΔΑΠΑΜΕΙΒΟΜΕΝΟϹΠΡΟϹΕΦΗΝΕΦΕΛΗΓΕΡΕΤΑΖΕΥϹ
ΕΓΝΩϹΕΝΝΟϹΙΓΑΙΕΕΜΗΝΕΝϹΤΗΘΕϹΙΒΟΥΛΗΝ
. . . .
. . . .

ΗΜΕΝΟϹΕΝΘΟΡΟΩΝΦΡΕΝΑΤΕΡΨΟΜΑΙΟΙΔΕΔΗΑΛΛΟΙ
ΕΡΧΕϹΘΟΦΡΑΝΙΚΗϹΘΕΜΕΤΑΤΡΩΑϹΚΑΙΑΧΑΙΟΥϹ
ΑΜΦΟΤΕΡΟΙϹΙΔΑΡΗΓΕΘΟΠΗΝΟΟϹΕϹΤΙΝΕΚΑϹΤΟΥ
ΕΙΓΑΡΑΧΙΛΛΕΥϹΟΙΟϹΕΠΙΤΡΩΕϹϹΙΜΑΧΕΙΤΑΙ
ΟΥΔΕΜΙΝΥΝΘΕΞΟΥϹΙΠΟΔΩΚΕΑΠΗΛΕΙΩΝΑ
ΚΑΙΔΕΤΕΜΙΝΚΑΙΠΡΟϹΘΕΝΥΠΟΤΡΟΜΕΕϹΚΟΝΟΡΩΝΤΕϹ
ΝΥΝΔ'ΟΤΕΔΗΚΑΙΘΥΜΟΝΕΤΑΙΡΟΥΧΩΕΤΑΙΑΙΝΩϹ
ΔΕΙΔΩΜΗΚΑΙΤΕΙΧΟϹΥΠΕΡΜΟΡΟΝΕΞΑΛΑΠΑΞΗ
ΩϹΕΦΑΤΟΚΡΟΝΙΔΗϹΠΟΛΕΜΟΝΔ'ΑΛΙΑϹΤΟΝΕΓΕΙΡΕ
ΒΑΝΔ'ΙΜΕΝΑΙΠΟΛΕΜΟΝΔΕΘΕΟΙΔΙΧΑΘΥΜΟΝΕΧΟΝΤΕϹ
ΗΡΗΜΕΝΜΕΤ'ΑΓΩΝΑΝΕΩΝΚΑΙΠΑΛΛΑϹΑΘΗΝΗ
ΗΔΕΠΟϹΙΔΑΩΝΓΑΙΗΟΧΟϹΗΔ'ΕΡΙΟΥΝΗϹ
ΕΡΜΕΙΑϹΟϹΕΠΙΦΡΕϹΙΠΕΥΚΑΛΙΜΗΙϹΙΚΕΚΑϹΤΟ
ΗΦΑΙϹΤΟϹΔ'ΑΜΑΤΟΙϹΙΚΙΕϹΘΕΝΕΙΒΛΕΜΕΑΙΝΩ̄
ΧΩΛΕΥΩΝΥΠΟΔΕΚΝΗΜΑΙΡΩΟΝΤΟΑΡΑΙΑΙ

xx. 5—37.

ΕϹΔΕΤΡΩΑϹΑΡΗϹΚΟΡΥΘΑΙΟΛΟϹΑΥΤΑΡ᾽ΑΜΑΥΤΩΙ
ΦΟΙΒΟϹΑΚΕΡϹΕΚΟΜΗϹΗΔ᾽ΑΡΤΕΜΙϹΙΟΧΕΑΙΡΑ
ΛΗΤΩΤΕΞΑΝΘΟϹΤΕΦΙΛΟΜΜΕΙΔΗϹΤΑΦΡΟΔΙΤΗ
ΕΙΩϹΜΕΝΡΑΠΑΝΕΥΘΕΘΕΟΙΘΝΗΤΩΝΕϹΑΝΑΝΔΡΩ̄
ΤΕΙΩϹΑΧΑΙΟΙΜΕΝΜΕΓΑΚΥΔΑΝΟΝΟΥΝΕΚ᾽ΑΧΙΛΛΕΥϹ
ΕΞΕΦΑΝΗΔΗΡΟΝΔΕΜΑΧΗϹΑΠΕΠΑΥΤ᾽ΑΛΕΓΕΙΝΗϹ
ΑΥΤΑΡΕΠΕΙΜΕΘ᾽ΟΜΙΛΟΝΟΛΥΜΠΙΟΙΗΛΥΘΟΝΑΝΔΡΩ̄
ΩΡΤΟΔ᾽ΕΡΙϹΚΡΑΤΕΡΗΛΑΟϹϹΟΟϹΑΥΕΔ᾽ΑΘΗΝΗ
ϹΤΑϹΟΤΕΜΕΝΠΑΡΑΤΑΦΡΟΝΟΡΥΚΤΗΝΤΕΙΧΕΟϹΕΚΤΟϹ
ΑΛΛΟΤ᾽ΕΠΑΚΤΑΩΝΕΡΙΔΟΥΠΩΝΜΑΚΡΟΝΑΥΤΕΙ
ΑΥΕΔ᾽ΑΡΗϹΕΤΕΡΩΘΕΝΕΡΕΜΝΗΙΛΑΙΛΑΠΙΙϹΟϹ
ΟΞΥΚΑΤ᾽ΑΚΡΟΤΑΤΗϹΠΟΛΙΟϹΤΡΩΕϹϹΙΚΕΛΕΥΩΝ
ΑΛΛΟΤΕΠΑΡϹΙΜΟΕΝΤΙΘΕΩΝΕΠΙΚΑΛΛΙΚΟΛΩΝΗΙ
ΩϹΤΟΥϹΑΜΦΟΤΕΡΟΥϹΜΑΚΑΡΕϹΘΕΟΙΟΤΡΥΝΟΝΤΕϹ
ϹΥΜΒΑΛΟΝΕΝΔ᾽ΑΥΤΟΙϹΕΡΙΔΑΡΗΓΝΥΝΤΟΒΑΡΕΙΑΝ
ΔΕΙΝΟΝΔΕΒΡΟΝΤΗϹΕΠΑΤΗΡ᾽ΑΝΔΡΩΝΤΕΘΕΩΝΤΕ
ΥΨΟΘΕΝΑΥΤΑΡΝΕΡΘΕΠΟϹΙΔΑΩΝΕΤΙΝΑΞΕ
ΓΑΙΑΝΑΠΕΙΡΕϹΙΗΝΟΡΕΩΝΤΑΙΠΕΙΝΑΚΑΡΗΝΑ
ΠΑΝΤΕϹΔ᾽ΕϹϹΕΙΟΝΤΟΠΟΔΕϹΠΟΛΥΠΙΔΑΚΟϹΙΔΗϹ
ΚΑΙΚΟΡΥΦΑΙΤΡΩΩΝΤΕΠΟΛΙϹΚΑΙΝΗΕϹΑΧΑΙΩ̄
ΕΔΔΕΙϹΕΝΔΥΠΕΝΕΡΘΕΝΑΝΑΞΕΝΕΡΩΝΑΙΔΩΝΕΥϹ
ΔΕΙϹΑϹΔ᾽ΕΚΘΡΟΝΟΥΑΛΤΟΚΑΙΙΑΧΕΜΗΟΙΥΠΕΡΘΕ
ΓΑΙΑΝΑΝΑΡΡΗΞΕΙΕΠΟϹΙΔΑΩΝΕΝΟϹΙΧΘΩΝ
ΟΙΚΙΑΔΕΘΝΗΤΟΙϹΙΚΑΙΑΘΑΝΑΤΟΙϹΙΦΑΝΗΗ
ϹΜΕΡΔΑΛΕΕΥΡΩΕΝΤΑΤΑΤΕϹΤΥΓΕΟΥϹΙΘΕΟΙΠΕΡ
ΤΟϹϹΟϹΑΡΑΚΤΥΠΟϹΩΡΤΟΘΕΩΝΕΡΙΔΙΞΥΝΙΟΝΤΩ̄
ΗΤΟΙΜΕΝΓΑΡΕΝΑΝΤΑΠΟϹΙΔΑΩΝΟϹΑΝΑΚΤΟϹ
ΙϹΤΑΤ᾽ΑΠΟΛΛΩΝΦΟΙΒΟϹΕΧΩΝΙΑΠΤΕΡΟΕΝΤΑ
ΑΝΤΑΔ᾽ΕΝΥΑΛΙΟΙΟΘΕΑΓΛΑΥΚΩΠΙϹΑΘΗΝΗ
ΗΡΗΙΔ᾽ΑΝΤΕϹΤΗΧΡΥϹΗΛΑΚΑΤΟϹΚΕΛΑΔΕΙΝΗ
ΑΡΤΕΜΙϹΙΟΧΕΑΙΡΑΚΑϹΙΓΝΗΤΗΕΙΚΑΤΟΙΟ
ΛΗΤΟΙΔΑΝΤΕϹΤΗϹΩΚΟϹΕΡΙΟΥΝΙΟϹΕΡΜΗϹ
ΑΝΤΑΔΑΡ᾽ΗΦΑΙϹΤΟΙΟΜΕΓΑϹΠΟΤΑΜΟϹΒΑΘΥΔΙΝΗϹ

ΟΝΞΑΝΘΟΝΚΑΛΕΟΥCΙΘΕΟΙΑΝΔΡΕCΔΕCΚΑΜΑΝΔΡΟ̄
ΩCΟΙΜΕΝΘΕΟΙΑΝΤΑΘΕΩΝΙCΑΝΑΥΤΑΡΑΧΙΛΛΕΥC
ΕΚΤΟΡΟCΑΝΤΑΜΑΛΙCΤΑΛΙΛΑΙΕΤΟΔΥΝΑΙΟΜΙΛΟΝ
ΠΡΙΑΜΙΔΕΩΤΟΥΓΑΡΡΑΜΑΛΙCΤΑΓΕΘΥΜΟCΑΝΩΓΕΙ
ΑΙΜΑΤΟCΑCΑΙΑΡΗΑΤΑΛΑΥΡΙΝΟΝΠΟΛΕΜΙCΤΗΝ
ΑΙΝΕΙΑΝΔΙΘΥCΛΑΟCCΟΟCΩΡCΕΝΑΠΟΛΛΩΝ
ΑΝΤΙΑΠΗΛΕΙΩΝΟCΕΝΗΚΕΔΕΟΙΜΕΝΟCΗΥ
ΥΙΕΙΔΕΠΡΙΑΜΟΙΟΛΥΚΑΟΝΙΕΙCΑΤΟΦΩΝΗΝ
ΤΩΜΙΝΕΕΙCΑΜΕΝΟCΠΡΟCΕΦΗΔΙΟCΥΙΟCΑΠΟΛΛΩΝ
ΑΙΝΕΙΑΤΡΩΩΝΒΟΥΛΗΦΟΡΕΠΟΥΤΟΙΑΠΕΙΛΑΙ
ΤΑCΤΡΩΩΝΒΑCΙΛΕΥCΙΝΥΠΕCΧΕΟΟΙΝΟΠΟΤΑΖΩ̄
ΠΗΛΕΙΔΕΩΑΧΙΛΗΟCΕΝΑΝΤΙΒΙΟΝΠΟΛΕΜΙΖΕΙΝ
ΤΟΝΔΑΥΤΑΙΝΕΙΑCΑΠΑΜΕΙΒΟΜΕΝΟCΠΡΟCΕΕΙΠΕ
ΠΡΙΑΜΙΔΗΤΙΜΕΤΑΥΤΑΚΑΙΟΥΚΕΘΕΛΟΝΤΑΚΕΛΕΥΕΙC
ΑΝΤΙΑΠΗΛΕΙΩΝΟCΥΠΕΡΘΥΜΟΙΟΜΑΧΕCΘΑΙ
ΟΥΜΕΝΓΑΡΝΥΝΠΡΩΤΑΠΟΔΩΚΕΟCΑΝΤΑΧΙΛΗΟC
CΤΗCΟΜΑΙΑΛΛΗΔΗΜΕΚΑΙΑΛΛΟΤΕΔΟΥΡΙΦΟΒΗCΕΝ
ΕΞΙΔΗCΟΤΕΒΟΥCΙΝΕΠΗΛΥΘΕΝΗΜΕΤΕΡΗΙCΙ
ΠΕΡCΕΔΕΛΥΡΝΗCCΟΝΚΑΙΠΗΔΑCΟΝΑΥΤΑΡΕΜΕΖΕΥC
ΕΙΡΥCΑΘΟCΜΟΙΕΠΩΡCΕΜΕΝΟCΛΑΙΨΗΡΑΤΕΓΟΥΝΑ
ΗΚΕΔΑΜΗΝΥΠΟΧΕΡCΙΝΑΧΙΛΛΗΟCΚΑΙΑΘΗΝΗC
ΗΟΙΠΡΟCΘΕΝΙΟΥCΑΤΙΘΕΙΦΑΟCΗΔΕΚΕΛΕΥΕΝ
ΕΓΧΕΙΧΑΛΚΕΙΩΙΛΕΛΕΓΑCΚΑΙΤΡΩΑCΕΝΑΙΡΕΙΝ
ΤΩΟΥΚΕCΤΑΧΙΛΗΟCΕΝΑΝΤΙΟΝΑΝΔΡΑΜΑΧΕCΘΑΙ
ΑΙΕΙΓΑΡΠΑΡΑΕΙCΓΕΘΕΩΝΟCΛΟΙΓΟΝΑΜΥΝΕΙ
ΚΑΙΔΑΛΛΩCΤΟΥΓΙΘΥCΒΕΛΟCΠΕΤΕΤΟΥΔΑΠΟΛΗΓΕΙ
ΠΡΙΝΧΡΟΟCΑΝΔΡΟΜΕΟΙΟΔΙΕΛΘΕΜΕΝΕΙΔΕΘΕΟCΠΕΡ
ΙCΟΝΤΕΙΝΕΙΕΝΠΟΛΕΜΟΥΤΕΛΟCΟΥΜΕΜΑΛΑΡΕΑ
ΝΙΚΗCΕΙΟΥΔΕΙΠΑΓΧΑΛΚΕΟCΕΥΧΕΤΑΙΕΙΝΑΙ
ΤΟΝΔΑΥΤΕΠΡΟCΕΕΙΠΕΝΑΝΑΞΑΝΔΡΩΝΑΓΑΜΕΜΝΩΝ
ΗΡΩCΑΛΛΑΓΕΚΑΙCΥΘΕΟΙCΑΙΕΙΓΕΝΕΤΗΙCΙΝ
ΕΥΧΕΟΚΑΙΔΕCΕΦΑCΙΔΙΟCΚΟΥΡΗCΑΦΡΟΔΙΤΗC
ΕΚΓΕΓΑΜΕΝΚΕΙΝΟCΔΕΧΕΡΕΙΟΝΟCΕΚΘΕΟΥΕCΤΙΝ

ΗΜΕΝΓΑΡΔΙΟΣΕΣΘΗΔΕΞΑΛΙΟΙΟΓΕΡΟΝΤΟΣ
ΑΛΛΙΘΥΣΦΕΡΕΧΑΛΚΟΝΑΤΕΙΡΕΑΜΗΔΕΣΕΠΑΜΠΑΝ
ΛΕΥΓΑΛΕΟΙΣΕΠΕΕΣΣΙΝΑΠΟΤΡΕΠΕΤΩΚΑΙΑΡΕΙΗ
ΩΣΕΙΠΩΝΕΜΠΝΕΥΣΕΜΕΝΟΣΜΕΓΑΠΟΙΜΕΝΙΛΑΩΝ
ΒΗΔΕΔΙΑΠΡΟΜΑΧΩΝΚΕΚΟΡΥΘΜΕΝΟΣΑΙΘΟΠΙΧΑΛΚΩΙ
ΟΥΔΕΛΑΘΑΓΧΙΣΑΟΠΑΙΣΛΕΥΚΩΛΕΝΟΝΗΡΗΝ
ΑΝΤΙΑΠΗΛΕΙΩΝΟΣΙΩΝΑΝΑΟΥΛΑΜΟΝΑΝΔΡΩΝ
ΗΔΑΜΥΔΙΣΚΑΛΕΣΑΣΑΘΕΟΥΣΜΕΤΑΜΥΘΟΝΕΕΙΠΕ
ΦΡΑΖΕΣΘΟΝΔΗΣΦΩΙΠΟΣΙΔΑΟΝΚΑΙΑΘΗΝΗ
ΕΝΦΡΕΣΙΝΥΜΕΤΕΡΗΙΣΙΝΟΠΩΣΕΣΤΑΙΤΑΔΕΕΡΓΑ
ΑΙΝΕΙΑΣΟΔΕΒΗΚΕΚΟΡΥΘΜΕΝΟΣΑΙΘΟΠΙΧΑΛΚΩΙ
ΑΝΤΙΑΠΗΛΕΙΩΝΟΣΑΝΗΚΕΔΕΦΟΙΒΟΣΑΠΟΛΛΩΝ
ΑΛΛΑΓΕΘΗΜΕΙΣΠΕΡΜΙΝΑΠΟΤΡΩΠΩΜΕΝΟΠΙΣΣΩ
ΑΥΤΟΘΕΝΗΤΙΣΕΠΕΙΤΑΚΑΙΗΜΕΙΩΝΑΧΙΛΗΙ
ΠΑΡΣΤΑΙΗΔΟΙΗΔΕΚΡΑΤΟΣΜΕΓΑΜΗΔΕΤΙΘΥΜΩΙ
ΔΕΥΕΣΘΩΙΝΑΕΙΔΗΙΟΜΙΝΦΙΛΕΟΥΣΙΝΑΡΙΣΤΟΙ
ΑΘΑΝΑΤΩΝΟΙΔΑΥΤΑΝΕΜΩΛΙΟΙΟΙΤΟΠΑΡΟΣΠΕΡ
ΤΡΩΣΙΝΑΜΥΝΟΥΣΙΝΠΟΛΕΜΟΝΚΑΙΔΗΙΟΤΗΤΑ
ΠΑΝΤΕΣΔΟΥΛΥΜΠΟΙΟΚΑΤΗΛΘΟΜΕΝΑΝΤΙΟΩΝΤΕΣ
ΤΗΣΔΕΜΑΧΗΣΙΝΑΜΗΤΙΜΕΤΑΤΡΩΕΣΣΙΠΑΘΗΣΙ
ΣΗΜΕΡΟΝΥΣΤΕΡΟΝΑΥΤΕΤΑΠΕΙΣΕΤΑΙΑΣΣΑΟΙΑΙΣΑ
ΓΕΙΝΟΜΕΝΩΙΕΠΕΝΗΣΕΛΙΝΩΙΟΤΕΜΙΝΤΕΚΕΜΗΤΗΡ
ΕΙΔΑΧΙΛΕΥΣΟΥΤΑΥΤΑΘΕΩΝΕΚΠΕΥΣΕΤΑΙΟΜΦΗΣ
ΔΕΙΣΕΤΕΠΕΙΘΟΤΕΚΕΝΤΙΣΕΝΑΝΤΙΒΙΟΝΘΕΟΣΕΛΘΗ
ΕΝΠΟΛΕΜΩΙΧΑΛΕΠΟΙΔΕΘΕΟΙΦΑΙΝΕΣΘΑΙΕΝΑΡΓΕΙΣ
ΤΗΝΔΗΜΕΙΒΕΤΕΠΕΙΤΑΠΟΣΙΔΑΩΝΕΝΟΣΙΧΘΩΝ
ΗΡΗΜΗΧΑΛΕΠΑΙΝΕΠΑΡΕΚΝΟΟΝΟΥΔΕΤΙΣΕΧΡΗ
ΟΥΚΑΝΕΓΩΓΕΘΕΛΟΙΜΙΘΕΟΥΣΕΡΙΔΙΞΥΝΕΛΑΣΣΑΙ
ΗΜΕΑΣΤΟΥΣΑΛΛΟΥΣΕΠΕΙΗΠΟΛΥΦΕΡΤΕΡΟΙΕΙΜΕΝ
ΑΛΛΗΜΕΙΣΜΕΝΕΠΕΙΤΑΚΑΘΕΖΩΜΕΣΘΑΚΙΟΝΤΕΣ
ΕΚΠΑΤΟΥΕΣΣΚΟΠΙΗΝΠΟΛΕΜΟΣΔΑΝΔΡΕΣΣΙΜΕΛΗΣΕΙ
ΕΙΔΕΚΑΡΗΣΑΡΧΩΣΙΜΑΧΗΣΗΦΟΙΒΟΣΑΠΟΛΛΩΝ
ΗΑΧΙΛΗΙΣΧΩΣΙΚΑΙΟΥΚΕΙΩΣΙΜΑΧΕΣΘΑΙ

xx. 107—139.

ΑΥΤΙΚ'ΕΠΕΙΤΑΚΑΙΑΜΜΙΠΑΡ'ΑΥΤΟΦΙΝΕΙΚΟΣΟΡΕΙΤΑΙ
ΦΥΛΟΠΙΔΟΣΜΑΛΑΔΩΚΑΔΙΑΚΡΙΝΘΕΝΤΑΣΟΙΩ
ΑΨΙΜΕΝΟΥΛΥΜΠΟΝΔΕΘΕΩΝΜΕΘΟΜΗΓΥΡΙΝΑΛΛΩΝ
ΗΜΕΤΕΡΗΙΣΥΠΟΧΕΡΣΙΝΑΝΑΓΚΗΙΦΙΔΑΜΕΝΤΑΣ
ΩΣΑΡΑΦΩΝΗΣΑΣΗΓΗΣΑΤΟΚΥΑΝΟΧΑΙΤΗΣ
ΤΕΙΧΟΣΕΣΑΜΦΙΧΥΤΟΝ . . . . ΟΙΟ
ΥΨΗΛΟΝΤΟΡΑΟΙΤΡΩΕΣΚΑΙΠΑΛΛΑΣΑΘΗΝΗ
ΠΟΙΕΟΝΟΦΡΑΤΟΚΗΤΟΣΥΠΕΚΠΡΟΦΥΓΩΝΑΛ . . . . .
ΟΠΠΟΤΕΜΙΝΣΕΥΑΙΤΟΑΠΗΙΟΝΟΣΠΕΔΙΟΝΔΕ
ΕΝΘΑΠΟΣΙΔΑΩΝΚΑΤΑΡΕΖΕΤΟΚΑΙΘΕΟΙΑΛΛΟΙ
ΑΜΦΙΔΑΡΑΡΡΗΚΤΟΝΝΕΦΕΛΗΝΩΜΟΙΣΙΝΕΣΑΝΤΟ
ΟΙΔ'ΕΤΕΡΩΣΕΚΑΘΙΖΟΝΕΠΟΦΡΥΣΙΚΑΛΛΙΚΟΛΩΝΗΣ
ΑΜΦΙΣΕΗΙΕΦΟΙΒΕΚΑΙΑΡΗΑΠΤΟΛΙΠΟΡΘΟΝ
ΩΣΟΙΜΕΝΡΕΚΑΤΕΡΘΕΚΑΘΕΙΑΤΟΜΗΤΙΟΩΝΤΕΣ
ΒΟΥΛΑΣΑΡΧΕΜΕΝΑΙΔΕΔΥΣΗΛΕΓΕΟΣΠΟΛΕΜΟΙΟ
ΩΚΝΕΟΝΑΜΦΟΤΕΡΟΙΖΕΥΣΔΗΜΕΝΟΣΥΨΙΚΕΛΕΥΕ
ΤΩΝΔ'ΑΠΑΝΕΠΛΗΣΘΗΠΕΔΙΟΝΚΑΙΕΛΑΜΠ . . . .
ΑΝΔΡΩΝΗΔΙΠΠΩΝΚΑΡΚΑΙΡΕΔΕΓΑΙΑΠΟΔΕΣΣΙΝ
ΟΡΝΥΜΕΝΩΝΑΜΥΔΙΣΔΥΟΔ'ΑΝΕΡΕΣΕΞΟΧ'ΑΡΙΣΤΟΙ
ΑΙΝΕΙΑΣΤ'ΑΓΧΙΣΙΑΔΗΣΚΑΙΔΙΟΣΑΧΙΛΛΕΥΣ
ΕΣΜΕΣΟΝΑΜΦΟΤΕΡΩΝΣΥΝΙΤΗΝΜΕΜΑΩΤΕΜΑΧΕΣΘΑΙ
ΑΙΝΕΙΑΣΔΕΠΡΩΤΟΣΑΠΕΙΛΗΣΑΣΕΒΕΒΗΚΕΙ
ΝΕΥΣΤΑΖΩΝΚΟΡΥΘΙΒΡΙΑΡΗΙΑΤΑΡ'ΑΣΠΙΔΑΘΟΥΡῙ
ΠΡΟΣΘΕΝΕΧΕΣΤΕΡΝΟΙΟΤΙΝΑΣΣΕΔΕΧΑΛΚΕΟΝΕΓΧΣ
ΠΗΛΕΙΔΗΣΔΕΤΕΡΩΘΕΝΕΝΑΝΤΙΟΝΩΡΤΟΛΕΩΝΩΣ
ΣΙΝΤΗΣΟΝΤΕΚΑΙΑΝΔΡΕΣΑΠΟΚΤΑΜΕΝΑΙΜΕΜΑΑΣΙΝ
ΑΓΡΟΜΕΝΟΙΠΑΣΔΗΜΟΣΟΔΕΠΡΩΤΟΝΜΕΝΑΤΙΖΩ̄
ΕΡΧΕΤΑΙΑΛΛΟΤΕΚΕΝΤΙΣΑΡΗΙΘΟΩΝΑΙΖΗΩΝ
ΔΟΥΡΙΒΑΛΗΙΕΑΛΗΤΕΧΑΝΩΝΠΕΡΙΤΑΦΡΟΣΟΔΟΝΤΑΣ
ΓΙΓΝΕΤΑΙΕΝΔΕΤΕΟΙΚΡΑΔΙΗΣΤΕΝΕΙΟΒΡΙΜΟΝΗΤΟΡ'
ΟΥΡΗΙΔΕΠΛΕΥΡΑΣΤΕΚΑΙΙΣΧΙΑΑΜΦΟΤΕΡΩΘΕΝ
ΜΑΣΤΙΕΤΑΙΕΕΔ'ΑΥΤΟΝΕΠΟΤΡΥΝΕΙΜΑΧΕΣΑΣΘΑΙ
ΓΛΑΥΚΙΟΩΝΔΙΘΥΣΦΕΡΕΤΑΙΜΕΝΕΙΗΝΤΙΝΑΠΕΦΝΗΙ

ΗΔΗΓΑΡΠΡΙΑΜΟΥΓΕΝΕΗΝΗΧΘΗΡΕΚΡΟΝΙΩΝ
ΝΥΝΔΕΔΗΑΙΝΕΙΑΟΒΙΗΤΡΩΕCCΙΝΑΝΑΞΕΙ
ΚΑΙΠΑΙΔΩΝΠΑΙΔΕCΤΟΙΚΕΝΜΕΤΟΠΙCΘΕΛΙΠΩΝΤΑΙ
ΤΟΝΔΗΜΕΙΒΕΤΕΠΕΙΤΑΒΟΩΠΙCΠΟΤΝΙΑΗΡΗ
ΕΝΝΟCΙΓΑΙΑΥΤΟCCΥΜΕΤΑΦΡΕCΙCΗCΙΝΟΗCΟΝ
ΑΙΝΕΙΑΝΗΚΕΝΜΙΝΕΡΥCCΕΑΙΗΚΕΝΕΑCΕΙC
ΗΤΟΙΜΕΝΓΑΡΝΩΙΠΟΛΕΙCΩΜΟCCΑΜΕΝΟΡΚΟΥC
ΠΑCΙΜΕΤΑΘΑΝΑΤΟΙCΙΝΕΓΩΚΑΙΠΑΛΛΑCΑΘΗΝΗ
ΜΗΠΟΤΕΠΙΤΡΩΕCCΙΝΑΛΕΞΗCΕΙΝΚΑΚΟΝΗΜΑΡ
ΑΥΤΑΡΕΠΕΙΤΟΓΑΚΟΥCΕΠΟCΙΔΑΩΝΕΝΟCΙΧΘΩ̅
ΒΗΡΙΜΕΝΑΝΤΕΜΑΧΗΝΚΑΙΑΝΑΚΛΟΝΟΝΕΓΧΕΙΑΩ̅
ΙΞΕΔΟΘΑΙΝΕΙΑCΗΔΟΚΛΥΤΟCΗΕΝΑΧΙΛΛΕΥC
ΑΥΤΙΚΑΤΩΙΜΕΝΕΠΕΙΤΑΚΑΤΟΦΘΑΛΜΩΝΧΕΕΝΑΧΛΥ̅
ΠΗΛΕΙΔΗΙΑΧΙΛΗΙΟΔΕΜΕΛΙΗΝΕΥΧΑΛΚΟΝ
ΑCΠΙΔΟCΕΞΕΡΥCCΕΜΕΓΑΛΗΤΟΡΟCΑΙΝΕΙΑΟ
ΚΑΙΤΗΝΜΕΝΠΡΟΠΑΡΟΙΘΕΠΟΔΩΝΑΧΙΛΗΟCΕΘΗΚΕ̅
ΑΙΝΕΙΑΝΔΕCCΕΥΕΝΑΠΟΧΘΟΝΟCΥΨΟCΑΕΙΡΑC
ΠΟΛΛΑCΔΕCΤΙΧΑCΗΡΩΩΝΠΟΛΛΑCΔΕΚΑΙΙΠΠΩΝ
ΑΙΝΕΙΑCΥΠΕΡΑΛΤΟΘΕΟΥΑΠΟΧΕΙΡΟCΟΡΟΥCΑC
ΙΞΕΔΕΠΕCΧΑΤΙΗΝΠΟΛΥΑΙΚΟCΠΟΛΕΜΟΙΟ
ΕΝΘΑΔΕΚΑΥΚΩΝΕCΠΟΛΕΜΟΝΜΕΤΑΘΩΡΗCCΟΝΤΟ
ΤΩΙΔΕΜΑΛΕΓΓΥΘΕΝΗΛΘΕΠΟCΙΔΑΩΝΕΝΟCΙΧΘΩ̅
ΚΑΙΜΙΝΦΩΝΗCΑCΕΠΕΑΠΤΕΡΟΕΝΤΑΠΡΟCΗΥΔΑ
ΑΙΝΕΙΑΤΙCCΩΔΕΘΕΩΝΑΤΕΟΝΤΑΚΕΛΕΥΕΙ
ΑΝΤΙΑΧΙΛΛΗΟCΠΟΛΕΜΙΖΕΙΝΗΔΕΜΑΧΕCΘΑΙ
ΟCCΕΥΑΜΑΚΡΕΙCCΩΝΚΑΙΦΙΛΤΕΡΟCΑΘΑΝΑΤΟΙCΙ̅
ΑΛΛΑΝΑΧΩΡΗCΑΙΟΤΕΚΕΝCΥΜΒΛΗCΕΑΙΑΥΤΩΙ
ΜΗΚΑΙΥΠΕΡΜΟΙΡΑΝΔΟΜΟΝΑΙΔΟCΕΙCΑΦΙΚΗΑΙ
ΑΥΤΑΡΕΠΕΙΚΑΧΙΛΕΥCΘΑΝΑΤΟΝΚΑΙΠΟΤΜΟΝΕΠΙCΠΗΙ
ΘΑΡCΗCΑCΔΗΠΕΙΤΑΜΕΤΑΠΡΩΕCCΙΜΑΧΕCΘΑΙ
ΟΥΜΕΝΓΑΡΤΙCΑΛΛΟCΑΧΑΙΩΝΕΞΕΝΑΡΙΞΕΙ
ΩCΕΙΠΩΝΛΙΠΕΝΑΥΤΟΘΕΠΕΙΔΙΕΠΕΦΡΑΔΕΠΑΝΤΑ
ΑΙΨΑΔΕΠΕΙΤΑΧΙΛΗΟCΑΠΟΦΘΑΛΜΩΝΕCΚΕΔΑCΑΧΛΥ̅

ΘΕΣΠΕΣΙΗΝΟΔΕΠΕΙΤΑΜΕΓΕΞΙΔΕΝΟΦΘΑΛΜΟΙΣΙ̅
ΟΧΘΗΣΑΣΔΑΡΑΕΙΠΕΠΡΟΣΟΝΜΕΓΑΛΗΤΟΡΑΘΥΜΟΝ
ΩΠΟΠΟΙΗΜΕΓΑΘΑΥΜΑΤΟΔΟΦΘΑΛΜΟΙΣΙΝΟΡΩΜΑΙ
ΕΓΧΟΣΜΕΝΤΟΔΕΚΕΙΤΑΙΕΠΙΧΘΟΝΟΣΟΥΔΕΤΙΦΩΤΑ
ΛΕΥΣΣΩΤΩΙΕΦΕΗΚΑΚΑΤΑΚΤΑΜΕΝΑΙΜΕΝΕΑΙΝΩ̅
ΗΡΑΚΑΙΑΙΝΕΙΑΣΦΙΛΟΣΑΘΑΝΑΤΟΙΣΙΘΕΟΙΣΙ
ΗΕΝΑΤΑΡΜΙΝΕΦΗΝΜΑΨΑΥΤΩΣΕΥΧΕΤΑΑΣΘΕ
ΕΡΡΕΤΩΟΥΟΙΘΥΜΟΣΕΜΕΥΕΤΙΠΕΙΡΗΘΗΝΑΙ
ΕΣΣΕΤΑΙΟΣΚΑΙΝΥΝΦΥΓΕΝΑΣΜΕΝΟΣΕΚΘΑΝΑΤΟΙΟ
ΑΛΛΑΓΕΔΗΔΑΝΑΟΙΣΙΦΙΛΟΠΤΟΛΕΜΟΙΣΙΚΕΛΕΥΣΑΣ
ΤΩΝΑΛΛΩΝΤΡΩΩΝΠΕΙΡΗΣΟΜΑΙΑΝΤΙΟΣΕΛΘΩΝ
ΗΚΑΙΕΠΙΣΤΙΧΑΣΑΛΤΟΚΕΛΕΥΕΔΕΦΩΤΙΕΚΑΣΤΩΙ
ΜΗΚΕΤΙΝΥΝΤΡΩΩΝΕΚΑΣΕΣΤΑΤΕΔΙΟΙΑΧΑΙΟΙ
ΑΛΛΑΓΑΝΗΡΑΝΤΑΝΔΡΟΣΙΤΩΜΕΜΑΤΩΔΕΜΑΧΕΣΘΑΙ
ΑΡΓΑΛΕΟΝΔΕΜΟΙΕΣΤΙΚΑΙΙΦΘΙΜΩΙΠΕΡΕΟΝΤΙ
ΤΟΣΣΟΥΣΔΑΝΘΡΩΠΟΥΣΕΦΕΠΕΙΝΚΑΙΠΑΣΙΜΑΧΕΣΘΑΙ
ΟΥΔΕΚΑΡΗΣΟΣΠΕΡΘΕΟΣΑΜΒΡΟΤΟΣΟΥΔΕΚΑΘΗΝΗ
ΤΟΣΣΗΣΥΣΜΙΝΗΣΕΦΕΠΟΙΣΤΟΜΑΚΑΙΠΟΝΕΟΙΤΟ
ΑΛΛΟΣΣΟΝΜΕΝΕΓΩΔΥΝΑΜΑΙΧΕΡΣΙΝΤΕΠΟΣΙΝΤΕ
ΚΑΙΣΘΕΝΕΙΟΥΜΕΤΙΦΗΜΙΜΕΘΗΣΕΜΕΝΟΥΔΗΒΑΙΟΝ
ΑΛΛΑΜΑΛΑΣΤΙΧΟΣΕΙΜΙΔΙΑΜΠΕΡΕΣΟΥΔΕΤΙΝΟΙΩ
ΤΡΩΩΝΧΑΙΡΗΣΕΙΝΟΣΤΙΣΣΧΕΔΟΝΕΓΧΕΟΣΕΛΘΗ
ΩΣΦΑΤΕΠΟΤΡΥΝΩΝΤΡΩΕΣΣΙΔΕΦΑΙΔΙΜΟΣΕΚΤΩΡ
ΚΕΚΛΕΘΟΜΟΚΛΗΣΑΣΦΑΤΟΔΙΜΕΝΑΙΑΝΤΑΧΙΛΗΟΣ
ΤΡΩΕΣΥΠΕΡΘΥΜΟΙΜΗΔΕΙΔΙΤΕΠΗΛΕΙΩΝΑ
ΚΑΙΚΕΝΕΓΩΝΕΠΕΕΣΣΙΚΑΙΑΘΑΝΑΤΟΙΣΙΜΑΧΟΙΜΗΝ
ΕΓΧΕΙΔΑΡΓΑΛΕΟΝΕΠΕΙΗΠΟΛΥΦΕΡΤΕΡΟΙΕΙΣΙΝ
ΟΥΔΑΧΙΛΕΥΣΠΑΝΤΕΣΣΙΤΕΛΟΣΜΥΘΟΙΣΕΠΙΘΗΣΕΙ
ΑΛΛΑΤΟΜΕΝΤΕΛΕΕΙΤΟΔΕΚΑΙΜΕΣΣΗΓΥΚΟΛΟΥΕΙ
ΤΟΥΔΕΓΩΑΝΤΙΟΣΕΙΜΙΚΑΙΕΙΠΥΡΙΧΕΙΡΑΣΕΟΙΚΕ
ΕΙΠΥΡΙΧΕΙΡΑΣΕΟΙΚΕΜΕΝΟΣΔΑΙΘΩΝΙΣΙΔΗΡΩΙ
ΩΣΦΑΤΕΠΟΤΡΥΝΩΝΟΙΔΑΝΤΙΟΙΕΓΧΕΑΕΙΡΑΝ
ΤΡΩΕΣΤΩΝΔΑΜΥΔΙΣΜΙΧΘΗΜΕΝΟΣΩΡΤΟΔΑΥΤΗ

ΚΑΙΤΟΤΑΡΕΚΤΟΡΑΕΙΠΕΠΑΡΑΣΤΑΣΦΟΙΒΟΣΑΠΟΛΛΩ̄
ΕΚΤΟΡΜΗΚΕΤΙΠΑΜΠΑΝΑΧΙΛΗΙΠΡΟΜΑΧΙΖΕ
ΑΛΛΑΚΑΤΑΠΛΗΘΥΝΤΕΚΑΙΕΚΦΛΟΙΣΒΟΙΟΔΕΔΕΞΟ
ΜΗΠΩΣΣΗΕΒΑΛΗΗΕΣΧΕΔΟΝΑΟΡΙΤΥΨΗ
ΩΣΕΦΑΘΕΚΤΩΡΔΑΥΤΙΣΕΔΥΣΑΤΟΟΥΛΑΜΟΝΑΝΔΡΩ̄
ΤΑΡΒΗΣΑΣΟΤΑΚΟΥΣΕΘΕΟΥΟΠΑΦΩΝΗΣΑΝΤΟΣ
ΕΝΘΑΧΙΛΕΥΣΤΡΩΕΣΣΙΘΟΡΕΦΡΕΣΙΝΕΙΜΕΝΟΣΑΛΚΗΝ
ΣΜΕΡΔΑΛΕΑΙΑΧΩΝΠΡΩΤΟΝΔΕΛΕΝΙΦΙΤΙΩΝΑ
ΕΣΘΛΟΝΟΤΡΥΝΤΕΙΔΗΝΠΟΛΕΩΝΗΓΗΤΟΡΑΛΑΩΝ
ΟΝΝΥΜΦΗΤΕΚΕΝΗΙΣΟΤΡΥΝΤΗΙΠΤΟΛΙΠΟΡΘΩΙ
ΤΜΩΛΩΙΥΠΟΝΙΦΟΕΝΤΙΥΔΗΣΕΝΠΙΟΝΙΔΗΜΩΙ
ΤΟΝΔΙΘΥΣΜΕΜΑΩΤΑΒΑΛΕΓΧΕΙΔΙΟΣΑΧΙΛΛΕΥΣ
ΜΕΣΣΗΝΚΑΚΚΕΦΑΛΗΝΗΔΑΝΔΙΧΑΠΑΣΑΚΕΑΣΘΗ
ΔΟΥΠΗΣΕΝΔΕΠΕΣΩΝΟΔΕΠΕΥΞΑΤΟΔΙΟΣΑΧΙΛΛΕΥΣ
ΚΕΙΣΟΤΡΥΝΤΕΙΔΗΠΑΝΤΩΝΕΚΠΑΓΛΟΤΑΤΑΝΔΡΩ̄
ΕΝΘΑΔΕΤΟΙΘΑΝΑΤΟΣΓΕΝΕΗΔΕΤΟΙΕΣΤΕΠΙΛΙΜΝΗΙ
ΓΥΓΑΙΗΙΟΘΙΤΟΙΤΕΜΕΝΟΣΠΑΤΡΩΙΟΝΕΣΤΙ
. . . . ΚΑΙΕΡΜΩΙΔΙΝΗΕΝΤΙ
ΩΣΦΑΤΕΠΕΥΧΟΜΕΝΟΣΤΟΝΔΕΣΚΟΤΟΣΟΣΣΕΚΑΛΥΨΕ
ΤΟΝΜΕΝΑΧΑΙΩΝΙΠΠΟΙΠΙΣΣΩΤΡΟΙΣΔΑΤΕΟΝΤΟ
ΠΡΩΤΗΙΕΝΥΣΜΙΝΗΙΟΔΕΠΑΥΤΩΙΔΗΜΟΛΕΟΝΤΑ
ΕΣΘΛΟΝΑΛΕΞΗΤΗΡΑΜΑΧΗΣΑΝΤΗΝΟΡΟΣΥΙΟΝ
ΝΥΞΕΚΑΤΑΚΡΟΤΑΦΟΝΚΥΝΕΗΣΔΙΑΧΑΛΚΟΠΑΡΗΟΥ
ΟΥΔΑΡΑΧΑΛΚΕΙΗΚΟΡΥΣΕΣΧΕΘΕΝΑΛΛΑΔΙΑΥΤΗΣ
ΑΙΧΜΗΙΕΜΕΝΗΡΗΞΟΣΤΕΟΝΕΓΚΕΦΑΛΟΣΔΕ
ΕΝΔΟΝΑΠΑΣΠΕΠΑΛΑΚΤΟΔΑΜΑΣΣΕΔΕΜΙΝΜΕΜΑΩΤΑ
ΙΠΠΟΔΑΜΑΝΤΑΔΕΠΕΙΤΑΚΑΘΙΠΠΩΝΑΙΞΑΝΤΑ
ΠΡΟΣΘΕΝΕΘΕΝΦΕΥΓΟΝΤΑΜΕΤΑΦΡΕΝΟΝΟΥΤΑΣΕΔΟΥΡΙ
ΑΥΤΑΡΟΘΥΜΟΝΑΙΣΘΕΚΑΙΗΡΥΓΕΝΩΣΟΤΕΤΑΥΡΟΣ
ΗΡΥΓΕΝΕΛΚΟΜΕΝΟΣΕΛΙΚΩΝΙΟΝΑΜΦΙΑΝΑΚΤΑ
ΚΟΥΡΩΝΕΛΚΟΝΤΩΝΓΑΝΥΤΑΙΔΕΤΕΤΟΙΣΕΝΟΣΙΧΘΩΝ
ΩΣΑΡΑΤΟΝΓΕΡΥΓΟΝΤΑΛΙΠΟΣΤΕΑΘΥΜΟΣΑΓΗΝΩΡ
ΑΥΤΑΡΟΒΗΣΥΝΔΟΥΡΙΜΕΤΑΝΤΙΘΕΟΝΠΟΛΥΔΩΡΟ̄

xx. 375—407.

ΠΡΙΑΜΙΔΗΝΤΟΝΔΟΥΤΙΠΑΤΗΡΕΙΑϹΚΕΜΑΧΕϹΘΑΙ
ΟΥΝΕΚΑΟΙΜΕΤΑΠΑΙϹΙΝΕΩΤΑΤΟϹΕϹΚΕΓΟΝΟΙΟ
ΚΑΙΟΙΦΙΛΤΑΤΟϹΕϹΚΕΠΟΔΕϹϹΙΔΕΠΑΝΤΑϹΕΝΙΚΑ
ΔΗΤΟΤΕΝΗΠΙΕΗΙϹΙΠΟΔΩΝΑΡΕΤΗΝΑΝΑΦΑΙΝΩ̄
ΘΥΝΕΔΙΑΠΡΟΜΑΧΩΝΕΙΩϹΦΙΛΟΝΩΛΕϹΕΘΥΜΟ
ΤΟΝΒΑΛΕΜΕϹϹΟΝΑΚΟΝΤΙΠΟΔΑΡΚΗϹΔΙΟϹΑΧΙΛΛΕΥϹ
ΝΩΤΑΠΑΡΑΙϹϹΟΝΤΟϹΟΘΙΖΩϹΤΗΡΟϹΟΧΗΕϹ
ΧΡΥϹΕΙΟΙϹΥΝΕΧΟΝΚΑΙΔΙΠΛΟΟϹΗΝΤΕΤΟΘΩΡΗΞ
ΑΝΤΙΚΡΥΔΕΔΙΕϹΧΕΠΑΡΟΜΦΑΛΟΝΕΓΧΕΟϹΑΙΧΜΗ
ΓΝΥΞΔΕΡΙΠΟΙΜΩΞΑϹΝΕΦΕΛΗΔΕΜΙΝΑΜΦΕΚΑΛΥΨΕ̄
ΚΥΑΝΕΗΠΡΟΤΙΟΙΔΕΛΑΒΕΝΤΕΡΑΧΕΡϹΙΛΙΑϹΘΕΙϹ
ΕΚΤΩΡΔΩϹΕΝΟΗϹΕΚΑϹΙΓΝΗΤΟΝΠΟΛΥΔΩΡΟΝ
ΕΝΤΕΡΑΧΕΡϹΙΝΕΧΟΝΤΑΛΙΑΖΟΜΕΝΟΝΠΡΟΤΙΓΑΙΗΙ
ΚΑΡΡΑΟΙΟΦΘΑΛΜΩΝΚΕΧΥΤΟΧΛΟΟϹΟΥΔΑΡΕΤΕΤΛΗ
ΔΗΡΟΝΕΚΑϹϹΤΡΩΦΑϹΘΑΛΛΑΝΤΙΟϹΗΛΘΑΧΙΛΗΙ
ΟΞΥΔΟΡΥΚΡΑΔΑΩΝΦΛΟΓΙΙΚΕΛΟϹΑΥΤΑΡΑΧΙΛΛΕΥϹ
ΩϹΕΙΔΩϹΑΝΕΠΑΛΤΟΚΑΙΕΥΧΟΜΕΝΟϹΕΠΟϹΗΥΔΑ

. . . .

. . . .

ΑΛΛΗΛΟΥϹΠΤΩϹϹΟΙΜΕΝΑΝΑΠΤΟΛΕΜΟΙΟΓΕΦΥΡΑϹ
ΗΚΑΙΥΠΟΔΡΑΙΔΩΝΠΡΟϹΕΦΩΝΕΕΝΕΚΤΟΡΑΔΙΟ̄
ΑϹϹΟΝΙΘΩϹΚΕΝΘΑϹϹΟΝΟΛΕΘΡΟΥΠΕΙΡΑΘΙΚΗΑΙ
ΤΟΝΔΟΥΤΑΡΒΗϹΑϹΠΡΟϹΕΦΗΚΟΡΥΘΑΙΟΛΟϹΕΚΤΩΡ
ΠΗΛΕΙΔΗΜΗΔΗΜΕΠΕΕϹϹΙΓΕΝΗΠΥΤΙΟΝΩϹ
ΕΛΠΕΟΔΕΙΔΙΞΑϹΘΑΙΕΠΕΙϹΑΦΑΟΙΔΑΚΑΙΑΥΤΟϹ
ΗΜΕΝΚΕΡΤΟΜΙΑϹΗΔΑΙϹΥΛΑΜΥΘΗϹΑϹΘΑΙ
ΟΙΔΑΔΟΤΙϹΥΜΕΝΕϹΘΛΟϹΕΓΩΔΕϹΕΘΕΝΠΟΛΥΧΕΙΡΩ̄
ΑΛΛΗΤΟΙΜΕΝΤΑΥΤΑΘΕΩΝΕΝΓΟΥΝΑϹΙΚΕΙΤΑΙ
ΑΙΚΕϹΕΧΕΙΡΟΤΕΡΟϹΠΕΡΕΩΝΑΠΟΘΥΜΟΝΕΛΩΜΑΙ
ΔΟΥΡΙΒΑΛΩΝΕΠΕΙΗΚΑΙΕΜΟΝΒΕΛΟϹΟΞΥΠΑΡΟΙΘΕ̄
ΗΡΑΚΑΙΑΜΠΕΠΑΛΩΝΠΡΟΙΕΙΔΟΡΥΚΑΙΤΟΓΑΘΗΝΗ
ΠΝΟΙΗΑΧΙΛΛΗΟϹΠΑΛΙΝΕΤΡΑΠΕΚΥΔΑΛΙΜΟΙΟ
ΗΚΑΜΑΛΑΨΥΞΑϹΑΤΟΔΑΨΙΚΕΘΕΚΤΟΡΑΔΙΟΝ

ΑΥΤΟΥΔΕΠΡΟΠΑΡΟΙΘΕΠΟΔΩΝΠΕCΕΝΑΥΤΑΡΑΧΙΛΛΕΥC
ΕΜΜΕΜΑΩCΕΠΟΡΟΥCΕΚΑΤΑΚΤΑΜΕΝΑΙΜΕΝΕΑΙΝΩΝ
CΜΕΡΔΑΛΕΑΙΑΧΩΝΤΟΝΔΕΞΗΡΠΑΞΕΝΑΠΟΛΛΩΝ
ΡΕΙΑΜΑΛΩCΤΕΘΕΟCΕΚΑΛΥΨΕΔΑΡΗΕΡΙΠΟΛΛΗΙ
ΤΡΙCΜΕΝΕΠΕΙΤΕΠΟΡΟΥCΕΠΟΔΑΡΚΗCΔΙΟCΑΧΙΛΛΕΥC
ΕΓΧΕΙΧΑΛΚΕΙΩΙΤΡΙCΔΗΕΡΑΤΥΨΕΒΑΘΕΙΑΝ
ΔΕΙΝΑΔΟΜΟΚΛΗCΑCΕΠΕΑΠΤΕΡΟΕΝΤΑΠΡΟCΗΥΔΑ
ΕΞΑΥΝΥΝΕΦΥΓΕCΘΑΝΑΤΟΝΚΥΟΝΗΤΕΤΟΙΑΓΧΙ
ΗΛΘΕΚΑΚΟΝΝΥΝΑΥΤΕCΕΡ . . . . . . ΦΟΙΒΟCΑΠΟΛΛΩ̄
ΩΙΜΕΛΛΕΙCΕΥΧΕCΘΑΙΙΩΝΕCΔΟΥΠΟΝΑΚΟΝΤΩΝ
ΗΘΗΝCΕΞΑΝΥΩΓΕΚΑΙΥCΤΕΡΟΝΑΝΤΙΒΟΛΗCΑC
ΕΙΠΟΥΤΙCΚΑΙΕΜΟΙΓΕΘΕΩΝΕΠΙΤΑΡΡΟΘΟCΕCΤΙ
ΝΥΝΔΑΛΛΟΥCΤΡΩΩΝΕΠΙΕΙCΟΜΑΙΟΝΚΕΚΙΧΕΙΩΙ
ΩCΕΙΠΩΝΔΡΥΟΠΟΥΤΑΚΑΤΑΥΧΕΝΑΜΕCCΟΝΑΚΟΝΤΙ
ΗΡΙΠΕΔΕ . . . . ΕΑCΕ
ΔΗΜΟΥΧΟΝΔΕΦΙΛΗΤΟΡΙΔΗΝΗΥΝΤΕΜΕΓΑΝΤΕ
ΚΑΚΓΟΝΥΔΟΥΡΙΒΑΛΩΝΗΡΥΚΑΚΕΤΟΝΜΕΝΕΠΕΙΤΑ
ΟΥΤΑΖΩΝΞΙΦΕΙΜΕΓΑΛΩΙΕΞΑΙΝΥΤΟΘΥΜΟΝ
ΑΥΤΑΡΟΛΑΟΓΟΝΟΝΚΑΙΔΑΡΔΑΝΟΝΥΙΕΒΙΑΝΤΟC
ΑΜΦΩΕΦΟΡΜΗΘΕΙCΕΞΙΠΠΩΝΩCΕΧΑΜΑΖΕ
ΤΟΝΜΕΝΔΟΥΡΙΒΑΛΩΝΤΟΝΔΕCΧΕΔΟΝΑΟΡΙΤΥΨΑC
ΤΡΩΑΔΑΛΑCΤΟΡΙΔΗΝΟΜΕΝΑΝΤΙΟCΗΛΥΘΕ . . . . .
ΕΙΠΩCΕΥΠΕΦΙΔΟΙΤΟΛΑΒΩΝΚΑΙΖΩΟΝΑΦΕΙΗ
ΜΗΔΕΚΑΤΑΚΤΕΙΝΕΙΕΝΟΜΗΛΙΚΙΗΝΕΛΕΗCΑC
ΝΗΠΙΟCΟΥΔΕΤΟΗΔΗΟΟΥΠΕΙCΕCΘΑΙΕΜΕΛΛΕΝ
ΟΥΓΑΡΤΙΓΛΥΚΥΘΥΜΟCΑΝΗΡΗΝΟΥΔΑΓΑΝΟΦΡΩ̄
ΑΛΛΑΜΑΛΕΜΜΕΜΑΩCΟΜΕΝΗΠΤΕΤΟΧΕΙΡΕCΙΓΟΥΝ . .
ΙΕΜΕΝΟCΛΙCCΕCΘΟΔΕΦΑCΓΑΝΩΙΟΥΤΑΚΑΘΗΠΑΡ
ΕΚΔΕΟΙΗΠΑΡΟΛΙCΘΕΝΑΤΑΡΜΕΛΑΝΑΙΜΑΚΑΤΑΥΤΟΥ
ΚΟΛΠΟΝΕΝΕΠΛΗCΕΝΤΟΝΔΕCΚΟΤΟCΟCCΕΚΑΛΥΨΕ
ΘΥΜΟΥΔΕΥΟΜΕΝΟΝΟΔΕΜΟΥΛΙΟΝΟΥΤΑΠΑΡΑCΤΑC
ΔΟΥΡΙΚΑΤΟΥCΕΙΘΑΡΔΕΔΙΟΥΑΤΟCΗΛΘΕΤΕΡΟΙΟ
ΑΙΧΜΗΧΑΛΚΕΙΗΟΔΑΓΗΝΟΡΟCΥΙΟΝΕΧΕΙΚΑΛΟΝ

xx. 441—474.

ΜΕΣΣΗΝΚΑΚΚΕΦΑΛΗΝΞΙΦΕΙΗΛΑΣΕΚΩΠΗΕΝΤΙ
ΠΑΝΔΥΠΕΘΕΡΜΑΝΘΗΞΙΦΟΣΑΙΜΑΤΙΤΟΝΔΕΚΑΤΟΣΣΕ
ΕΛΛΑΒΕΠΟΡΦΥΡΕΟΣΘΑΝΑΤΟΣΚΑΙΜΟΙΡΑΚΡΑΤΑΙΗ
ΔΕΥΚΑΛΙΩΝΑΔΕΠΕΙΘΙΝΑΤΕΞΥΝΕΧΟΥΣΙΤΕΝΟΝΤΕΣ
ΑΓΚΩΝΟΣΤΗΙΤΟΝΓΕΜΕΣΗΣΔΙΑΧΕΙΡΟΣΕΛΑΣΣΕ̄
ΑΙΧΜΗΧΑΛΚΕΙΗΟΔΕΜΙΝΜΕΝΕΧΕΙΡΑΒΑΡΥΝΘΕΙΣ
ΠΡΟΣΘΟΡΟΩΝΘΑΝΑΤΟΝΟΔΕΦΑΣΓΑΝΩΙΑΥΧΕΝΑΘΕΙΝϚ
ΤΗΛΑΥΤΗΙΠΗΛΗΚΙΚΑΡΗΒΑΛΕΜΥΕΛΟΣΑΥΤΕ
ΣΦΟΝΔΥΛΙΩΝΕΚΠΑΛΘΟΔΕΠΙΧΘΟΝΙΚΕΙΤΟΤΑΝΥΣΘϚ
ΑΥΤΑΡΟΒΗΡΙΕΝΑΙΜΕΤΑΜΥΜΟΝΑΠΕΙΡΕΩΥΙΟΝ
ΡΙΓΜΟΝΟΣΕΚΘΡΗΙΚΗΣΕΡΙΒΩΛΑΚΟΣΕΙΛΗΛΟΥΘΕΙ
ΤΟΝΒΑΛΕΜΕΣΣΟΝΑΚΟΝΤΙΠΑΓΗΔΕΝΠΝΕΥΜΟΝΙΧΑΛΚΟΣ
ΗΡΙΠΕΔΕΞΟΧΕΩΝΟΔΑΡΗΙΘΟΟΝΘΕΡΑΠΟΝΤΑ
ΑΨΙΠΠΟΥΣΣΤΡΕΨΑΝΤΑΜΕΤΑΦΡΕΝΟΝΟΞΕΙΔΟΥΡΙ
ΝΥΞΑΠΟΔΑΡΜΑΤΟΣΩΣΕΚΥΚΗΘΗΣΑΝΔΕΟΙΙΠΠΟΙ
ΩΣΔΑΝΑΜΑΙΜΑΕΙΒΑΘΕΑΓΚΕΑΘΕΣΠΙΔΑΕΣΠΥΡ
ΟΥΡΕΟΣΑΖΑΛΕΟΙΟΒΑΘΕΙΑΔΕΚΑΙΕΤΑΙΥΛΗ
ΠΑΝΤΗΤΕΚΛΟΝΕΩΝΑΝΕΜΟΣΦΛΟΓΑΕΙΛΥΦΑΖΕΙ
ΩΣΟΓΕΠΑΝΤΗΘΥΝΕΣΥΝΕΓΧΕΙΔΑΙΜΟΝΙΙΣΟΣ
ΚΤΕΙΝΟΜΕΝΟΥΣΕΦΕΠΩΝΡΕΕΔΑΙΜΑΤΙΓΑΙΑΜΕΛΑΙΝΑ
ΩΣΔΟΤΕΤΙΣΖΕΥΞΗΙΒΟΑΣΑΡΣΕΝΑΣΕΥΡΥΜΕΤΩΠΟΥΣ
ΤΡΙΒΕΜΕΝΑΙΚΡΙΛΕΥΚΟΝΕΥΤΡΟΧΑΛΩΙΕΝΑΛΩΗΙ
ΡΙΜΦΑΤΕΛΕΠΤΕΓΕΝΟΝΤΟΒΟΩΝΥΠΟΠΟΣΣΕΡΙΜΥΚΩ̄
ΩΣΥΠΑΧΙΛΛΗΟΣΜΕΓΑΘΥΜΟΥΜΩΝΥΧΕΣΙΠΠΟΙ
ΣΤΙΒΟΝΟΜΟΥΝΕΚΥΑΣΤΕΚΑΙΑΣΠΙΔΑΣΑΙΜΑΤΙΔΑΞΩ̄
ΝΕΡΘΕΝΑΠΑΣΠΕΠΑΛΑΚΤΟΚΑΙΑΝΤΥΓΕΣΑΙΠΕΡΙΔΙΦΡΟ̄
ΑΣΑΡΑΦΙΠΠΕΙΩΝΟΠΛΕΩΝΡΑΘΑΜΙΓΓΕΣΕΒΑΛΛΟ̄
ΑΙΔΑΠΟΠΙΣΣΩΤΡΩΝΟΔΕΙΕΤΟΚΥΔΟΣΑΡΕΣΘΑΙ
ΠΗΛΕΙΔΗΣΛΥΘΡΩΙΔΕΠΑΛΑΣΣΕΤΟΧΕΙΡΑΣΑΑΠΤΟΥΣ

Φ

ΑΛΛΟΤΕΔΗΠΟΡΟΝΙΞΟΝΕΥΡΡΕΙΟCΠΟΤΑΜΟΙΟ
ΞΑΝΘΟΥΔΙΝΗΕΝΤΟCΟΝΑΘΑΝΑΤΟCΤΕΚΕΤΟΖΕΥC
ΕΝΘΑΔΙΑΤΜΗΞΑCΤΟΥCΜΕΝΠΕΔΙΟΝΔΕΔΙΩΚΕ
ΠΡΟCΠΟΛΙΝΗΠΕΡΑΧΑΙΟΙΑΤΥΖΟΜΕΝΟΙΦΟΒΕΟΝΤΟ
ΗΜΑΤΙΤΩΙΠΡΟΤΕΡΩΙΟΤΕΜΑΙΝΕΤΟΦΑΙΔΙΜΟCΕΚΤΩΡ
ΤΗΙΡΟΙΓΕΠΡΟΧΕΟΝΤΟΠΕΦΥΖΟΤΕCΗΕΡΑΔΗΡΗ
ΠΙΤΝΑΠΡΟCΘΕΒΑΘΕΙΑΝΕΡΥΚΕΜΕΝΗΜΙCΕΕCΔΕ
ΕCΠΟΤΑΜΟΝΕΙΛΕΥΝΤΟΒΑΘΥΡΡΟΟΝΑΡΓΥΡΟΔΙΝΗ̄
ΕΝΔΕΠΕCΟΝΜΕΓΑΛΩΙΠΑΤΑΓΩΙΒΡΑΧΕΔΑΙΠΑΡΕΕΘΡΑ
ΟΧΘΑΙΔΑΜΦΙΠΕΡΙΜΕΓΑΛΙΑΧΟΝΟΙΔΑΛΑΛΗΤΩΙ
ΕΝΝΕΟΝΕΝΘΑΚΑΙΕΝΘΑΕΛΙCCΟΜΕΝΟΙΚΑΤΑΔΙΝΑC
ΩCΔΟΘΥΠΟΡΙΠΗCΠΥΡΟCΑΚΡΙΔΕCΗΕΡΕΘΟΝΤΑΙ
ΦΕΥΓΕΜΕΝΑΙΠΟΤΑΜΟΝΔΕΤΟΔΕΦΛΕΓΕΙΑΚΑΜΑΤΟΝΠΥΡ
ΟΡΜΕΝΟΝΕΞΑΙΦΝΗCΤΑΙΔΕΠΤΩCCΟΥCΙΚΑΘΥΔΩΡ
ΩCΥΠΑΧΙΛΛΗΟCΞΑΝΘΟΥΒΑΘΥΔΙΝΗΕΝΤΟC
ΠΛΗΤΟΡΟΟCΚΕΛΑΔΩΝΕΠΙΜΙΞΙΠΠΩΝΤΕΚΑΙΑΝΔΡΩΝ
ΑΥΤΑΡΟΔΙΟΓΕΝΗCΔΟΡΥΜΕΝΛΙΠΕΝΑΥΤΟΥΕΝΟΧΘΗ
ΚΕΙΚΛΙΜΕΝΟΝΜΥΡΙΚΗΙCΙΝΟΔΕCΘΟΡΕΔΑΙΜΟΝΙΙCΟC
ΦΑCΓΑΝΟΝΟΙΟΝΕΧΩΝΚΑΚΑΔΕΦΡΕCΙΜΗΔΕΤΟΕΡΓΑ
ΤΥΠΤΕΔΕΠΙCΤΡΟΦΑΔΗΝΤΩΝΔΕCΤΟΝΟCΩΡΝΥΤΑΕΙΚΗC
ΑΟΡΙΘΕΙΝΟΜΕΝΩΝΕΡΥΘΑΙΝΕΤΟΔΑΙΜΑΤΙΥΔΩΡ
ΩCΥΠΟΔΕΛΦΙΝΟCΜΕΓΑΚΗΤΕΟCΙΧΘΥΕCΑΛΛΟΙ
ΦΕΥΓΟΝΤΕCΠΙΜΠΛΑCΙΜΥΧΟΥCΛΙΜΕΝΟCΕΥΟΡΜΟΥ
ΔΕΙΔΙΟΤΕCΜΑΛΑΓΑΡΤΕΚΑΤΕCΘΙΕΙΟΝΚΕΛΑΒΗCΙΝ
ΩCΤΡΩΕCΠΟΤΑΜΟΙΟΚΑΤΑΔΕΙΝΟΙΟΡΕΕΘΡΑ
ΠΤΩCCΟΝΥΠΟΚΡΗΜΝΟΥCΟΔΕΠΕΙΚΑΜΕΧΕΙΡΑCΕΝΑΙΡΩΝ
ΖΩΟΥCΕΚΠΟΤΑΜΟΙΟΔΥΩΔΕΚΑΛΕΞΑΤΟΚΟΥΡΟΥC
ΠΟΙΝΗΝΠΑΤΡΟΚΛΟΙΟΜΕΝΟΙΤΙΑΔΑΟΘΑΝΟΝΤΟC
ΤΟΥCΕΞΗΓΕΘΥΡΑΖΕΤΕΘΗΠΟΤΑCΗΥΤΕΝΕΒΡΟΥC
ΔΗCΕΔΟΠΙCCΩΧΕΙΡΑCΕΥΤΜΗΤΟΙCΙΝΙΜΑCΙ
ΤΟΥCΑΥΤΟΙΦΟΡΕΕCΚΟΝΕΠΙCΤΡΕΠΤΟΙCΙΧΙΤΩCΙ
ΔΩΚΕΔΕΤΑΙΡΟΙCΙΝΚΑΤΑΓΕΙΝΚΟΙΛΑCΕΠΙΝΗΑC
ΑΥΤΑΡΟΑΨΕΠΟΡΟΥCΕΔΑΙΖΕΜΕΝΑΙΜΕΝΕΑΙΝΩΝ

xxi. 1—33.

ΕΝΘΥΙΕΙΠΡΙΑΜΟΙΟϹΥΝΗΝΤΕΤΟΔΑΡΔΑΝΙΔΑΟ
ΕΚΠΟΤΑΜΟΥΦΕΥΓΟΝΤΙΛΥΚΑΟΝΙΤΟΝΡΑΠΟΤΑΥΤΟϹ
ΗΓΕΛΑΒΩΝΕΚΠΑΤΡΟϹΑΛΩΗϹΟΥΚΕΘΕΛΟΝΤΑ
ΕΝΝΥΧΙΟϹΠΡΟΜΟΛΩΝΟΔΕΡΙΝΕΟΝΟΞΕΙΧΑΛΚΩΙ
ΤΑΜΝΕΝΕΟΥϹΟΡΠΗΚΑϹΙΝΑΡΜΑΤΟϹΑΝΤΥΓΕϹΕΙΕΝ
ΤΩΙΔΑΡΑΝΩΙϹΤΟΝΚΑΚΟΝΗΛΥΘΕΔΙΟϹΑΧΙΛΛΕΥϹ
ΚΑΙΤΟΤΕΜΕΝΜΙΝΛΗΜΝΟΝΕΥΚΤΙΜΕΝΗΝΕΠΕΡΑϹϹΕ
ΝΗΥϹΙΝΑΓΩΝΑΤΑΡΥΙΟϹΙΗϹΟΝΟϹΩΝΟΝΕΔΩΚΕ
ΚΕΙΘΕΝΔΕΞΕΙΝΟϹΜΙΝΕΛΥϹΑΤΟΠΟΛΛΑΔΕΔΩΚΕΝ
ΙΜΒΡΙΟϹΗΕΤΙΩΝΠΕΜΨΕΝΔΕϹΔΙΑΝΑΡΙϹΒΗΝ
ΕΝΘΕΝΥΠΕΚΠΡΟΦΥΓΩΝΠΑΤΡΩΙΟΝΙΚΕΤΟΔΩΜΑ
ΕΝΔΕΚΑΔΗΜΑΤΑΘΥΜΟΝΕΤΕΡΠΕΤΟΟΙϹΙΦΙΛΟΙϹΙΝ
ΕΛΘΩΝΕΚΛΗΜΝΟΙΟΔΥΩΔΕΚΑΤΗΔΕΜΙΝΑΥΤΙϹ
ΧΕΡϹΙΝΑΧΙΛΛΗΟϹΘΕΟϹΕΜΒΑΛΕΝΟϹΜΙΝΕΜΕΛΛΕ
ΠΕΜΨΕΙΝΕΙϹΑΙΔΑΟΚΑΙΟΥΚΕΘΕΛΟΝΤΑΝΕΕϹΘΑΙ
ΤΟΝΔΩϹΟΥΝΕΝΟΗϹΕΠΟΔΑΡΚΗϹΔΙΟϹΑΧΙΛΛΕΥϹ
ΓΥΜΝΟΝΑΤΕΡΚΟΡΥΘΟϹΤΕΚΑΙΑϹΠΙΔΟϹΟΥΔΕΧΕΝΕΓΧ . .
ΑΛΛΑΤΑΜΕΝΡΑΠΟΠΑΝΤΑΧΑΜΑΙΒΑΛΕΤΕΙΡΕΓΑΡ . . . . .
ΦΕΥΓΟΝΤΕΚΠΟΤΑΜΟΥΚΑΜΑΤΟϹΔΥΠΟΓΟΥΝΑΤ . . . . . .
ΟΧΘΗϹΑϹΔΑΡΑΕΙΠΕΠΡΟϹΟΝΜΕΓΑΛΗΤΟΡΑΘΥΜΟ̅
ΩΠΟΠΟΙΗΜΕΓΑΘΑΥΜΑΤΟΔΟΦΘΑΛΜΟΙϹΙΝΟΡΩΜΑΙ
ΗΜΑΛΑΔΗΤΡΩΕϹΜΕΓΑΛΗΤΟΡΕϹΟΥϹΠΕΡΕΠΕΦΝΟ̅
ΑΥΤΙϹΑΝΑϹΤΗϹΟΝΤΑΙΥΠΟΖΟΦΟΥΗΕΡΟΕΝΤΟϹ
ΟΙΟΝΔΗΚΑΙΟΔΗΛΘΕΦΥΓΩΝΥΠΟΝΗΛΕΕϹΗΜΑΡ
ΛΗΜΝΟΝΕϹΗΓΑΘΕΗΝΠΕΠΕΡΗΜΕΝΟϹΟΥΔΕΜΙΝΕϹΧΕ
ΠΟΝΤΟϹΑΛΟϹΠΟΛΙΗϹΟΠΟΛΕΙϹΑΕΚΟΝΤΑϹΕΡΥΚΕΙ
ΑΛΛΑΓΕΔΗΚΑΙΔΟΥΡΟϹΑΚΩΚΗϹΗΜΕΤΕΡΟΙΟ
ΓΕΥϹΕΤΑΙΟΦΡΑΙΔΩΜΑΙΕΝΙΦΡΕϹΙΝΗΔΕΔΑΕΙΩ
ΗΑΡΟΜΩϹΚΑΙΚΕΙΘΕΝΕΛΕΥϹΕΤΑΙΗΜΙΝΕΡΥΚΕΙ
ΓΗΦΥϹΙΖΟΟϹΗΤΕΚΑΤΑΚΡΑΤΕΡΟΝΠΕΡΕΡΥΚΕΙ
ΩϹΩΡΜΑΙΝΕΜΕΝΩΝΟΔΕΟΙϹΧΕΔΟΝΗΛΘΕΤΕΘΗΠΩϹ
ΓΟΥΝΩΝΑΨΑϹΘΑΙΜΕΜΑΩϹΠΕΡΙΔΗΘΕΛΕΘΥΜΩΙ
ΕΚΦΥΓΕΕΙΝΘΑΝΑΤΟΝΤΕΚΑΚΟΝΚΑΙΚΗΡΑΜΕΛΑΙΝΑ̅

xxi. 34—66.

ΗΤΟΙΟΜΕΝΔΟΡΥΜΑΚΡΟΝΑΝΕΣΧΕΤΟΔΙΟΣΑΧΙΛΛΕΥΣ
ΟΥΤΑΜΕΝΑΙΜΕΜΑΩΣΟΔΥΠΕΔΡΑΜΕΚΑΙΛΑΒΕΓΟΥΝΩ̄
ΚΥΨΑΣΕΓΧΕΙΗΔΑΡΥΠΕΡΝΩΤΟΥΕΝΙΓΑΙΗΙ
ΕΣΤΗΙΕΜΕΝΗΧΡΟΟΣΑΜΕΝΑΙΑΝΔΡΟΜΕΟΙΟ
ΑΥΤΑΡΟΤΗΙΕΤΕΡΗΙΜΕΝΕΛΩΝΕΛΛΙΣΣΕΤΟΓΟΥΝΩΝ
ΤΗΙΔΕΤΕΡΗΙΕΧΕΝΕΓΧΟΣΑΚΑΧΜΕΝΟΝΟΥΔΕΜΕΘΙΕΙ
ΚΑΙΜΙΝΦΩΝΗΣΑΣΕΠΕΑΠΤΕΡΟΕΝΤΑΠΡΟΣΗΥΔΑ
ΓΟΥΝΟΥΜΑΙΣΑΧΙΛΕΥΣΥΔΕΜΑΙΔΕΟΚΑΙΜΕΛΕΗΣΟ̄
ΑΝΤΙΤΟΙΕΙΜΙΚΕΤΑΟΔΙΟΤΡΕΦΕΣΑΙΔΟΙΟΙΟ
ΠΑΡΓΑΡΣΟΙΠΡΩΤΩΠΑΣΑΜΗΝΔΗΜΗΤΕΡΟΣΑΚΤΗ̄
ΗΜΑΤΙΤΩΙΟΤΕΜΕΙΛΕΣΕΥΚΤΙΜΕΝΗΕΝΑΛΩΗΙ
ΚΑΙΜΕΠΕΡΑΣΣΑΣΑΝΕΥΘΕΝΑΓΩΝΠΑΤΡΟΣΤΕΦΙΛΩΝΤΕ
ΛΗΜΝΟΝΕΣΗΓΑΘΕΗΝΕΚΑΤΟΜΒΟΙΟΝΔΕΤΟΙΗΛΦΟ̄
ΝΥΝΔΕΛΥΜΗΝΤΡΙΣΤΟΣΣΑΠΟΡΩΝΗΩΣΔΕΜΟΙΕΣΤΙΝ
ΗΔΕΔΥΩΔΕΚΑΤΗΟΤΕΣΙΛΙΟΝΕΙΛΗΛΟΥΘΑ
ΠΟΛΛΑΠΑΘΩΝΝΥΝΑΥΤΕΜΕΣΗΣΕΝΧΕΡΣΙΝΕΘΗΚΕ
ΜΟΙΡΟΛΟΗΜΕΛΛΩΠΟΥΑΠΕΧΘΕΣΘΑΙΔΙΙΠΑΤΡΙ
ΟΣΜΕΣΟΙΑΥΤΙΣΕΔΩΚΕΜΙΝΥΝΘΑΔΙΟΝΔΕΜΕΜΗΤΗΡ
ΓΕΙΝΑΤΟΛΑΟΘΟΗΘΥΓΑΤΗΡΑΛΤΑΟΓΕΡΟΝΤΟΣ
ΑΛΤΕΩΟΣΛΕΛΕΓΕΣΣΙΦΙΛΟΠΤΟΛΕΜΟΙΣΙΝΑΝΑΣΣΕ
ΠΗΔΑΣΟΝΑΙΠΗΕΣΣΑΝΕΧΩΝΥΠΟΣΑΤΝΙΟΕΝΤΙ
ΤΟΥΔΕΧΕΘΥΓΑΤΕΡΑΠΡΙΑΜΟΣΠΟΛΛΑΣΔΕΚΑΙΑΛΛΑΣ
ΤΗΣΔΕΔΥΩΓΕΝΟΜΕΣΘΑΣΥΔΑΜΦΩΔΕΙΡΟΤΟΜΗΣΕΙΣ
ΗΤΟΙΤΟΝΠΡΩΤΟΙΣΙΜΕΤΑΠΡΥΛΕΕΣΣΙΔΑΜΑΣΣΑΣ
ΑΝΤΙΘΕΟΝΠΟΛΥΔΩΡΟΝΕΠΕΙΒΑΛΕΣΟΞΕΙΔΟΥΡΙ
ΝΥΝΔΕΔΗΕΝΘΑΔΕΜΟΙΚΑΚΟΝΕΣΣΕΤΑΙΟΥΓΑΡΟΙΩ
ΣΑΣΧΕΙΡΑΣΦΕΥΞΕΣΘΑΙΕΠΕΙΡΕΠΕΛΑΣΣΕΓΕΔΑΙΜΩ̄
ΑΛΛΟΔΕΤΟΙΕΡΕΩΣΥΔΕΝΙΦΡΕΣΙΒΑΛΛΕΟΣΗΙΣΙ
ΜΗΜΕΚΤΕΙΝΕΠΕΙΟΥΧΟΜΟΓΑΣΤΡΙΟΣΕΚΤΟΡΟΣΕΙΜΙ
ΟΣΤΟΙΕΤΑΙΡΟΝΕΠΕΦΝΕΝΕΝΗΕΑΤΕΚΡΑΤΕΡΟΝΤΕ
ΩΙΣΥΜΑΛΙΣΤΑΧΟΛΩΑΙΕΝΙΦΡΕΣΙΝΟΙΔΑΚΑΙΑΥΤΟΣ
ΩΣΑΡΑΜΙΝΠΡΙΑΜΟΙΟΠΡΟΣΗΥΔΑΦΑΙΔΙΜΟΣΥΙΟΣ
ΛΙΣΣΟΜΕΝΟΣΕΠΕΕΣΣΙΝΑΜΕΙΛΙΚΤΟΝΔΟΠΑΚΟΥΣΕ

xxi. 67—98.

ΝΗΠΙΕΜΗΜΟΙΑΠΟΙΝΑΠΙΦΑΥΣΚΕΟΜΗΔΑΓΟΡΕΥΕ
ΠΡΙΝΜΕΝΓΑΡΠΑΤΡΟΚΛΟΝΕΠΙΣΠΕΙΝΑΙΣΙΜΟΝΗΜΑΡ
ΤΟΦΡΑΤΙΜΟΙΠΕΦΙΔΕΣΘΑΙΕΝΙΦΡΕΣΙΦΙΛΤΕΡΟΝΗΕ
ΤΡΩΩΝΚΑΙΠΟΛΛΟΥΣΖΩΟΥΣΕΛΟΝΗΔΕΠΕΡΑΣΣΑ
ΝΥΝΔΟΥΚΕΣΘΟΣΤΙΣΘΑΝΑΤΟΝΦΥΓΟΙΟΝΚΕΘΕΟΣΓΕ
ΙΛΙΟΥΠΡΟΠΑΡΟΙΘΕΝΕΜΗΙΣΕΝΧΕΡΣΙΒΑΛΗΙΣΙ
ΚΑΙΠΑΝΤΩΝΤΡΩΩΝΠΕΡΙΔΑΥΠΡΙΑΜΟΙΟΓΕΠΑΙΔΩ̄
ΑΛΛΑΦΙΛΟΣΘΑΝΕΚΑΙΣΥΤΙΗΟΛΟΦΥΡΕΑΙΟΥΤΩΣ
ΚΑΤΘΑΝΕΚΑΙΠΑΤΡΟΚΛΟΣΟΠΕΡΣΕΟΠΟΛΛΟΝΑΜΕΙΝΩΝ
ΟΥΧΟΡΑΑΣΟΙΟΣΚΑΙΕΓΩΚΑΛΟΣΤΕΜΕΓΑΣΤΕ
ΠΑΤΡΟΣΔΕΙΜΑΓΑΘΟΙΟΘΕΑΔΕΜΕΓΕΙΝΑΤΟΜΗΤΗΡ
ΑΛΛΕΠΙΤΟΙΚΑΙΕΜΟΙΘΑΝΑΤΟΣΚΑΙΜΟΙΡΑΚΡΑΤΑΙΗ
ΕΣΣΕΤΑΙΗΗΩΣΗΔΕΙΛΗΣΗΜΕΣΟΝΗΜΑΡ
ΟΠΠΟΤΕΤΙΣΚΑΙΕΜΕΙΟΑΡΕΙΕΚΘΥΜΟΝΕΛΗΤΑΙ
ΗΟΓΕΔΟΥΡΙΒΑΛΩΝΗΑΠΟΝΕΥΡΗΦΙΝΟΙΣΤΩΙ
ΩΣΦΑΤΟΤΟΥΔΑΥΤΟΥΛΥΤΟΓΟΥΝΑΤΑΚΑΙΦΙΛΟΝΗΤΟΡ
ΕΓΧΟΣΜΕΝΡΑΦΕΗΚΕΝΟΔΕΖΕΤΟΧΕΙΡΕΠΕΤΑΣΣΑΣ
ΑΜΦΟΤΕΡΑΣΑΧΙΛΕΥΣΔΕΕΡΥΣΣΑΜΕΝΟΣΞΙΦΟΣΟΞΥ
ΤΥΨΕΚΑΤΑΚΛΗΙΔΑΠΑΡΑΥΧΕΝΑΠΑΝΔΕΟΙΕΙΣΩ
ΔΥΞΙΦΟΣΑΜΦΗΚΕΣΟΔΑΡΑΠΡΗΝΗΣΕΠΙΓΑΙΗΙ
ΚΕΙΤΟΤΑΘΕΙΣΕΚΔΑΙΜΑΜΕΛΑΝΡΕΕΔΕΥΕΔΕΓΑΙΑΝ
ΤΟΝΔΑΧΙΛΕΥΣΠΟΤΑΜΟΝΔΕΛΑΒΩΝΠΟΔΟΣΗΚΕΦΕΡΕΣΘΑ
ΚΑΙΟΙΕΠΕΥΧΟΜΕΝΟΣΕΠΕΑΠΤΕΡΟΕΝΤΑΓΟΡΕΥΕΝ
ΕΝΤΑΥΘΟΙΝΥΝΚΕΙΣΟΜΕΤΙΧΘΥΣΙΝΟΙΣΩΤΕΙΛΗΣ
ΑΙΜΑΠΟΛΙΧΜΗΣΟΝΤΑΙΑΚΗΔΕΕΣΟΥΔΕΣΕΜΗΤΗΡ
ΕΝΘΕΜΕΝΗΛΕΧΕΕΣΣΙΓΟΗΣΕΤΑΙΑΛΛΑΣΚΑΜΑΝΔΡΟΣ
ΟΙΣΕΙΔΙΝΗΕΙΣΕΙΣΩΑΛΟΣΕΥΡΕΑΚΟΛΠΟΝ
ΘΡΩΣΚΩΝΤΙΣΚΑΤΑΚΥΜΑΜΕΛΑΙΝΑΝΦΡΙΙΚΥΝΑΛΥΞΕΙ
ΙΧΘΥΣΟΣΚΕΦΑΓΗΙΣΙΛΥΚΑΟΝΟΣΑΡΓΕΤΑΔΗΜΟΝ
ΦΘΕΙΡΕΣΘΕΙΣΟΚΕΝΑΣΤΥΚΙΧΕΙΟΜΕΝΙΛΙΟΥΙΡΗΣ
ΥΜΕΙΣΜΕΝΦΕΥΓΟΝΤΕΣΕΓΩΔΟΠΙΘΕΝΚΕΡΑΙΖΩ̄
ΟΥΔΥΜΙΝΠΟΤΑΜΟΣΠΕΡΕΥΡΡΟΟΣΑΡΓΥΡΟΔΙΝΗΣ
ΑΡΚΕΣΕΙΩΙΔΗΔΗΘΑΠΟΛΕΙΣΙΕΡΕΥΕΤΕΤΑΥΡΟΥΣ

xxi. 99—131.

ΖΩΟΥϹΔΕΝΔΙΝΗΙϹΙΚΑΘΙΕΤΕΜΩΝΥΧΑϹΙΠΠΟΥϹ
ΑΛΛΑΚΑΙΩϹΟΛΕΕϹΘΕΚΑΚΟΝΜΟΡΟΝΕΙϹΟΚΕΠΑΝΤΕϹ
ΤΙϹΕΤΕΠΑΤΡΟΚΛΟΙΟΦΟΝΟΝΚΑΙΛΟΙΓΟΝΑΧΑΙΩΝ
ΟΥϹΕΠΙΝΗΥϹΙΘΟΗΙϹΙΝΕΠΕΦΝΕΤΕΝΟϹΦΙΝΕΜΕΙΟ
ΩϹΑΡΕΦΗΠΟΤΑΜΟϹΔΕΧΟΛΩϹΑΤΟΚΗΡΟΘΙΜΑΛΛΟΝ
ΩΡΜΗΝΕΝΔΑΝΑΘΥΜΟΝΟΠΩϹΠΑΥϹΕΙΕΦΟΝΟΙΟ
ΔΙΟΝΑΧΙΛΛΗΑΤΡΩΕϹϹΙΔΕΛΟΙΓΟΝΑΛΑΛΚΟΙ
ΤΟΦΡΑΔΕΠΗΛΕΟϹΥΙΟϹΕΧΩΝΔΟΛΙΧΟϹΚΙΟΝΕΓΧΟϹ
ΑϹΤΕΡΟΠΑΙΩΙΕΠΑΛΤΟΚΑΤΑΚΤΑΜΕΝΑΙΜΕΝΕΑΙΝΩ̅
ΥΙΕΙΠΗΛΕΓΟΝΟϹΤΟΝΔΑΞΙΟϹΕΥΡΥΡΕΕΘΡΟϹ
ΓΕΙΝΑΤΟΚΑΙΠΕΡΙΒΟΙΑΑΚΕϹϹΑΜΕΝΟΙΟΘΥΓΑΤΡΩΝ
ΠΡΕϹΒΥΤΑΤΗΤΗΙΓΑΡΡΑΜΙΓΗΠΟΤΑΜΟϹΒΑΘΥΔΙΝΗϹ
ΤΩΡΑΧΙΛΕΥϹΕΠΟΡΟΥϹΕΝΟΔΑΝΤΙΟϹΕΚΠΟΤΑΜΟΙΟ
ΕϹΤΗΕΧΩΝΔΥΟΔΟΥΡΕΜΕΝΟϹΔΕΟΙΕΝΦΡΕϹΙΘΗΚΕ
ΞΑΝΘΟϹΕΠΕΙΚΕΧΟΛΩΤΟΔΑΙΚΤΑΜΕΝΩΝΑΙΖΗΩ̅
ΤΟΥϹΑΧΙΛΕΥϹΕΔΑΙΖΕΚΑΤΑΡΟΟΝΟΥΔΕΛΕΑΙΡΕΝ
ΤΟΝΠΡΟΤΕΡΟϹΠΡΟϹΕΕΙΠΕΠΟΔΑΡΚΗϹΔΙΟϹΑΧΙΛΛΕΥϹ
ΤΙϹΠΟΘΕΝΕΙϹΑΝΔΡΩΝΟΜΕΥΕΤΛΗϹΑΝΤΙΟϹΕΛΘΕΙΝ
ΔΥϹΤΗΝΩΝΔΕΤΕΠΑΙΔΕϹΕΜΩΙΜΕΝΕΙΑΝΤΙΟΩϹΙΝ
ΤΟΝΔΑΥΠΗΛΕΓΟΝΟϹΠΡΟϹΕΦΩΝΕΕΦΑΙΔΙΜΟϹΥΙΟϹ
ΠΗΛΕΙΔΗΜΕΓΑΘΥΜΕΤΙΗΓΕΝΕΗΝΕΡΕΕΙΝΕΙϹ
ΕΙΜΕΚΠΑΙΟΝΙΗϹΕΡΙΒΩΛΟΥΤΗΛΟΘΕΟΥϹΗϹ
ΠΑΙΟΝΑϹΑΝΔΡΑϹΑΓΩΝΔΟΛΙΧΕΓΧΕΑϹΗΔΕΔΕΜΟΙΝΥ̅
ΗΩϹΕΝΔΕΚΑΤΗΟΤΕϹΙΛΙΟΝΕΙΛΗΛΟΥΘΑ
ΑΥΤΑΡΕΜΟΙΓΕΝΕΗΕΞΑΞΙΟΥΕΥΡΥΡΕΟΝΤΟϹ
ΟϹΤΕΚΕΠΗΛΕΓΟΝΑΚΛΥΤΟΝΕΓΧΕΙΤΟΝΔΕΜΕΦΑϹΙ
ΓΕΙΝΑϹΘΑΙΝΥΝΑΥΤΕΜΑΧΩΜΕΘΑΦΑΙΔΙΜΑΧΙΛΛΕΥ
ΩϹΦΑΤΑΠΕΙΛΗϹΑϹΟΔΑΝΕϹΧΕΤΟΔΙΟϹΑΧΙΛΛΕΥϹ
ΠΗΛΙΑΔΑΜΕΛΙΗΝΟΔΟΜΑΡΤΗΔΟΥΡΑϹΙΝΑΜΦΙϹ
ΗΡΩϹΑϹΤΕΡΟΠΑΙΟϹΕΠΕΙΠΕΡΙΔΕΞΙΟϹΗΕΝ
ΚΑΙΡΕΤΕΡΩΙΜΕΝΔΟΥΡΙϹΑΚΟϹΒΑΛΕΝΟΥΔΕΔΙΑΠΡΟ
ΡΗΞΕϹΑΚΟϹΧΡΥϹΟϹΓΑΡΕΡΥΚΑΚΕΔΩΡΑΘΕΟΙΟ
ΤΩΙΔΕΤΕΡΩΙΜΙΝΠΗΧΥΝΕΠΙΓΡΑΒΔΗΝΒΑΛΕΧΕΙΡΟϹ

xxi. 132—166.

ΔΕΞΙΤΕΡΗΣΣΥΤΟΔΑΙΜΑΚΕΛΑΙΝΕΦΕΣΗΔΥΠΕΡΑΥΤΟΥ
ΓΑΙΗΙΕΝΕΣΤΗΡΙΚΤΟΛΙΛΑΙΟΜΕΝΗΧΡΟΟΣΑΣΑΙ
ΔΕΥΤΕΡΟΣΑΥΤΑΧΙΛΕΥΣΜΕΛΙΗΝΙΘΥΠΤΙΩΝΑ
ΑΣΤΕΡΟΠΑΙΩΙΕΦΗΚΕΚΑΤΑΚΤΑΜΕΝΑΙΜΕΝΕΑΙΝΩΝ
ΚΑΙΤΟΥΜΕΝΡΑΦΑΜΑΡΤΕΝΟΔΥΨΗΛΗΝΒΑΛΕΝΟΧΘΗΝ
ΜΕΣΣΟΠΑΛΕΣΔΑΡΕΘΗΚΕΚΑΤΟΧΘΗΣΜΕΙΛΙΝΟΝΕΓΧΟΣ
ΠΗΛΕΙΔΗΣΔΑΟΡΟΞΥΕΡΥΣΣΑΜΕΝΟΣΠΑΡΑΜΗΡΟΥ
ΑΛΤΕΠΙΟΙΜΕΜΑΩΣΟΔΑΡΑΜΕΛΙΗΝΑΧΙΛΗΟΣ
ΟΥΔΥΝΑΤΕΚΚΡΗΜΝΟΙΟΕΡΥΣΣΑΙΧΕΙΡΙΠΑΧΕΙΗΙ
. . . . ΕΝΜΙΝΠΕΛΕΜΙΞΕΝΕΡΥΣΣΕΣΘΑΙΜΕΝΕΑΙΝΩΝ
ΤΡΙΣΔΕΜΕΘΗΚΕΒΙΗΙΤΟΔΕΤΕΤΡΑΤΟΝΗΘΕΛΕΘΥΜΩΙ
ΑΞΑΙΕΠΙΓΝΑΜΨΑΣΔΟΡΥΜΕΙΛΙΝΟΝΑΙΑΚΙΔΑΟ
ΑΛΛΑΠΡΙΝΑΧΙΛΕΥΣΣΧΕΔΟΝΑΟΡΙΘΥΜΟΝΑΠΗΥΡΑ
ΓΑΣΤΕ . . . . ΥΨΕΠΑΡΟΜΦΑΛΟΝΕΚΔΑΡΑΠΑΣΑΙ
ΧΥΝΤΟΧΑΜΑΙ . . . . ΣΚΟΤΟΣΟΣΣΕΚΑΛΥΨΕ
ΑΣΘΜΑΙΝΟΝΤΑΧΙΛΕΥΣΔΑΡΕΝΙΣΤΗΘΕΣΣΙΝΟΡΟΥΣΑΣ
ΤΕΥΧΕΑΤΕΞΕΝΑΡΙΞΕΚΑΙΕΥΧΟΜΕΝΟΣΕΠΟΣΗΥΔΑ
. . . . ΤΟΙΕΡΙΣΘΕΝΕΟΣΚΡΟΝΙΩΝΟΣ
. . . ΣΙΝΕΡΙΖΕΜΕΝΑΙΠΟΤΑΜΟΙΟΠΕΡΕΚΓΕΓΑΩΤΙ
ΦΗΣΘΑΣΥΜΕΝΠΟΤΑΜΟΥΓΕΝΟΣΕΜΜΕΝΑΙΕΥΡΥΡΕΟΝΤΟΣ
. . . . . ΕΓΩΓΕΝΕΗΝΜΕΓΑΛΟΥΔΙΟΣΕΥΧΟΜΑΙΕΙΝΑΙ
ΤΙΚΤΕΜΑΝΗΡΠΟΛΛΟΙΣΙΝΑΝΑΣΣΩΝΜΥΡΜΙΔΟΝΕΣΣΙ
ΠΗΛΕΥΣΑΙΑΚΙΔΗΣΟΔΑΡΑΙΑΚΟΣΕΚΔΙΟΣΗΕΝ
. . . ΡΕΙΣΣΩΝΜΕΝΖΕΥΣΠΟΤΑΜΩΝΑΛΙΜΥΡΗΕΝΤΩΝ
. . . . . ΣΩΝΔΑΥΤΕΔΙΟΣΓΕΝΕΗΠΟΤΑΜΟΙΟΤΕΤΥΚΤΑΙ
. . . . . . ΣΟΙΠΟΤΑΜΟΣΓΕΠΑΡΑΜΕΓΑΣΕΙΔΥΝΑΤΑΙΤΙ
. . . . . ΜΕΙΝΑΛΛΟΥΚΕΣΤΙΔΙΙΚΡΟΝΙΩΝΙΜΑΧΕΣΘΑΙ
. . . . . . ΚΡΕΙΩΝΑΧΕΛΩΙΟΣΙΣΟΦΑΡΙΖΕΙ
ΟΥΔΕΒΑΘΥΡΡΕΙΤΑΟΜΕΓΑΣΘΕΝΟΣΩΚΕΑΝΟΙΟ
ΕΞΟΥΠΕΡΠΑΝΤΕΣΠΟΤΑΜΟΙΚΑΙΠΑΣΑΘΑΛΑΣΣΑ
ΚΑΙΠΑΣΑΙΚΡΗΝΑΙΚΑΙΦΡΕΙΑΤΑΜΑΚΡΑΝΑΟΥΣΙΝ
ΑΛΛΑΚΑΙΟΣΔΕΙΔΟΙΚΕΔΙΟΣΜΕΓΑΛΟΙΟΚΕΡΑΥΝΟΝ
ΔΕΙΝΗΝΤΕΒΡΟΝΤΗΝΟΤΑΠΟΥΡΑΝΟΘΕΝΣΜΑΡΑΓΗΣΗ

xxi. 167—199.

ΗΡΑΚΑΙΕΚΚΡΗΜΝΟΙΟΕΡΥCCΑΤΟΧΑΛΚΕΟΝΕΓΧΟC
ΤΟΝΔΕΚΑΤΑΥΤΟΘΙΛΕΙΠΕΝΕΠΕΙΦΙΛΟΝΗΤΟΡΑΠΗΥΡΑ
ΚΕΙΜΕΝΟΝΕΝΨΑΜΑΘΟΙCΙΔΙΑΙΝΕΔΕΜΙΝΜΕΛΑΝΥΔΩΡ
ΤΟΝΜΕΝΑΡΕΓΧΕΛΥΕCΤΕΚΑΙΙΧΘΥΕCΑΜΦΕΠΕΝΟΝΤΟ
ΔΗΜΟΝΕΡΕΠΤΟΜΕΝΟΙΕΠΕΙΝΕΦΡΙΔΙΟΝΚΕΙΡΟΝΤΕC
ΑΥΤΑΡΟΒΗΡΙΕΝΑΙΜΕΤΑΠΑΙΟΝΑCΙΠΠΟΚΟΡΥCΤΑC
ΟΙΡΕΤΙΠΑΡΠΟΤΑΜΟΝΠΕΦΟΒΗΑΤΟΔΙΝΗΕΝΤΑ
ΩCΕΙΔΟΝΤΟΝΑΡΙCΤΟΝΕΝΙΚΡΑΤΕΡΗΙΥCΜΙΝΗΙ
ΧΕΡCΥΠΟΠΗΛΕΙΔΑΟΚΑΙΑΟΡΙΙΦΙΔΑΜΕΝΤΑ
ΕΝΘΕΛΕΘΕΡCΙΛΟΧΟΝΤΕΜΥΔΩΝΑΤΕΑCΤΥΠΥΛΟΝΤΕ
ΜΝΗCΟΝΤΕΘΡΑCΙΟΝΤΕΚΑΙΑΙΝΙΟΝΗΔΟΦΕΛΕCΤΗΝ
ΚΑΙΝΥΚΕΤΙΠΛΕΟΝΑCΚΤΑΝΕΠΑΙΟΝΑCΩΚΥCΑΧΙΛΛΕΥC
ΕΙΜΗΧΩCΑΜΕΝΟCΠΡΟCΕΦΗΞΑΝΘΟCΒΑΘΥΔΙΝΗC
ΑΝΕΡΙΕΙCΑΜΕΝΟCΒΑΘΕΗCΔΕΦΘΕΓΞΑΤΟΔΙΝΗC
ΩΑΧΙΛΕΥΠΕΡΙΜΕΝΚΡΑΤΕΕΙCΠΕΡΙΔΑΙCΥΛΑΡΕΖΕΙC
ΑΝΔΡΩΝΑΙΕΙΓΑΡΤΟΙΑΜΥΝΟΥCΙΝΘΕΟΙΑΥΤΟΙ
ΕΙΤΟΙΤΡΩΑCΕΔΩΚΕΚΡΟΝΟΥΠΑΙCΠΑΝΤΑCΟΛΕCCΑΙ
ΕΞΕΜΕΘΕΝΓΕΛΑCΑCΠΕΔΙΟΝΚΑΤΑΜΕΡΜΕΡΑΡΕΖΕ
ΠΛΗΘΕΙΓΑΡΔΗΜΟΙΝΕΚΥΩΝΕΡΑΤΕΙΝΑΡΕΕΘΡΑ
ΟΥΔΕΤΙΠΗΔΥΝΑΜΑΙΠΡΟΧΕΕΙΝΡΟΟΝΕΙCΑΛΑΔΙΑΝ
CΤΕΙΝΟΜΕΝΟCΝΕΚΥΕCCΙCΥΔΕΚΤΕΙΝΕΙCΑΙΔΗΛΩC
ΑΛΛΑΓΕΔΗΚΑΙΕΑCΟΝΑΓΗΜΕΧΕΙΟΡΧΑΜΕΛΑΩΝ
ΤΟΝΔΑΠΑΜΕΙΒΟΜΕΝΟCΠΡΟCΕΦΗΠΟΔΑCΩΚΥCΑΧΙΛΛΕΥC
ΕCΤΑΙΤΑΥΤΑCΚΑΜΑΝΔΡΕΔΙΟΤΡΕΦΕCΩCCΥΚΕΛΕΥΕΙC
ΤΡΩΑCΔΟΥΠΡΙΝΛΗΞΩΥΠΕΡΦΙΑΛΟΥCΕΝΑΡΙΖΩΝ
ΠΡΙΝΕΛCΑΙΚΑΤΑΑCΤΥΚΑΙΕΚΤΟΡΙΠΕΙΡΗΘΗΝΑΙ
ΑΝΤΙΒΙΗΝΗΚΕΝΜΕΔΑΜΑCCΕΤΑΙΗΚΕΝΕΓΩΤΟΝ
ΩCΕΙΠΩΝΤΡΩΕCCΙΝΕΠΕCCΥΤΟΔΑΙΜΟΝΙΙCΟC
ΚΑΙΤΟΤΑΠΟΛΛΩΝΑΠΡΟCΕΦΗΠΟΤΑΜΟCΒΑΘΥΔΙΝΗC
ΩΠΟΠΟΙΑΡΓΥΡΟΤΟΞΕΔΙΟCΤΕΚΟCΟΥCΥΓΕΒΟΥΛΑC
ΕΙΡΥCΑΟΚΡΟΝΙΩΝΟCΟΤΟΙΜΑΛΑΠΟΛΛΕΠΕΤΕΛΛΕ
ΤΡΩCΙΠΑΡΕCΤΑΜΕΝΑΙΚΑΙΑΜΥΝΕΙΝΕΙCΟΚΕΝΕΛΘΗΙ
ΔΕΙΕΛΟCΟΨΕΔΥΩΝCΚΙΑCΗΔΕΡΙΒΩΛΟΝΑΡΟΥΡΑΝ

ΗΚΑΙΑΧΙΛΛΕΥϹΜῈΝΔΟΥΡΙΚΛΥΤÒϹΕΝΘΟΡΕΜΕϹϹΩΙ
ΚΡΗΜΝΟΥ͂ΑΠΑΙΞΑϹΟΔΕΠΕϹϹΥΤΟΟΙΔΜΑΤΙΘΥΩΝ
ΠΑΝΤΑΔΟΡΙΝΕΡΕΕΘΡΑΚΥΚΩΜΕΝΟϹΩϹΕΔΕΝΕΚΡ
ΠΟΛΛΟῪϹΟΙΡΑΚΑΤΑΥΤΟΝΑΛΙϹΕϹΑΝΟΥϹΚΤΑΝΑΧΙΛ
ΤΟΥϹΈΚΒΑΛΛΕΘΎΡΑΖΕΜΕΜΥΚΩ͂ϹΗΥΤΕΤΑΥ͂ΡΟϹ
ΧΕΡϹΟΝΔΕΖΩΟΥϹΔΕϹΑΩΚΑΤΑΚΑΛΑΡΈΕΘΡΑ
ΚΡΥΠΤΩΝΕΝΔΊΝΗΙϹΙΒΑΘΕΙΗΙϹΙΝΜΕΓΑΛΗΙϹΙ
ΔΕΙΝΟΝΔΑΜΦΑΧΙΛΗΑΚΥΚΩΜΕΝΟΝΙϹΤΑΤΟΚΥ͂ΜΑ
ΩΘΕΙΔΕΝϹΑΚΕΙΠΙΠΤΩΝΡΟΟϹΟΥΔΕΠΌΔΕϹϹΙΝ
ΕΙΧΕϹΤΗΡΙΞΑϹΘΑΙΟΔΕΠΤΕΛΕΗΝΈΛΕΧΕΡϹΙΝ
ΕΥΦΥΕΑΜΕΓΆΛΗΝΗΔΕΚΡΙΖΩΝΕΡΙΠΟΥ͂ϹΑ
ΚΡΗΜΝΟΝΑΠΑΝΤΑΔΙΩϹΕΝΕΠΕϹΧΕΔῈΚΑΛᾺΡΈΕΘΡΑ
ΟΖΟΙϹΙΝΠΥΚΙΝΟΙϹΙΓΕΦΥΡΩϹΕΝΔΈΜΙΝΑΥΤΟΝ
ΕΙϹΩΠΑϹΕΡΙΠΟΥ͂ϹΟΔΑΡΕΚΔΙΝΗϹΑΝΟΡΟΎϹΑϹ
ΗΪΞΕΝΠΕΔΙΟΙΟΠΟϹΙΚΡΑΙΠΝΟΙϹΙΠΈΤΕϹΘΑΙ
ΔΕΊϹΑϹΟΥΔΈΤΈΛΗΓΕΘΕΟϹΜΈΓΑϹΩΡΤΟΔΕΠΑΥΤΟΝ
ΑΚΡΟΚΕΛΑΙΝΙΌΩΝΊΝΑΜΙΝΠΑΎϹΕΙΕΦΟΝΟΙΟ
ΔΙ͂ΟΝΑΧΙΛΛΗ͂ΑΤΡΏΕϹϹΙΔῈΛΟΙΓΟΝΑΛΆΛΚΟΙ
ΠΗΛΕΊΔΗϹΔΑΠΟΡΟΥϹΕΝΟϹΟΝΤΕΠΙΔΟΥΡΟϹΕΡΩΗ
ΑΙΕΤΟΥ͂ΟΙ͂ΜΑΤΈΧΩΝΜΕΛΑΝΟϹΤΟΥΘΗΡΗΤΗΡΟϹ
ΟϹΘΑΜΑΚΆΡΤΙϹΤΟϹΤΕΚΑΙΏΚΙϹΤΟϹΠΕΤΕΗΝΩΝ
ΤΩΙΕΙΚΩ͂ϹΗΪΞΕΝΕΠΙϹΤΉΘΕϹϹΙΔΕΧΑΛΚÒϹ
ϹΜΕΡΔΑΛΕΟΝΚΟΝΑΒΙΖΕΝΥΠΑΙΘΑΔΕΤΟΙΟΛΙΑϹΘΕΙϹ
ΦΕΥ͂ΓΟΔΟΠΙϹΘΕΡΈΩΝΕΠΕΤΟΜΕΓΑΛΩΙΟΡΥΜΑΓΔΩ͂Ι
ΩϹΔΟΤΑΝΗ͂ΡΟΧΕΤΗΓÒϹΑΠÒΚΡΉΝΗϹΜΕΛΑΝΥΔΡΟΥ
ΑΜΦΥΤᾺΚΑῚΚΉΠΟΥϹΎΔΑΤΟϹΡΟΟΝΗΓΕΜΟΝΕΎΗΙ
ΧΕΡϹΙΜΑΚΕΛΛΑΝΕΧΩΝΑΜΑΡΗϹΔΕΞΈΧΜΑΤΑΒΆΛΛΩ̄
ΤΟΥΜΕΝΤΕΠΡΟΡΈΟΝΤΟϹΥ͂ΠΟΨΗΦΙΔΕϹΆΠΑϹΑΙ
ΟΧΛΕΥΝΤΑΙΤΟΔΕΤΩ͂ΚΑΚΑΤΕΙΒΌΜΕΝΟΝΚΕΛΑΡΥΖΕΙ
ΧΩΡΩΙΕΝΙΠΡΟΑΛΕΙΦΘΆΝΕΙΔΈΤΕΚᾺΙΤÒΝΑΓΟΝΤΑ
ΩϹΑΙΕΙΑΧΙΛΗΑΚΙΧΗϹΑΤΟΚΎΜΑΡΌΟΙΟ
ΚΑῚΛΑΙΨΗΡΟΝΕΟΝΤΑΘΕΟῚΔΕΤΕΦΕΡΤΕΡΟΙΑΝΔΡΩ̄
ΟϹϹΆΚΙΔΟΡΜΗϹΕΙΕΠΟΔΑΡΚΗϹΔΙ͂ΟϹΑΧΙΛΛΕΥ͂Ϲ

CΤΗΝΑΙΕΝΑΝΤΙΒΙΟΝΚΑΙΓΝΩΜΕΝΑΙΕΙΜΙΝΑΠΑΝΤΕC
ΑΘΑΝΑΤΟΙΦΟΒΕΟΥCΙΤΟΙΟΥΡΑΝΟΝΕΥΡΥΝΕΧΟΥCΙ
ΤΟCCΑΚΙΜΙΝΜΕΓΑΚΥΜΑΔΙΙΠΕΤΕΟCΠΟΤΑΜΟΙΟ
ΠΛΑΖΩΜΟΥCΚΑΘΥΠΕΡΘΕΝΟΔΥΨΟCΕΠΟCCΙΝΕΠΗΔΑ
ΘΥΜΩΙΑΝΙΑΖΩΝΠΟΤΑΜΟCΔΥΠΟΓΟΥΝΑΤΕΔΑΜΝΑ
ΛΑΒΡΟCΥΠΑΙΘΑΡΕΩΝΚΟΝΙΗΝΔΥΠΕΡΕΠΤΕΠΟΔΟΙΙΝ
ΠΗΛΕΙΔΗCΔΩΜΩΙΞΕΝΙΔΩΝΕΙCΟΥΡΑΝΟΝΕΥΡΥΝ
ΖΕΥΠΑΤΕΡΩCΟΥΤΙCΜΕΘΕΩΝΕΛΕΕΙΝΟΝΥΠΕCΤΗ
ΕΚΠΟΤΑΜΟΙΟCΑΩCΑΙΕΠΕΙΤΑΔΕΚΑΙΤΙΠΑΘΟΙΜΙ
ΑΛΛΟCΔΟΥΤΙCΜΟΙΤΟCΟΝΑΙΤΙΟCΟΥΡΑΝΙΩΝΩΝ
ΑΛΛΑΦΙΛΗΜΗΤΗΡΗΜΕΨΕΥΔΕCCΙΝΕΘΕΛΓΕΝ
ΗΜΕΦΑΤΟΤΡΩΩΝΥΠΟΤΕΙΧΕΙΘΩΡΗΚΤΑΩΝ
ΛΑΙΨΗΡΟΙCΟΛΕΕCΘΑΙΑΠΟΛΛΩΝΟCΒΕΛΕΕCCΙΝ
ΩCΜΟΦΕΛΕΚΤΩΡΚΤΕΙΝΑΙΟCΕΝΘΑΔΕΤΕΤΡΑΦΑΡΙCΤΟC
ΤΩΚΑΓΑΘΟCΜΕΝΕΠΕΦΝΑΓΑΘΟΝΔΕΚΕΝΕΞΕΝΑΡΙΞΕ
ΝΥΝΔΕΜΕΛΕΥΓΑΛΕΩΙΘΑΝΑΤΩΙΕΙΜΑΡΤΟΑΛΩΝΑΙ
ΕΡΧΘΕΝΤΕΝΜΕΓΑΛΩΙΠΟΤΑΜΩΙΩCΠΑΙΔΑCΥΦΟΡΒΟ̄
ΟΝΡΑΤΕΝΑΥΛΟCΑΠΟΕΡCΗΙΧΕΙΜΩΝΙΠΕΡΩΝΤΑ
ΩCΦΑΤΟΤΩΙΔΕΜΑΛΩΚΑΠΟCΙΔΑΩΝΚΑΙΑΘΗΝΗ
CΤΗΤΗΝΕΓΓΥCΙΟΝΤΕΔΕΜΑCΔΑΝΔΡΕCCΙΝΕΙΚΤΗΝ
ΧΕΙΡΙΔΕΧΕΙΡΑΛΑΒΟΝΤΕCΕΠΙCΤΩCΑΝΤΕΠΕΕCCΙ
ΤΟΙCΙΔΕΜΥΘΩΝΗΡΧΕΠΟCΙΔΑΩΝΕΝΟCΙΧΘΩΝ
ΠΗΛΕΙΔΗΜΗΤΑΡΤΙΛΙΗΝΤΡΕΕΜΗΤΕΤΙΤΑΡΒΕΙ
ΤΟΙΩΓΑΡΤΟΙΝΩΙΘΕΩΝΕΠΙΤΑΡΡΟΘΩΕΙΜΕΝ
ΖΗΝΟCΕΠΑΙΝΗCΑΝΤΟCΕΓΩΚΑΙΠΑΛΛΑCΑΘΗΝΗ
ΩCΟΥΤΟΙΠΟΤΑΜΩΓΕΔΑΜΗΜΕΝΑΙΑΙCΙΜΟΝΕCΤΙΝ
ΑΛΛΟΔΕΜΕΝΤΑΧΑΛΩΦΗCΕΙCΥΔΕΕΙCΕΑΙΑΥΤΟC
ΑΥΤΑΡCΟΙΠΥΚΙΝΩCΥΠΟΘΗCΟΜΕΘΑΙΚΕΠΙΘΗΑΙ
ΜΗΠΡΙΝΠΑΥΕΙΝΧΕΙΡΑCΟΜΟΙΙΟΥΠΟΛΕΜΟΙΟ
ΠΡΙΝΚΑΤΑΙΛΙΟΦΙΚΛΥΤΑΤΕΙΧΕΑΛΑΟΝΕΕΛCΑΙ
ΤΡΩΙΚΟΝΟCΚΕΦΥΓΗΙCΙCΥΔΕΚΤΟΡΙΘΥΜΟΝΑΠΟΥΡΑC
ΑΨΕΠΙΝΗΑCΙΜΕΝΔΙΔΟΜΕΝΔΕΤΟΙΕΥΧΟCΑΡΕCΘΑΙ
ΤΩΜΕΝΑΡΩCΕΙΠΟΝΤΕΜΕΤΑΘΑΝΑΤΟΥCΑΠΕΒΗΤΗΝ

ΑΥΤΑΡΟΒΗΜΑΛΑΓΑΡΡΑΘΕΩΝΩΤΡΥΝΕΝΕΦΕΤΜΗ
ΕΣΠΕΔΙΟΝΤΟΔΕΠΑΝΠΛΗΘ'ΥΔΑΤΟΣΕΚΧΥΜΕΝΟΙΟ
ΠΟΛΛΑΔΕΤΕΥΧΕΑΚΑΛΑΔΑΙΚΤΑΜΕΝΩΝΑΙΖΗΩΝ
ΠΛΩΟΝΚΑΙΝΕΚΥΕΣΤΟΥΔ'ΥΨΟΣΕΓΟΥΝΑΤ'ΕΠΗΔΑ
ΠΡΟΣΡΟΟΝΑΙΣΣΟΝΤΟΣΑΝΙΘΥΝΟΥΔΕΜΙΝΕΣΧΕ
ΕΥΡΥΡΕΩΝΠΟΤΑΜΟΣΜΕΓΑΓΑΡΣΘΕΝΟΣΕΜΒΑΛ'ΑΘΗΝΗ
ΟΥΔΕΣΚΑΜΑΝΔΡΟΣΕΛΗΓΕΤΟΟΝΜΕΝΟΣΑΛΛΕΤΙΜΑΛΛΟ̄
ΧΩΕΤΟΠΗΛΕΙΩΝΙΚΟΡΥΣΣΕΔΕΚΥΜΑΡΟΟΙΟ
ΥΨΟΣΑΕΙΡΟΜΕΝΟΣΣΙΜΟΕΝΤΙΔΕΚΕΚΛΕΤ'ΑΥΣΑΣ
ΦΙΛΕΚΑΣΙΓΝΗΤΕΣΘΕΝΟΣΑΝΕΡΟΣΑΜΦΟΤΕΡΟΙΠΕΡ
ΣΧΩΜΕΝΕΠΕΙΤΑΧΑΑΣΤΥΜΕΓΑΠΡΙΑΜΟΙΟΑΝΑΚΤΟΣ
ΕΚΠΕΡΣΕΙΤΡΩΕΣΔΕΚΑΤΑΜΟΘΟΝΟΥΜΕΝΕΟΥΣΙ
ΑΛΛ'ΕΠΑΜΥΝΑΙΤΑΧΙΣΤΑΚΑΙΕΜΠΙΠΛΗΘΕΙΡΕΕΘΡΑ
ΥΔΑΤΟΣΕΚΠΗΓΕΩΝΠΑΝΤΑΣΔΟΡΟΘΥΝΟΝΕΝΑΥΛΟΥΣ
ΙΣΤΗΔΕΜΕΓΑΚΥΜΑΠΟΛΥΝΔ'ΟΡΥΜΑΓΔΟΝΟΡΙΝΕ
ΦΙΤΡΩΝΚΑΙΛΑΩΝΙΝΑΠΑΥΣΟΜΕΝΑΓΡΙΟΝΑΝΔΡΑ
ΟΣΔΗΝΥΝΚΡΑΤΕΕΙΜΕΜΟΝΕΝΔ'ΟΓΕΙΣΑΘΕΟΙΣΙ
ΦΗΜΙΓΑΡΟΥΤΕΒΙΗΝΧΡΑΙΣΜΗΣΕΜΕΝΟΥΤΕΤΙ . . . . .
ΟΥΤΕΤΑΤΕΥΧΕΑΚΑΛΑΤΑΠΟΥΜΑΛΑΝΕΙΟΘΙΛΙΜΝΗΣ
ΚΕΙΣΕΘ'ΥΠ'ΕΙΛΥΟΣΚΕΚΑΛΥΜΜΕΝΑΚΑΔΔΕΜΙΝΑΥΤΟ .
ΕΙΛΥΣΩΨΑΜΑΘΟΙΣΙΝΑΛΙΣΧΕΡΑΔΟΣΠΕΡΙΧΕΥΑΣ
ΜΥΡΙΟΝΟΥΔΕΟΙΟΣΤΕΕΠΙΣΤΗΣΟΝΤΑΙΑΧΑΙΟΙ
ΑΛΛΕΞΑΙΤΟΣΣΗΝΟΙΑΣΙΝΚΑΘΥΠΕΡΘΕΚΑΛΥΨΩ
ΑΥΤΟΥΟΙΚΑΙΣΗΜΑΤΕΤΕΥΞΕΤΑΙΟΥΔΕΤΙΜΙΝΧΡΕΩ
ΕΣΤΑΙΤΥΜΒΟΧΟΗΣΟΤΕΜΙΝΘΑΠΤΩΣΙΝΑΧΑΙΟΙ
ΗΚΑΙΕΠΩΡΤ'ΑΧΙΛΗΙΚΥΚΩΜΕΝΟΣΥΨΟΣΕΘΥΩΝ
ΜΟΡΜΥΡΩΝΑΦΡΩΙΤΕΚΑΙΑΙΜΑΤΙΚΑΙΝΕΚΥΕΣΣΙ
ΠΟΡΦΥΡΕΟΝΔ'ΑΡΑΚΥΜΑΔΙΙΠΕΤΕΟΣΠΟΤΑΜΟΙΟ
ΙΣΤΑΤ'ΑΕΙΡΟΜΕΝΟΝΚΑΤΑΔ'ΗΡΕΕΠΗΛΕΙΩΝΑ
ΗΡΗΔΕΜΕΓ'ΑΥΣΕΠΕΡΙΔΔΕΙΣΑΣΑΧΙΛΗΙ
ΜΗΜΙΝΑΠΟΕΡΣΕΙΕΜΕΓΑΣΠΟΤΑΜΟΣΒΑΘΥΔΙΝΗΣ
ΑΥΤΙΚΑΔΗΦΑΙΣΤΟΝΠΡΟΣΕΦΩΝΕΕΝΟΝΦΙΛΟΝΥΙΟ̄
ΟΡΣΕΟΚΥΛΛΟΠΟΔΙΟΝΕΜΟΝΤΕΚΟΣΑΝΤΑΣΕΘΕΝΓΑΡ

xxi. 299—331.

ΞΑΝΘΟΝΔΙΝΗΕΝΤΑΜΑΧΗΙΗΙϹΚΟΜΕΝΕΙΝΑΙ
ΑΛΛΕΠΑΜΥΝΕΤΑΧΙϹΤΑΠΙΦΑΥϹΚΕΟΔΕΦΛΟΓΑΠΟΛΛΗΝ
ΑΥΤΑΡΕΓΩΖΕΦΥΡΟΙΟΚΑΙΑΡΓΕϹΤΑΟΝΟΤΟΙΟ
ΕΙϹΟΜΑΙΕΞΑΛΟΘΕΝΧΑΛΕΠΗΝΟΡϹΟΥϹΑΘΥΕΛΛᾹ
ΗΚΕΝΑΠΟΤΡΩΩΝΚΕΦΑΛΑϹΚΑΙΤΕΥΧΕΑΚΗΑΙ
ΦΛΕΓΜΑΚΑΚΟΝΦΟΡΕΟΥϹΑϹΥΔΕΞΑΝΘΟΙΟΠΑΡΟΧΘΑϹ
ΔΕΝΔΡΕΑΚΑΙΕΝΔΑΥΤΟΝΙΕΙΠΥΡΙΜΗΔΕϹΕΠΑΜΠΑΝ
ΜΕΙΛΙΧΙΟΙϹΕΠΕΕϹϹΙΝΑΠΟΤΡΕΠΕΤΩΚΑΙΑΡΕΙΗΙ
ΜΗΔΕΠΡΙΝΑΠΟΠΑΥΕΤΕΟΝΜΕΝΟϹΑΛΛΟΠΟΤΑΝΔΗ
ΦΘΕΓΞΟΜΕΓΩΝΙΑΧΟΥϹΑΤΟΤΕϹΧΕΙΝΑΚΑΜΑΤΟΝΠΥΡ
ΩϹΕΦΑΘΗΦΑΙϹΤΟϹΔΕΤΙΤΥϹΚΕΤΟΘΕϹΠΙΔΑΕϹΠΥΡ
ΠΡΩΤΑΜΕΝΕΝΠΕΔΙΩΙΠΥΡΔΑΙΕΤΟΚΑΙΕΔΕΝΕΚΡΟΥϹ
ΠΟΛΛΟΥϹΟΙΡΑΚΑΤΑΥΤΟΝΑΛΙϹΕϹΑΝΟΥϹΚΤΑΝΑΧΙΛΛΕΥϹ
ΠΑΝΔΕΞΗΡΑΝΘΗΠΕΔΙΟΝϹΧΕΤΟΔΑΓΛΑΟΝΥΔΩΡ
ΩϹΔΟΤΟΠΩΡΙΝΟϹΒΟΡΕΗϹΝΕΟΑΡΔΕΑΛΩΗΝ
ΑΙΨΑΝΞΗΡΑΝΗΙΧΑΙΡΕΙΔΕΜΙΝΟϹΤΙϹΕΘΕΙΡΗΙ
ΩϹΕΞΗΡΑΝΘΗΠΕΔΙΟΝΠΑΝΚΑΔΔΑΡΑΝΕΚΡΟΥϹ
. . . . ΠΟΤΑΜΟΝΤΡΕΨΕΝΦΛΟΓΑΠΑΜΦΑΝΟΩϹΑΝ
. . . .
ΚΑΙΕΤΟΔΕΛΩΤΟϹ . . . .
ΤΑΠΕΡΙΚΑΛΑΡΕΕΘΡΑΑΛΙϹΠΟΤΑΜΟΙΟΠΕΦΥΚΕΙ
ΤΕΙΡΟΝΤΕΓΧΕΛΥΕϹΤΕΚΑΙΙΧΘΥΕϹΟΙΚΑΤΑΔΙΝΑϹ
ΟΙΚΑΤΑΚΑΛΑΡΕΕΘΡΑΚΥΒΙϹΤΩΝΕΝΘΑΚΑΙΕΝΘΑ
ΠΝΟΙΗΙΤΕΙΡΟΜΕΝΟΙΠΟΛΥΜΗΤΙΟϹΗΦΑΙϹΤΟΙΟ
ΚΑΙΕΤΟΔΙϹΠΟΤΑΜΟΙΟΕΠΟϹΤΕΦΑΤΕΚΤΟΝΟΜΑΖΕΝ
ΗΦΑΙϹΤΟΥΤΙϹϹΟΙΓΕΘΕΩΝΔΥΝΑΤΑΝΤΙΦΕΡΙΖΕΙΝ
ΟΥΔΑΝΕΓΩϹΟΙΓΩΔΕΠΥΡΙΦΛΕΓΕΘΟΝΤΙΜΑΧΟΙΜΗΝ
ΛΗΓΕΡΙΔΟϹΤΡΩΑϹΔΕΚΑΙΑΥΤΙΚΑΔΙΟϹΑΧΙΛΛΕΥϹ
ΑϹΤΕΟϹΕΞΕΛΑϹΕΙΕΤΙΜΟΙΕΡΙΔΟϹΚΑΙΑΥΤΗϹ
ΦΗΠΥΡΙΚΑΙΟΜΕΝΟϹΑΝΑΔΕΦΛΥΕΚΑΛΑΡΕΕΘΡΑ
ΩϹΔΕΛΕΒΗϹΖΕΙΕΝΔΟΝΕΠΕΙΓΟΜΕΝΟϹΠΥΡΙΠΟΛΛΩΙ
ΚΝΙϹϹΗΝΜΕΛΔΟΜΕΝΟϹΑΠΑΛΟΤΡΕΦΕΟϹϹΙΑΛΟΙΟ
. . . ΤΟΘΕΝΑΜΒΟΛΑΔΗΝΥΠΟΔΕΞΥΛΑΚΑΓΚΑΝΑΚΕΙΤΑΙ

ΩΣΤΟΥΚΑΛΑΡΕΕΘΡΑΠΥΡΙΦΛΕΓΕΤΟΖΕΕΔ'ΥΔΩΡ'

ΟΥΔ'ΕΘΕΛΕΠΡΟΡΕΕΙΝΑΛΛΙΣΧΕΤΟΤΕΙΡΕΔ'ΑΥΤΜΗ

ΗΦΑΙΣΤΟΙΟΒΙΗΙΦΙΠΟΛΥΦΡΟΝΟΣΑΥΤΑΡΟΓ'ΗΡΗΝ

ΠΟΛΛΑΛΙΣΣΟΜΕΝΟΣΕΠΕΑΠΤΕΡΟΕΝΤΑΠΡΟΣΗΥΔΑ

ΗΡΗΤΙΠΤΕΣΟΣΥΙΟΣΕΜΟΝΡΟΟΝΕΧΡΑΕΚΗΔΕΙΝ

ΕΞΑΛΛΩΝΟΥΜΕΝΤΟΙΕΓΩΤΟΣΟΝΑΙΤΙΟΣΕΙΜΙ

ΟΣΣΟΝΟΙΑΛΛΟΙΠΑΝΤΕΣΟΣΟΙΤΡΩΕΣΣΙΝΑΡΩΓΟΙ

ΑΛΛ'ΗΤΟΙΜΕΝΕΓΩΝΑΠΟΠΑΥΣΟΜΑΙΕΙΣΥΚΕΛΕΥΕΙΣ

ΠΑΥΕΣΘΩΔΕΚΑΙΟΥΤΟΣΕΓΩΔΕΠΙΚΑΙΤΟΔ'ΟΜΟΥΜΑΙ

ΜΗΠΟΤ'ΕΠΙΤΡΩΕΣΣΙΝΑΛΕΞΗΣΕΙΝΚΑΚΟΝΗΜΑΡ

ΜΗΔ'ΟΠΟΤΑΝΤΡΟΙΗΜΑΛΕΡΩΙΠΥΡΙΠΑΣΑΔΑΗΤΑΙ

ΚΑΙΟΜΕΝΗΙΚΑΙΩΣΙΔΑΡΗΙΟΙΥΙΕΣΑΧΑΙΩΝ

ΑΥΤΑΡΕΠΕΙΤΟΓ'ΑΚΟΥΣΕΘΕΑΛΕΥΚΩΛΕΝΟΣΗΡΗ

ΑΥΤΙΚ'ΑΡ'ΗΦΑΙΣΤΟΝΠΡΟΣΕΦΩΝΕΕΝΟΝΦΙΛΟΝΥΙΟΝ

ΗΦΑΙΣΤΕΣΧΕΟΤΕΚΝΟΝΑΓΑΚΛΕΕΣΟΥΓΑΡ'ΕΟΙΚΕΝ

ΑΘΑΝΑΤΟΝΘΕΟΝΩΔΕΒΡΟΤΩΝΕΝΕΚΑΣΤΥΦΕΛΙΖΕΙΝ

ΩΣΕΦΑΘΗΦΑΙΣΤΟΣΔΕΚΑΤΕΣΒΕΣΕΘΕΣΠΙΔΑΕΣΠΥΡ

ΑΨΟΡΡΟΝΔ'ΑΡΑΚΥΜΑΚΑΤΕΣΣΥΤΟΚΑΛΑΡΕΕΘΡΑ

ΑΥΤΑΡ . . . .

. . . . ΗΡΗΓΑΡΕΡΥΚΑΚΕΧΩΟΜΕΝΗΠΕΡ

ΕΝΔ'ΑΛΛΟΙΣΙΘΕΟΙΣΙΝΕΡΙΣΠΕΣΕΒΕΒΡΙΘΥΙΑ

ΑΡΓΑΛΕΗΔΙΧΑΔΕΣΦΙΝΕΝΙΦΡΕΣΙΘΥΜΟΣΑΗΤΟ

ΣΥΝΔΕΠΕΣΟΝΜΕΓΑΛΩΙΠΑΤΑΓΩΙΒΡΑΧΕΔΕΥΡΕΙΑΧΘΩΝ

ΑΜΦΙΔΕΣΑΛΠΙΓΞΕΝΜΕΓΑΣΟΥΡΑΝΟΣΑΙΕΔΕΖΕΥΣ

ΗΜΕΝΟΣΟΥΛΥΜΠΩΙΕΓΕΛΑΣΣΕΔΕΟΙΦΙΛΟΝΗΤΟΡ

ΓΗΘΟΣΥΝΗΙΟΘ'ΟΡΑΤΟΘΕΟΥΣΕΡΙΔΙΞΥΝΙΟΝΤΑΣ

ΕΝΘ'ΟΙΓΟΥΚΕΤΙΔΗΡΟΝΑΦΕΣΤΑΣΑΝΗΡΧΕΓΑΡΑΡΗΣ

ΡΙΝΟΤΟΡΟΣΚΑΙΠΡΩΤΟΣΑΘΗΝΑΙΗΙΕΠΟΡΟΥΣΕ

ΧΑΛΚΕΟΝΕΓΧΟΣΕΧΩΝΚΑΙΟΝΕΙΔΙΟΝΦΑΤΟΜΥΘΟΝ

ΤΙΠΤΑΥΤΩΙΚΥΝΑΜΥΙΑΘΕΟΥΣΕΡΙΔΙΞΥΝΕΛΑΥΝΕΙΣ

ΘΑΡΣΟΣΑΗΤΟΝΕΧΟΥΣΑΜΕΓΑΣΔΕΣΕΘΥΜΟΣΑΝΩΓΕΙ

ΗΟΥΜΕΜΝΗΟΤΕΤΥΔΕΙΔΗΝΔΙΟΜΗΔ'ΕΑΝΗΚΑΣ

ΟΥΤΑΜΕΝΑΙΑΥΤΗΔΕΠΑΝΟΨΙΟΝΕΓΧΟΣΕΛΟΥΣΑ

xxi. 365—397.

ΖΑΦΛΕΓΕΕΣΤΕΛΕΘΟΥΣΙΝΑΡΟΥΡΗΣΚΑΡΠΟΝΕΔΟΝΤΕΣ
ΑΛΛΟΤΕΔΕΦΘΙΝΥΘΟΥΣΙΝΑΚΗΡΙΟΙΑΛΛΑΤΑΧΙΣΤΑ
ΠΑΥΣΩΜΕΣΘΑΜΑΧΗΣΟΙΔΑΥΤΟΙΔΗΡΙΑΑΣΘΩΝ
ΩΣΑΡΑΦΩΝΗΣΑΣΠΑΛΙΝΕΤΡΑΠΕΤΑΙΔΕΤΟΓΑΡΡΑ
ΠΑΤΡΟΚΑΣΙΓΝΗΤΟΙΟΜΙΓΗΜΕΝΑΙΕΝΠΑΛΑΜΗΙΣΙ
ΤΟΝΔΕΚΑΣΙΓΝΗΤΗΜΑΛΑΝΕΙΚΕΣΕΠΟΤΝΙΑΘΗΡΩΝ
ΑΡΤΕΜΙΣΑΓΡΟΤΕΡΗΚΑΙΟΝΕΙΔΙΟΝΦΑΤΟΜΥΘΟΝ
ΦΕΥΓΕΙΣΔΗΕΚΑΕΡΓΕΠΟΣΙΔΑΩΝΙΔΕΝΙΚΗΝ
ΠΑΣΑΝΕΠΕΤΡΕΨΑΣΜΕΛΕΟΝΔΕΟΙΕΥΧΟΣΕΔΩΚΑΣ
ΝΗΠΥΤΙΕΤΙΝΥΤΟΞΟΝΕΧΕΙΣΑΝΕΜΩΛΙΟΝΑΥΤΩΣ
ΜΗΣΕΥΝΥΝΕΤΙΠΑΤΡΟΣΕΝΙΜΕΓΑΡΟΙΣΙΝΑΚΟΥΣΩ
ΕΥΧΟΜΕΝΟΥΩΣΤΟΠΡΙΝΕΝΑΘΑΝΑΤΟΙΣΙΘΕΟΙΣΙΝ
ΑΝΤΑΠΟΣΙΔΑΩΝΟΣΕΝΑΝΤΙΒΙΟΝΠΟΛΕΜΙΖΕΙΝ
ΩΣΦΑΤΟΤΟΝΔΟΥΤΙΠΡΟΣΕΦΗΕΚΑΕΡΓΟΣΑΠΟΛΛΩΝ
ΑΛΛΑΧΩΣΑΜΕΝΗΔΙΟΣΑΙΔΟΙΗΠΑΡΑΚΟΙΤΙΣ
ΠΩΣΔΕΣΥΜΕΜΟΝΑΣΚΥΟΝΑΔΔΕΕΣΑΝΤΙΕΜΕΙΟ
ΣΤΗΣΕΣΘΑΙΧΑΛΕΠΗΤΟΙΕΓΩΜΕΝΟΣΑΝΤΙΦΕΡΕΣΘΑΙ
ΤΟΞΟΦΟΡΩΙΠΕΡΕΟΥΣΗΙΕΠΕΙΣΕΛΕΟΝΤΑΓΥΝΑΙΞΙ
ΖΕΥΣΘΗΚΕΝΚΑΙΕΔΩΚΕΚΑΤΑΚΤΑΜΕΝΗΝΚΕΘΕΛΗΣΘΑ
ΗΤΟΙΒΕΛΤΕΡΟΝΕΣΤΙΚΑΤΟΥΡΕΑΘΗΡΑΣΕΝΑΙΡΕΙΝ
ΑΓΡΟΤΕΡΑΣΤΕΛΑΦΟΥΣΗΚΡΕΙΣΣΟΣΙΝΙΦΙΜΑΧΕΣΘΑΙ
ΕΙΔΕΘΕΛΕΙΣΠΟΛΕΜΟΙΟΔΑΗΜΕΝΑΙΟΦΡΕΥΕΙΔΗΙΣ
ΟΣΣΟΝΦΕΡΤΕΡΗΕΙΜΟΤΙΜΕΝΟΣΜΟΙΑΝΤΙΦΕΡΙΖΕΙΣ
ΗΡΑΚΑΙΑΜΦΟΤΕΡΑΣΕΠΙΚΑΡΠΩΙΧΕΙΡΑΣΕΜΑΡΠΤΕ
ΣΚΑΙΗΙΔΕΞΙΤΕΡΗΔΑΡΑΠΩΜΩΝΑΙΝΥΤΟΤΟΞΑ
ΑΥΤΟΙΣΙΝΔΑΡΕΘΕΙΝΕΠΑΡΟΥΑΤΑΜΕΙΔΙΟΩΣΑ
ΕΝΤΡΟΠΑΛΙΖΟΜΕΝΗΤΑΧΕΕΣΔΕΚΠΙΠΤΟΝΟΙΣΤΟΙ
ΔΑΚΡΥΟΕΣΣΑΔΥΠΑΙΘΑΘΕΑΦΥΓΕΝΩΣΤΕΠΕΛΕΙΑ
ΗΡΑΘΥΠΙΡΗΚΟΣΚΟΙΛΗΝΕΙΣΕΠΤΑΤΟΠΕΤΡΗΝ
ΧΗΡΑΜΟΝΟΥΔΑΡΑΤΗΙΓΕΑΛΩΜΕΝΑΙΑΙΣΙΜΟΝΗΕΝ
ΩΣΗΔΑΚΡΥΟΕΣΣΑΦΥΓΕΝΛΙΠΕΔΑΥΤΟΘΙΤΟΞΑ
ΛΗΤΩΔΕΠΡΟΣΕΕΙΠΕΔΙΑΚΤΟΡΟΣΑΡΓΕΙΦΟΝΤΗΣ
ΛΗΤΟΙΕΓΩΔΕΤΟΙΟΥΤΙΜΑΧΗΣΟΜΑΙΑΡΓΑΛΕΟΝΓΑΡ

xxi. 465—498.

ΠΛΗΚΤΙΖΕΣΘΑΛΟΧΟΙΣΙΔΙΟΣΝΕΦΕΛΗΓΕΡΕΤΑΟ
ΑΛΛΑΜΑΛΑΠΡΟΦΡΑΣΣΑΜΕΤΑΘΑΝΑΤΟΙΣΙΘΕΟΙΣΙΝ
ΕΥΧΕΣΘΑΙΕΜΕΝΙΚΗΣΑΙΚΡΑΤΕΡΗΦΙΒΙΗΦΙ
ΩΣΑΡΕΦΗΛΗΤΩΔΕΣΥΝΑΙΝΥΤΟΚΑΜΠΥΛΑΤΟΞΑ
ΠΕΠΤΕΩΤΑΛΛΥΔΙΣΑΛΛΑΜΕΤΑΣΤΡΟΦΑΛΙΓΓΙΚΟΝΙΗΣ
ΗΜΕΝΤΟΞΑΛΑΒΟΥΣΑΠΑΛΙΝΚΙΕΘΥΓΑΤΕΡΟΣΗΣ
ΗΔΑΡΟΥΛΥΜΠΟΝΙΚΑΝΕΔΙΟΣΠΟΤΙΧΑΛΚΟΒΑΤΕΣΔΩ
ΔΑΚΡΥΟΕΣΣΑΔΕΠΑΤΡΟΣΕΦΕΖΕΤΟΓΟΥΝΑΣΙΚΟΥΡΗ
ΑΜΦΙΔΑΡΑΜΒΡΟΣΙΟΣΕΑΝΟΣΤΡΕΜΕΤΗΝΔΕΠΡΟΤΙΟΙ
ΕΙΛΕΠΑΤΗΡΚΡΟΝΙΔΗΣΚΑΙΑΝΕΙΡΕΤΟΗΔΥΓΕΛΑΣΣΑΣ
ΤΙΣΝΥΣΕΤΟΙΑΔΕΡΕΞΕΦΙΛΟΝΤΕΚΟΣΟΥΡΑΝΙΩΝΩΝ
ΤΟΝΔΑΥΤΕΠΡΟΣΕΕΙΠΕΝΕΥΣΤΕΦΑΝΟΣΚΕΛΑΔΕΙΝΗ
ΣΗΜΑΛΟΧΟΣΣΤΥΦΕΛΙΞΕΠΑΤΕΡΛΕΥΚΩΛΕΝΟΣΗΡΗ
ΕΞΗΣΑΘΑΝΑΤΟΙΣΙΝΕΡΙΣΚΑΙΝΕΙΚΟΣΕΦΗΠΤΑΙ
ΩΣΟΙΜΕΝΤΟΙΑΥΤΑΠΡΟΣΑΛΛΗΛΟΥΣΑΓΟΡΕΥΟΝ
ΑΥΤΑΡΑΠΟΛΛΩΝΦΟΙΒΟΣΕΔΥΣΕΤΟΙΛΙΟΝΙΡΗΝ
ΜΕΜΒΛΕΤΟΓΑΡΟΙΤΕΙΧΟΣΕΥΔΜΗΤΟΙΟΠΟΛΗΟΣ
ΜΗΔΑΝΑΟΙΠΕΡΣΕΙΑΝΥΠΕΡΜΟΡΟΝΗΜΑΤΙΚΕΙΝΩΙ
ΟΙΔΑΛΛΟΙΠΡΟΣΟΛΥΜΠΟΝΙΣΑΝΘΕΟΙΑΙΕΝΕΟΝΤΕΣ
ΟΙΜΕΝΧΩΟΜΕΝΟΙΟΙΔΕΜΕΓΑΚΥΔΙΟΩΝΤΕΣ
ΚΑΔΔΙΖΟΝΠΑΡΑΠΑΤΡΙΚΕΛΑΙΝΕΦΕΙΑΥΤΑΡΑΧΙΛΛΕΥΣ
ΤΡΩΑΣΟΜΩΣΑΥΤΟΥΣΤΟΛΕΚΕΝΚΑΙΜΩΝΥΧΑΣΙΠΠΟΥΣ
ΩΣΔΟΤΕΚΑΠΝΟΣΙΩΝΕΙΣΟΥΡΑΝΟΝΕΥΡΥΝΙΚΑΝΕΙ
ΑΣΤΕΟΣΑΙΘΟΜΕΝΟΙΟΘΕΩΝΔΕΕΜΗΝΙΣΑΝΗΚΕ
ΠΑΣΙΔΕΘΗΚΕΠΟΝΟΝΠΟΛΛΟΙΣΙΔΕΚΗΔΕΕΦΗΚΕ
ΙΣΤΗΚΕΙΔΟΓΕΡΩΝΠΡΙΑΜΟΣΘΕΙΟΥΕΠΙΠΥΡΓΟΥ
ΩΣΑΧΙΛΕΥΣΤΡΩΕΣΣΙΠΟΝΟΝΚΑΙΚΗΔΕΕΘΗΚΕ
ΕΣΔΕΝΟΗΣΑΧΙΛΗΑΠΕΛΩΡΙΟΝΑΥΤΑΡΥΠΑΥΤΟΥ
ΤΡΩΕΣΑΦΑΡΚΛΟΝΕΟΝΤΟΠΕΦΥΖΟΤΕΣΟΥΔΕΤΙΣΑΛΚΗ
ΓΙΝΕΘΟΔΟΙΜΩΞΑΣΑΠΟΠΥΡΓΟΥΒΑΙΝΕΧΑΜΑΖΕ
ΟΤΡΥΝΕΩΝΠΑΡΑΤΕΙΧΟΣΑΓΑΚΛΕΙΤΟΥΣΠΥΛΑΩΡΟΥΣ
ΠΕΠΤΑΜΕΝΑΣΕΝΧΕΡΣΙΠΥΛΑΣΕΧΕΤΕΙΣΟΚΕΛΑΟΙ
ΕΛΘΩΣΙΠΡΟΤΙΑΣΤΥΠΕΦΥΖΟΤΕΣΗΓΑΡΑΧΙΛΛΕΥΣ

ΕΓΓΥϹΟΔΕΚΛΟΝΕΩΝΝΥΝΟΙΩΛΟΙΓΙΕϹΕϹΘΑΙ
ΑΥΤΑΡΕΠΕΙΚΕϹΤΕΙΧΟϹΑΝΑΠΝΕΥϹΩϹΙΝΑΛΕΝΤΕϹ
ΑΥΤΙϹΕΠΑΨΘΕΜΕΝΑΙϹΑΝΙΔΑϹΠΥΚΙΝΩϹΑΡΑΡΥΙΑϹ
ΔΕΙΔΙΑΓΑΡΜΗΟΥΛΟϹΑΝΗΡΕϹΤΕΙΧΟϹΑΛΗΤΑΙ
ΩϹΕΦΑΘΟΙΔΑΝΕϹΑΝΤΕΠΥΛΑϹΚΑΙΑΠΩϹΑΝΟΧΗΑϹ
ΑΙΔΕΠΕΤΑϹΘΕΙϹΑΙΤΕΥΞΑΝΦΑΟϹΑΥΤΑΡΑΠΟΛΛΩ̄
ΑΝΤΙΟϹΕΞΕΘΟΡΕΤΡΩΩΝΙΝΑΛΟΙΓΟΝΑΛΑΛΚΟΙ
ΟΙΔΙΘΥϹΠΟΛΙΟϹΚΑΙΤΕΙΧΕΟϹΥΨΗΛΟΙΟ
ΔΙΨΗΙΚΑΡΧΑΛΕΟΙΚΕΚΟΝΙΜΜΕΝΟΙΕΚΠΕΔΙΟΙΟ
ΦΕΥΓΟΝΟΔΕϹΦΕΔΑΝΩΝΕΦΕΠΕΓΧΕΙΛΥϹϹΑΔΕΟΙΚΗΡ
ΑΙΕΝΕΧΕΙΚΡΑΤΕΡΗΜΕΝΕΑΙΝΕΔΕΚΥΔΟϹΑΡΕϹΘΑΙ
ΕΝΘΑΚΕΝΥΨΙΠΥΛΟΝΤΡΟΙΗΝΕΛΟΝΥΙΕϹΑΧΑΙΩΝ
ΕΙΜΗΑΠΟΛΛΩΝΦΟΙΒΟϹΑΓΗΝΟΡΑΔΙΟΝΑΝΗΚΕ
ΦΩΤΑΝΤΗΝΟΡΟϹΥΙΟΝΑΜΥΜΟΝΑΤΕΚΡΑΤΕΡΟΝΤΕ
ΕΝΜΕΝΟΙΚΡΑΔΙΗΙΘΑΡϹΟϹΒΑΛΕΠΑΡΔΕΟΙΑΥΤΟϹ
ΕϹΤΗΟΠΩϹΘΑΝΑΤΟΙΟΒΑΡΕΙΑϹΧΕΙΡΑϹΑΛΑΛΚΟΙ
ΦΗΓΩΙΚΕΚΛΙΜΕΝΟϹΚΕΚΑΛΥΠΤΟΔΑΡΗΕ . . . .
ΑΥΤΑΡ . . . .
. . . .
ΟΧΘΗϹΑϹΔΑΡΑΕΙΠΕΠΡΟϹΟΝΜΕΓΑΛΗΤΟΡΑΘΥΜΟΝ
ΩΜΟΙΕΓΩΝΕΙΜΕΝΚΕΝΥΠΟΚΡΑΤΕΡΟΥΑΧΙΛΗΟϹ
ΦΕΥΓΩΤΗΙΠΕΡΟΙΑΛΛΟΙΑΤΥΖΟΜΕΝΟΙΚΛΟΝΕΟΝΤΑΙ
ΑΙΡΗϹΕΙΜΕΚΑΙΩϹΚΑΙΑΝΑΛΚΙΔΑΔΕΙΡΟΤΟΜΗϹΕΙ
ΕΙΔΑΝΕΓΩΤΟΥΤΟΥϹΜΕΝΥΠΟΚΛΟΝΕΕϹΘΑΙΕΑϹΩ
ΠΗΛΕΙΔΗΙΑΧΙΛΗΙΠΟϹΙΝΔΑΠΟΤΕΙΧΕΟϹΑΛΛΗΙ
ΦΕΥΓΩΠΡΟϹΠΕΔΙΟΝΙΛΗΙΟΝΟΦΡΑΝΙΚΩΜΑΙ
ΙΔΗϹΤΕΚΝΗΜΟΥϹΚΑΤΑΤΕΡΩΠΗΙΑΔΥΩ
ΕϹΠΕΡΙΟϹΔΑΝΕΠΕΙΤΑΛΟΕϹϹΑΜΕΝΟϹΠΟΤΑΜΟΙΟ
ΙΔΡΩΑΠΟΨΥΧΘΕΙϹΠΡΟΤΙΙΛΙΟΝΑΠΟΝΕΟΙΜΗΝ
ΑΛΛΑΤΙΗΜΟΙΤΑΥΤΑΦΙΛΟϹΔΙΕΛΕΞΑΤΟΘΥΜΟϹ
ΜΗΜΑΠΑΕΙΡΟΜΕΝΟΝΠΟΛΙΟϹΠΕΔΙΟΝΔΕΝΟΗϹΗΙ
ΚΑΙΜΕΜΕΤΑΙΞΑϹΜΑΡΨΗΤΑΧΕΕϹϹΙΠΟΔΕϹϹΙΝ
ΟΥΚΕΤΕΠΕΙΤΕϹΤΑΙΘΑΝΑΤΟΝΚΑΙΚΗΡΑϹΑΛΥΞΑΙ

xxi. 533—565.

ΛΙΗΝΓΑΡΚΡΑΤΕΡΟϹΠΕΡΙΠΑΝΤΩΝΕϹΤΑΝΘΡΩΠΩ̄
ΕΙΔΕΚΕΝΟΙΠΡΟΠΑΡΟΙΘΕΠΟΛΙΟϹΚΑΤΕΝΑΝΤΙΟΝΕΛ 5
ΚΑΙΓΑΡΘΗΝΤΟΥΤΩΤΡΩΤΟϹΧΡΩϹΟΞΕΙΧΑΛΚΩΙ
ΕΝΔΕΙΑΨΥΧΗΘΝΗΤΟΝΔΕΕΦΑϹΑΝΘΡΩΠΟΙ
ΕΜΜΕΝΑΙΑΥΤΑΡΟΙΚΡΟΝΙΔΗϹΖΕΥϹΚΥΔΟϹΟΠΑΖΕΙ
ΩϹΕΙΠΩΝΑΧΙΛΗΑΑΛΕΙϹΜΕΝΕΝΕΝΔΕΟΙΗΤΟΡ
ΑΛΚΙΜΟΝΩΡΜΑΤΟΠΟΛΕΜΙΖΕΙΝΗΔΕΜΑΧΕϹΘΑΙ
ΗΥΤΕΠΟΡΔΑΛΙϹΕΙϹΙΒΑΘΕΙΗϹΕΚΞΥΛΟΧΟΙΟ
ΑΝΔΡΟϹΘΗΡΗΤΗΡΟϹΕΝΑΝΤΙΟΝΟΥΔΕΤΙΘΥΜΩΙ
ΤΑΡΒΕΙΟΥΔΕΦΟΒΕΙΤΑΙΕΠΕΙΚΕΝΥΛΑΓΜΟΝΑΚΟΥϹΗΙ
ΕΙΠΕΡΓΑΡΦΘΑΜΕΝΟϹΜΙΝΟΥΤΑϹΗΗΕΒΑΛΗΙϹΙΝ
ΑΛΛΑΤΕΚΑΙΠΕΡΙΔΟΥΡΙΠΕΠΑΡΜΕΝΗΟΥΚΑΠΟΛΗΓΕΙ
ΑΛΚΗϹΠΡΙΝΓΗΕΞΥΜΒΛΗΜΕΝΑΙΗΕΔΑΜΗΝΑΙ
ΩϹΑΝΤΗΝΟΡΟϹΥΙΟϹΑΓΑΥΟΥΔΙΟϹΑΓΗΝΩΡ
ΟΥΚΕΘΕΛΕΦΕΥΓΕΙΝΠΡΙΝΠΕΙΡΗϹΑΙΤΑΧΙΛΗΟϹ
ΑΛΛΟΓΑΡΑϹΠΙΔΑΜΕΝΠΡΟϹΘΕϹΧΕΤΟΠΑΝΤΟϹΕΙϹΗΝ
ΕΓΧΕΙΗΔΑΥΤΟΙΟΤΙΤΥϹΚΕΤΟΚΑΙΜΕΓΑΥΤΕΙ

. . . .

. . . .

ΝΗΠΥΤΙΗΤΕΤΙΠΟΛΛΑΤΕΤΕΥΞΕΤΑΙΑ . . . .
ΕΝΓΑΡΟΙΠΟΛΕΕϹΤΕΚΑΙΑΛΚΙΜΟΙΑΝΕΡΕϹΕΙΜΕΝ
ΟΙΚΕΠΡΟϹΘΕΦΙΛΩΝΤΟΚΕΩΝΑΛΟΧΩΝΤΕΚΑΙΥΙΩΝ
ΙΛΙΟΝΕΙΡΥΟΜΕϹΘΑϹΥΔΕΝΘΑΔΕΠΟΤΜΟΝΕΦΕΨΕΙϹ
ΩΔΕΚΠΑΓΛΟϹΕΩΝΚΑΙΘΑΡϹΑΛΕΟϹΠΟΛΕΜΙϹΤΗϹ
ΗΡΑΚΑΙΟΞΥΝΑΚΟΝΤΑΒΑΡΕΙΗϹΧΕΙΡΟϹΑΦΗΚΕ
ΚΑΙΡΕΒΑΛΕΚΝΗΜΗΝΥΠΟΓΟΥΝΑΤΟϹΟΥΔΑΦΑΜΑΡΤΕ
ΑΜΦΙΔΕΜΙΝΚΝΗΜΙϹΝΕΟΤΕΥΚΤΟΥΚΑϹϹΙΤΕΡΟΙΟ
ϹΜΕΡΔΑΛΕΟΝΚΟΝΑΒΗϹΕΠΑΛΙΝΔΑΠΟΧΑΛΚΟϹΟΡΟΥϹΕ
ΒΛΗΜΕΝΟΥΟΥΔΕΠΕΡΗϹΕΘΕΟΥΔΗΡΥΚΑΚΕΔΩΡΑ
ΠΗΛΕΙΔΗϹΔΩΡΜΗϹΑΤΑΓΗΝΟΡΟϹΑΝΤΙΘΕΟΙΟ
ΔΕΥΤΕΡΟϹΟΥΔΕΤΕΑϹΕΝΑΠΟΛΛΩΝΚΥΔΟϹΑΡΕϹΘΑΙ
ΑΛΛΑΜΙΝΕΞΗΡΠΑΞΕΚΑΛΥΨΕΔΑΡΗΕΡΙΠΟΛΛΗΙ
ΗϹΥΧΙΟΝΔΑΡΑΜΙΝΠΟΛΕΜΟΥΕΚΠΕΜΠΕΝΕΕϹΘΑΙ

xxi. 566—598.

ΑΥΤΑΡΟΠΗΛΕΙΩΝΑΔΟΛΩΙΑΠΟΕΡΓΑΘΕΛΑΟΥ
ΑΥΤΩΙΓΑΡΕΚΑΕΡΓΟΣΑΓΗΝΟΡΙΠΑΝΤΑΕΟΙΚΩΣ
ΕΣΤΗΠΡΟΣΘΕΠΟΔΩΝΟΔΕΠΕΣΣΥΤΟΠΟΣΣΙΔΙΩΚΕῙ
ΕΩΣΟΤΟΝΠΕΔΙΟΙΟΔΙΩΚΕΤΟΠΥΡΟΦΟΡΟΙΟ
ΤΡΕΨΑΣΠΑΡΠΟΤΑΜΟΝΒΑΘΥΔΙΝΗΕΝΤΑΣΚΑΜΑΝΔΡΟ̄
ΤΥΤΘΟΝΥΠΕΚΠΡΟΘΕΟΝΤΑΔΟΛΩΙΔΑΡΕΘΕΛΓΕΝΑΠΟΛΛΩ̄
ΩΣΑΙΕΙΕΛΠΟΙΤΟΚΙΧΗΣΕΣΘΑΙΠΟΣΙΝΟΙΣΙΝ
ΤΟΦΡΑΛΛΟΙΤΡΩΕΣΠΕΦΟΒΗΜΕΝΟΙΗΛΘΟΝΟΜΙΛΩΙ
ΑΣΠΑΣΙΟΙΠΡΟΤΙΑΣΤΥΠΟΛΙΣΔΕΜΠΛΗΤΟΑΛΕΝΤΩΝ
ΟΥΔΑΡΑΤΟΙΓΕΤΛΑΝΠΟΛΙΟΣΚΑΙΤΕΙΧΕΟΣΕΚΤΟΣ
ΜΕΙΝΑΙΕΤΑΛΛΗΛΟΥΣΚΑΙΓΝΩΜΕΝΑΙΟΣΤΕΠΕΦΕΥΓΟΙ
ΟΣΤΕΘΑΝΕΝΠΟΛΕΜΩΙΑΛΛΑΣΠΑΣΙΩΣΕΣΕΧΥΝΤΟ
ΕΣΠΟΛΙΝΟΝΤΙΝΑΤΩΝΓΕΠΟΔΕΣΚΑΙΓΟΥΝΑΣΑΩΣΑΝ

× Χ

ΩΣΟΙΜΕΝΚΑΤΑΑΣΤΥΠΕΦΥΖΟΤΕΣΗΥΤΕΝΕΒΡΟΙ
ΙΔΡΩΑΠΕΨΥΧΟΝΤΟΠΙΟΝΤΑΚΕΟΝΤΟΤΕΔΙΨΑΝ
ΚΕΚΛΙΜΕΝΟΙΚΑΛΗΙΣΙΝΕΠΑΛΞΕΣΙΝΑΥΤΑΡΑΧΑΙΟΙ
ΤΕΙΧΕΟΣΑΣΣΟΝΙΣΑΝΣΑΚΕΩΜΟΙΣΙΚΛΙΝΑΝΤΕΣ
ΕΚΤΟΡΑΔΑΥΤΟΥΜΕΙΝΑΙΟΛΟΗΜΟΙΡΕΠΕΔΗΣΕΝ
ΙΛΙΟΥΠΡΟΠΑΡΟΙΘΕΠΥΛΑΩΝΤΕΣΚΑΙΑΩΝ
ΑΥΤΑΡΟΠΗΛΕΙΩΝΑΠΡΟΣΗΥΔΑΦΟΙΒΟΣΑΠΟΛΛΩΝ
ΤΙΠΤΕΜΕΠΗΛΕΟΣΥΙΕΠΟΣΙΝΤΑΧΕΕΣΣΙΔΙΩΚΕΙΣ
ΑΥΤΟΣΘΝΗΤΟΣΕΩΝΘΕΟΝΑΜΒΡΟΤΟΝΟΥΔΕΝΥΤΩΜΕ
ΕΓΝΩΣΩΣΘΕΟΣΕΙΜΙΣΥΔΑΣΠΕΡΧΕΣΜΕΝΕΑΙΝΕΙΣ
ΙΛΙΟΥΕΞΑΛΑΠΑΞΑΙΕΥΚΤΙΜΕΝΟΝΠΤΟΛΙΕΘΡΟΝ
ΗΝΥΤΟΙΟΥΤΙΜΕΛΕΙΤΡΩΩΝΠΟΝΟΣΟΥΣΕΦΟΒΗΣΑΣ
ΟΙΔΗΤΟΙΕΙΣΑΣΤΥΑΛΕΝΣΥΔΕΔΕΥΡΟΛΙΑΣΘΗΣ
ΟΥΜΕΝΜΕΚΤΕΝΕΕΙΣΕΠΕΙΟΥΤΟΙΜΟΡΣΙΜΟΣΕΙΜΙ
ΤΟΝΔΕΜΕΓΟΧΘΗΣΑΣΠΡΟΣΕΦΗΠΟΔΑΣΩΚΥΣΑΧΙΛΛΕΥΣ

xxi. 599—xxii. 14.

ΕΒΛΑΨΑΣΜΕΚΑΕΡΓΕΘΕΩΝΟΛΟΩΤΑΤΕΠΑΝΤΩ̄
ΕΝΘΑΔΕΝΥΝΤΡΕΨΑΣΑΠΟΤΕΙΧΕΟΣΗΚΕΤΙΠΟΛΛΟΙ
ΓΑΙΑΝΟΔΑΞΕΙΛΟΝΠΡΙΝΙΛΙΟΝΕΙΣΑΦΙΚΕΣΘΑΙ
ΝΥΝΔΕΜΕΜΕΝΜΕΓΑΚΥΔΟΣΑΦΕΙΛΕΟΤΟΥΣΔΕΣΑΩΣ . .
ΡΗΙΔΙΩΣΕΠΕΙΟΥΤΙΤΙΣΙΝΓΕΔΔΕΙΣΑΣΟΠΙΣΣΩ
ΗΣΑΝΤΙΣΑΙΜΗΝΕΙΜΟΙΔΥΝΑΜΙΣΓΕΠΑΡΕΙΗΙ
ΩΣΕΙΠΩΝΠΡΟΤΙΑΣΤΥΜΕΓΑΦΡΟΝΕΩΝΕΒΕΒΗΚΕΙ
ΣΕΥΑΜΕΝΟΣΩΣΘΙΠΠΟΣΑΕΘΛΟΦΟΡΟΣΣΥΝΟΧΕΣΦΙΝ
ΟΣΡΑΤΕΡΕΙΑΘΕΗΙΣΙΤΙΤΑΙΝΟΜΕΝΟΣΠΕΔΙΟΙΟ
ΩΣΑΧΙΛΕΥΣΛΑΙΨΗΡΑΠΟΔΑΣΚΑΙΓΟΥΝΑΤΕΝΩΜΑ
ΤΟΝΔΟΓΕΡΩΝΠΡΙΑΜΟΣΠΡΩΤΟΣΙΔΕΝΟΦΘΑΛΜΟΙΣΙ
ΠΑΜΦΑΙΝΟΝΘΩΣΤΑΣΤΕΡΕΠΕΣΣΥΜΕΝΟΝΠΕΔΙΟΙΟ
ΟΣΡΑΤΟΠΩΡΗΣΙΣΙΝΑΡΙΖΗΛΟΙΔΕΟΙΑΥΓΑΙ
ΦΑΙΝΟΝΤΑΙΠΟΛΛΟΙΣΙΜΕΤΑΣΤΡΑΣΙΝΥΚΤΟΣΑΜΟΛΓΩΙ
ΟΝΤΕΚΥΝΩΡΙΩΝΟΣΕΠΙΚΛΗΣΙΝΚΑΛΕΟΥΣΙΝ
ΛΑΜΠΡΟΤΑΤΟΣΜΕΝΟΓΕΣΤΙΚΑΚΟΝΔΕΤΕΣΗΜΑΤΕΤΥΚΤΑΙ
ΚΑΙΤΕΦΕΡΕΙΠΟΛΛΟΝΠΥΡΕΤΟΝΔΕΙΛΟΙΣΙΒΡΟΤΟΙΣΙΝ
ΩΣΤΟΥΧΑΛΚΟΣΕΛΑΜΠΕΠΕΡΙΣΤΗΘΕΣΣΙΘΕΟΝΤΟΣ
ΩΜΩΞΕΝΔΟΓΕΡΩΝΚΕΦΑΛΗΝΔΟΓΕΚΟΨΑΤΟΧΕΡΣΙ
ΥΨΟΣΑΝΑΣΧΟΜΕΝΟΣΜΕΓΑΔΟΙΜΩΞΑΣΕΓΕΓΩΝΕΙ
ΛΙΣΣΟΜΕΝΟΣΦΙΛΟΝΥΙΟΝΟΔΕΠΡΟΠΑΡΟΙΘΕΠΥΛΑΩΝ
ΙΣΤΗΚΕΙΑΜΟΤΟΝΜΕΜΑΩΣΑΧΙΛΗΙΜΑΧΕΣΘΑΙ
ΤΟΝΔΟΓΕΡΩΝΕΛΕΕΙΝΑΠΡΟΣΗΥΔΑΧΕΙΡΑΣΟΡΕΓΝΥΣ
ΕΚΤΟΡΜΗΜΟΙΜΙΜΝΕΦΙΛΟΝΤΕΚΟΣΑΝΕΡΑΤΟΥΤΟΝ
ΟΙΟΣΑΝΕΥΘΑΛΛΩΝΙΝΑΜΗΤΑΧΑΠΟΤΜΟΝΕΠΙΣΠΗΙΣ
ΠΗΛΕΙΩΝΙΔΑΜΕΙΣΕΠΕΙΗΠΟΛΥΦΕΡΤΕΡΟΣΕΣΤΙ
ΣΧΕΤΛΙΟΣΑΙΘΕΘΕΟΙΣΙΦΙΛΟΣΤΟΣΣΟΝΔΕΓΕΝΟΙΤΟ
ΟΣΣΟΝΕΜΟΙΤΑΧΑΚΕΝΕΚΥΝΕΣΚΑΙΓΥΠΕΣΕΔΟΝΤΑΙ
ΚΕΙΜΕΝΟΝΗΚΕΜΟΙΑΙΝΟΝΑΠΟΠΡΑΠΙΔΩΝΑΧΟΣΕΛΘΟΙ
ΟΣΜΥΙΩΝΠΟΛΛΩΝΤΕΚΑΙΕΣΘΛΩΝΕΥΝΙΝΕΘΗΚΕ
ΚΤΕΙΝΩΝΚΑΙΠΕΡΝΑΣΝΗΣΩΝΕΠΙΤΗΛΕΔΑΠΑΩΝ
ΚΑΙΓΑΡΝΥΝΔΥΟΠΑΙΔΕΛΥΚΑΟΝΑΚΑΙΠΟΛΥΔΩΡΟ̄
ΟΥΔΥΝΑΜΑΙΙΔΕΕΙΝΤΡΩΩΝΕΙΣΑΣΤΥΑΛΕΝΤΩΝ

xxii. 15—47.

ΤΟΥϹΜΟΙΛΑΟΘΟΗΤΕΚΕΤΟΚΡΕΙΟΥϹΑΓΥΝΑΙΚΩ͂¯
ΑΛΛ'ΕΙΜῈΝΖΩΟΥϹΙΜΕΤΑϹΤΡΑΤΩΗΤΑΝΕΠΕΙΤΑ
ΧΑΛΚΟΥ͂ΤΕΧΡΥϹΟΥΤΑΠΟΛΥϹΟΜΕΘΕϹΤΙΓΑΡΈΝΔΟ¯
ΠΟΛΛΑΓᾺΡΩΠΑϹΕΠΑΙΔΙΓΈΡΩΝΟΝΟΜΑΚΛΥΤΟϹΑΛΤΗϹ
ΕΙΔ'ΗΔΗΤΕΘΝΑ͂ϹΙΚΑΙΕΙΝΑΙΔΑΟΔΟΜΟΙϹΙΝ
ΑΛΓΟϹΕΜΩΙΘΥΜΩΙΚΑΙΜΗΤΕΡΙΤΟΙΤΕΚΟΜΕϹΘΑ
ΛΑΟΙ͂ϹΙΝΔΑΛΛΟΙϹΙΜΙΝΥΝΘΑΔΙΩΤΕΡΟΝΆΛΓΟϹ
ΕϹϹΕΤΑΙΗΝΜΗΚΑῚϹΥΘΑΝΗϹΑΧΙΛΗ͂ΙΔΑΜΑϹΘΕΙϹ
ΑΛΛ'ΕΙϹΕΡΧΕΟΤΕΙΧΟϹΕΜῸΝΤΕΚΟϹΟΦΡΑϹΑΩϹΗΙϹ
ΤΡΩΑϹΚΑΙΤΡΩΑϹΜΗΔΕΜΕΓΑΚΥΔΟϹΟΡΕΞΗϹ
ΠΗΛΕΐΔΗΙΑΥΤΟϹΔΕΦΊΛΗϹΑΙΩΝΟϹΑΜΕΡΘΗϹ
ΠΡΟϹΔ'ΕΜΕΤΟΝΔΥϹΤΗΝΟΝΕΤΙΦΡΌΝΕΟΝΤ'ΕΛΕΗϹΟΝ
ΔΎϹΜΟΡΟΝΟΝΡΑΠΑΤΗΡΚΡΟΝΙΔΗϹΕΠΙΓΗΡΑΟϹΟΥΔΩΙ
ΑΊϹΗΙΕΝΑΡΓΑΛΕΗΙΦΘΙϹΕΙΚΑΚΑΠΟΛΛΕΠΙΔΟΝΤΑ
ΥΙΑϹΤ'ΟΛΛΥΜΕΝΟΥϹΕΛΚΗΘΕΙϹΑϹΤΕΘΥΓΑΤΡΑϹ
ΚΑῚΘΑΛΑΜΟΥϹΚΕΡΑΙΖΟΜΕΝΟΥϹΚΑΙΝΉΠΙΑΤΕΚΝΑ
ΒΑΛΛΌΜΕΝΑΠΡΟΤΙΓΑΙΗΙΕΝΑΙΝΗΙΔΗΙΟΤΗΤΙ
ΕΛΚΟΜΈΝΑϹΤΕΝΥΟΥ͂ϹΟΛΟΗ͂ϹΥΠῸΧΕΡϹΙΝΑΧΑΙΩ͂¯
ΑΥΤῸΝΔΑΝΠΎΜΑΤΟΝΜΕΚΥΝΕϹΠΡΩ͂ΤΗΙϹΙΘΥΡΗΙϹΙΝ
ΩΜΗϹΤΑΙΕΡΥΟΥϹΙΝΕΠΕΙΚΈΤΙϹΟΞΈΙΧΑΛΚΩ͂Ι
ΤΥΨΑϹΗ'ΕΒΑΛΩ͂ΝΡΕΘΈΩΝΕΚΘΥΜΟΝΕΛΗΤΑΙ
ΟΥϹΤΡΕΦΟΝΕΝΜΕΓΑΡΟΙϹΙΤΡΑΠΕΖΗΑϹΘΥΡΑΩΡΟΥϹ
ΟΙΚ'ΕΜΟΝΑΙΜΑΠΙΌΝΤΕϹΑΛΥϹϹΟΝΤΕϹΠΕΡΙΘΥΜΩΙ
ΚΕΊϹΟΝΤΕΝΠΡΟΘΎΡΟΙϹΙΝΕΩΔΕΤΕΠΑΝΤΕΠΕΟΙΚΕΝ
ΑΡΗΪΚΤΑΜΈΝΩΔΕΔΑΙΓΜΕΝΩΟΞΕΙΧΑΛΚΩΙ
ΚΕΙϹΘΑΙΠΆΝΤΑΔῈΚΑΛΑΘΑΝΌΝΤΙΠΕΡΟΤΤΙ . . . . .
ΑΛΛ'ΟΤΕΔΗΠΟΛΙΌΝΤΕΚΑΡΗΠΟΛΙΟΝΤΕΓΕΝΕΙΟΝ
ΑΙΔΩΤΑΙϹΧΥΝΩϹΙΚΎΝΕϹΚΤΑΜΕΝΟΙΟΓΈΡΟΝΤΟϹ
ΤΟΥΤΟΔΗΟΙΚΤΙϹΤΟΝΠΕΛΕΤΑΙΔΕΙΛΟΙ͂ϹΙΒΡΟΤΟΙϹΙΝ
Η͂Ρ'ΟΓΈΡΩΝΠΟΛΙΑϹΔΑΡΑΝΑΤΡΙΧΑϹΕΛΚΕΤΟΧΕΡϹῚ
ΤΙΛΛΩΝΕΚΚΕΦΑΛΗ͂ϹΟΥΔΈΚΤΟΡΙΘΥΜῸΝΕΠΕΙΘΕ
ΜΗΤΗΡΔΑΥΘΕΤΈΡΩΘΕΝΟΔΥΡΕΤΟΔΑΚΡΥΧΈΟΥϹΑ
ΚΟΛΠΟΝΑΝΙΕΜΕΝΗΕΤΕΡΗΦΙΔΕΜΑΖΟΝΑΝΕϹΧΕ

ΚΑΙΜΙΝΔΑΚΡΥΧΕΟΥΣΕΠΕΑΠΤΕΡΟΕΝΤΑΠΡΟΣΗΥΔΑ
ΕΚΤΟΡΤΕΚΝΟΝΕΜΟΝΤΑΔΕΤΑΙΔΕΟΚΑΙΜΕΛΕΗΣΟ̄
ΑΥΤΗΝΕΙΠΟΤΕΤΟΙΛΑΘΙΚΗΔΕΑΜΑΖΟΝΕΠΕΣΧΟΝ
ΤΩΝΜΝΗΣΑΙΦΙΛΕΤΕΚΝΟΝΑΜΥΝΕΔΕΔΗΙΟΝΑΝΔΡΑ
ΤΕΙΧΕΟΣΕΝΤΟΣΙΩΝΜΗΔΕΠΡΟΜΟΣΙΣΤΑΣΟΤΟΥΤΩΙ
ΣΧΕΤΛΙΟΣΕΙΠΕΡΣΕΚΑΤΑΚΤΑΝΗΙΟΥΣΕΤΕΓΩΓΕ
ΚΛΑΥΣΟΜΑΙΕΝΛΕΧΕΕΣΣΙΦΙΛΟΝΘΑΛΟΣΟΝΤΕΚΟΝΑΥΤΗ
ΟΥΔΑΛΟΧΟΣΠΟΛΥΔΩΡΟΣΑΝΕΥΘΕΔΕΣΕΜΕΓΑΝΩΙΝ
ΑΡΓΕΙΩΝΠΑΡΑΝΗΥΣΙΚΥΝΕΣΤΑΧΕΕΣΚΑΤΕΔΟΝΤΑΙ
ΩΣΤΩΓΕΚΛΑΙΟΝΤΕΠΡΟΣΑΥΔΗΤΗΝΦΙΛΟΝΥΙΟ̄
ΠΟΛΛΑΛΙΣΣΟΜΕΝΩΟΥΔΕΚΤΟΡΙΘΥΜΟΝΕΠΕΙΘΟ̄
ΑΛΛΟΓΕΜΙΜΝΑΧΙΛΗΑΠΕΛΩΡΙΟΝΑΣΣΟΝΙΟΝΤΑ
ΩΣΔΕΔΡΑΚΩΝΕΠΙΧΕΙΗΙΟΡΕΣΤΕΡΟΣΑΝΔΡΑΜΕΝΗΙΣΙ
ΒΕΒΡΩΚΩΣΚΑΚΑΦΑΡΜΑΚΕΔΥΔΕΤΕΜΙΝΧΟΛΟΣΑΙΝΟΣ
ΣΜΕΡΔΑΛΕΟΣΔΕΔΕΔΟΡΚΕΝΕΛΙΣΣΟΜΕΝΟΣΠΕΡΙΧΕΙΗΙ
ΩΣΕΚΤΩΡΑΣΒΕΣΤΟΝΕΧΩΝΜΕΝΟΣΟΥΧΥΠΕΧΩΡΕΙ
ΠΥΡΓΩΙΕΠΙΠΡΟΥΧΟΝΤΙΦΑΕΙΝΗΝΑΣΠΙΔΕΡΕΙΣΑΣ
ΟΧΘΗΣΑΣΔΑΡΑΕΙΠΕΠΡΟΣΟΝΜΕΓΑΛΗΤΟΡΑΘΥΜΟ̄
ΩΜΟΙΕΓΩΝΕΙΜΕΝΚΕΠΥΛΑΣΚΑΙΤΕΙΧΕΑΔΥΩ
ΠΟΥΛΥΔΑΜΑΣΜΟΙΠΡΩΤΟΣΕΛΕΓΧΕΙΗΝΑΝΑΘΗΣΕΙ
ΟΣΜΕΚΕΛΕΥΕΤΡΩΣΙΠΟΤΙΠΤΟΛΙΝΗΓΗΣΑΣΘΑΙ
ΝΥΧΘΥΠΟΤΗΝΔΟΛΟΗΝΟΤΕΤΩΡΕΤΟΔΙΟΣΑΧΙΛΛΕΥΣ
ΑΛΛΕΓΩΟΥΠΙΘΟΜΗΝΗΤΑΝΠΟΛΥΚΕΡΔΙΟΝΗΕΝ
ΝΥΝΔΕΠΕΙΩΛΕΣΑΛΑΟΝΑΤΑΣΘΑΛΙΗΙΣΙΝΕΜΗΙΣῙ
ΑΙΔΕΟΜΑΙΤΡΩΑΣΚΑΙΤΡΩΑΔΑΣΕΛΚΕΣΙΠΕΠΛΟΥΣ
ΜΗΠΟΤΕΤΙΣΕΙΠΗΙΣΙΚΑΚΩΤΕΡΟΣΑΛΛΟΣΕΜΕΙΟ
ΕΚΤΩΡΗΙΦΙΒΙΗΙΦΙΠΙΘΗΣΑΣΩΛΕΣΕΛΑΟΝ
ΩΣΕΡΕΟΥΣΙΝΕΜΟΙΔΕΤΟΤΑΝΠΟΛΥΚΕΡΔΙΟΝΕΙΗ
ΑΝΤΗΝΗΑΧΙΛΗΑΚΑΤΑΚΤΕΙΝΑΝΤΑΝΕΕΣΘΑΙ
ΗΕΚΕΝΑΥΤΩΙΟΛΕΣΘΑΙΕΥΚΛΕΙΩΣΠΡΟΠΟΛΗΟΣ
ΕΙΔΕΚΕΝΑΣΠΙΔΑΜΕΝΚΑΤΑΘΕΙΟΜΑΙΟΠΛΑΤΕΠΑΝΤΑ
ΚΑΙΚΟΡΥΘΑΒΡΙΑΡΗΝΔΟΡΥΔΕΠΡΟΣΤΕΙΧΟΣΕΡΕΙΣΑΣ
ΑΥΤΟΣΙΩΝΑΧΙΛΗΟΣΑΜΥΜΟΝΟΣΑΝΤΙΟΣΕΛΘΩ

xxii. 81—113.

ΕΡΔ'ΑΤΑΡΟΥΤΟΙΠΑΝΤΕϹΕΠΑΙΝΕΟΜΕΝΘΕΟΙΑΛΛΟΙ
ΤΗΝΔ'ΑΠΑΜΕΙΒΟΜΕΝΟϹΠΡΟϹΕΦΗΝΕΦΕΛΗΓΕΡΕΤΑΖΕΥϹ
ΘΑΡϹΕΙΤΡΙΤΟΓΕΝΕΙΑΦΙΛΟΝΤΕΚΟϹΟΥΝΥΤΙΘΥΜΩΙ
ΠΡΟΦΡΟΝΙΜΥΘΕΟΜΑΙΕΘΕΛΩΔΕΤΟΙΗΠΙΟϹΕΙΝΑΙ
ΕΡΞΟΝΟΠΗΔΗΤΟΙΝΟΟϹΕΠΛΕΤΟΜΗΔΕΤ'ΕΡΩΕΙ
ΩϹΕΙΠΩΝΩΤΡΥΝΕΠΑΡΟϹΜΕΜΑΥΙΑΝΑΘΗΝΗΝ
ΒΗΔΕΚΑΤΟΥΛΥΜΠΟΙΟΚΑΡΗΝΩΝΑΙΞΑϹΑ
ΕΚΤΟΡΑΔ'ΑϹΠΕΡΧΕϹΚΛΟΝΕΩΝΕΦΕΠΩΚΥϹΑΧΙΛΛΕΥϹ
ΩϹΔΟΤΕΝΕΒΡΟΝΟΡΕϹΦΙΚΥΩΝΕΛΑΦΟΙΟΔΙΗΤΑΙ
ΟΡϹΑϹΕΞΕΥΝΗϹΔΙΑΤΑΓΚΕΑΚΑΙΔΙΑΒΗϹϹΑϹ
ΤΟΝΔΕΙΠΕΡΤΕΛΑΘΗΙϹΙΚΑΤΑΠΤΗΞΑϹΥΠΟΘΑΜΝΩΙ
ΑΛΛΑΤΑΝΙΧΝΕΥΩΝΘΕΕΙΕΜΠΕΔΟΝΟΦΡΑΚΕΝΕΥΡΗΙ
ΩϹΕΚΤΩΡΟΥΛΗΘΕΠΟΔΩΚΕΑΠΗΛΕΙΩΝΑ
ΟϹϹΑΚΙΔΟΡΜΗϹΕΙΕΠΥΛΑΩΝΔΑΡΔΑΝΙΑΩΝ
ΑΝΤΙΟΝΑΙΞΑϹΘΑΙΕΥΔΜΗΤΟΥϹΥΠΟΠΥΡΓΟΥϹ
ΕΙΠΩϹΟΙΚΑΘΥΠΕΡΘΕΝΑΛΑΛΚΟΙΕΝΒΕΛΕΕϹϹΙ
ΤΟϹϹΑΚΙΜΙΝΠΡΟΠΑΡΟΙΘΕΝΑΠΟΤΡΕΨΑϹΚΕΠΑΡΑΦΘΕΙϹ
ΠΡΟϹΠΕΔΙΟΝΑΥΤΟϹΔΕΠΟΤΙΠΤΟΛΙΟϹΠΕΤΕΤΑΙΕΙ
ΩϹΔ'ΕΝΟΝΕΙΡΩΙΟΥΔΥΝΑΤΑΙΦΕΥΓΟΝΤΑΔΙΩΚΕΙΝ
ΟΥΤΑΡΟΤΟΝΟΥΔΥΝΑΤΑΙΥΠΟΦΕΥΓΕΙΝΟΥΘΟΔΙΩΚΕῙ
ΩϹΡΑΤΟΝΟΥΔΥΝΑΤΟΜΑΡΨΑΙΠΟϹΙΝΟΥΔΟϹΑΛΥΞΑΙ
ΠΩϹΔΕΚΕΝΕΚΤΩΡΚΗΡΑϹΥΠΕΞΕΦΕΡΕΘΑΝΑΤΟΙΟ
ΕΙΜΗΟΙΠΥΜΑΤΟΝΤΕΚΑΙΥϹΤΑΤΟΝΗΝΤΕΤΑΠΟΛΛΩΝ
ΕΓΓΥΘΕΝΟϹΟΙΕΠΩΡϹΕΜΕΝΟϹΛΑΙΨΗΡΑΤΕΓΟΥΝΑ
ΛΑΟΙϹΙΝΔΑΝΕΝΕΥΕΚΑΡΗΑΤΙΔΙΟϹΑΧΙΛΛΕΥϹ
ΟΥΔ'ΕΑΙΕΜΕΝΑΙΕΠΙΕΚΤΟΡΙΠΙΚΡΑΒΕΛΕΜΝΑ
ΜΗΤΙϹΚΥΔΟϹΑΡΟΙΤΟΒΑΛΩΝΟΔΕΔΕΥΤΕΡΟϹΕΛΘΟΙ
ΑΛΛ'ΟΤΕΔΗΤΟΤΕΤΑΡΤΟΝΕΠΙΚΡΟΥΝΟΥϹΑΦΙΚΟΝΤΟ
ΚΑΙΤΟΤΕΔΗΧΡΥϹΕΙΑΠΑΤΗΡΕΤΙΤΑΙΝΕΤΑΛΑΝΤΑ
ΕΝΔΕΤΙΘΕΙΔΥΟΚΗΡΕΤΑΝΗΛΕΓΕΟϹΘΑΝΑΤΟΙΟ
ΤΗΝΜΕΝΑΧΙΛΛΗΟϹΤΗΝΔ'ΕΚΤΟΡΟϹΙΠΠΟΔΑΜΟΙΟ
ΕΛΚΕΔΕΜΕϹϹΑΛΑΒΩΝΡΕΠΕΔΕΚΤΟΡΟϹΑΙϹΙΜΟΝΗΜΑΡ'
ΩΙΧΕΤΟΔ'ΕΙϹΑΙΔΑΟΛΙΠΕΝΔΕΕΦΟΙΒΟϹΑΠΟΛΛΩΝ

ΠΗΛΕΙΩΝΑΔ'ΙΚΑΝΕΘΕΑΓΛΑΥΚΩΠΙΣΑΘΗΝΗ
ΑΓΧΟΥΔ'ΙΣΤΑΜΕΝΗΕΠΕΑΠΤΕΡΟΕΝΤΑΠΡΟΣΗΥΔΑ
ΝΥΝΔΗΝΩΙΓ'ΕΟΛΠΑΔΙΙΦΙΛΕΦΑΙΔΙΜ'ΑΧΙΛΛΕΥ
ΟΙΣΕΣΘΑΙΜΕΓΑΚΥΔΟΣΑΧΑΙΟΙΣΙΝΠΡΟΤΙΝΗΑΣ
ΕΚΤΟΡΑΔΗΙΩΣΑΝΤΕΜΑΧΗΣΑΤΟΝΠΕΡΕΟΝΤΑ
ΟΥΟΙΝΥΝΕΤΙΓ'ΕΣΤΙΠΕΦΥΓΜΕΝΟΝΑΜΜΕΓΕΝΕΣΘΑΙ
ΟΥΔ'ΕΙΚΕΝΜΑΛΑΠΟΛΛΑΠΑΘΟΙΕΚΑΕΡΓΟΣΑΠΟΛΛΩ̄
ΠΡΟΠΡΟΚΥΛΙΝΔΟΜΕΝΟΣΠΑΤΡΟΣΔΙΟΣΑΙΓΙΟΧΟΙΟ
ΑΛΛΑΣΥΜΕΝΝΥΝΣΤΗΘΙΚΑΙΑΜΠΝΥΕΤΟΝΔΕΤΕΓΩΤΟΙ
ΟΙΧΟΜΕΝΗΠΕΠΙΘΗΣΩΕΝΑΝΤΙΒΙΟΝΜΑΧΕΣΑΣΘΑΙ
ΩΣΦΑΤ'ΑΘΗΝΑΙΗΟΔΕΠΕΙΘΕΤΟΧΑΙΡΕΔΕΘΥΜΩΙ
ΣΤΗΔΑΡ'ΕΠΙΜΕΛΙΗΣΧΑΛΚΟΓΛΩΧΙΝΟΣΕΡΕΙΣΘΕΙΣ
ΗΔ'ΑΡΑΤΟΝΜΕΝΕΛΕΙΠΕΚΙΧΗΣΑΤΟΔΕΚΤΟΡΑΔΙΟΝ
ΔΗΙΦΟΒΩΙΔΕΙΚΥΙΑΔΕΜΑΣΚΑΙΑΤΕΙΡΕΑΦΩΝΗΝ
ΑΓΧΟΥΔ'ΙΣΤΑΜΕΝΗΕΠΕΑΠΤΕΡΟΕΝΤΑΠΡΟΣΗΥΔΑ
ΗΘΕΙΗΜΑΛΑΔΗΣΕΒΙΑΖΕΤΑΙΩΚΥΣΑΧΙΛΛΕΥΣ
ΑΣΤΥΠΕΡΙΠΡΙΑΜΟΙΟΠΟΣΙΝΤΑΧΕΕΣΣΙΔΙΩΚΩΝ
ΑΛΛΑΓΕΔΗΣΤΕΩΜΕΝΚΑΙΑΛΕΞΩΜΕΣΘΑΜΕΝΟΝΤΕΣ
ΤΗΝΔ'ΑΥΤΕΠΡΟΣΕΕΙΠΕΜΕΓΑΣΚΟΡΥΘΑΙΟΛΟΣΕΚΤΩΡ
ΔΗΙΦΟΒ'ΗΜΕΝΜΟΙΤΟΠΑΡΟΣΠΟΛΥΦΙΛΤΑΤΟΣΗΣΘΑ
ΓΝΩΤΩΝΟΥΣΕΚΑΒΗΗΔΕΠΡΙΑΜΟΣΤΕΚΕΠΑΙΔΑΣ
ΝΥΝΔ'ΕΤΙΚΑΙΜΑΛΛΟΝΝΟΕΩΦΡΕΣΙΤΙΜΗΣΑΣΘΑΙ
ΟΣΕΤΛΗΣΕΜΕΥΕΙΝΕΚ'ΕΠΕΙΙΔΕΣΟΦΘΑΛΜΟΙΣΙΝ
ΤΕΙΧΕΟΣΕΞΕΛΘΕΙΝΑΛΛΟΙΔΕΝΤΟΣΘΕΜΕΝΟΥΣΙ
ΤΟΝΔ'ΑΥΤΕΠΡΟΣΕΕΙΠΕΘΕΑΓΛΑΥΚΩΠΙΣΑΘΗΝΗ
ΗΘΕΙΗΜΕΝΠΟΛΛΑΠΑΤΗΡΚΑΙΠΟΤΝΙΑΜΗΤΗΡ
ΛΙΣΣΟΝΘ'ΕΞΕΙΗΣΓΟΥΝΟΥΜΕΝΟΙΑΜΦΙΔΕΤΑΙΡΟΙ
ΑΥΘΙΜΕΝΕΙΝΤΟΙΟΝΓΑΡΥΠΟΤΡΟΜΕΟΥΣΙΝΑΠΑΝΤΕΣ
ΑΛΛ'ΕΜΟΣΕΝΔΟΘΙΘΥΜΟΣΕΤΕΙΡΕΤΟΠΕΝΘΕΙΛΥΓΡΩΙ
ΝΥΝΔ'ΙΘΥΣΜΕΜΑΩΤΕΜΑΧΩΜΕΘΑΜΗΔΕΤΙΔΟΥΡΩ̄
ΕΣΤΩΦΕΙΔΩΛΗΙΝΑΕΙΔΟΜΕΝΕΙΚΕΝΑΧΙΛΛΕΥΣ
ΝΩΙΚΑΤΑΚΤΕΙΝΑΣΕΝΑΡΑΒΡΟΤΟΕΝΤΑΦΕΡΗΤΑΙ
ΝΗΑΣΕΠΙΓΛΑΦΥΡΑΣΗΚΕΝΣΩΙΔΟΥΡΙΔΑΜΕΙΗ

xxii. 214—246.

ΩΣΦΑΜΕΝΗΚΑΙΚΕΡΔΟΣΥΝΗΙΗΓΗΣΑΤΑΘΗΝΗ
ΟΙΔΟΤΕΔΗΣΧΕΔΟΝΗΣΑΝΕΠΑΛΛΗΛΟΙΣΙΝΙΟΝΤΕΣ
ΤΟΝΠΡΟΤΕΡΟΣΠΡΟΣΕΕΙΠΕΜΕΓΑΣΚΟΡΥΘΑΙΟΛΟΣΕΚΤΩΡ
ΟΥΣΕΤΙΠΗΛΕΟΣΥΙΕΦΟΒΗΣΟΜΑΙΩΣΤΟΠΑΡΟΣΠΕΡ
ΤΡΙΣΠΕΡΙΑΣΤΥΜΕΓΑΠΡΙΑΜΟΥΔΙΟΝΟΥΔΕΠΟΤΕΤΛΗΝ
ΜΕΙΝΑΙΕΠΕΡΧΟΜΕΝΟΝΝΥΝΑΥΤΕΜΕΘΥΜΟΣΑΝΗΚΕ
ΣΤΗΜΕΝΑΙΑΝΤΙΑΣΕΙΟΕΛΟΙΜΙΚΕΝΗΚΕΝΑΛΟΙΗΝ
ΑΛΛΑΓΕΔΕΥΡΟΘΕΟΥΣΕΠΙΔΩΜΕΘΑΤΟΙΓΑΡΑΡΙΣΤΟΙ
ΜΑΡΤΥΡΟΙΕΣΣΟΝΤΑΙΚΑΙΕΠΙΣΚΟΠΟΙΑΡΜΟΝΙΑΩ̅
ΟΥΓΑΡΕΓΩΣΕΚΠΑΓΛΟΝΑΕΙΚΙΩΑΙΚΕΝΕΜΟΙΖΕΥΣ
ΔΩΗΙΚΑΜΜΟΝΙΗΝΣΗΝΔΕΨΥΧΗΝΑΦΕΛΩΜΑΙ
ΑΛΛΕΠΕΙΑΡΚΕΣΕΣΥΛΗΣΩΚΛΥΤΑΤΕΥΧΕΑΧΙΛΛΕΥ
ΝΕΚΡΟΝΑΧΑΙΟΙΣΙΝΔΩΣΩΠΑΛΙΝΩΣΔΕΣΥΡΕΖΕΙΝ
ΤΟΝΔΑΡΥΠΟΔΡΑΙΔΩΝΠΡΟΣΕΦΗΠΟΔΑΣΩΚΥΣΑΧΙΛΛ . . .
ΕΚΤΟΡΜΗΜΟΙΑΛΑΣΤΕΣΥΝΗΜΟΣΥΝΑΣΑΓΟΡΕΥΕ
ΩΣΟΥΚΕΣΤΙΛΕΟΥΣΙΚΑΙΑΝΔΡΑΣΙΝΟΡΚΙΑΠΙΣΤΑ
ΟΥΔΕΛΥΚΟΙΤΕΚΑΙΑΡΝΕΣΟΜΟΦΡΟΝΑΘΥΜΟΝΕΧΟΥΣΙ̅
ΑΛΛΑΚΑΚΑΦΡΟΝΕΟΥΣΙΔΙΑΜΠΕΡΕΣΑΛΛΗΛΟΙΣΙΝ
ΩΣΟΥΚΕΣΤΕΜΕΚΑΙΣΕΦΙΛΗΜΕΝΑΙΟΥΤΕΤΙΝΩΙΝ
ΟΡΚΙΑΕΣΣΟΝΤΑΙΠΡΙΝΗΕΤΕΡΟΝΓΕΠΕΣΟΝΤΑ
ΑΙΜΑΤΟΣΑΣΑΙΑΡΗΑΤΑΛΑΥΡΙΝΟΝΠΟΛΕΜΙΣΤΗΝ
ΠΑΝΤΟΙΗΣΑΡΕΤΗΣΜΙΜΝΗΣΚΕΟΝΥΝΣΕΜΑΛΑΧΡΗ
ΑΙΧΜΗΤΗΝΤΕΜΕΝΑΙΚΑΙΘΑΡΣΑΛΕΟΝΠΟΛΕΜΙΣΤΗΝ
ΟΥΤΟΙΕΤΕΣΘΥΠΑΛΥΞΙΣΑΦΑΡΔΕΣΕΠΑΛΛΑΣΑΘΗΝΗ
ΕΓΧΕΙΕΜΩΔΑΜΑΑΝΥΝΔΑΘΡΟΑΠΑΝΤΑΠΟΤΙΣΕΙΣ
ΚΗΔΕΕΜΩΝΕΤΑΡΩΝΟΥΣΕΚΤΑΝΕΣΕΓΧΕΙΘΥΩ̅
ΗΡΑΚΑΙΑΜΠΕΠΑΛΩΝΠΡΟΙΕΙΔΟΛΙΧΟΣΚΙΟΝΕΓΧΟΣ
ΚΑΙΤΟΜΕΝΑΝΤΑΙΔΩΝΗΛΕΥΑΤΟΦΑΙΔΙΜΟΣΕΚΤΩΡ
ΕΖΕΤΟΓΑΡΠΡΟΙΔΩΝΤΟΔΥΠΕΡΠΤΑΤΟΧΑΛΚΕΟΝΕΓΧΟΣ
ΕΝΓΑΙΗΙΔΕΠΑΓΗΑΝΑΔΗΡΠΑΣΕΠΑΛΛΑΣΑΘΗΝΗ
ΑΨΔΑΧΙΛΗΙΔΙΔΟΥΛΑΘΕΔΕΚΤΟΡΑΠΟΙΜΕΝΑΛΑΩ̅
ΕΚΤΩΡΔΕΠΡΟΣΕΕΙΠΕΝΑΜΥΜΟΝΑΠΗΛΕΙΩΝΑ
ΗΜΒΡΟΤΕΣΟΥΔΑΡΑΠΩΤΙΘΕΟΙΣΕΠΙΕΙΚΕΛΑΧΙΛΛΕΥ

xxii. 247—279.

ΕΚΔΙΟCΗΕΙΔΕΙCΤΟΝΕΜΟΝΜΟΡΟΝΗΤΟΙΕΦΗCΓΕ
ΑΛΛΑΤΙCΑΡΤΙΕΠΗCΚΑΙΕΠΙΚΛΟΠΟCΕΠΛΕΟΜΥΘΩ̄
ΟΦΡΑCΥΠΟΔΔΕΙCΑCΜΕΝΕΟCΑΛΚΗCΤΕΛΑΘΟΙΜΗ̄
ΟΥΜΕΝΜΟΙΦΕΥΓΟΝΤΙΜΕΤΑΦΡΕΝΩΕΝΔΟΡΥΠΗΞΕΙC
ΑΛΛΙΘΥCΜΕΜΑΩΤΙΔΙΑCΤΗΘΕCΦΙΝΕΛΑCCΟΝ
ΕΙΤΟΙΕΔΩΚΕΘΕΟCΝΥΝΑΥΤΕΜΟΝΕΓΧΟCΑΛΕΥΑΙ
ΧΑΛΚΕΟΝΩCΔΗΜΙΝCΩΙΕΝΧΡΟΙΠΑΝΚΟΜΙCΑΙΟ
ΚΑΙΚΕΝΕΛΑΦΡΟΤΕΡΟCΠΟΛΕΜΟCΤΡΩΕCCΙΓΕΝΟΙΤΟ
CΕΙΟΚΑΤΑΦΘΙΜΕΝΟΙΟCΥΓΑΡCΦΙCΙΠΗΜΑΜΕΓΙCΤΟ̄
ΗΡΑΚΑΙΑΜΠΕΠΑΛΩΝΠΡΟΙΕΙΔΟΛΙΧΟCΚΙΟΝΕΓΧΟC
ΚΑΙΒΑΛΕΠΗΛΕΙΔΑΟΜΕCΟΝCΑΚΟCΟΥΔΑΦΑΜΑΡΤΕ
ΤΗΛΕΔΑΠΕΠΛΑΓΧΘΗCΑΚΕΟCΔΟΡΥΧΩCΑΤΟΔΕΚΤΩΡ
ΟΤΤΙΡΑΟΙΒΕΛΟCΩΚΥΕΤΩCΙΟΝΕΚΦΥΓΕΧΕΙΡΟC
CΤΗΔΕΚΑΤΗΦΗCΑCΟΥΔΑΛΛΕΧΕΜΕΙΛΙΝΟΝΕΓΧΟC
ΔΗΙΦΟΒΟΝΔΕΚΑΛΕΙΛΕΥΚΑCΠΙΔΑΜΑΚΡΟΝΑΥCΑC
ΗΤΕΕΜΙΝΔΟΡΥΜΑΚΡΟΝΟΔΟΥΤΙΟΙΕΓΓΥΘΕΝΗΕ̄
ΕΚΤΩΡΔΕΓΝΩΗCΙΝΕΝΙΦΡΕCΙΦΩΝΗCΕΝΤΕ
ΩΠΟΠΟΙΗΜΑΛΑΔΗΜΕΘΕΟΙΘΑΝΑΤΟΝΔΕΚΑΛΕCCᾹ
ΔΗΙΦΟΒΟΝΓΑΡΕΓΩΓΕΦΑΜΗΝΗΡΩΑΠΑΡΕΙΝΑΙ
ΑΛΛΟΜΕΝΕΝΤΕΙΧΕΙΕΜΕΔΕΞΑΠΑΤΗCΕΝΑΘΗΝΗ
ΝΥΝΔΕΔΗΕΓΓΥΘΙΜΟΙΘΑΝΑΤΟCΚΑΚΟCΟΥΔΕΤΑΝΕΥΘΕ̄
ΟΥΔΑΛΕΗΗΓΑΡΡΑΠΑΛΑΙΤΟΓΕΦΙΛΤΕΡΟΝΗΕΝ
ΖΗΝΙΤΕΚΑΙΔΙΟCΥΙΕΙΕΚΗΒΟΛΩΙΟΙΜΕΠΑΡΟCΓΕ
ΠΡΟΦΡΟΝΕCΕΙΡΥΑΤΑΙΝΥΝΑΥΤΕΜΕΜΟΙΡΑΚΙΧΑΝΕΙ
ΜΗΜΑΝΑCΠΟΥΔΙΓΕΚΑΙΑΚΛΕΙΩCΑΠΟΛΟΙΜΗΝ
ΑΛΛΑΜΕΓΑΡΕΞΕCΤΙΚΑΙΕCCΟΜΕΝΟΙCΙΠΥΘΕCΘΑΙ
ΩCΑΡΑΦΩΝΗCΑCΕΙΡΥCCΑΤΟΦΑCΓΑΝΟΝΟΞΥ
ΤΟΟΙΥΠΟΛΑΠΑΡΗΝΤΕΤΑΤΟΜΕΓΑΤΕCΤΙΒΑΡΟΝΤΕ
ΟΙΜΗCΕΝΔΕΑΛΕΙCΩCΤΑΙΕΤΟCΥΨΙΠΕΤΗΕΙC
ΟCΤΕΙCΙΝΠΕΔΙΟΝΔΕΔΙΑΝΕΦΕΩΝΕΡΕΒΕΝΝΩ̄
ΑΡΠΑΞΩΝΗΑΡΝΑΜΑΛΗΝΗΠΤΩΚΑΛΑΓΩΟΝ
ΩCΕΚΤΩΡΟΙΜΗCΕΤΙΝΑCCΩΝΦΑCΓΑΝΟΝΟΞΥ
ΩΡΜΗΘΗΔΑΧΙΛΕΥCΜΕΝΕΟCΔΕΜΠΛΗCΑΤΟΘΥΜΟ̄

xxii. 280—312.

ΑΓΡΙΟΥΠΡΟϹΘΕΝΔΕϹΑΚΟϹϹΤΕΡΝΟΙΟΚΑΛΥΨΕ
ΚΑΛΟΝΔΑΙΔΑΛΕΟΝΚΟΡΥΘΙΔΕΠΕΝΕΥΕΦΑΕΙΝΗΙ
ΤΕΤΡΑΦΑΛΩΙΚΑΛΑΙΔΕΠΕΡΙϹϹΕΙΟΝΤΟΕΘΕΙΡΑΙ
ΧΡΥϹΕΑΙΑϹΗΦΑΙϹΤΟϹΙΕΙΛΟΦΟΝΑΜΦΙΘΑΜΕΙΑϹ
ΟΙΟϹΔΑϹΤΗΡΕΙϹΙΜΕΤΑϹΤΡΑϹΙΝΥΚΤΟϹΑΜΟΛΓΩΙ
ΕϹΠΕΡΟϹΟϹΚΑΛΛΙϹΤΟϹΕΝΟΥΡΑΝΩΙΙϹΤΑΤΑΙΑϹΤΗΡ
ΩϹΑΙΧΜΗϹΑΠΕΛΑΜΠΕΥΗΚΕΟϹΗΝΑΡΑΧΙΛΛΕΥϹ
ΠΑΛΛΕΝΔΕΞΙΤΕΡΗΙΦΡΟΝΕΩΝΚΑΚΟΝΕΚΤΟΡΙΔΙΩΙ
ΕΙϹΟΡΟΩΝΧΡΟΑΚΑΛΟΝΟΠΗΕΙΞΕΙΕΜΑΛΙϹΤΑ
ΤΟΥΔΕΚΑΙΑΛΛΟΤΟϹΟΝΜΕΝΕΧΕΧΡΟΑΧΑΛΚΕΑΤΕΥΧΗ
ΚΑΛΑΤΑΠΑΤΡΟΚΛΟΙΟΒΙΗΝΕΝΑΡΙΞΕΚΑΤΑΚΤΑϹ
ΦΑΙΝΕΤΟΔΗΙΚΛΗΙΔΕϹΑΠΩΜΩΝΑΥΧΕΝΕΧΟΥϹΙ
ΛΑΥΚΑΝΙΗΝΙΝΑΤΕΨΥΧΗϹΩΚΙϹΤΟϹΟΛΕΘΡΟϹ
ΤΗΡΕΠΙΟΙΜΕΜΑΩΤΕΛΑϹΕΓΧΕΙΔΙΟϹΑΧΙΛΛΕΥϹ
ΑΝΤΙΚΡΥΔΑΠΑΛΟΙΟΔΙΑΥΧΕΝΟϹΗΛΥΘΑΚΩΚΗ
ΟΥΔΑΡΑΠΑϹΦΑΡΑΓΟΝΜΕΛΙΗΤΑΜΕΧΑΛΚΟΒΑΡΕΙΑ
ΟΦΡΑΤΙΜΙΝΠΡΟΤΙΕΙΠΟΙΑΜΕΙΒΟΜΕΝΟϹΕΠΕΕϹϹῙ
ΗΡΙΠΕΔΕΝΚΟΝΙΗϹΟΔΕΠΕΥΞΑΤΟΔΙΟϹΑΧΙΛΛΕΥϹ
ΕΚΤΟΡΑΤΑΡΠΟΥΕΦΗϹΠΑΤΡΟΚΛΗΕΞΕΝΑΡΙΖΩΝ
ϹΩϹΕϹϹΕϹΘΕΜΕΔΟΥΔΕΝΟΠΙΖΕΟΝΟϹΦΙΝΕΟΝΤΑ
ΝΗΠΙΕΤΟΙΟΔΑΝΕΥΘΕΝΑΟϹϹΗΤΗΡΜΕΓΑΜΕΙΝΩ̄
ΝΗΥϹΙΝΕΠΙΓΛΑΦΥΡΗΙϹΙΝΕΓΩΜΕΤΟΠΙϹΘΕΛΕΛΕΙΜΜΗΝ
ΩϹΤΟΙΓΟΥΝΑΤΕΛΥϹΑϹΕΜΕΝΚΥΝΕϹΗΔΟΙΩΝΟΙ
ΕΛΚΗϹΟΥϹΑΕΙΚΩϹΤΟΝΔΕΚΤΕΡΙΟΥϹΙΝΑΧΑΙΟΙ
ΤΟΝΔΟΛΙΓΟΔΡΑΝΕΩΝΠΡΟϹΕΦΗΚΟΡΥΘΑΙΟΛΟϹΕΚΤΩΡ
ΛΙϹϹΟΜΥΠΕΡΨΥΧΗϹΚΑΙΓΟΥΝΩΝϹΩΝΤΕΤΟΚΗΩ̄
ΜΗΜΕΕΑΠΑΡΑΝΗΥϹΙΚΥΝΑϹΚΑΤΑΔΑΨΑΙΑΧΑΙΩΝ
ΑΛΛΑϹΥΜΕΝΧΡΥϹΟΝΤΕΑΛΙϹΧΑΛΚΟΝΤΕΔΕΔΕΞΟ
ΔΩΡΑΤΑΤΟΙΔΩϹΟΥϹΙΠΑΤΗΡΚΑΙΠΟΤΝΙΑΜΗΤΗΡ
ϹΩΜΑΔΕΟΙΚΑΔΕΜΟΝΔΟΜΕΝΑΙΠΑΛΙΝΟΦΡΑΠΥΡΟϹΜΕ
ΤΡΩΕϹΚΑΙΤΡΩΩΝΑΛΟΧΟΙΛΕΛΑΧΩϹΙΘΑΝΟΝΤΑ
ΤΟΝΔΑΡΥΠΟΔΡΑΙΔΩΝΠΡΟϹΕΦΗΠΟΔΑϹΩΚΥϹΑΧΙΛΛΕΥϹ
ΜΗΜΕΚΥΟΝΓΟΥΝΩΝΓΟΥΝΑΖΕΟΜΗΔΕΤΟΚΗΩΝ

ΑΙΓΑΡΠΩΣΑΥΤΟΝΜΕΜΕΝΟΣΚΑΙΘΥΜΟΣΑΝΕΙΗΙ
ΩΜΑΠΟΤΑΜΝΟΜΕΝΟΝΚΡΕΑΕΔΜΕΝΑΙΟΙΑΜΕΟΡΓΑΣ
ΩΣΟΥΚΕΣΘΟΣΣΗΣΓΕΚΥΝΑΣΚΕΦΑΛΗΣΑΠΑΛΑΛΚΟΙ
ΟΥΔΕΙΚΕΝΔΕΚΑΚΙΣΤΕΚΑΙΕΙΚΟΣΙΝΗΡΙΤΑΠΟΙΝΑ
ΣΤΗΣΩΣΕΝΘΑΔΑΓΟΝΤΕΣΥΠΟΣΧΩΝΤΑΙΔΕΚΑΙΑΛΛΑ
ΟΥΔΕΙΚΕΝΣΑΥΤΟΝΧΡΥΣΩΙΕΡΥΣΑΣΘΑΙΑΝΩΓΟΙ
ΔΑΡΔΑΝΙΔΗΣΠΡΙΑΜΟΣΟΥΔΩΣΣΕΓΕΠΟΤΝΙΑΜΗΤΗΡ
ΕΝΘΕΜΕΝΗΛΕΧΕΕΣΣΙΓΟΗΣΕΤΑΙΟΝΤΕΚΕΝΑΥΤΗ
ΑΛΛΑΚΥΝΕΣΤΕΚΑΙΟΙΩΝΟΙΚΑΤΑΠΑΝΤΑΔΑΣΟΝΤΑΙ
ΤΟΝΔΕΚΑΤΑΘΝΗΣΚΩΝΠΡΟΣΕΦΗΚΟΡΥΘΑΙΟΛΟΣΕΚΤΩΡ
ΗΣΕΥΓΙΝΩΣΚΩΝΠΡΟΤΙΟΣΣΟΜΑΙΟΥΔΑΡΕΜΕΛΛΟ̄
ΠΕΙΣΕΙΝΗΓΑΡΣΟΙΓΕΣΙΔΗΡΕΟΣΕΝΦΡΕΣΙΘΥΜΟΣ
ΦΡΑΖΕΟΝΥΝΜΗΤΟΙΤΙΘΕΩΝΜΗΝΙΜΑΓΕΝΩΜΑΙ
ΗΜΑΤΙΤΩΙΟΤΕΚΕΝΣΕΠΑΡΙΣΚΑΙΦΟΙΒΟΣΑΠΟΛΛΩ̄
ΕΣΘΛΟΝΕΟΝΤΟΛΕΣΩΣΙΝΕΝΙΣΚΑΙΗΙΣΙΠΥΛΗΙΣΙΝ
ΩΣΑΡΑΜΙΝΕΙΠΟΝΤΑΤΕΛΟΣΘΑΝΑΤΟΙΟΚΑΛΥΨΕΝ
ΨΥΧΗΔΕΚΡΕΘΕΩΝΠΤΑΜΕΝΗΑΙΔΟΣΔΕΒΕΒΗΚΕΙ
ΟΝΠΟΤΜΟΝΓΟΟΩΣΑΛΙΠΟΥΣΑΝΔΡΟΤΗΤΑΚΑΙΗΒΗΝ
ΤΟΝΚΑΙΤΕΘΝΕΙΩΤΑΠΡΟΣΗΥΔΑΔΙΟΣΑΧΙΛΛΕΥΣ
ΤΕΘΝΑΘΙΚΗΡΑΔΕΓΩΤΟΤΕΔΕΞΟΜΑΙΟΠΠΟΤΕΚΕΝΔΗ
ΖΕΥΣΕΘΕΛΗΙΤΕΛΕΣΑΙΗΔΑΘΑΝΑΤΟΙΘΕΟΙΑΛΛΟΙ
ΗΡΑΚΑΙΕΚΝΕΚΡΟΙΟΕΡΥΣΣΑΤΟΧΑΛΚΕΟΝΕΓΧΟΣ
ΚΑΙΤΟΓΑΝΕΥΘΕΝΕΘΗΚΟΔΑΠΩΜΩΝΤΕΥΧΕΕΣΥΛΑ
ΑΙΜΑΤΟΕΝΤΑΛΛΟΙΔΕΠΕΡΙΔΡΑΜΟΝΥΙΕΣΑΧΑΙΩΝ
ΟΙΚΑΙΘΗΗΣΑΝΤΟΦΥΗΝΚΑΙΕΙΔΟΣΑΓΗΤΟΝ
ΕΚΤΟΡΟΣΟΥΔΑΡΑΟΙΤΙΣΑΝΟΥΤΗΤΙΓΕΠΑΡΕΣΤΗ
ΩΔΕΔΕΤΙΣΕΙΠΕΣΚΕΝΙΔΩΝΕΣΠΛΗΣΙΟΝΑΛΛΟΝ
ΩΠΟΠΟΙΗΜΑΛΑΔΗΜΑΛΑΚΩΤΕΡΟΣΑΜΦΑΦΑΑΣΘΑΙ
ΕΚΤΩΡΗΟΤΕΝΗΑΣΕΝΕΠΡΗΣΕΝΠΥΡΙΚΗΛΕΩΙ
ΩΣΑΡΑΤΙΣΕΙΠΕΣΚΕΚΑΙΟΥΤΗΣΑΣΚΕΠΑΡΑΣΤΑΣ
ΤΟΝΔΕΠΕΙΕΞΕΝΑΡΙΞΕΠΟΔΑΡΚΗΣΔΙΟΣΑΧΙΛΛΕΥΣ
ΣΤΑΣΕΝΑΧΑΙΟΙΣΙΝΕΠΕΑΠΤΕΡΟΕΝΤΑΓΟΡΕΥΕΝ
ΩΦΙΛΟΙΑΡΓΕΙΩΝΗΓΗΤΟΡΕΣΗΔΕΜΕΔΟΝΤΕΣ

xxii. 346—378.

ΑΥΤΑΡΕΠΕΙΠΟϹΙΟϹΚΑΙΕΔΗΤΥΟϹΕΞΕΡΟΝΕΝΤΟ
ΟΙΜΕΝΚΑΚΚΕΙΟΝΤΕϹΕΒΑΝΚΛΙϹΙΗΝΔΕΕΚΑϹΤΟϹ
ΠΗΛΕΙΔΗϹΔΕΠΙΘΙΝΙΠΟΛΥΦΛΟΙϹΒΟΙΟΘΑΛΑϹϹΗϹ
ΚΕΙΤΟΒΑΡΥϹΤΕΝΑΧΩΝΠΟΛΕϹΙΝΜΕΤΑΜΥΡΜΙΔΟΝΕϹϹΙ̅
ΕΝΚΑΘΑΡΩΙΟΘΙΔΗΚΥΜΑΤΕΠΗΙΟΝΟϹΚΛΥΖΕϹΚΟΝ
ΕΥΤΕΤΟΝΥΠΝΟϹΕΜΑΡΠΤΕΛΥΩΝΜΕΛΕΔΗΜΑΤΑΘΥΜΟΥ
ΝΗΔΥΜΟϹΑΜΦΙΧΥΘΕΙϹΜΑΛΑΓΑΡΚΑΜΕΦΑΙΔΙΜΑΓΥΙΑ
ΕΚΤΟΡΕΠΑΙϹϹΩΝΠΡΟΤΙΙΛΙΟΝΗΝΕΜΟΕϹϹΑΝ
ΗΛΘΕΔΕΠΙΨΥΧΗΠΑΤΡΟΚΛΗΟϹΔΕΙΛΟΙΟ
ΠΑΝΤΑΥΤΩΙΜΕΓΕΘΟϹΤΕΚΑΙΟΜΜΑΤΑΚΑΛΕΙΚΥΙΑ
ΚΑΙΦΩΝΗΝΚΑΙΤΟΙΑΠΕΡΙΧΡΟΙΕΙΜΑΤΑΕϹΤΟ
ϹΤΗΔΑΡΥΠΕΡΚΕΦΑΛΗϹΚΑΙΜΙΝΠΡΟϹΜΥΘΟΝΕΕΙΠΕ̅
ΕΥΔΕΙϹΑΥΤΑΡΕΜΕΙΟΛΕΛΑϹΜΕΝΟϹΕΠΛΕΥΑΧΙΛΛΕΥ
ΟΥΜΕΝΜΕΥΖΩΟΝΤΟϹΑΚΗΔΕΙϹΑΛΛΑΘΑΝΟΝΤΟϹ
ΘΑΠΤΕΜΕΟΤΤΙΤΑΧΙϹΤΑΠΥΛΑϹΑΙΔΑΟΠΕΡΗϹΩ
ΤΗΛΕΜΕΕΙΡΓΟΥϹΙΨΥΧΑΙΕΙΔΩΛΑΚΑΜΟΝΤΩΝ
ΟΥΔΕΜΕΠΩΜΙϹΓΕϹΘΑΙΥΠΕΡΠΟΤΑΜΟΙΟΕΩϹΙΝ
. . . . ΑΛΑΛΗΜΑΙΑΝΕΥΡΥΠΥΛΕϹΑΙΔΟϹΔΩ
ΚΑΙΜΟΙΔΟϹΤΗΝΧΕΙΡΟΛΟΦΥΡΟΜΑΙΟΥΓΑΡΕΤΑΥΤΙϹ
ΝΕΙϹϹΟΜΑΙΕΞΑΙΔΑΟΕΠΗΝΜΕΠΥΡΟϹΛΕΛΑΧΗΤΕ
ΟΥΜΕΝΓΑΡΖΩΟΙΓΕΦΙΛΩΝΑΠΑΝΕΥΘΕΝΕΤΑΙΡΩΝ
ΒΟΥΛΑϹΕΖΟΜΕΝΟΙΒΟΥΛΕΥϹΟΜΕΝΑΛΛΕΜΕΜΕΝΚΗΡ
ΑΜΦΕΧΑΝΕϹΤΥΓΕΡΗΗΠΕΡΛΑΧΕΓΕΙΝΟΜΕΝΟΝΠΕΡ
ΚΑΙΔΕϹΟΙΑΥΤΩΙΜΟΙΡΑΘΕΟΙϹΕΠΙΙΚΕΛΑΧΙΛΛΕΥ
ΤΕΙΧΕΙΥΠΟΤΡΩΩΝΕΥΗΓΕΝΕΩΝΑΠΟΛΕϹΘΑΙ
ΑΛΛΟΔΕΤΟΙΕΡΕΩΚΑΙΕΦΗϹΟΜΑΙΑΙΚΕΠΙΘΗΑΙ
ΜΗΕΜΑϹΩΝΑΠΑΝΕΥΘΕΤΙΘΗΜΕΝΑΙΟϹΤΕΑΧΙΛΛΕΥ
ΑΛΛΟΜΟΥΩϹΕΤΡΑΦΗΜΕΝΕΝΥΜΕΤΕΡΟΙϹΙΔΟΜΟΙϹΙ
ΕΥΤΕΜΕΤΥΤΘΟΝΕΟΝΤΑΜΕΝΟΙΤΙΟϹΕΞΟΠΟΕΝΤΟϹ
ΗΓΑΓΕΝΥΜΕΤΕΡΟΝΔΑΝΔΡΟΚΤΑϹΙΗϹΥΠΟΛΥΓΡΗϹ
ΗΜΑΤΙΤΩΙΟΤΕΠΑΙΔΑΚΑΤΕΚΤΑΝΟΝΑΜΦΙΔΑΜΑΝΤΟϹ
ΝΗΠΙΟϹΟΥΚΕΘΕΛΩΝΑΜΦΑϹΤΡΑΓΑΛΟΙϹΙΧΟΛΩΘΕΙϹ
ΕΝΘΑΜΕΔΕΞΑΜΕΝΟϹΕΝΔΩΜΑϹΙΝΙΠΠΟΤΑΠΗΛΕΥϹ

xxiii. 57—89.

ΈΤΡΑΦΕΤΕΝΔΥΚΕΩΣΚΑΙΣΟΝΘΕΡΑΠΟΝΤ'ΟΝΌΜΗΝΕ
ΩΣΔΕΚΑΙΟΣΤΈΑΝΩ͂ΙΝΟΜΗΣΟΡῸΣΑΜΦΙΚΑΛΎΠΤΟΙ
ΧΡΎΣΕΟΣΑΜΦΙΦΟΡΕΥΣΤΟΝΤΟΙΠΌΡΕΠΌΤΝΙΑΜΗΤΗΡ
ΤΟΝΔΑΠΑΜΕΙΒΟΜΕΝΟΣΠΡΟΣΕΦΗΠΟΔΑΣΩΚΥΣΑΧΙΛΛΕΥΣ
ΤΙΠΤ . . . . ΙΗΚΕΦΑΛΗΔΕΥΡΕΙΛΗΛΟΥΘΑΣ
ΚΑΊΜΟΙΤΑΥΤΑΕΚΑΣΤΕΤΕΠΙΤΈΛΛΕΑΙΑΥΤΑΡΕΓΩΤΟΙ
ΠΆΝΤΑΜΑΛΕΚΤΕΛΕΩΚΑΙΠΕΙΣΟΜΑΙΩΣΣΥΚΕΛΕΥΕΙΣ
ΑΛΛΑΜΟΙΑΣΣΟΝΣΤΗΘΙΜΙΝΥΝΘΑΠΕΡΑΜΦΙΒΑΛΌΝΤΕ
ΑΛΛΉΛΟΥΣΟΛΟΟΙΟΤΕΤΑΡΠΏΜΕΣΘΑΓΟΟΙ͂Ο
ΩΣΑΡΑΦΩΝΗΣΑΣΩΡΈΞΑΤΟΧΕΡΣΙΦΙΛΗΙΣΙ
ΟΥΔΕΛΑΒΕΨΥΧΗΔΕΚΑΤΑΧΘΟΝΟΣΗΎΤΕΚΑΠΝῸΣ
ΩΧΕΤΟΤΕΤΡΙΓΥΙΑΤΑΦΩΝΔΑΝΟΡΟΥΣΕΝΑΧΙΛΛΕΥ͂Σ
ΧΕΡΣΊΤΕΣΥΜΠΛΑΤΑΓΗΣΕΝΕΠΟΣΤ'ΟΛΟΦΥΔΝΟΝΕΕΙΠΕΝ
ΩΠΟΠΟΙΗΡᾹΤΙΣΕΣΤΙΚΑΙΕΙΝΑΙΔΑΟΔΟΜΟΙΣΙ
ΨΥΧΗΚΑΙΕΙΔΩΛΟΝΑΤΑΡΦΡΕΝΕΣΟΥΚΕΝΙΠΑΜΠΑΝ
ΠΑΝΝΥΧΙΗΓΑΡΜΟΙΠΑΤΡΟΚΛΗΟΣΔΕΙΛΟΙ͂Ο
ΨΥΧΗΕΦΊΣΤΗΚΕΙΓΟΟΩΣΑΤΕΜΥΡΟΜΕΝΗΤΕ
ΚΑΊΜΟΙΕΚΑΣΤΕΠΕΤΕΛΛΕΝ . . . .
. . . . ΟΙΣΙΔΕΠΑΣΙΝΥΦΙΜΕΡΟΝΩΡΣΕ . . . . .
ΜΥΡΟΜΕΝΟΙΣΙΔΕΤΟΙΣΙΦΑΝΗΡΟΔΟΔΑΚΤΥΛΟΣΗΩΣ
ΑΜΦῚΝΈΚΥΝΕΛΕΕΙΝΟΝΑΤΑΡΚΡΕΙΩΝΑΓΑΜΕΜΝΩ̄
ΟΥΡΗ͂ΑΣΤΩΤΡΥΝΕΚΑΙΑΝΕΡΑΣΑΞΕΜΕΝΎΛΗΝ
. . . . ΙΣΙΩΝΕΠΙΔΑΝΗΡΕΣΘΛΟΣΟΡΩ͂ΡΕΙ
. . . . ΟΜΕΝΗ͂ΟΣ
. . . . ΕΧΟΝΤΕΣ
. . . . ΚΙΟΝΑΥΤΩ̄
. . . . ΔΟΧΜΙΑΤΉΛΘΟ̄
. . . ΟΤΕ . . . . ΠΙΔΑΚΟΣΙΔΗΣ
ΑΥΤΙΚΑΡΑΔΡΥΣΥΨ . . . . ΉΚΕΙΧΑΛΚΩ͂Ι
ΤΑΜΝΟΝ . . . . Ὲ . . . . . . ΚΤΥΠΈΟΥΣΑΙ
. . . ΤΟ . . . . Ε . . . . . ΠΛΊΣΣΟΝΤΕΣΑΧΑΙΟΙ
. . . . ΟΣΣῚΔΑΤΕΥΝΤΟ
. . . . ΥΚΝΆ

xxiii. 90—122.

ΠΑΝΤΕϹΔΥΛΟΤΟΜΟΙΦΙΤΡΟΥϹΦΕΡΟΝΩϹΓΑΡΑΝΩΓΕΙ
ΜΗΡΙΟΝΗϹΘΕΡΑΠΩΝΑΓΑΠΗΝΟΡΟϹΙΔΟΜΕΝΗΟϹ
ΚΑΔΔΑΡΕΠΑΚΤΗϹΒΑΛΛΟΝΕΠΙϹΧΕΡΩΙΕΝΘΑΡΑΧΙΛΛΕΥϹ
ΦΡΑϹϹΑΤΟΠΑΤΡΟΚΛΩΙΜΕΓΑΗΡΙΟΝΗΔΕΟΙΑΥΤΩΙ
ΑΥΤΑΡΕΠΕΙΠΑΝΤΗΠΑΡΑΚΑΜΒΑΛΛΟΝΑϹΠΕΤΟΝΥΛΗ̄
ΕΙΑΤΑΡΑΥΘΙΜΕΝΟΝΤΕϹΑΟΛΛΕΕϹΑΥΤΑΡΑΧΙΛΛΕΥϹ
ΑΥΤΙΚΑΜΥΡΜΙΔΟΝΕϹϹΙΦΙΛΟΠΤΟΛΕΜΟΙϹΙΚΕΛΕΥϹΕ
ΧΑΛΚΟΝΖΩΝΝΥϹΘΑΙΖΕΥΞΑΙΘΥΠΟΧΕϹΦΙΝΕΚΑϹΤΟ̄
ΙΠΠΟΥϹΟΙΔΩΡΝΥΝΤΟΚΑΙΕΝΤΕΥΧΕϹϹΙΝΕΔΥΝΟ̄
ΑΝΔΕΒΑΝΕΝΔΙΦΡΟΙϹΙΠΑΡΑΙΒΑΤΑΙΗΝΙΟΧΟΙΤΕ
ΠΡΟϹΘΕΜΕΝΙΠΠΗΕϹΜΕΤΑΔΕΝΕΦΟϹΕΙΠΕΤΟΠΕΖΩ̄
ΜΥΡΙΟΙΕΝΔΕΜΕϹΟΙϹΙΦΕΡΟΝΠΑΤΡΟΚΛΟΝΕΤΑΙΡΟΙ
ΘΡΙΞΙΔΕΠΑΝΤΑΝΕΚΥΝΚΑΤΑΕΙΝΥΟΝΑϹΕΠΕΒΑΛΛΟ̄
ΚΕΙΡΟΜΕΝΟΙΟΠΙΘΕΝΔΕΚΑΡΗΕΧΕΔΙΟϹΑΧΙΛΛΕΥϹ
ΑΧΝΥΜΕΝΟϹΕΤΑΡΟΝΓΑΡΑΜΥΜΟΝΑΠΕΜΠΑΙΔΟϹΔΩ
ΟΙΔΟΤΕΧΩΡΟΝΙΚΑΝΟΝΟΘΙϹΦΙϹΙΠΕΦΡΑΔΑΧΙΛΛΕΥϹ
ΚΑΤΘΕϹΑΝΑΙΨΑΔΕΟΙΜΕΝΟΕΙΚΕΑΝΗΕΟΝΥΛΗΝ
ΕΝΘΑΥΤΑΛΛΕΝΟΗϹΕΠΟΔΑΡΚΗϹΔΙΟϹΑΧΙΛΛΕΥϹ
ϹΤΑϹΑΠΑΝΕΥΘΕΠΥΡΗϹΞΑΝΘΗΝΑΠΕΚΕΙΡΑΤΟΧΑΙΤΗ̄
ΤΗΝΡΑϹΠΕΡΧΕΙΩΙΠΟΤΑΜΩΙΤΡΕΦΕΤΗΛΕΘΟΩϹᾹ
ΟΧΗϹΑϹΔΑΡΑΕΙΠΕΝΙΔΩΝΕΠΙΟΙΝΟΠΑΠΟΝΤΟΝ
ϹΠΕΡΧΕΙΑΛΛΩϹϹΟΙΓΕΠΑΤΗΡΗΡΗϹΑΤΟΠΗΛΕΥϹ
ΚΕΙϹΕΜΕΝΟϹΤΗϹΑΝΤΑΦΙΛΗΝΕϹΠΑΤΡΙΔΑΓΑΙΑΝ
ϹΟΙΤΕΚΟΜΗΝΚΕΡΕΕΙΝΡΕΞΕΙΝΘΙΕΡΗΝΕΚΑΤΟΜΒΗ̄
ΠΕΝΤΗΚΟΝΤΑΔΕΝΟΡΧΑΠΑΡΑΥΤΟΘΙΜΗΛΙΕΡΕΥϹΕΙΝ
ΕϹΠΗΓΑϹΟΘΙΤΟΙΤΕΜΕΝΟϹΒΩΜΟϹΤΕΘΥΗΕΙϹ
ΩϹΗΡΑΘΟΓΕΡΩΝϹΥΔΕΟΙΝΟΟΝΟΥΚΕΤΕΛΕϹϹΑϹ
ΝΥΝΔΕΠΕΙΟΥΝΕΟΜΑΙΓΕΦΙΛΗΝΕϹΠΑΤΡΙΔΑΓΑΙᾹ
ΠΑΤΡΟΚΛΩΙΗΡΩΙΚΟΜΗΝΟΠΑϹΑΙΜΙΦΕΡΕϹΘΑΙ
ΩϹΕΙΠΩΝΕΝΧΕΡϹΙΚΟΜΗΝΕΤΑΡΟΙΟΦΙΛΟΙΟ
ΘΗΚΕΝΤΟΙϹΙΔΕΠΑϹΙΝΥΦΙΜΕΡΟΝΩΡϹΕΓΟΟΙΟ
ΚΑΙΝΥΚΟΔΥΡΟΜΕΝΟΙϹΙΝΕΔΥΦΑΟϹΗΕΛΙΟΙΟ
ΕΙΜΗΑΧΙΛΛΕΥϹΑΙΨΑΓΑΜΕΜΝΟΝΙΕΙΠΕΠΑΡΑϹΤΑϹ

ΑΤΡΕΊΔΗϹΟἸΓΑΡΤΕΜΑΛΙϹΤἈΓΕΛΑῸϹΑΧΑΙΩΝ
ΠΕΙϹΟΝΤΑΙΜΥΘΟΙϹΙΓΟΟΙΟΜΕΝΕϹΤΙΚΑΙΑ̂ϹΑΙ
ΝΥΝΔΑΠῸΠΥΡΙΚΑΙΗϹϹΚΕΔΑϹΟΝΚΑῚΔΕΙΠΝΟΝΑΝΩΧ 5
ΟΠΛΕϹΘΑΙΤΑΔΕΔ᾽ΑΜΦΙΠΟΝΗϹΟΜΕΘΟΙϹΙΜΑΛΙϹΤΑ
ΚΗΔΕΟϹΕϹΤΙΝΕΚΥϹΠΑΡΑΔΟΙΤΑΓΟΙΑΜΜΙΜΕΝΌΝΤΩ̄
ΑΥΤΑΡΕΠΕΙΤΟΓ᾽ΑΚΟΥϹΕΝΑΝΑΞΑΝΔΡΩ̂ΝΑΓΑΜΈΜΝΩ̄
ΑΥΤΊΚΑΛΑΟΝΜΕΝϹΚΕΔΑϹΕΝΚΑΤᾺΝΗΑϹΕΊϹΑϹ
ΚΗΔΕΜΌΝΕϹΔΕΠΑΡ᾽ΑΥΘΙΜΈΝΟΝΚΑῚΝΗΕΟΝΥΛΗ̄
ΠΟΊΗϹΑΝΔῈΠΥΡῊΝΕΚΑΤΌΜΠΕΔΟΝΈΝΘΑΚΑῚΕΝΘΑ
ΕΝΔῈΠΥΡΗ̂ΙΫΠΑΤΗΙΝΕΚΡῸΝΘΕϹΑΝΑΧΝΥΜΕΝΟΙΚΗΡ᾽
ΠΟΛΛΑΔΕΊΦΙΑΜΗΛΑΚΑΙΕΙΛΊΠΟΔΑϹΚΑΙΕΛΙΚΑϹΒΟΥϹ
ΠΡΟϹΘΕΠΥΡΗϹΕΔΕΡΟΝΤΕΚΑΙΑΜΦΕΠΟΝΕΚΔΑΡΑΠΑΝΤΩ̄
ΔΗΜῸΝΕΛΩΝΕΚΑΛΥΨΕΝΕΚΥΝΜΕΓΑΘΥΜΟϹΑΧΙΛ . . . .
ΕϹΠΟΔΑϹΕΚΚΕΦΑΛΗϹΠΕΡΙΔΕΔΡΑΤΑϹΩΜΑΤΑΝΗ . .
ΕΝΔΕΤΙΘΕΙΜΕΛΙΤΟϹΚΑῚΑΛΕΙΦΑΤΟϹΑΜΦΙΦΟΡΗ . .
ΠΡΟϹΛΕΧΕΑΚΛΙΝΩΝΠΙϹΥΡΑϹΔΕΡΙΑΥΧΕΝΑϹΙΠΠ . . .
ΕϹϹΥΜΈΝΩϹΕΝΕΒΑΛΛΕΠΥΡΗΙΜΕΓΑΛΑϹΤΕΝΑΧΙΖ . .
ΕΝΝΈΑΤΩ̂ΙΓΕΑΝΑΚΤΙΤΡΑΠΕΖΗΕϹΚΎΝΕϹΗ̂ϹΑΝ
ΚΑῚΜῈΝΤΩ̂ΝΕΝΕΒΑΛΛΕΠΥΡΗΙΔΎΟΔΕΙΡΟΤΟΜΉϹΑϹ
ΔΏΔΕΚΑΔῈΤΡΩΩΝΜΕΓΑΘΎΜΩΝΥΪ́ΕΑϹΕϹΘΛΟΥϹ
ΧΑΛΚΩ̂ΙΔΗΙΟΩΝΚΑΚᾺΔῈΦΡΕϹῚΜΉΔΕΤΟΈΡΓΑ
ΕΝΔΕΠΥΡΟϹΜΕΝΟϹΗΚΕϹΙΔΉΡΕΟΝΟΦΡΑΝΕΜΟΙΤΟ
ΩΙΜΩΞΕΝΤΑΡ᾽ΕΠΕΙΤΑΦΙΛΟΝΔ᾽ΟΝΟΜΗΝΕΝΕΤΑΙ̂ΡΟ̄
ΧΑΙ̂ΡΕΜΟΙΩΠΆΤΡΟΚΛΕΚΑΙΕΙΝΑΙΔΑΟΔΌΜΟΙϹΙ
ΠΑΝΤΑΓᾺΡΗ̂ΔΗΤΟΙΤΕΤΕΛΕϹΜΕΝΑΩϹΠΕΡ᾽ΥΠΈϹΤΗ̄
ΔΩΔΕΚΑΜΕΝΤΡΩΩΝΜΕΓΑΘΥΜΩΝΥΙΈΑϹΈϹΘΛΟΥϹ
ΤΟΥϹΑΜΑϹΟΙΠΑΝΤΑϹΠΥΡΕϹΘΙΕΙΕΚΤΟΡΑΔ᾽ΟΥΤΙ
ΔΩϹΩΠΡΙΑΜΊΔΗΝΠΥΡΙΔΑΠΤΕΜΕΝΑΛΛΑΚΥΝΕϹϹῙ
ΩϹΦΑΤ᾽ΑΠΕΙΛΉϹΑϹΤῸΝΔΟΥΚΎΝΕϹΑΜΦΕΠΈΝΟΝΤΟ
ΑΛΛᾺΚΥΝΑϹΜΕΝΑΛΑΛΚΕΔΙΟϹΘΥΓΆΤΗΡΑΦΡΟΔΊΤΗ
ΗΜΑΤΑΚΑῚΝΥΚΤΑϹΡΟΔΟΕΝΤΙΔΕΧΡΙΕΝΕΛΑΊΩΙ
ΑΜΒΡΟϹΙΩΙΊΝΑΜΉΜΙΝΑΠΟΔΡΥΦΟΙΕΛΚΥϹΤΑΖΩ̄
ΤΩ̂ΙΔ᾽ΕΠΙΚΥΑΝΕΟΝΝΕΦΟϹΉΓΑΓΕΦΟΙΒΟϹΑΠΌΛΛΩ̄

xxiii. 156—188.

ΟΥΡΑΝΟΘΕΝΠΕΔΙΟΝΔΕΚΑΛΥΨΕΔΕΧΩΡΟΝΑΠΑΝΤΑ
ΟΣΣΟΝΕΠΕΙΧΕΝΕΚΥΣΜΗΠΡΙΝΜΕΝΟΣΗΕΛΙΟΙΟ
ΣΚΗΛΕΙΑΜΦΙΠΕΡΙΧΡΟΑΙΝΕΣΙΝΗΔΕΜΕΛΕΣΣΙΝ
ΟΥΔΕΠΥΡΗΠΑΤΡΟΚΛΟΥΕΚΑΙΕΤΟΤΕΘΝΕΙΩΤΟΣ
ΕΝΘΑΥΤΑΛΛΕΝΟΗΣΕΠΟΔΑΡΚΗΣΔΙΟΣΑΧΙΛΛΕΥΣ
ΣΤΑΣΑΠΑΝΕΥΘΕΠΥΡΗΣΔΟΙΟΙΣΗΡΑΤΑΝΕΜΟΙΣΙΝ
ΒΟΡΕΗΙΚΑΙΖΕΦΥΡΩΙΚΑΙΥΠΕΣΧΕΤΟΙΕΡΑΚΑΛΑ
ΠΟΛΛΑΔΕΚΑΙΣΠΕΝΔΩΝΧΡΥΣΕΩΙΔΕΠΑΙΛΙΤΑΝΕΥΕ̄
ΕΛΘΕΜΕΝΟΦΡΑΤΑΧΙΣΤΑΠΥΡΙΦΛΕΓΕΘΟΙΑΤΟΝΕΚΡΟ̄
ΥΛΗΤΕΣΕΥΑΙΤΟΚΑΗΜΕΝΑΙΩΚΕΑΔΙΡΙΣ
ΑΡΑΩΝΑΙΟΥΣΑΜΕΤΑΓΓΕΛΟΣΗΛΘΑΝΕΜΟΙΣΙΝ
ΟΙΜΕΝΑΡΑΖΕΦΥΡΟΙΟΔΥΣΑΕΟΣΑΘΡΟΟΙΕΝΔΟΝ
ΕΙΛΑΠΙΝΗΝΔΑΙΝΥΝΤΟΘΕΟΥΣΑΔΕΙΡΙΣΕΠΕΣΤΗ
ΒΗΛΩΙΕΠΙΛΙΘΕΩΙΤΟΙΔΩΣΙΔΟΝΟΦΘΑΛΜΟΙΣΙ
ΠΑΝΤΕΣΑΝΗΙΞΑΝΚΑΛΕΟΝΔΕΜΙΝΕΙΣΕΚΑΣΤΟΣ
ΗΔΑΥΕΖΕΣΘΑΙΜΕΝΑΝΗΝΑΤΟΕΙΠΕΤΕΜΥΘΟΝ
ΟΥΧΕΔΟΣΕΙΜΙΓΑΡΑΥΤΙΣΕΠΩΚΕΑΝΟΙΟΡΕΕΘΡΑ
. . . . . . ΩΝΕΣΓΑΙΑΝΟΘΙΡΕΖΟΥΣΕΚΑΤΟΜΒΑΣ
ΑΘΑΝΑΤΟΙΣΙΝΑΔΗΚΑΙΕΓΩΜΕΤΑΔΑΙΣΟΜΑΙΙΡΩΝ
ΑΛΛΑΧΙΛΕΥΣΒΟΡΕΗΝΗΔΕΖΕΦΥΡΟΝΚΕΛΑΔΕΙΝΟ̄
ΕΛΘΕΙΝΑΡΑΤΑΙΚΑΙΥΠΙΣΧΕΤΑΙΙΕΡΑΚΑΛΑ
ΟΦΡΑΠΥΡΗΝΟΡΣΗΤΕΚΑΗΜΕΝΑΙΗΕΝΙΚΕΙΤΑΙ
ΠΑΤΡΟΚΛΟΣΤΟΝΠΑΝΤΕΣΑΝΑΣΤΕΝΑΧΟΥΣΙΝΑΧΑΙΟΙ
ΗΜΕΝΑΡΩΣΕΙΠΟΥΣΑΠΕΒΗΣΕΤΟΤΟΙΔΟΡΕΟΝΤΟ
ΗΧΗΙΘΕΣΠΕΣΙΗΙΝΕΦΕΑΚΛΟΝΕΟΝΤΕΠΑΡΟΙΘΕ̄
ΑΙΨΑΔΕΠΟΝΤΟΝΙΚΑΝΟΝΑΗΜΕΝΑΙΩΡΤΟΔΕΚΥΜΑ
ΠΝΟΙΗΙΥΠΟΛΙΓΥΡΗΙΤΡΟΙΗΝΔΕΡΙΒΩΛΟΝΙΚΕΣΘΗ̄
ΕΝΔΕΠΥΡΙΠΕΣΕΤΗΝΜΕΓΑΔΙΑΧΕΘΕΣΠΙΔΑΕΣΠΥΡ'
ΠΑΝΝΥΧΙΟΙΔΑΡΑΤΟΙΓΕΠΥΡΗΣΑΜΥΔΙΣΦΛΟΓΕΒΑΛΛΟ̄
ΦΥΣΩΝΤΕΣΛΙΓΕΩΣΟΔΕΠΑΝΝΥΧΟΣΩΚΥΣΑΧΙΛΛΕΥΣ
ΧΡΥΣΕΟΥΕΚΚΡΗΤΗΡΟΣΕΛΩΝΔΕΠΑΣΑΜΦΙΚΥΠΕΛΛΟ̄
ΟΙΝΟΝΑΦΥΣΣΑΜΕΝΟΣΧΑΜΑΔΙΣΧΕΕΔΕΥΕΔΕΓΑΙᾹ
ΨΥΧΗΝΚΙΚΛΗΣΚΩΝΠΑΤΡΟΚΛΗΟΣΔΕΙΛΟΙΟ

xxiii. 189—221.

. . . . ΕΤΑΙΟΣΤΕΑΚΑΙΩ̄

. . . . ΙΛΟΥΣΑΚΑΧΗΣΕΤΟΚῆΑΣ

. . . . ΟΣΤΕΑΚΑΙΩΝ

. . . . ΣΤΕΝΑΧΙΖΩ̄

ΗΜΟΣ . . . . ΕΡΈΩΝΕΠΙΓΑΙᾹ

ΟΝ . . . . ΠΕΠΛΟΣ . . . . ΚΊΔΝΑΤΑΙΗΩΣ

ΤΗΜΟΣ . . . . ΠΑΥΣΑΤΟΔΕΦΛΌΞ'

ΟΙ . . . . ΛΛΙΝΑΥΤΙΣΕΒΑΝΟΙΚΟΝΔῈΝΕΕΣΘΑΙ

ΘΡΗΙΚΙΟΝΚΑΤΑΠΟΝΤΟΝΟΔΕΣΤΕΝΕΝΟΙΔΜΑΤΙΘΥΩ̄

ΠΗΛΕΙΔΗΣΔΑΠΟΠΥΡΚΑΙῆΣΕΤΕΡΩΣΕΛΙΑΣΘΕῚΣ

ΚΛΙΝΘΗΚΕΚΜΗΩΣΕΠΙΔΕΓΛΥΚΥΣΥΠΝΟΣΟΡΟΥΣΕ̄

. . . . ΗΓΕΡΕΘΟΝΤΟ

. . . . ΕΡΧΟΜΕΝΩΝΌΜΑΔΟΣΚΑΙΔΟΥΠΟΣΈΓΕΙΡΕ̄

ΕΖΕΤΟ . . . . ΣΦΕΑΣΠΡΟΣΜΥΘΟΝΕΕΙΠΕ̄

. . . . ἈΛΛΟΙΑΡΙΣΤΗΕΣΠΑΝΑΧΑΙΩΝ

ΠΡΩΤΟΝΜΕΝΚΑΤΑΠΥΡΚΑΙΗΝΣΒΕΣΑΤΑΙΘΟΠΙΟΙΝΩΙ

ΠΑΣΑΝΟΠΌΣΣΟΝΕΠΈΣΧΕΠΥΡῸΣΜΕΝΟΣΑΥΤᾺΡΕΠΕΙΤΑ

. . . . ΙΆΔΑΟ . . . .

ΕΥΔΙΑΓΙΓΝΩΣΚΟΝΤΕΣΑΡΙΦΡΑΔΈΑΔῈΤΈΤΥΚΤΑΙ

ΕΝΜΕΣΣΗΙΓΑΡΕΚΕΙΤΟΠΥΡῆΙΤΟῚΔ'ΑΛΛΟΙΑΝΕΥΘΕ̄

ΕΣΧΑΤΙΗΙΚΑΙΟΝΤ'ΕΠΙΜΙΞΙΠΠΟΙΤΕΚΑΙΑΝΔΡΕΣ

ΚΑΙΤᾺΜΕΝΕΝΧΡΥΣΕΗΙΦΙΑΛΗΙΚΑῚΔΙΠΛΑΚΙΔΗΜΩΙ

ΘΕΙΟΜΕΝΕΙΣΟΚΕΝΑΥΤΟΣΕΓῺΝΑΙΔΙΚΕΥ̓ΘΩΜΑΙ

ΤΥΜΒΟΝΔ'ΟΥΜΑΛΑΠΟΛΛΟΝΕΓῺΠΟΝΈΕΣΘΑΙΑΝΩΓΑ

ΑΛΛΕΠΙΕΙΚΕΑΤΟῖΟΝΕΠΕΙΤΑΔῈΚΑΙΤΟΝΑΧΑΙΟῚ

ΕΥΡΥΝΘΥΨΗΛΟΝΤΕΤΙΘΗΜΕΝΑΙΟΙΚΕΝΕΜΕΙΟ

ΔΕΥΤΕΡΟΙΕΝΝΗΕΣΣΙΠΟΛΥΚΛΗΙΣΙΛΙΠΗΣΘΕ

ΩΣΕΦΑΘΟΙΔΕΠΙΘΟΝΤΟΠΟΔΩΚΕΙΠΗΛΕΊΩΝΙ

ΠΡῶΤΟΝΜΕΝΚΑΤΑΠΥΡΚΑΙῆΝΣΒΕΣΑΝΑΙΘΟΠΙΟΙΝΩΙ

ΌΣΣΟΝΕΠΙΦΛΟΞΗΛΘΕΒΑΘΕῖΑΔῈΚΑΠΠΕΣΕΤΕΦΡΗ

ΚΛΑΙΟΝΤΕΣΔΕΤΑΡΟΙΟΕΝΗΕΟΣΟΣΤΕΑΛΕΥΚΑ

ΑΛΛΕΓΟΝΕΣΧΡΥΣΕΗΝΦΙΑΛΗΝΚΑΙΔΙΠΛΑΚΑΔΗΜΟ̄

ΕΝΚΛΙΣΙΗΙΣΙΔΕΘΈΝΤΕΣΕΑΝΩΙΛΙΤΙΚΆΛΥΨΑΝ

xxiii. 222—254.

ΤΟΡΝΩϹΑΝΤΟΔΕϹΗΜΑΘΕΜΕΙΛΙΑΤΕΠΡΟΒΑΛΟΝΤΟ
ΑΜΦΙΠΥΡΗΝΕΙΘΑΡΔΕΧΥΤΗΝΕΠΙΓΑΙΑΝΕΧΕΥΑΝ
ΧΕΥΑΝΤΕϹΔΕΤΟϹΗΜΑΠΑΛΙΝΚΙΟΝΑΥΤΑΡΑΧΙΛΛΕΥϹ
ΑΥΤΟΥΛΑΟΝΕΡΥΚΕΚΑΙΙΖΑΝΕΝΕΥΡΥΝΑΓΩΝΑ
ΝΗΩΝΔΕΚΦΕΡΑΕΘΛΑΛΕΒΗΤΑϹΤΕΤΡΙΠΟΔΑϹΤΕ
ΙΠΠΟΥϹΘΗΜΙΟΝΟΥϹΤΕΒΟΩΝΤΙΦΘΙΜΑΚΑΡΗΝΑ
ΗΔΕΓΥΝΑΙΚΑϹΕΥΖΩΝΟΥϹΠΟΛΙΟΝΤΕϹΙΔΗΡΟΝ
ΙΠΠΕΥϹΙΝΜΕΝΠΡΩΤΑΠΟΔΩΚΕϹΙΝΑΓΛΑΑΕΘΛΑ
ΘΗΚΕΓΥΝΑΙΚΑΑΓΕϹΘΑΙΑΜΥΜΟΝΑΕΡΓΕΙΔΥΙΑΝ
ΚΑΙΤΡΙΠΟΔΩΤΩΕΝΤΑΔΥΩΚΑΙΕΙΚΟϹΙΜΕΤΡΟ̄
ΤΩΙΠΡΩΤΩΙΑΤΑΡΑΥΤΩΙΔΕΥΤΕΡΩΙΙΠΠΟΝΕΘΗΚΕ̄
ΕΞΕΤΕΑΔΜΗΤΗΝΒΡΕΦΟϹΗΜΙΟΝΟΝΚΥΕΟΥϹᾹ
ΑΥΤΑΡΤΩΙΤΡΙΤΑΤΩΙΑΠΥΡΩΤΟΝΚΑΤΕΘΗΚΕΛΕΒΗΤΑ
ΚΑΛΟΝΤΕϹϹΑΡΑΜΕΤΡΑΚΕΧΑΝΔΟΤΑΛΕΥΚΟΝΕΤΑΥΤΩϹ
ΤΩΙΔΕΤΕΤΑΡΤΩΙΘΗΚΕΔΥΟΧΡΥϹΟΙΟΤΑΛΑΝΤΑ
ΠΕΜΠΤΩΙΔΑΜΦΙΘΕΤΟΝΦΙΑΛΗΝΑΠΥΡΩΤΟΝΕΘΗΚΕ̄
ϹΤΗΔΟΡΘΟϹΚΑΙΜΥΘΟΝΕΝΑΡΓΕΙΟΙϹΙΝΕΕΙΠΕΝ
ΑΤΡΕΙΔΑΙΤΕΚΑΙΑΛΛΟΙΕΥΚΝΗΜΙΔΕϹΑΧΑΙΟΙ
ΕΙΜΕΝΝΥΝΕΠΙΑΛΛΩΙΑΕΘΛΕΥΟΙΜΕΝΑΧΑΙΟΙ
ΗΤΑΝΕΓΩΤΑΠΡΩΤΑΛΑΒΩΝΚΛΙϹΙΗΝΔΕΦΕΡΟΙΜΗ̄
ΙϹΤΕΓΑΡΟϹϹΟΝΕΜΟΙΑΡΕΤΗΙΠΕΡΙΒΑΛΛΕΤΟΝΙΠΠΟΙ
ΑΘΑΝΑΤΟΙΤΕΓΑΡΕΙϹΙΠΟϹΙΔΑΩΝΔΕΠΟΡΑΥΤΟΥϹ
ΠΑΤΡΙΕΜΩΙΠΗΛΗΙΟΔΑΥΤΕΜΟΙΕΓΓΥΑΛΙΞΕΝ
ΑΛΛΗΤΟΙΜΕΝΕΓΩΜΕΝΕΩΚΑΙΜΩΝΥΧΕϹΙΠΠΟΙ
ΤΟΙΟΥΓΑΡϹΘΕΝΟϹΕϹΘΛΟΝΑΠΩΛΕϹΑΝΗΝΙΟΧΟΙΟ
ΗΠΙΟΥΟϹϹΦΩΙΝΜΑΛΑΠΟΛΛΑΚΙϹΥΓΡΟΝΕΛΑΙΟ̄
ΧΑΙΤΑΩΝΚΑΤΕΧΕΥΕΛΟΕϹϹΑϹΥΔΑΤΙΛΕΥΚΩΙ
ΑΛΛΟΙΔΕϹΤΕΛΛΕϹΘΕΚΑΤΑϹΤΡΑΤΟΝΟϹΤΙϹΑΧΑΙΩ̄
ΙΠΠΟΙϹΙΝΤΕΠΕΠΟΙΘΕΚΑΙΑΡΜΑϹΙΚΟΛΛΗΤΟΙϹΙΝ
ΩϹΦΑΤΟΠΗΛΕΙΔΗϹΤΑΧΕΕϹΔΙΠΠΗΕϹΑΓΕΡΘΕΝ
ΩΡΤΟΠΟΛΥΠΡΩΤΟϹΜΕΝΑΝΑΞΑΝΔΡΩΝΕΥΜΗΛΟϹ
ΑΔΜΗΤΟΥΦΙΛΟϹΥΙΟϹΟϹΙΠΠΟϹΥΝΗΙΕΚΕΚΑϹΤΟ
ΤΩΔΕΠΙΤΥΔΕΙΔΗϹΩΡΤΟΚΡΑΤΕΡΟϹΔΙΟΜΗΔΗϹ

xxiii. 255—290.

ΙΠΠΟΥCΔΕΤΡΩΟΥCΥΠΑΓΕΖΥΓΟΝΟΥCΠΟΤΑΠΗΥΡΑ
ΑΙΝΕΙΑΝΑΤΑΡΑΥΤΟΝΥΠΕΞΕCΑΩCΕΝΑΠΟΛΛΩΝ
ΤΩΙΔΑΡΕΠΑΤΡΕΙΔΗCΩΡΤΟΞΑΝΘΟCΜΕΝΕΛΑΟC
ΔΙΟΓΕΝΗCΥΠΟΔΕΖΥΓΟΝΗΓΑΓΕΝΩΚΕΑCΙΠΠΟΥC
ΑΙΘΗΝΤΗΝΑΓΑΜΕΜΝΟΝΕΗΝΤΟΝΕΟΝΤΕΠΟΔΑΡΓΟ̄
ΤΗΝΑΓΑΜΕΜΝΟΝΙΔΩΚΑΓΧΙCΙΑΔΗCΕΧΕΠΩΛΟC
ΔΩΡΙΝΑΜΗΟΙΕΠΟΙΘΥΠΟΙΛΙΟΝΗΝΕΜΟΕCCΑΝ
ΑΛΛΑΥΤΟΥΤΕΡΠΟΙΤΟΜΕΝΩΝΜΕΓΑΓΑΡΟΙΕΔΩΚΕ
ΖΕΥCΑΦΕΝΟCΝΑΙΕΝΔΟΓΕΝΕΥΡΥΧΟΡΩΙCΙΚΥΩΝΙ
ΤΗΝΟΓΥΠΟΖΥΓΟΝΗΓΕΜΕΓΑΔΡΟΜΟΥΙΧΑΝΟΩCᾹ
ΑΝΤΙΛΟΧΟCΔΕΤΕΤΑΡΤΟCΕΥΤΡΙΧΑCΩΠΛΙCΑΘΙΠΠϛ
ΝΕCΤΟΡΟCΑΓΛΑΟCΥΙΟCΥΠΕΡΘΥΜΟΙΟΑΝΑΚΤΟC
ΤΟΥΝΗΛΗΙΑΔΑΟΠΥΛΟΙΓΕΝΕΕCΔΕΟΙΙΠΠΟΙ
ΩΚΥΠΟΔΕCΑΡΜΑΠΑΤΗΡΔΕΟΙΑΓΧΙΠΑΡΑCΤΑC
ΜΥΘΕΙΤΕΙCΑΓΑΘΑΦΡΟΝΕΩΝΝΟΕΟΝΤΙΚΑΙΑΥΤΩΙ
ΑΝΤΙΛΟΧΗΤΟΙΜΕΝCΕΝΕΟΝΠΕΡΕΟΝΤΕΦΙΛΗCᾹ
ΖΕΥCΤΕΠΟCΙΔΑΩΝΤΕΚΑΙΙΠΠΟCΥΝΑCΕΔΙΔΑΞᾹ
ΠΑΝΤΟΙΑCΤΩΙΚΑΙCΕΔΙΔΑCΚΕΜΕΝΟΥΤΙΜΑΛΑΧΡΕΩ
ΟΙCΘΑΓΑΡΕΥΠΕΡΙΤΕΡΜΑΤΕΛΙCCΕΜΕΝΑΛΛΑΤΟΙΙΠΠΟΙ
ΒΑΡΔΙCΤΟΙΘΕΙΕΙΝΤΩΓΟΙΩΛΟΙΓΙΕCΕCΘΑΙ
ΤΩΝΔΙΠΠΟΙΜΕΝΕΑCΙΝΑΦΑΡΤΕΡΟΙΟΥΔΕΜΕΝΑΥΤΟΙ
ΠΛΕΙΟΝΑΙCCΑCΙΝCΕΘΕΝΑΥΤΟΥΜΗΤΙCΑCΘΑΙ
ΑΛΛΑΓΕΔΗCΥΦΙΛΟCΜΗΤΙΝΕΜΒΑΛΛΕΟΘΥΜΩΙ
ΠΑΝΤΟΙΗΝΙΝΑΜΗCΕΠΑΡΕΚΠΡΟΦΥΓΟΙCΙΝΑΕΘΛΑ
ΜΗΤΙΤΟΙΔΡΥΤΟΜΟCΜΕΓΑΜΕΙΝΩΝΗΕΒΙΗΦΙ
ΜΗΤΙΔΑΥΤΕΚΥΒΕΡΝΗΤΗCΕΝΙΟΙΝΟΠΙΠΟΝΤΩΙ
ΝΗΑΘΟΗΝΙΘΥΝΕΙΕΡΕΧΘΟΜΕΝΗΝΑΝΕΜΟΙCΙΝ
ΜΗΤΙΔΗΝΙΟΧΟCΠΕΡΙΓΙΓΝΕΤΑΙΗΝΙΟΧΟΙΟ
ΑΛΛΟCΜΕΝΘΙΠΠΟΙCΙΚΑΙΑΡΜΑCΙΠΕΠΟΙΘΩC
ΑΦΡΑΔΕΩCΕΠΙΠΟΛΛΟΝΕΛΙCCΕΤΑΙΕΝΘΑΚΑΙΕΝΘΑ
ΙΠΠΟΙΔΕΠΛΑΝΟΩΝΤΑΙΑΝΑΔΡΟΜΟΝΟΥΔΕΚΑΤΙCΧΕΙ
ΟCΔΕΚΕΚΕΡΔΕΑΕΙΔΗΙΕΛΑΥΝΩΝΗCCΟΝΑCΙΠΠΟΥC
ΑΙΕΙΤΕΡΜΟΡΟΩΝCΤΡΕΦΕΙΕΓΓΥΘΕΝΟΥΔΕΕΛΗΘΕΙ

xxiii. 291—323.

ὮΦΙΛΟΙΑΡΓΕΙΩΝΗΓΗΤΟΡΕϹΗΔΕΜΕΔΟΝΤΕϹ
ΟΙΟϹΕΓΩΝΙΠΠΟΥϹΑΥΓΑΖΟΜΑΙΗΕΚΑΙΥΜΕΙϹ
ΑΛΛΟΙΜΟΙΔΟΚΕΟΥϹΙΠΑΡΟΙΤΕΡΟΙΕΜΜΕΝΑΙΙΠΠΟΙ
ΑΛΛΟϹΔΗΝΙΟΧΟϹΙΝΔΑΛΛΕΤΑΙΑΙΔΕΠΟΥΑΥΤΟΥ
ΕΒΛΑΒΕΝΕΝΠΕΔΙΩΙΑΙΚΕΙϹΕΓΕΦΕΡΤΕΡΟΙΗϹΑΝ
ΗΤΟΙΓΑΡΤΑϹΠΡΩΤΑΙΔΟΝΠΕΡΙΤΕΡΜΑΒΑΛΟΥϹΑϹ
ΝΥΝΔΟΥΠΩΔΥΝΑΜΑΙΙΔΕΕΙΝΠΑΝΤΗΔΕΜΟΙΟϹϹΕ
ΤΡΩΙΚΟΝΑΝΠΕΔΙΟΝΠΑΠΤΑΙΝΕΤΟΝΕΙϹΟΡΟΩΝΤΙ
ΗΕΤΟΝΗΝΙΟΧΟΝΦΥΓΟΝΗΝΙΑΟΥΔΕΔΥΝΑϹΘΗ
ΕΥϹΧΕΘΕΕΙΝΠΕΡΙΤΕΡΜΑΚΑΙΟΥΚΕΤΥΧΗϹΕΝΕΛΙΞΑϹ
ΕΝΘΑΜΙΝΕΚΠΕϹΕΕΙΝΟΙΩϹΥΝΘΑΡΜΑΤΑΑΞΑΙ
ΑΙΔΕΞΗΡΩΗϹΑΝΕΠΕΙΜΕΝΟϹΕΛΛΑΒΕΘΥΜΟΝ
ΑΛΛΑΙΔΕϹΘΕΚΑΙΥΜΜΕϹΑΝΑϹΤΑΔΟΝΟΥΓΑΡΕΓΩΓΕ
ΕΥΔΙΑΓΙΝΩϹΚΩΔΟΚΕΕΙΔΕΜΟΙΕΜΜΕΝΑΙΑΝΗΡ
ΑΙΤΩΛΟϹΓΕΝΕΗΝΜΕΤΑΔΑΡΓΕΙΟΙϹΙΝΑΝΑϹϹΕΙ
ΤΥΔΕΟϹΙΠΠΟΔΑΜΟΥΥΙΟϹΚΡΑΤΕΡΟϹΔΙΟΜΗΔΗϹ
ΤΟΝΔΑΙϹΧΡΩϹΕΝΕΝΙΠΤΕΝΟΙΛΗΟϹΤΑΧΥϹΑΙΑϹ
ΙΔΟΜΕΝΕΥΤΙΠΑΡΟϹΛΑΒΡΕΥΕΑΙΑΙΔΕΤΑΝΕΥΘΕΝ
ΙΠΠΟΙΑΕΡϹΙΠΟΔΕϹΠΟΛΕΟϹΠΕΔΙΟΙΟΔΙΕΝΤΑΙ
ΟΥΤΕΝΕΩΤΑΤΟϹΕϹϹΙΜΕΤΑΡΓΕΙΟΙϹΙΤΟϹΟΥΤΟ̄
ΟΥΤΕΤΟΙΟΞΥΤΑΤΟΝΚΕΦΑΛΗϹΕΚΔΕΡΚΕΤΑΙΟϹϹΕ
ΑΛΛΑΙΕΙΜΥΘΟΙϹΛΑΒΡΕΥΕΑΙΟΥΔΕΤΙϹΕΧΡΗ
ΛΑΒΡΑΓΟΡΗΝΕΜΕΝΑΙΠΑΡΑΓΑΡΚΑΙΑΜΕΙΝΟΝΕϹΑΛΛΟΙ
ΙΠΠΟΙΔΑΥΤΑΙΕΑϹΙΠΑΡΟΙΤΕΡΑΙΑΙΤΟΠΑΡΟϹΠΕΡ
ΕΥΜΗΛΟΥΕΝΔΑΥΤΟϹΕΧΩΝΕΥΛΗΡΑΒΕΒΗΚΕΝ
ΤΟΝΔΕΧΟΛΩϹΑΜΕΝΟϹΚΡΗΤΩΝΑΓΟϹΑΝΤΙΟΝΗΥΔΑ
ΑΙΑΝΝΕΙΚΟϹΑΡΙϹΤΕΚΑΚΟΦΡΑΔΕϹΑΛΛΑΤΕΠΑΝΤΑ
ΔΕΥΕΑΙΑΡΓΕΙΩΝΟΤΙΤΟΙΝΟΟϹΕϹΤΙΝΑΠΗΝΗϹ
ΔΕΥΡΟΝΥΝΗΤΡΙΠΟΔΟϹΠΕΡΙΔΩΜΕΘΟΝΗΛΕΒΗΤΟϹ
ΙϹΤΟΡΑΔΑΤΡΕΙΔΗΝΑΓΑΜΕΜΝΟΝΑΘΕΙΟΜΕΝΑΜΦΩ
ΟΠΠΟΤΕΡΑΙΠΡΟϹΘΙΠΠΟΙΙΝΑΓΝΟΙΗϹΑΠΟΤΙΝΩ̄
ΩϹΕΦΑΤΟΡΝΥΤΟΔΑΥΤΙΚΟΙΛΗΟϹΤΑΧΥϹΑΙΑϹ
ΧΩΟΜΕΝΟϹΧΑΛΕΠΟΙϹΙΝΑΜΕΙΨΑϹΘΑΙΕΠΕΕϹϹΙΝ

xxiii. 457—489.

ΚΑΙΝΥΚΕΔΗΠΡΟΤΕΡΩΕΤ'ΕΡΙΣΓΕΝΕΤ'ΑΜΦΟΤΕΡΟΙΣΙ̅
ΕΙΜΗΑΧΙΛΛΕΥΣΑΥΤΟΣΑΝΙΣΤΑΤΟΚΑΙΦΑΤΟΜΥΘΟ̅
ΜΗΚΕΤΙΝΥΝΧΑΛΕΠΟΙΣΙΝΑΜΕΙΒΕΣΘΟΝΕΠΕΕΣΣΙ̅
ΑΙΑΝΙΔΟΜΕΝΕΥΤΕΚΑΚΟΙΣΕΠΕΙΟΥΔΕΕΟΙΚΕΝ
ΚΑΙΔ'ΑΛΛΩΙΝΕΜΕΣΑΤΟΝΟΤΙΣΤΟΙΑΥΤΑΓΕΡΕΖΟΙ
ΑΛΛ'ΥΜΕΙΣΕΝΑΓΩΝΙΚΑΘΗΜΕΝΟΙΕΙΣΟΡΑΑΣΘΕ
ΙΠΠΟΥΣΟΙΔΕΤΑΧ'ΑΥΤΟΙΕΠΕΙΓΟΜΕΝΟΙΠΕΡΙΝΙΚΗΣ
ΕΝΘΑΔ'ΕΛΕΥΣΟΝΤΑΙΤΟΤΕΔΕΓΝΩΣΕΣΘΕΕΚΑΣΤΟΣ
ΙΠΠΟΥΣΑΡΓΕΙΩΝΟΙΔΕΥΤΕΡΟΙΟΙΤΕΠΑΡΟΙΘΕΝ
ΩΣΦΑΤΟΤΥΔΕΙΔΗΣΔΕΜΑΛΑΣΧΕΔΟΝΗΛΘΕΔΙΩΚΩ̅
ΜΑΣΤΙΔ'ΑΙΕΝΕΛΑΥΝΕΚΑΤΩΜΑΔΟΝΟΙΔΕΟΙΙΠΠΟΙ
ΥΨΟΣ'ΑΕΙΡΕΣΘΗΝΡΙΜΦΑΠΡΗΣΣΟΝΤΕΚΕΛΕΥΘΟ̅
ΑΙΕΙΔ'ΗΝΙΟΧΟΝΚΟΝΙΗΣΡΑΘΑΜΙΓΓΕΣΕΒΑΛΛΟΝ
ΑΡΜΑΤΑΔΕΧΡΥΣΩΙΠΕΠΥΚΑΣΜΕΝΑΚΑΣΣΙΤΕΡΩΙΤΕ
ΙΠΠΟΙΣΩΚΥΠΟΔΕΣΣΙΝΕΠΕΤΡΕΧΟΝΟΥΔΕΤΙΠΟΛΛΗ
ΓΙΝΕΤ'ΕΠΙΣΣΩΤΡΩΝΑΡΜΑΤΡΟΧΙΗΚΑΤΟΠΙΣΘΕΝ
ΕΝΛΕΠΤΗΙΚΟΝΙΗΙΤΩΔΕΣΠΕΥΔΟΝΤΕΠΕΤΕΣΘΗ̅
ΣΤΗΔΕΜΕΣΩΙΕΝΑΓΩΝΙΠΟΛΥΣΔ'ΑΝΕΚΗΚΙΕΝΙΔΡΩΣ
ΙΠΠΩΝΕΚΤΕΛΟΦΩΝΚΑΙΑΠΟΣΤΕΡΝΟΙΟΧΑΜΑΖΕ
ΑΥΤΟΣΔ'ΕΚΔΙΦΡΟΙΟΧΑΜΑΙΘΟΡΕΠΑΜΦΑΝΟΩΝΤΟΣ
ΚΛΙΝΕΔ'ΑΡΑΜΑΣΤΙΓΑΠΟΤΙΖΥΓΟΝΟΥΔΕΜΑΤΗΣΕΝ
ΙΦΘΙΜΟΣΣΘΕΝΕΛΟΣΑΛΛ'ΕΣΣΥΜΕΝΩΣΛΑΒΕΑΘΛΟ̅
ΔΩΚΕΔ'ΑΓΕΙΝΕΤΑΡΟΙΣΙΝΥΠΕΡΘΥΜΟΙΣΙΓΥΝΑΙΚΑ
ΚΑΙΤΡΙΠΟΔ'ΩΤΩΕΝΤΑΦΕΡΕΙΝΟΔ'ΕΛΥΕΝΥΦ'ΙΠΠΟΥΣ
ΤΩΙΔ'ΑΡ'ΕΠΑΝΤΙΛΟΧΟΣΝΗΛΗΙΟΣΗΛΑΣΕΝΙΠΠΟΥΣ
ΚΕΡΔΕΣΙΝΟΥΤΙΤΑΧΕΙΓΕΠΑΡΑΦΘΑΜΕΝΟΣΜΕΝΕΛΑΟ̅
ΑΛΛΑΚΑΙΩΣΜΕΝΕΛΑΟΣΕΧΕΓΓΥΘΕΝΩΚΕΑΣΙΠΠΟΥΣ
ΟΣΣΟΝΔΕΤΡΟΧΟΥΙΠΠΟΣΑΦΙΣΤΑΤΑΙΟΣΡΑΤ'ΑΝΑΚΤΑ
ΕΛΚΗΙΣΙΝΠΕΔΙΟΙΟΤΙΤΑΙΝΟΜΕΝΟΣΣΥΝΟΧΕΣΦΙ
ΤΟΥΜΕΝΤΕΨΑΥΟΥΣΙΝΕΠΙΣΣΩΤΡΟΥΤΡΙΧΕΣΑΚΡΑΙ
ΟΥΡΑΙΑΙΟΔΕΤ'ΑΓΧΙΜΑΛΑΤΡΕΧΕΙΟΥΔΕΤΙΠΟΛΛΗ
ΧΩΡΗΜΕΣΣΗΓΥΣΠΟΛΕΟΣΠΕΔΙΟΙΟΘΕΟΝΤΟΣ
ΤΟΣΣΟΝΔΗΜΕΝΕΛΑΟΣΑΜΥΜΟΝΟΣΑΝΤΙΛΟΧΟΙΟ

xxiii. 490—522.

ΛΕΙΠΕΤΑΤΑΡΤΑΠΡΩΤΑΚΑΙΕϹΔΙϹΚΟΥΡΑΛΕΛΕΙΠΤΟ
ΑΛΛΑΜΙΝΑΙΨΑΚΙΧΑΝΕΝΟΦΕΛΛΕΤΟΓΑΡΜΕΝΟϹΗΥ
ΙΠΠΟΥΤΗϹΑΓΑΜΕΜΝΟΝΕΗϹΚΑΛΛΙΤΡΙΧΟϹΑΙΘΗ·
ΕΙΔΕΚΕΤΙΠΡΟΤΕΡΩΓΕΝΕΤΟΔΡΟΜΟϹΑΜΦΟΤΕΡΟΙϹΙ
ΤΩΚΕΝΜΙΝΠΑΡΕΛΑϹϹΟΥΔΑΜΦΗΡΙϹΤΟΝΕΘΗΚΕΝ
ΑΥΤΑΡΜΗΡΙΟΝΗϹΘΕΡΑΠΩΝΕΥϹΙΔΟΜΕΝΗΟϹ
ΛΕΙΠΕΤΑΓΑΚΛΗΟϹΜΕΝΕΛΑΟΥΔΟΥΡΟϹΕΡΩΗΝ
ΒΑΡΔΙϹΤΑΙΜΕΝΓΑΡΟΙΕϹΑΝΚΑΛΛΙΤΡΙΧΕϹΙΠΠΟΙ
ΗΚΙϹΤΟϹΔΗΝΑΥΤΟϹΕΛΑΥΝΕΜΕΝΑΡΜΕΝΑΓΩΝΙ
ΥΙΟϹΔΑΔΜΗΤΟΙΟΠΑΝΥϹΤΑΤΟϹΗΛΥΘΕΝΑΛΛΩΝ
ΕΛΚΩΝΑΡΜΑΤΑΚΑΛΑΕΛΑΥΝΩΝΠΡΟϹϹΟΘΕΝΙΠΠΟΥϹ
ΤΟΝΔΕΙΔΩΝΩΚΤΕΙΡΕΠΟΔΑΡΚΗϹΔΙΟϹΑΧΙΛΛΕΥϹ
ϹΤΑϹΔΑΡΕΝΑΡΓΕΙΟΙϹΙΝΕΠΕΑΠΤΕΡΟΕΝΤΑΓΟΡΕΥΕΝ
ΛΟΙϹΘΟϹΑΝΗΡΩΡΙϹΤΟϹΕΛΑΥΝΕΙΜΩΝΥΧΑϹΙΠΠΟΥϹ
ΑΛΛΑΓΕΔΗΟΙΔΩΜΕΝΑΕΘΛΙΟΝΩϹΕΠΙΕΙΚΕϹ
ΔΕΥΤΕΡΑΤΑΡΤΑΠΡΩΤΑΦΕΡΕϹΘΩΤΥΔΕΟϹΥΙΟϹ
ΩϹΕΦΑΘΟΙΔΑΡΑΠΑΝΤΕϹΕΠΗΝΕΟΝΗΔΕΚΕΛΕΥΟ̄
. . . . ΠΟΡΕΝΙΠΠΟΝΕΠΗΝΗϹΑΝΓΑΡΑΧΑΙΟΙ
ΕΙΜΗΑΡΑΝΤΙΛΟΧΟϹΜΕΓΑΘΥΜΟΥΝΕϹΤΟΡΟϹΥΙΟϹ
ΠΗΛΕΙΔΗΝΑΧΙΛΗΑΔΙΚΗΙΗΜΕΙΨΑΤΑΝΑϹΤΑϹ
ΩΑΧΙΛΕΥΜΑΛΑΤΟΙΚΕΧΟΛΩϹΟΜΑΙΑΙΚΕΤΕΛΕϹϹΗΙϹ
ΤΟΥΤΟΕΠΟϹΜΕΛΛΕΙϹΓΑΡΑΦΑΙΡΗϹΕϹΘΑΙΑΕΘΛΟΝ
ΤΑΦΡΟΝΕΩΝΟΤΙΟΙΒΛΑΒΕΝΑΡΜΑΚΑΙΤΑΧΕΙΠΠΩ
ΑΥΤΟϹΤΕϹΘΛΟϹΕΩΝΑΛΛΩΦΕΛΕΝΑΘΑΝΑΤΟΙϹῙ
ΕΥΧΕϹΘΑΙΤΟΚΕΝΟΥΤΙΠΑΝΥϹΤΑΤΟϹΗΛΘΕΔΙΩΚΩ̄
ΕΙΔΕΜΙΝΟΙΚΤΕΙΡΕΙϹΚΑΙΤΟΙΦΙΛΟϹΕΠΛΕΤΟΘΥΜΩΙ
ΕϹΤΙΤΟΙΕΝΚΛΙϹΙΗΙΧΡΥϹΟϹΠΟΛΥϹΕϹΤΙΔΕΧΑΛΚΟϹ
ΚΑΙΠΡΟΒΑΤΕΙϹΙΔΕΤΟΙΔΜΩΑΙΚΑΙΜΩΝΥΧΕϹΙΠΠΟΙ
ΤΩΝΟΙΕΠΕΙΤΑΝΕΛΩΝΔΟΜΕΝΑΙΚΑΙΜΕΙΖΟΝΑΕΘΛΟ̄
ΗΕΚΑΙΑΥΤΙΚΑΝΥΝΙΝΑϹΑΙΝΗϹΩϹΙΝΑΧΑΙΟΙ
ΤΗΝΔΕΓΩΟΥΔΩϹΩΠΕΡΙΔΑΥΤΗϹΠΕΙΡΗΘΗΤΩ
ΑΝΔΡΩΝΟϹΚΕΘΕΛΗΙϹΙΝΕΜΟΙΧΕΙΡΕϹϹΙΜΑΧΕϹΘΑΙ
ΩϹΦΑΤΟΜΕΙΔΗϹΕΝΔΕΠΟΔΑΡΚΗϹΔΙΟϹΑΧΙΛΛΕΥϹ

ΧΑΙΡΩΝΑΝΤΙΛΟΧΩΙΟΤΙΟΙΦΙΛΟϹΗΕΝΕΤΑΙΡΟϹ
ΚΑΙΜΙΝΑΜΕΙΒΟΜΕΝΟϹΕΠΕΑΠΤΕΡΟΕΝΤΑΠΡΟϹΗΥΔΑ
ΑΝΤΙΛΟΧΕΙΜΕΝΔΗΜΕΚΕΛΕΥΕΙϹΟΙΚΟΘΕΝΑΛΛΟ
ΕΥΜΗΛΩΙΕΠΙΔΟΥΝΑΙΕΓΩΔΕΚΕΚΑΙΤΟΤΕΛΕϹϹΩ
ΔΩϹΩΟΙΘΩΡΗΚΑΤΟΝΑϹΤΕΡΟΠΑΙΟΝΑΠΗΥΡΩΝ
ΧΑΛΚΕΟΝΩΙΠΕΡΙΧΕΥΜΑΦΑΕΙΝΟΥΚΑϹϹΙΤΕΡΟΙΟ
ΑΜΦΙΔΕΔΙΝΗΤΑΙΠΟΛΕΟϹΔΕΟΙΑΞΙΟϹΕϹΤΑΙ
ΗΡΑΚΑΙΑΥΤΟΜΕΔΟΝΤΙΦΙΛΩΙΕΚΕΛΕΥϹΕΝΕΤΑΙΡΩΙ
ΟΙϹΕΜΕΝΑΙΚΑΙϹΙΗΘΕΝΟΔΩΙΧΕΤΟΚΑΙΟΙΕΝΕΙΚΕ
ΤΟΙϹΙΔΕΚΑΙΜΕΝΕΛΑΟϹΑΝΙϹΤΑΤΟΘΥΜΟΝΑΧΕΥΩΝ
ΑΝΤΙΛΟΧΩΙΑΜΟΤΟΝΚΕΧΟΛΩΜΕΝΟϹΕΝΔΑΡΑΚΗΡΥΞ
ΧΕΡϹΙΚΗΠΤΡΟΝΕΘΗΚΕϹΙΩΠΗϹΑΙΤΕΚΕΛΕΥϹΕΝ
ΑΡΓΕΙΟΥϹΟΔΕΠΕΙΤΑΜΕΤΗΥΔΑΙϹΟΘΕΟϹΦΩϹ
ΑΝΤΙΛΟΧΕΠΡΟϹΘΕΝΠΕΠΝΥΜΕΝΕΠΟΙΟΝΕΡΕΞΑϹ
ΗϹΧΥΝΑϹΜΕΝΕΜΗΝΑΡΕΤΗΝΒΛΑΨΑϹΔΕΜΟΙΙΠΠΟΥϹ
ΤΟΥϹϹΟΥϹΠΡΟϹΘΕΒΑΛΩΝΟΙΤΟΙΠΟΛΥΧΕΙΡΟΝΕϹΕΙϹΙΝ
ΑΛΛΑΓΕΤΑΡΓΕΙΩΝΗΓΗΤΟΡΕϹΗΔΕΜΕΔΟΝΤΕϹ
ΕϹΜΕϹΟΝΑΜΦΟΤΕΡΟΙϹΙΔΙΚΑϹϹΑΤΕΜΗΔ . . . . . .
ΜΗΠΟΤΕΤΙϹΕΙΠΗΙϹΙΝΑΧΑΙΩΝΧΑΛΚΟΧΙΤΩΝΩΝ
ΑΝΤΙΛΟΧΟΝΨΕΥΔΕϹϹΙΒΙΗϹΑΜΕΝΟϹΜΕΝΕΛΑΟϹ
ΟΙΧΕΤΑΙΙΠΠΟΝΑΓΩΝΟΤΙΟΙΠΟΛΥΧΕΙΡΟΝΕϹΗϹΑΝ
ΙΠΠΟΙΑΥΤΟϹΔΕΚΡΕΙϹϹΩΝΑΡΕΤΗΙΤΕΒΙΗΙΤΕ
ΕΙΔΑΓΕΓΩΝΑΥΤΟϹΔΙΚΑϹΩΚΑΙΜΟΥΤΙΝΑΦΗΜΙ
ΑΛΛΟΝΕΠΙΠΛΗΞΕΙΝΔΑΝΑΩΝΙΘΕΙΑΓΑΡΕϹΤΑΙ
ΑΝΤΙΛΟΧΕΙΔΑΓΕΔΕΥΡΟΔΙΟΤΡΕΦΕϹΗΘΕΜΙϹΕϹΤΙ
ϹΤΑϹΙΠΠΩΝΠΡΟΠΑΡΟΙΘΕΚΑΙΑΡΜΑΤΟϹΑΥΤΑΡΙΜΑϹ
ΧΕΡϹΙΝΕΧΕΡΑΔΙΝΗΝΗΙΠΕΡΤΟΠΡΟϹΘΕΝΕΛΑΥΝΕϹ
ΙΠΠΩΝΑΨΑΜΕΝΟϹΓΑΙΗΟΧΟΝΕΝΝΟϹΙΓΑΙΟΝ
ΟΜΝΥΘΙΜΗΜΕΝΕΚΩΝΤΟΕΜΟΝΔΟΛΩΙΑΡΜΑΠΕΔΗϹ
ΤΟΝΔΑΥΤΑΝΤΙΛΟΧΟϹΠΕΠΝΥΜΕΝΟϹΑΝΤΙΟΝΗΥΔΑ
ΑΝϹΧΕΟΝΥΝΠΟΛΛΟΝΓΑΡΕΓΩΓΕΝΕΩΤΕΡΟϹΕΙΜΙ
ϹΕΙΟΑΝΑΞΜΕΝΕΛΑΕϹΥΔΕΠΡΟΤΕΡΟϹΚΑΙΑΡΕΙΩΝ
ΟΙϹΘΟΙΑΙΝΕΟΥΑΝΔΡΟϹΥΠΕΡΒΑϹΙΑΙΤΕΛΕΘΟΥϹΙΝ

ΤΩΙΔΑΡΑΝΙΚΗΘΕΝΤΙΤΙΘΕΙΔΕΠΑϹΑΜΦΙΚΥΠΕΛΛΟ̄
ϹΤΗΔΟΡΘΟϹΚΑΙΜΥΘΟΝΕΝΑΡΓΕΙΟΙϹΙΝΕΕΙΠΕΝ
ΑΤΡΕΙΔΑΙΤΕΚΑΙΑΛΛΟΙΕΥΚΝΗΜΙΔΕϹΑΧΑΙΟΙ
ΑΝΔΡΕΔΥΩΠΕΡΙΤΩΝΔΕΚΕΛΕΥΟΜΕΝΩΠΕΡΑΡΙϹΤΩ
ΠΥΞΜΑΛΑΝΑϹΧΟΜΕΝΩΠΕΠΛΗΓΕΜΕΝΩΔΕΚΑΠΟΛΛΩ̄
ΔΩΗΙΚΑΜΜΟΝΙΗΝΓΝΩΩϹΙΔΕΠΑΝΤΕϹΑΧΑΙΟΙ
ΗΜΙΟΝΟΝΤΑΛΑΕΡΓΟΝΑΓΩΝΚΛΙϹΙΗΝΔΕΦΕΡΕϹΘΩ
ΑΥΤΑΡΟΝΙΚΗΘΕΙϹΔΕΠΑϹΟΙϹΕΤΑΙΑΜΦΙΚΥΠΕΛΛΟ̄
ΩϹΕΦΑΤΩΡΝΥΤΟΔΑΥΤΙΚΑΝΗΡΗΥϹΤΕΜΕΓΑϹΤΕ
ΕΙΔΩϹΠΥΓΜΑΧΙΗϹΥΙΟϹΠΑΝΟΠΗΟϹΕΠΕΙΟϹ
ΑΨΑΤΟΔΗΜΙΟΝΟΥΤΑΛΑΕΡΓΟΥΦΩΝΗϹΕΝΤΕ
ΑϹϹΟΝΙΤΩΟϹΤΙϹΔΕΠΑϹΟΙϹΕΤΑΙΑΜΦΙΚΥΠΕΛΛΟ̄
ΗΜΙΟΝΟΝΔΟΥΦΗΜΙΤΙΝΑΞΕΜΕΝΑΛΛΟΝΑΧΑΙΩ̄
ΠΥΓΜΗΙΝΙΚΗϹΑΝΤΕΠΕΙΕΥΧΟΜΑΙΕΙΝΑΙΑΡΙϹΤΟϹ
ΗΟΥΧΑΛΙϹΟΤΤΙΜΑΧΗϹΕΠΙΔΕΥΟΜΑΙΟΥΔΑΡΑΠΩϹΗ̂ .
ΕΝΠΑΝΤΕϹϹΕΡΓΟΙϹΙΔΑΗΜΟΝΑΦΩΤΑΓΕΝΕϹΘΑΙ
ΩΔΕΓΑΡΕΞΕΡΕΩΚΑΙΜΗΝΤΕΤΕΛΕϹΜΕΝΟΝΕϹΤΑΙ
ΑΝΤΙΚΡΥΧΡΟΑΤΕΡΗΞΩϹΥΝΤΟϹΤΕΑΡΑΞΩ
. . . . ΑΟΛΛΕΕϹΑΥΘΙΜΕΝΟΝΤΩΝ
ΟΙΚΕΜΙΝΕΞΟΙϹΟΥ . . . . . ΗϹΥΠΟΧΕΡϹΙΔΑΜΕΝΤΑ
ΩϹΕΦΑΘΟΙΔΑΡΑΠΑΝΤΕϹΑΚΗΝΕΓΕΝΟΝΤΟϹΙΩΠΗΙ
ΕΥΡΥΑΛΟϹΔΕΟΙΟΙΟϹΑΝΙϹΤΑΤΟΙϹΟΘΕΟϹΦΩϹ
ΜΗΚΙϹΤΕΩϹΥΙΟϹΤΑΛΑΙΟΝΙΔΑΟΑΝΑΚΤΟϹ
ΟϹΠΟΤΕΘΗΒΑϹΔΗΛΘΕΔΕΔΟΥΠΟΤΟϹΟΙΔΙΠΟΔΑΟ
ΕϹΤΑΦΟΝΕΝΘΑΔΕΠΑΝΤΑϹΕΝΙΚΑΚΑΔΜΕΙΩΝΑϹ
ΤΟΝΜΕΝΤΥΔΕΙΔΗϹΔΟΥΡΙΚΛΥΤΟϹΑΜΦΕΠΟΝΕΙΤΟ
ΘΑΡϹΥΝΩΝΕΠΕϹΙΝΜΕΓΑΔΑΥΤΩΙΒΟΥΛΕΤΟΝΙΚΗ̄
ΖΩΜΑΔΕΟΙΠΡΩΤΟΝΠΑΡΑΚΑΜΒΑΛΕΝΑΥΤΑΡΕΠΕΙΤΑ
ΔΩΚΕΝΙΜΑΝΤΑϹΕΥΤΜΗΤΟΥϹΒΟΟϹΑΓΡΑΥΛΟΙΟ
ΤΩΔΕΖΩϹΑΜΕΝΩΒΗΤΗΝΕϹΜΕϹϹΟΝΑΓΩΝΑ
ΑΝΤΑΔΑΝΑϹΧΟΜΕΝΩΧΕΡϹΙϹΤΙΒΑΡΗΙϹΙΝΑΜΑΜΦΩ
ϹΥΝΡΕΠΕϹΟΝϹΥΝΔΕϹΦΙΒΑΡΕΙΑΙΧΕΙΡΕϹΕΜΙΧΘΕ̄
ΔΕΙΝΟϹΔΕΧΡΟΜΑΔΟϹΓΕΝΥΩΝΓΕΝΕΤΕΡΡΕΔΙΔΡΩϹ

xxiii. 656—688.

ΠΑΝΤΟΘΕΝΕΚΜΕΛΕΩΝΕΠΙΔ'ΩΡΝΥΤΟΘΕΙΟΣΕΠΕΙΟΣ
ΚΟΨΕΔΕΠΑΠΤΗΝΑΝΤΑΠΑΡΗΙΟΝΟΥΔΑΡΕΤΙΔΗΝ
ΕΣΤΗΚΕΙΝΑΥΤΟΥΓΑΡΥΠΗΡΙΠΕΦΑΙΔΙΜΑΓΥΙΑ
ΩΣΔΟΘΥΠΟΦΡΙΚΟΣΒΟΡΕΩΑΝΑΠΑΛΛΕΤΑΙΙΧΘΥΣ
ΘΙΝΕΝΦΥΚΙΟΕΝΤΙΜΕΛΑΝΔΕΕΚΥΜΑΚΑΛΥΨΕ̄
ΩΣΠΛΗΓΕΙΣΑΝΕΠΑΛΤ'ΑΥΤΑΡΜΕΓΑΘΥΜΟΣΕΠΕΙΟΣ
ΧΕΡΣΙΛΑΒΩΝΩΡΘΩΣΕΦΙΛΟΙΔΑΜΦΕΣΤΑΝΕΤΑΙΡΟΙ
ΟΙΜΙΝΑΓΟΝΔΙΑΓΩΝΟΣΕΦΕΛΚΟΜΕΝΟΙΣΙΠΟΔΕΣΣῙ
ΑΙΜΑΠΑΧΥΠΤΥΟΝΤΑΚΑΡΗΒΑΛΛΟΝΘΕΤΕΡΩΣΕ
ΚΑΔΔ'ΑΛΛΟΦΡΟΝΕΟΝΤΑΜΕΤΑΣΦΙΣΙΝΕΙΣΑΝΑΓΟΝΤΕΣ
ΑΥΤΟΙΔ'ΟΙΧΟΜΕΝΟΙΚΟΜΙΣΑΝΔΕΠΑΣΑΜΦΙΚΥΠΕΛΛΟ̄
ΠΗΛΕΙΔΗΣΔ'ΑΙΨ'ΑΛΛΑΚΑΤΑΤΡΙΤΑΘΗΚΕΝΑΕΘΛΑ
ΔΕΙΚΝΥΜΕΝΟΣΔΑΝΑΟΙΣΙΠΑΛΑΙΣΜΟΣΥΝΗΣΑΛΕΓΕΙΝʃ
ΤΩΜΕΝΝΙΚΗΣΑΝΤΙΜΕΓΑΝΤΡΙΠΟΔΕΜΠΥΡΙΒΗΤΗ̄
ΤΟΝΔΕΔΥΩΔΕΚΑΒΟΙΟΝΕΝΙΣΦΙΣΙΤΙΟΝΑΧΑΙΟΙ
ΑΝΔΡΙΔΕΝΙΚΗΘΕΝΤΙΓΥΝΑΙΚΕΣΜΕΣΣΟΝΕΘΗΚΕ
ΠΟΛΛΑΔΕΠΙΣΤΑΤΟΕΡΓΑΤΙΟΝΔΕΕΤΕΣΣΑΡΑΒΟΙΟ̄
ΣΤΗΔ'ΟΡΘΟΣΚΑΙΜΥΘΟΝΕΝΑΡΓΕΙΟΙΣΙΝΕΕΙΠΕ̄
ΟΡΝΥΣΘΟΙΚΑΙ . . . .
ΩΣΕΦΑΤ'ΩΡΤΟΔΕ . . . . . ΜΕΓΑΣΤΕΛΑΜΩΝΙΟΣΑΙΑΣ
ΑΝΔ'ΟΔΥΣΣΕΥΣΠΟΛΥΜΗΤΙΣΑΝΙΣΤΑΤΟΚΕΡΔΕΑΕΙΔΩΣ
ΖΩΣΑΜΕΝΩΔ'ΑΡΑΤΩΓΕΒΑΤΗΝΕΣΜΕΣΣΟΝΑΓΩΝΑ
ΑΓΚΑΣΔ'ΑΛΛΗΛΩΝΛΑΒΕΤΗΝΧΕΡΣΙΣΤΙΒΑΡΗΙΣΙΝ
ΩΣΟΤ'ΑΜΕΙΒΟΝΤΕΣΤΟΥΣΤΕΚΛΥΤΟΣΗΡΑΡΕΤΕΚΤΩ̄
ΔΩΜΑΤΟΣΥΨΗΛΟΙΟΒΙΑΣΑΝΕΜΩΝΑΛΕΕΙΝΩ̄
ΤΕΤΡΙΓΕΙΔ'ΑΡΑΝΩΤΑΘΡΑΣΕΙΑΩΝΑΠΟΧΕΙΡΩΝ
ΕΛΚΟΜΕΝΑΣΤΕΡΕΩΣΚΑΤΑΔΕΝΟΤΙΟΣΡΕΕΝΙΔΡΩΣ
ΠΥΚΝΑΙΔΕΣΜΩΔΙΓΓΕΣΑΝΑΠΛΕΥΡΑΣΤΕΚΑΙΩΜΟΥΣ
ΑΙΜΑΤΙΦΟΙΝΙΚΟΕΣΣΑΙΑΝΕΔΡΑΜΟΝΟΙΔΕΜΑΛ'ΑΙΕΙ
ΝΙΚΗΣΙΕΣΘΗΝΤΡΙΠΟΔΟΣΠΕΡΙΠΟΙΗΤΟΙΟ
ΟΥΤΟΔΥΣΣΕΥΣΔΥΝΑΤΟΣΦΗΛΑΙΟΥΔΕΙΔΕΠΕΛΑΣΣΑΙ
ΟΥΤ'ΑΙΑΣΔΥΝΑΤΟΚΡΑΤΕΡΗΔ'ΕΧΕΝΙΣΟΔΥΣΗΟΣ
ΑΛΛ'ΟΤΕΔΗΡΑΝΙΑΖΟΝΕΥΚΝΗΜΙΔΕΣΑΧΑΙΟΙ

ΔΗΤΟΤΕΜΙΝΠΡΟΣΕΕΙΠΕΜΕΓΑΣΤΕΛΑΜΩΝΙΟΣΑΙΑΣ
ΔΙΟΓΕΝΕΣΛΑΕΡΤΙΑΔΗΠΟΛΥΜΗΧΑΝΟΔΥΣΣΕΥ
ΗΜΑΝΑΕΙΡΗΕΓΩΣΕΤΑΔΑΥΔΙΙΠΑΝΤΑΜΕΛΗΣΕΙ
ΩΣΕΙΠΩΝΑΝΑΕΙΡΕΔΟΛΟΥΔΟΥΛΗΘΕΤΟΔΥΣΣΕΥΣ
ΚΟΨΟΠΙΘΕΝΚΩΛΗΠΑΤΥΧΩΝΥΠΕΛΥΣΕΔΕΓΥΙΑ
ΚΑΔΔΕΒΑΛΕΞΟΠΙΣΩΕΠΙΔΕΣΤΗΘΕΣΣΙΝΟΔΥΣΣΕΥΣ
ΚΑΠΠΕΣΕΛΑΟΙΔΑΥΘΗΕΥΝΤΟΤΕΘΑΜΒΗΣΑΝΤΕ
ΔΕΥΤΕΡΟΣΑΥΤΑΝΑΕΙΡΕΠΟΛΥΤΛΑΣΔΙΟΣΟΔΥΣΣΕΥΣ
ΚΙΝΗΣΕΝΔΑΡΑΤΥΤΘΟΝΑΠΟΧΘΟΝΟΣΟΥΔΕΤΑΕΙΡΕ̄
ΕΝΔΕΓΟΝΥΓΝΑΜΨΕΝΕΠΙΔΕΧΘΟΝΙΚΑΠΠΕΣΟΝΑΜΦΩ
ΠΛΗΣΙΟΙΑΛΛΗΛΟΙΣΙΜΙΑΝΘΗΣΑΝΔΕΚΟΝΙΗΙ
ΚΑΙΝΥΚΕΤΟΤΡΙΤΟΝΑΥΤΙΣΑΝΑΙΞΑΝΤΕΠΑΛΑΙΟΝ
ΕΙΜΗΑΧΙΛΛΕΥΣΑΥΤΟΣΑΝΙΣΤΑΤΟΚΑΙΚΑΤΕΡΥΚΕ
ΜΗΚΕΤΕΡΕΙΔΕΣΘΟΝΜΗΔΕΤΡΙΒΕΣΘΕΚΑΚΟΙΣΙ
ΝΙΚΗΔΑΜΦΟΤΕΡΟΙΣΙΝΑΕΘΛΙΑΔΕΙΣΑΝΕΛΟΝΤΕΣ
ΕΡΧΕΣΘΟΦΡΑΚΑΙΑΛΛΟΙΑΕΘΛΕΥΩΣΙΝΑΧΑΙΟΙ
ΩΣΕΦΑΘΟΙΔΑΡΑΤΟΥΜΑΛΑΜΕΝΚΛΥΟΝΗΔΕΠΙΘΟΝΤΟ
ΚΑΙΡΑΠΟΜΟΡΞΑΜΕΝΩΙΚΟΝΙΗΝΔΥΣΑΝΤΟΧΙΤΩΝΑΣ
ΠΗΛΕΙΔΗΣΔΑΙΨΑΛΛΑΤΙΘΕΙΤΑΧΥΤΗΤΟΣΑΕΘΛΑ
ΑΡΓΥΡΕΟΝΚΡΗΤΗΡΑΤΕΤΥΓΜΕΝΟΝΕΞΔΑΡΑΜΕΤΡΑ
ΧΑΝΔΑΝΕΝΑΥΤΑΡΚΑΛΛΕΙΕΝΙΚΑΠΑΣΑΝΕΠΑΙΑΝ
ΠΟΛΛΟΝΕΠΕΙΣΙΔΟΝΕΣΠΟΛΥΔΑΙΔΑΛΟΙΕΥΗΣΚΗΣᾹ
ΦΟΙΝΙΚΕΣΔΑΓΟΝΑΝΔΡΕΣΕΠΗΕΡΟΕΙΔΕΑΠΟΝΤΟ̄
ΣΤΗΣΑΝΔΕΝΛΙΜΕΝΕΣΣΙΘΟΑΝΤΙΔΕΔΩΡΟΝΕΔΩΚᾹ
ΠΑΤΡΟΚΛΩΙΗΡΩΙΙΗΣΟΝΙΔΗΣΕΥΝΗΟΣ
ΚΑΙΤΟΝΑΧΙΛΛΕΥΣΘΗΚΕΝΑΕΘΛΙΟΝΟΥΕΤΑΡΟΙΟ
ΟΣΤΙΣΕΛΑΦΡΟΤΑΤΟΣΠΟΣΙΚΡΑΙΠΝΟΙΣΙΠΕΛΟΙΤΟ
ΔΕΥΤΕΡΩΙΑΥΒΟΥΝΘΗΚΕΜΕΓΑΝΚΑΙΠΙΟΝΑΔΗΜΩΙ
ΗΜΙΤΑΛΑΝΤΟΝΔΕΧΡΥΣΟΥΛΟΙΣΘΗΙΕΘΗΚΕΝ
ΣΤΗΔΟΡΘΟΣΚΑΙΜΥΘΟΝΕΝΑΡΓΕΙΟΙΣΙΝΕΕΙΠΕΝ
ΟΡΝΥΣΘΟΙΚΑΙΤΟΥΤΟΥΑΕΘΛΟΥΠΕΙΡΗΣΕΣΘΕ
ΩΣΕΦΑΤΩΡΝΥΤΟΔΑΥΤΙΚΟΙΛΗΟΣΤΑΧΥΣΑΙΑΣ
ΑΝΔΟΔΥΣΣΕΥΣΠΟΛΥΜΗΤΙΣΕΠΕΙΤΑΔΕΝΕΣΤΟΡΟΣΥΙΟΣ

ΑΝΤΙΛΟΧΟΣΟΓΑΡΑΥΤΕΝΕΟΥΣΠΟΣΙΠΑΝΤΑΣΕΝΙΚΑ
ΣΤΑΝΔΕΜΕΤΑΣΤΟΙΧΙΣΗΜΗΝΕΔΕΤΕΡΜΑΤΑΧΙΛΛΕΥΣ
ΤΟΙΣΙΔΑΠΟΝΥΣΣΗΣΤΕΤΑΤΟΔΡΟΜΟΣΩΚΑΔΕΠΕΙΤΑ
ΕΚΦΕΡΟΙΛΙΑΔΗΣΕΠΙΔΩΡΝΥΤΟΔΙΟΣΟΔΥΣΣΕΥΣ
ΑΓΧΙΜΑΛΩΣΟΤΕΤΙΣΤΕΓΥΝΑΙΚΟΣΕΥΖΩΝΟΙΟ
ΣΤΗΘΕΟΣΕΣΤΙΚΑΝΩΝΟΝΤΕΥΜΑΛΑΧΕΡΣΙΤΑΝΥΣΣΗ
ΠΗΝΙΟΝΕΞΕΛΚΟΥΣΑΠΑΡΕΚΜΙΤΟΝΑΓΧΟΘΙΔΙΣΧΕΙ
ΣΤΗΘΕΟΣΩΣΟΔΥΣΕΥΣΘΕΕΝΕΓΓΥΘΕΝΑΥΤΑΡΟΠΙΣΘΕ̄
ΙΧΝΙΑΤΥΠΤΕΠΟΔΕΣΣΙΠΑΡΟΣΚΟΝΙΝΑΜΦΙΧΥΘΗΝΑΙ
ΚΑΔΔΑΡΑΟΙΚΕΦΑΛΗΣΧΕΑΥΤΜΕΝΑΔΙΟΣΟΔΥΣΣΕΥΣ
ΑΙΕΙΡΙΜΦΑΘΕΩΝΙΑΧΟΝΔΕΠΙΠΑΝΤΕΣΑΧΑΙΟΙ
ΝΙΚΗΣΙΕΜΕΝΩΙΜΑΛΑΔΕΣΠΕΥΔΟΝΤΙΚΕΛΕΥΟΝ
ΑΛΛΟΤΕΔΗΠΥΜΑΤΟΝΤΕΛΕΟΝΔΡΟΜΟΝΑΥΤΙΚΟΔΥΣΣ
ΕΥΧΕΤΑΘΗΝΑΙΗΙΓΛΑΥΚΩΠΙΔΙΟΝΚΑΤΑΘΥΜΟΝ
ΚΛΥΘΙΘΕΑΑΓΑΘΗΜΟΙΕΠΙΡΡΟΘΟΣΕΛΘΕΠΟΔΟΙΙΝ
ΩΣΕΦΑΤΕΥΧΟΜΕΝΟΣΤΟΥΔΕΚΛΥΕΠΑΛΛΑΣΑΘΗΝΗ
ΓΥΙΑΔΕΘΗΚΕΝΕΛΑΦΡΑΠΟΔΑΣΚΑΙΧΕΙΡΑΣΥΠΕΡΘΕ̄
ΑΛΛΟΤΕΔΗΤΑΧΕΜΕΛΛΟΝΕΠΑΙΞΑΣΘΑΙΑΕΘΛΟΝ
ΕΝΘΑΙΑΣΜΕΝΟΛΙΣΘΕΘΕΩΝΒΛΑΨΕΝΓΑΡΑΘΗΝΗ
ΤΗΙΡΑΒΟΩΝΚΕΧΥΤΟΝΘΟΣΑΠΟΚΤΑΜΕΝΩΝΕΡΙΜΥΚΩ̄
ΟΥΣΕΠΙΠΑΤΡΟΚΛΩΙΠΕΦΝΕΝΠΟΔΑΣΩΚΥΣΑΧΙΛΛΕΥΣ
ΕΝΔΟΝΘΟΥΒΟΕΟΥΠΛΗΤΟΣΤΟΜΑΤΕΡΙΝΕΣΤΕ
ΚΡΗΤΗΡΑΥΤΑΝΑΕΙΡΕΠΟΛΥΤΛΑΣΔΙΟΣΟΔΥΣΣΕΥΣ
ΩΣΗΛΘΕΦΘΑΜΕΝΟΣΟΔΕΒΟΥΝΕΛΕΦΑΙΔΙΜΟΣΑΙΑΣ
ΣΤΗΔΕΚΕΡΑΣΜΕΤΑΧΕΡΣΙΝΕΧΩΝΒΟΟΣΑΓΡΑΥΛΟΙΟ
ΟΝΘΟΝΑΠΟΠΤΥΩΝΜΕΤΑΔΑΡΓΕΙΟΙΣΙΝΕΕΙΠΕΝ
ΩΠΟΠΟΙΗΜΕΒΛΑΨΕΘΕΑΠΟΔΑΣΗΤΟΠΑΡΟΣΠΕΡ
ΜΗΤΗΡΩΣΟΔΥΣΗΙΠΑΡΙΣΤΑΤΑΙΗΔΕΠΑΡΗΓΕΙ
ΩΣΕΦΑΘΟΙΔΑΡΑΠΑΝΤΕΣΕΠΑΥΤΩΙΗΔΥΓΕΛΑΣΣᾹ
ΑΝΤΙΛΟΧΟΣΔΑΡΑΛΟΙΣΘΗΙΟΝΕΚΦΕΡΑΕΘΛΟΝ
ΜΕΙΔΙΟΩΝΚΑΙΜΥΘΟΝΕΝΑΡΓΕΙΟΙΣΙΝΕΕΙΠΕΝ
ΕΙΔΟΣΙΝΥΜΜΕΡΕΩΠΑΣΙΝΦΙΛΟΙΩΣΕΤΙΚΑΙΝῩ
ΑΘΑΝΑΤΟΙΤΙΜΩΣΙΠΑΛΑΙΟΤΕΡΟΥΣΑΝΘΡΩΠΟΥΣ

xxiii. 756—788.

ΠΑΝΤΑϹΑΕΙΡΑΜΕΝΟϹΠΕΛΕΚΕΑϹΚΑΙϹΙΗΝΔΕΦΕΡΕϹΘΩ
ΟϹΔΕΙΚΕΜΗΡΙΝΘΟΙΟΤΥΧΗΙΟΡΝΙΘΟϹΑΜΑΡΤΩΝ
ΗϹϹΩΝΓΑΡΔΗΚΕΙΝΟϹΟΔΟΙϹΕΤΑΙΗΜΙΠΕΛΕΚΚΑ
ΩϹΕΦΑΤΩΡΤΟΔΕΠΕΙΤΑΒΙΗΤΕΥΚΡΟΙΟΑΝΑΚΤΟϹ
ΑΝΔΑΡΑΜΗΡΙΟΝΗϹΘΕΡΑΠΩΝΕΥϹΙΔΟΜΕΝΗΟϹ
ΚΛΗΡΟΥϹΔΕΝΚΥΝΕΗΙΧΑΛΚΗΡΕΙΠΑΛΛΟΝΕΛΟΝΤΕϹ
ΤΕΥΚΡΟϹΔΕΠΡΩΤΟϹΚΛΗΡΩΙΛΑΧΕΝΑΥΤΙΚΑΔΙΟΝ
ΗΚΕΝΕΠΙΚΡΑΤΕΩϹΟΥΔΗΠΕΙΛΗϹΕΝΑΝΑΚΤΙ
ΟΡΝΙΘΟϹΜΕΝΑΜΑΡΤΕΜΕΓΗΡΕΓΑΡΟΙΤΟΓΑΠΟΛΛΩ
ΑΥΤΑΡΟΜΗΡΙΝΘΟΝΒΑΛΕΠΑΡΠΟΔΑΤΗΙΔΕΔΕΤΟΡΝΙϹ
ΑΝΤΙΚΡΥΔΑΠΟΜΗΡΙΝΘΟΝΤΑΜΕΠΙΚΡΟϹΟΙϹΤΟϹ
ΗΜΕΝΕΠΕΙΤΗΙΞΕΠΡΟϹΟΥΡΑΝΟΝΗΔΕΠΑΡΕΙΘΗ
ΜΗΡΙΝΘΟϹΠΡΟΤΙΓΑΙΑΝΑΤΑΡΚΕΛΑΔΗϹΑΝΑΧΑΙΟΙ
ϹΠΕΡΧΟΜΕΝΟϹΔΑΡΑΜΗΡΙΟΝΗϹΕΞΕΙΡΥϹΕΧΕΙΡΟϹ
ΤΟΞΟΝΑΤΑΡΔΗΟΙϹΤΟΝΕΧΕΝΠΑΛΑΙΩϹΙΘΥΝΕΝ
ΑΥΤΙΚΑΔΗΠΕΙΛΗϹΕΝΕΚΗΒΟΛΩΙΑΠΟΛΛΩΝΙ
. . . . ΚΛΕΙΤΗΝΕΙΚΑ . . . . . .
ΥΨΙΔΥΠΟΝΕΦΕΩΝΙΔΕΤΟΤΡΗΡΩΝΑΠΕΛΕΙΑΝ
ΤΗΙΡΟΓΕ . . ΝΕΥΟΥϹΑΝΥΠΟΠΤΕΡΥΓΟϹΛΑΒΕΜΕϹϹΗ
ΑΝΤΙΚΡΥΔΕΔΙΗΛΘΕΒΕΛΟϹΤΟΜΕΝΑΨΕΠΙΓΑΙΗΙ
ΠΡΟϹΘΕΝΜΗΡΙΟΝΑΟΠΑΓΗΠΟΔΟϹΑΥΤΑΡΗΟΡΝΙϹ
ΙϹΤΩΙΕΦΕΖΟΜΕΝΗΝΗΟϹΚΥΑΝΟΠΡΩΡΟΙΟ
ΑΥΧΕΝΑΠΕΚΡΕΜΑϹΕΝϹΥΝΔΕΠΤΕΡΑΠΥΚΝΑΛΙΑϹΘΕ
ΩΚΥϹΔΕΙΚΜΕΛΕΩΝΘΥΜΟϹΠΤΑΤΟΤΗΛΕΔΑΠΑΥΤΟΥ
ΚΑΠΠΕϹΕΛΑΟΙΔΑΥΘΗΕΥΝΤΟΤΕΘΑΜΒΗϹΑΝΤΕ
ΑΝΔΑΡΑΜΗΡΙΟΝΗϹΠΕΛΕΚΕΑϹΔΕΙΚΑΠΑΝΤΑϹΑΕΙΡΕ
ΤΕΥΚΡΟϹΔΗΜΙΠΕΛΕΙΚΚΑΦΕΡΕΝΚΟΙΛΑϹΕΠΙΝΗΑϹ
ΑΥΤΑΡΠΗΛΕΙΔΗϹΚΑΤΑΜΕΝΔΟΛΙΧΟϹΚΙΟΝΕΓΧΟϹ
ΚΑΔΔΕΛΕΒΗΤΑΠΥΡΟΝΒΟΟϹΑΞΙΟΝΑΝΘΕΜΟΕΝΤΑ
ΘΗΚΕϹΑΓΩΝΑΦΕΡΩΝΚΑΙΡΗΜΟΝΕϹΑΝΔΡΕϹΑΝΕϹΤΑ
ΑΝΜΕΝΑΡΑΤΡΕΙΔΗϹΕΥΡΥΚΡΕΙΩΝΑΓΑΜΕΜΝΩΝ
ΑΝΔΑΡΑΜΗΡΙΟΝΗϹΘΕΡΑΠΩΝΕΥϹΙΔΟΜΕΝΗΟϹ
ΤΟΙϹΙΔΕΚΑΙΜΕΤΕΕΙΠΕΠΟΔΑΡΚΗϹΔΙΟϹΑΧΙΛΛΕΥϹ

ΑΤΡΕΙΔΗΪΔΜΕΝΓΑΡΟϹΟΝΠΡΟΒΕΒΗΚΑϹΑΠΑΝΤΩ̄
ἩΔΟϹϹΟΝΔΥΝΑΜΕΙΤΕΚΑΙΉΜΑϹΙΝΕΠΛΕΥΑΡΙϹΤΟϹ
ΑΛΛΑϹΥΜΕΝΤΟΔΑΕΘΛΟΝΈΧΩΝΚΟΙΛΑϹΕΠΙΝΗΑϹ
ΈΡΧΕΥΑΤΑΡΔΟΡΥΜΗΡΙΟΝΗΙΗΡΩΙΠΟΡΩΜΕΝ
ΕΙϹΥΓΕϹΩΙΘΥΜΩΙΕΘΈΛΕΙϹΚΈΛΟΜΑΙΓΑΡΈΓΩΓΕ
ΩϹΈΦΑΤ'ΟΥΔ'ΑΠΊΘΗϹΕΝΑΝΑΞΑΝΔΡΩΝΑΓΑΜΈΜΝΩ̄
ΔΩ͂ΚΕΔΕΜΗΡΙΟΝΗΙΔΌΡΥΧΑΛΚΕΟΝΑΥΤΑΡΟΓΉΡΩϹ
ΤΑΛΘΥΒΊΩΙΚΉΡΥΚΙΔΙΔΟΥΠΕΡΙΚΑΛΛΕϹΆΕΘΛΟΝ

Ω

ΛΥΤΟΔΑΓΩΝΛΑΟΪΔΕΘΟΑϹΕΠΙΝΗΑϹΕΙΚΑϹΤΟΙ
ΕϹΚΙΔΝΑΝΤΊΕΝΑΙΤΟΙΜΕΝΔΌΡΠΟΙΟΜΕΔΟΝΤΟ
ΥΠΝΟΥΤΕΓΛΥΚΕΡΟΥ͂ΤΑΡΠΗΜΕΝΑΙΑΥΤΑΡΑΧΙΛΛΕΥ͂Ϲ
. . . . Ο .
. . . .
ΠΑΤΡΌΚΛΟΥΠΟΘΕΩΝΑΝΔΡΟΤΗΤΑ . . . . . ΜΕΝΟϹΗΥ
ΗΔ'ΟΠΟϹΑΤΟΛΥΠΕΥϹΕϹΥΝΑΥΤΩΙΚΑΙΠΑΘΕΝΑΛΓΕΑ
ΑΝΔΡΩΝΤΕΠΤΟΛΕΜΟΥϹΑΛΕΓΕΙΝΑΤΕΚΥΜΑΤΑΠΕΙΡΩ̄
ΤΩ͂ΝΜΙΜΝΗϹΚΟΜΕΝΟϹΘΑΛΕΡΟΝΚΑΤΑΔΑΚΡΥΟΝΕΙΒΕΝ
ΑΛΛΟΤΕΠΙΠΛΕΥΡΑϹΚΑΤΑΚΕΙΜΕΝΟϹΑΛΛΟΤΕΔΑΥΤΕ
ΥΠΤΙΟϹΑΛΛΟΤΕΔΗΠΡΗΝΗϹΤΟΤΕΔΟΡΘΟϹΑΝΑϹΤΑϹ
ΔΙΝΕΎΕϹΚ'ΑΛΥΩΝΠΑΡΑΘΙΝ'ΑΛΟϹΟΥΔΈΜΙΝΗΩϹ
ΦΑΙΝΟΜΈΝΗΛΗΘΕϹΚΕΝΥΠΕΙΡΑΛΑΤΗΙΌΝΑϹΤΕ
ΑΛΛ'ΟΓΕΠΙΖΕΥΞΕΙΕΝΥΦ'ΑΡΜΑϹΙΝΩΚΕΑϹΙΠΠΟΥϹ
ΈΚΤΟΡΑΔ'ΕΛΚΕϹΘΑΙΔΗϹΑϹΚΕΤΟΔΙΦΡΟΥΟΠΙϹΘΕ̄
ΤΡΙϹΔ'ΕΡΥϹΑϹΠΕΡΙϹΗΜΑΜΕΝΟΙΤΙΑΔΑΟΘΑΝΌΝΤΟϹ
ΑΥΤΙϹΕΝΙΚΛΙϹΙΗΙΠΑΥΕϹΚΕΤΟΤΟΝΔΕΤ'ΕΑϹΚΕΝ
ΕΝΚΟΝΙΕΚΤΑΝΥϹΑϹΠΡΟΠΡΗΝΕΑΤΟΙΟΔ'ΑΠΟΛΛΩ̄
ΠΑϹΑΝΑΕΙΚΕΊΗΝΑΠΕΧΕΧΡΟΪΦΩ͂Τ'ΕΛΕΑΊΡΩΝ
ΚΑΙΤΕΘΝΕΙΌΤΑΠΕΡΠΕΡΙΔΑΙΓΙΔΙΠΑΝΤΑΚΑΛΥΠΤΕ̄

xxiii. 890—xxiv. 20.

ΧΡΥϹΕΩΙΕΝΔΕΠΑΪΟΦΡΑΛΕΙΨΑΝΤΕΚΙΟΙΤΗΝ
ϹΤΗΔΙΠΠΩΝΠΡΟΠΑΡΟΙΘΕΝΕΠΟϹΤΕΜΙΝΑΝΤΙΟΝΗΥΔΑ
ΤΗϹΠΕΙϹΟΝΔΙΙΠΑΤΡΙΚΑΙΕΥΧΕΟΟΙΚΑΔΙΚΕϹΘΑΙ
ΑΨΕΚΔΥϹΜΕΝΕΩΝΑΝΔΡΩΝΕΠΕΙΑΡϹΕΓΕΘΥΜΟϹ
ΟΤΡΥΝΕΙΕΠΙΝΗΑϹΕΜΕΙΟΜΕΝΟΥΚΕΘΕΛΟΥϹΗϹ
ΙΔΑΙΩΙΟϹΤΕΤΡΟΙΗΝΚΑΤΑΠΑϹΑΝΟΡΑΤΑΙ
ΑΙΤΕΙΔΟΙΩΝΟΝΤΑΧΥΝΑΓΓΕΛΟΝΟϹΤΕΟΙΑΥΤΩΙ
ΦΙΛΤΑΤΟϹΟΙΩΝΩΝΚΑΙΕΥΚΡΑΤΟϹΕϹΤΙΜΕΓΙϹΤΟ̄
ΔΕΞΙΟΝΟΦΡΑΜΙΝΑΥΤΟϹΕΝΟΦΘΑΛΜΟΙϹΙΝΟΗϹΑϹ
ΤΩΙΠΙϹΥΝΟϹΕΠΙΝΗΑϹΙΗϹΔΑΝΑΩΝΤΑΧΥΠΩΛΩ̄
ΕΙΔΕΤΟΙΟΥΔΩϹΕΙΕΟΝΑΓΓΕΛΟΝΕΥΡΥΟΠΑΖΕΥϹ
ΟΥΚΑΝΕΓΩΓΕϹΕΠΕΙΤΑΕΠΟΤΡΥΝΟΥϹΑΚΕΛΟΙΜΗ̄
ΝΗΑϹΕΠΑΡΓΕΙΩΝΙΕΝΑΙΜΑΛΑΠΕΡΜΕΜΑΩΤΑ
ΤΗΝΔΑΠΑΜΕΙΒΟΜΕΝΟϹΠΡΟϹΕΦΗΠΡΙΑΜΟϹΘΕΟΕΙΔΗϹ
ΩΓΥΝΑΙΟΥΜΕΝΤΟΙΤΟΔΕΦΙΕΜΕΝΗΑΠΙΘΗϹΩ
ΕϹΘΛΟΝΓΑΡΔΙΙΧΕΙΡΑϹΑΝΑϹΧΕΜΕΝΑΙΚΕΛΕΗϹΗΙ
ΗΡΑΚΑΙΑΜΦΙΠΟΛΟΝΤΑΜΙΗΝΩΤΡΥΝΟΓΕΡΑΙΟϹ
ΧΕΡϹΙΝΥΔΩΡΕΠΙΧΕΥΑΙΑΚΗΡΑΤΟΝΗΔΕΠΑΡΕϹΤΗ
ΧΕΡΝΙΒΟΝΑΜΦΙΠΟΛΟϹΠΡΟΧΟΟΝΘΑΜΑΧΕΡϹΙΝΕΧΟΥϹΑ
ΝΙΨΑΜΕΝΟϹΔΕΚΥΠΕΛΛΟΝΕΔΕΞΑΤΟΗϹΑΛΟΧΟΙΟ
ΕΥΧΕΤΕΠΕΙΤΑϹΤΑϹΜΕϹΩΙΕΡΚΕΙΛΕΙΒΕΔΕΟΙΝΟ̄
ΟΥΡΑΝΟΝΕΙϹΑΝΙΔΩΝΚΑΙΦΩΝΗϹΑϹΕΠΟϹΗΥΔΑ
ΖΕΥΠΑΤΕΡΙΔΗΘΕΝΜΕΔΕΩΝΚΥΔΙϹΤΕΜΕΓΙϹΤΕ
ΔΟϹΜΕϹΑΧΙΛΗΟϹΦΙΛΟΝΕΛΘΕΙΝΗΔΕΛΕΕΙΝΟΝ
ΠΕΜΨΟΝΔΟΙΩΝΟΝΤΑΧΥΝΑΓΓΕΛΟΝΟϹΤΕϹΟΙΑΥΤΩΙ
ΦΙΛΤΑΤΟϹΟΙΩΝΩΝΚΑΙΕΥΚΡΑΤΟϹΕϹΤΙΜΕΓΙϹΤΟΝ
ΔΕΞΙΟΝΟΦΡΑΜΙΝΑΥΤΟϹΕΝΟΦΘΑΛΜΟΙϹΙΝΟΗϹΑϹ
ΤΩΙΠΙϹΥΝΟϹΕΠΙΝΗΑϹΙΩΔΑΝΑΩΝΤΑΧΥΠΩΛΩ̄
ΩϹΕΦΑΤΕΥΧΟΜΕΝΟϹΤΟΥΔΕΚΛΥΕΜΗΤΙΕΤΑΖΕΥϹ
ΑΥΤΙΚΑΔΑΙΕΤΟΝΗΚΕΤΕΛΕΙΟΤΑΤΟΝΠΕΤΕΗΝΩΝ
ΜΟΡΦΝΟΝΘΗΡΗΤΗΡΟΝΚΑΙΠΕΡΚΝΟΝΚΑΛΕΟΥϹΙΝ
ΟϹϹΗΔΥΨΟΡΟΦΟΙΟΘΥΡΗΘΑΛΑΜΟΙΟΤΕΤΥΚΤΑΙ
ΑΝΕΡΟϹΑΦΝΕΙΟΙΟΕΥΚΛΗΙϹΑΡΑΡΥΙΑ

ΤΟϹϹΑΡΑΤΟΥΕΚΑΤΕΡΘΕΝΕϹΑΝΠΤΥΡΟϹΕΙϹΑΤΟΔΕϹΦΙ
ΔΕΞΙΟϹΑΙΞΑϹΥΠΕΡΑϹΤΕΟϹΟΙΔΕΙΔΟΝΤΕϹ
ΓΗΘΗϹΑΝΚΑΙΠΑϹΙΝΕΝΙΦΡΕϹΙΘΥΜΟϹΙΑΝΘΗ
ϹΠΕΡΧΟΜΕΝΟϹΔΟΓΕΡΩΝΞΕϹΤΟΥΕΠΕΒΗϹΕΤΟΔΙΦ[ς]
ΕΚΔΕΛΑϹΕΝΠΡΟΘΥΡΟΙΟΚΑΙΑΙΘΟΥϹΗϹΕΡΙΔΟΥΠΟΥ
ΠΡΟϹΘΕΜΕΝΗΜΙΟΝΟΙΕΛΚΟΝΤΕΤΡΑΚΥΚΛΟΝΑΠΗΝΗ̄
ΤΑϹΙΔΑΙΟϹΕΛΑΥΝΕΔΑΙΦΡΩΝΑΥΤΑΡΟΠΙϹΘΕΝ
ΙΠΠΟΙΤΟΥϹΟΓΕΡΩΝΕΦΕΠΩΝΜΑϹΤΙΓΙΚΕΛΕΥΕ̄
ΚΑΡΠΑΛΙΜΩϹΚΑΤΑΑϹΤΥΦΙΛΟΙΔΑΜΑΠΑΝΤΕϹΕΠΟΝΤΟ
ΠΟΛΛΟΛΟΦΥΡΟΜΕΝΟΙΩϹΕΙΘΑΝΑΤΟΝΤΕΚΙΟΝΤΑ
ΟΙΔΕΠΕΙΟΥΝΠΟΛΙΟϹΚΑΤΕΒΑΝΠΕΔΙΟΝΔΑΦΙΚΟΝΤΟ
ΟΙΜΕΝΑΡΑΨΟΡΡΟΙΠΡΟΤΙΙΛΙΟΝΑΠΟΝΕΟΝΤΟ
ΠΑΙΔΕϹΚΑΙΓΑΜΒΡΟΙΤΩΔΟΥΛΑΘΟΝΕΥΡΥΟΠΑΖΗ
ΕϹΠΕΔΙΟΝΠΡΟΦΑΝΕΝΤΕΙΔΩΝΔΕΛΕΗϹΕΓΕΡΟΝΤΑ
ΑΙΨΑΔΑΡΕΡΜΕΙΑΝΥΙΟΝΦΙΛΟΝΑΝΤΙΟΝΗΥΔΑ
ΕΡΜΕΙΑϹΟΙΤΕΜΑΛΙϹΤΑΓΕΦΙΛΤΑΤΟΝΕϹΤΙΝ
ΑΝΔΡΙΕΤΑΙΡΙϹϹΑΙΚΑΙΕΚΛΥΕϹΩΙΚΕΘΕΛΗΙϹΘΑ
ΒΑϹΚΙΘΙΚΑΙΠΡΙΑΜΟΝΚΟΙΛΑϹΕΠΙΝΗΑϹΑΧΑΙΩ̄
ΩϹΑΓΑΓΩϹΜΗΤΑΡΤΙϹΙΔΗΙΜΗΤΑΡΤΕΝΟΗϹΗΙ
ΤΩΝΑΛΛΩΝΔΑΝΑΩΝΠΡΙΝΠΗΛΕΙΩΝΑΔΙΚΕϹΘΑΙ
ΩϹΕΦΑΤΟΥΔΑΠΙΘΗϹΕΔΙΑΚΤΟΡΟϹΑΡΓΕΙΦΟΝΤΗϹ
ΑΥΤΙΚΑΔΕΠΕΙΘΥΠΟΠΟϹϹΙΝΕΔΗϹΑΤΟΚΑΛΑΠΕΔΕΙΛΑ
ΑΜΒΡΟϹΙΑΧΡΥϹΕΙΑΤΑΜΙΝΦΕΡΟΝΗΜΕΝΕΦΥΓΡΗ̄
ΗΔΕΠΑΠΕΙΡΟΝΑΓΑΙΑΝΑΜΑΠΝΟΙΗΙϹΑΝΕΜΟΙΟ
ΕΙΛΕΤΟΔΕΡΑΒΔΟΝΤΗΙΤΑΝΔΡΩΝΟΜΜΑΤΑΘΕΛΓΕΙ
ΩΝΕΘΕΛΗΙΤΟΥϹΔΑΥΤΕΚΑΙΥΠΝΩΟΝΤΑϹΕΓΕΙΡΕΙ
ΤΗΝΜΕΤΑΧΕΡϹΙΝΕΧΩΝΠΕΤΕΤΟΚΡΑΤΥϹΑΡΓΕΙΦΟΝ[ς]
ΑΙΨΑΔΑΡΑΤΡΟΙΗΝΤΕΚΑΙΕΛΛΗϹΠΟΝΤΟΝΙΚΑΝΕ
ΒΗΔΙΕΝΑΙΚΟΥΡΩΙΑΙϹΥΗΤΗΡΙΕΟΙΚΩϹ
ΠΡΩΤΟΝΥΠΗΝΗΤΗΙΤΟΥΠΕΡΧΑΡΙΕϹΤΑΤΗΗΒΗ
ΟΙΔΕΠΕΙΟΥΝΜΕΓΑϹΗΜΑΠΑΡΕΞΙΛΟΙΟΕΛΑϹϹΑΝ
ϹΤΗϹΑΝΑΡΗΜΙΟΝΟΥϹΤΕΚΑΙΙΠΠΟΥϹΟΦΡΑΠΙΟΙΕ̄
ΕΝΠΟΤΑΜΩΙΔΗΓΑΡΚΑΙΕΠΙΚΝΕΦΑϹΗΛΥΘΕΓΑΙΑΝ

ΤΟΝΔΕΞΑΓΧΙΜΟΛΟΙΟΙΔΩΝΕΦΡΑϹϹΑΤΟΚΗΡΥΞ
ΕΡΜΕΙΑΝΠΡΟΤΙΔΕΠΡΙΑΜΟΝΦΑΤΟΦΩΝΗϹΕΝΤΕ
ΦΡΑΖΕΟΔΑΡΔΑΝΙΔΗΦΡΑΔΕΟϹΝΟΟΥΕΡΓΑΤΕΤΥΚΤΑΙ
ΑΝΔΡΟΡΟΩΤΑΧΑΔΑΜΜΕΔΙΑΡΡΑΙϹΕϹΘΑΙΟΙΩ
ΑΛΛΑΓΕΔΗΦΕΥΓΩΜΕΝΕΦΙΠΠΩΝΗΜΙΝΕΠΕΙΤΑ
ΓΟΥΝΩΝΑΨΑΜΕΝΟΙΛΙΤΑΝΕΥϹΟΜΕΝΑΙΚΕΛΕΗϹΗΙ
ΩϹΦΑΤΟϹΥΝΔΕΓΕΡΟΝΤΙΝΟΟϹΧΥΤΟΔΕΙΔΙΕΔΑΙΝΩϹ
ΟΡΘΑΙΔΕΤΡΙΧΕϹΕϹΤΑΝΕΝΙΓΝΑΜΠΤΟΙϹΙΜΕΛΕϹϹΙΝ
ϹΤΗΔΕΤΑΦΩΝΑΥΤΟϹΔΕΡΙΟΥΝΙΟϹΕΓΓΥΘΕΝΕΛΘΩ
ΧΕΙΡΑΓΕΡΟΝΤΟϹΕΛΩΝΕΞΕΙΡΕΤΟΚΑΙΠΡΟϹΕΕΙΠΕ
ΠΗΠΑΤΕΡΩΔΙΠΠΟΥϹΤΕΚΑΙΗΜΙΟΝΟΥϹΙΘΥΝΕΙϹ
ΝΥΚΤΑΔΙΑΜΒΡΟϹΙΗΝΟΤΕΘΕΥΔΟΥϹΙΝΒΡΟΤΟΙΑΛΛΟΙ
ΟΥΔΕϹΥΓΕΔΔΕΙϹΑϹΜΕΝΕΑΠΝΕΙΟΝΤΑϹΑΧΑΙΟΥϹ
ΟΥΤΟΙΔΥϹΜΕΝΕΕϹΚΑΙΑΝΑΡϹΙΟΙΕΓΓΥϹΕΑϹΙΝ
ΤΩΝΕΙΤΙϹϹΕΙΔΟΙΤΟΘΟΗΝΔΙΑΝΥΚΤΑΜΕΛΑΙΝΑΝ
ΤΟϹϹΑΔΟΝΕΙΑΤΑΓΟΝΤΑΤΙϹΑΝΔΗΤΟΙΝΟΟϹΕΙΗΙ
ΟΥΤΑΥΤΟϹΝΕΟϹΕϹϹΙΓΕΡΩΝΔΕΤΟΙΟΥΤΟϹΟΠΗΔΕΙ
ΑΝΔΡΑΠΑΜΥΝΑϹΘΑΙΟΤΕΤΙϹΠΡΟΤΕΡΟϹΧΑΛΕΠΗΝΗΙ
ΑΛΛΕΓΩΟΥΔΕΝϹΕΡΕΞΩΚΑΚΑΚΑΙΔΕΚΕΝΑΛΛΟΝ
ϹΕΥΑΠΑΛΕΞΗϹΑΙΜΙΦΙΛΩΙΔΕϹΕΠΑΤΡΙΕΙϹΚΩ
ΤΟΝΔΗΜΕΙΒΕΤΕΠΕΙΤΑΓΕΡΩΝΠΡΙΑΜΟϹΘΕΟΕΙΔΗϹ
ΟΥΤΩΔΗΤΑΔΕΓΕϹΤΙΦΙΛΟΝΤΕΚΟϹΩϹΑΓΟΡΕΥΕΙϹ
ΑΛΛΕΤΙΤΙϹΚΑΙΕΜΕΙΟΘΕΩΝΥΠΕΡΕϹΧΕΘΕΧΕΙΡΑ
ΟϹΜΟΙΤΟΙΟΝΔΗΚΕΝΟΔΟΙΠΟΡΟΝΑΝΤΙΒΟΛΗϹΑΙ
ΑΙϹΙΟΝΟΙΟϹΔΗϹΥΔΕΜΑϹΚΑΙΕΙΔΟϹΑΓΗΤΟϹ
ΠΕΠΝΥϹΑΙΤΕΝΟΩΙΜΑΚΑΡΩΝΔΕΞΕϹϹΙΤΟΚΗΩΝ
ΤΟΝΔΑΥΤΕΠΡΟϹΕΕΙΠΕΔΙΑΚΤΟΡΟϹΑΡΓΕΙΦΟΝΤΗϹ
ΝΑΙΔΗΤΑΥΤΑΓΕΠΑΝΤΑΓΕΡΟΝΚΑΤΑΜΟΙΡΑΝΕΕΙΠΕϹ
ΑΛΛΑΓΕΜΟΙΤΟΔΕΕΙΠΕΚΑΙΑΤΡΕΚΕΩϹΚΑΤΑΛΕΞΟΝ
ΗΕΠΗΕΚΠΕΜΠΕΙϹΚΕΙΜΗΛΙΑΠΟΛΛΑΚΑΙΕϹΘΛΑ
ΑΝΔΡΑϹΕϹΑΛΛΟΔΑΠΟΥϹΙΝΑΤΟΙΤΑΔΕΠΕΡϹΟΑΜΙΜΝΗΙ
ΗΗΔΗΠΑΝΤΕϹΚΑΤΑΛΕΙΠΕΤΕΙΛΙΟΝΙΡΗΝ
ΔΕΙΔΙΟΤΕϹΤΟΙΟϹΓΑΡΑΝΗΡΩΡΙϹΤΟϹΟΛΩΛΕΝ

ΣΟΣΠΑΙΣΟΥΜΕΝΓΑΡΤΙΜΑΧΗΣΕΠΕΔΕΥΕΤ'ΑΧΑΙΩ̄
ΤΟΝΔ'ΗΜΕΙΒΕΤ'ΕΠΕΙΤΑΓΕΡΩΝΠΡΙΑΜΟΣΘΕΟΕΙΔΗΣ
ΤΙΣΔΕΣΥΕΣΣΙΦΕΡΙΣΤΕΤΕΩΝΔ'ΕΞΕΣΣΙΤΟΚΗΩ̄
ΟΣΜΟΙΚΑΛΑΤΟΝΟΙΤΟΝΑΠΟΤΜΟΥΠΑΙΔΟΣΕΝΙΣΠΕΣ
ΤΟΝΔΑΥΤΕΠΡΟΣΕΕΙΠΕΔΙΑΚΤΟΡΟΣΑΡΓΕΙΦΟΝΤΗΣ
ΠΕΙΡΑΙΕΜΕΙΟΓΕΡΑΙΕΚΑΙΕΙΡΕΑΙΕΚΤΟΡΑΔΙΟΝ
ΤΟΝΜΕΝΕΓΩΜΑΛΑΠΟΛΛΑΜΑΧΗΙΕΝΙΚΥΔΙΑΝΕΙΡΗΙ
ΟΦΘΑΛΜΟΙΣΙΝΟΠΩΠΑΚΑΙΕΥΤΕΠΙΝΗΥΣΙΝΕΛΑΣΣς
ΑΡΓΕΙΟΥΣΚΤΕΙΝΕΣΚΕΔΑΙΖΩΝΟΞΕΙΧΑΛΚΩΙ
ΗΜΕΙΣΔ'ΕΣΤΑΟΤΕΣΘΑΥΜΑΖΟΜΕΝΟΥΓΑΡ'ΑΧΙΛΛΕΥΣ
ΕΙΑΜΑΡΝΑΣΘΑΙΚΕΧΟΛΩΜΕΝΟΣΑΤΡΕΙΩΝΙ
ΤΟΥΓΑΡΕΓΩΘΕΡΑΠΩΝΜΙΑΔ'ΗΓΑΓΕΝΗΥΣΕΥΕΡΓΗΣ
ΜΥΡΜΙΔΟΝΩΝΔ'ΕΞΕΙΜΙΠΑΤΗΡΔΕΜΟΙΕΣΤΙΠΟΛΥΚΤς
ΑΦΝΕΙΟΣΜΕΝΟΔΕΣΤΙΓΕΡΩΝΔΕΔΗΩΣΣΥΠΕΡΩΔΕ
ΕΞΔΕΟΙΥΙΕΣΕΑΣΙΝΕΓΩΔΕΟΙΕΒΔΟΜΟΣΕΙΜΙ
ΤΩΝΜΕΤΑΠΑΛΛΟΜΕΝΟΣΚΛΗΡΩΙΛΑΧΟΝΕΝΘΑΔ'ΕΠς
ΝΥΝΔΗΛΘΟΝΠΕΔΙΟΝΔ'ΑΠΟΝΗΩΝΗΩΘΕΝΓΑΡ'
ΘΗΣΟΝΤΑΙΠΕΡΙΑΣΤΥΜΑΧΗΝΕΛΙΚΩΠΕΣΑΧΑΙΟΙ
ΑΣΧΑΛΟΩΣΙΓΑΡΟΙΔΕΚΑΘΗΜΕΝΟΙΟΥΔΕΔΥΝΑΝΤΑΙ
ΙΣΧΕΙΝΕΣΣΥΜΕΝΟΥΣΠΟΛΕΜΟΥΒΑΣΙΛΗΕΣΑΧΑΙΩ̄
ΤΟΝΔΗΜΕΙΒΕΤΕΠΕΙΤΑΓΕΡΩΝΠΡΙΑΜΟΣΘΕΟΕΙΔΗΣ
ΕΙΜΕΝΔΗΘΕΡΑΠΩΝΠΗΛΗΙΑΔΕΩΑΧΙΛΗΟΣ
ΕΙΣΑΓΕΔΗΜΟΙΠΑΣΑΝΑΛΗΘΕΙΗΝΚΑΤΑΛΕΞΟΝ
ΗΕΤΙΠΑΡΝΗΕΣΣΙΝΕΜΟΣΠΑΙΣΗΕΜΙΝΗΔΗ
ΗΣΙΚΥΣΙΜΕΛΕΙΣΤΙΤΑΜΩΝΠΡΟΥΘΗΚΕΝΑΧΙΛΛΕΥΣ
ΤΟΝΔ'ΑΥΤΕΠΡΟΣΕΕΙΠΕΔΙΑΚΤΟΡΟΣΑΡΓΕΙΦΟΝΤΗΣ
ΩΓΕΡΟΝΟΥΠΩΤΟΝΓΕΚΥΝΕΣΦΑΓΟΝΟΥΔ'ΟΙΩΝΟΙ
ΑΛΛ'ΕΤΙΚΕΙΝΟΣΚΕΙΤΑΙΑΧΙΛΛΗΟΣΠΑΡΑΝΗΙ
ΑΥΤΩΣΕΝΙΚΛΙΣΙΗΣΙΔΥΩΔΕΚΑΤΗΔΕΟΙΗΩΣ
ΚΕΙΜΕΝΩΙΟΥΔΕΤΙΟΙΧΡΩΣΣΗΠΕΤΑΙΟΥΔΕΜΙΝΕΥΛΑΙ
ΕΣΘΟΥΣΑΙΡΑΤΕΦΩΤΑΣΑΡΗΙΦΑΤΟΥΣΚΑΤΕΔΟΥΣΙΝ
ΗΜΕΝΜΙΝΠΕΡΙΣΗΜΑΕΟΥΕΤΑΡΟΙΟΦΙΛΟΙΟ
ΕΛΚΕΙΑΚΗΔΕΣΤΩΣΗΩΣΟΤΕΔΙΑΦΑΝΗΗΙ

xxiv. 385—417.

ΟΥΔΕΜΙΝΑΙΣΧΥΝΕΙΘΗΟΙΟΚΕΝΑΥΤΟΣΕΠΕΛΘΩΝ
ΟΙΟΝΕΕΡΣΗΕΙΣΚΕΙΤΑΙΠΕΡΙΔΑΙΜΑΝΕΝΙΠΤΑΙ
ΟΥΔΕΠΟΘΙΜΙΑΡΟΣΣΥΝΔΕΛΚΕΑΠΑΝΤΑΜΕΜΥΚΕΝ
ΟΣΣΕΤΥΠΗΠΟΛΕΕΣΓΑΡΕΠΑΥΤΩΧΑΛΚΟΝΕΛΑΣΣΑ
ΩΣΤΟΙΚΗΔΟΝΤΑΙΜΑΚΑΡΕΣΘΕΟΙΥΙΟΣΕΗΟΣ
ΚΑΙΝΕΚΥΟΣΠΕΡΕΟΝΤΟΣΕΠΕΙΣΦΙΦΙΛΟΣΠΕΡΙΚΗΡΙ
ΩΣΦΑΤΟΓΗΘΗΣΕΝΔΟΓΕΡΩΝΚΑΙΑΜΕΙΒΕΤΟΜΥΘΩΙ
ΩΤΕΚΟΣΗΡΑΓΑΘΟΝΚΑΙΕΝΑΙΣΙΜΑΔΩΡΑΔΙΔΟΥΝΑΙ
ΑΘΑΝΑΤΟΙΣΕΠΕΙΟΥΠΟΤΕΜΟΣΠΑΙΣΕΙΠΟΤΕΗΝΓΕ
ΛΗΘΕΤΕΝΙΜΕΓΑΡΟΙΣΙΘΕΩΝΟΙΟΛΥΜΠΟΝΕΧΟΥΣΙ
ΤΩΝΟΙΕΠΕΜΝΗΣΑΝΤΟΚΑΙΕΝΘΑΝΑΤΟΙΟΠΕΡΑΙΣΗΙ
ΑΛΛΑΓΕΔΗΤΟΔΕΔΕΞΑΙΕΜΕΥΠΑΡΑΚΑΛΟΝΑΛΕΙΣΟΝ
ΑΥΤΟΝΤΕΡΥΣΑΙΠΕΜΨΟΝΔΕΜΕΣΥΝΓΕΘΕΟΙΣΙ
ΟΦΡΑΚΕΝΕΣΚΛΙΣΙΗΝΠΗΛΗΙΑΔΕΩΑΦΙΚΩΜΑΙ
ΤΟΝΔΑΥΤΕΠΡΟΣΕΕΙΠΕΔΙΑΚΤΟΡΟΣΑΡΓΕΙΦΟΝΤΗΣ
ΠΕΙΡΑΙΕΜΕΙΟΓΕΡΑΙΕΝΕΩΤΕΡΟΥΟΥΔΕΜΕΠΕΙΣΕΙΣ
ΟΣΜΕΚΕΛΗΙΣΕΟΔΩΡΑΠΑΡΕΞΑΧΙΛΗΑΔΕΧΕΣΘΑΙ
ΤΟΝΜΕΝΕΓΩΔΕΙΔΟΙΚΑΚΑΙΑΙΔΕΟΜΑΙΠΕΡΙΚΗΡΙ
ΣΥΛΕΥΕΙΝΜΗΜΟΙΤΙΚΑΚΟΝΜΕΤΟΠΙΣΘΕΓΕΝΗΤΑΙ
ΣΟΙΔΑΝΕΓΩΠΟΜΠΟΣΚΑΙΚΕΚΛΥΤΟΝΑΡΓΟΣΙΚΟΙΜΗΝ
ΕΝΔΥΚΕΩΣΕΝΝΗΙΘΟΗΙΗΠΕΖΟΣΟΜΑΡΤΕΩΝ
ΟΥΚΕΝΤΙΣΤΟΙΠΟΜΠΟΝΟΝΟΣΣΑΜΕΝΟΣΜΑΧΕΣΑΙΤΟ
ΗΚΑΙΕΝΑΙΞΑΣΕΡΙΟΥΝΙΟΣΑΡΜΑΚΑΙΙΠΠΟΥΣ
ΚΑΡΠΑΛΙΜΩΣΜΑΣΤΙΓΑΚΑΙΗΝΙΑΛΑΖΕΤΟΧΕΡΣΙΝ
ΕΝΔΕΠΝΕΥΣΙΠΠΟΙΣΙΚΑΙΗΜΙΟΝΟΙΣΜΕΝΟΣΗΥ
ΑΛΛΟΤΕΔΗΠΥΡΓΟΥΣΤΕΝΕΩΝΚΑΙΤΑΦΡΟΝΙΚΟΝΤΟ
ΟΙΔΕΝΕΟΝΠΕΡΙΔΟΡΠΑΦΥΛΑΚΤΗΡΕΣΠΟΝΕΟΝΤΟ
ΤΟΙΣΙΔΕΦΥΠΝΟΝΕΧΕΥΕΔΙΑΚΤΟΡΟΣΑΡΓΕΙΦΟΝΤΗΣ
ΠΑΣΙΝΑΦΑΡΔΩΙΞΕΠΥΛΑΣΚΑΙΑΠΩΣΕΝΟΧΗΑΣ
ΕΣΔΑΓΑΓΕΠΡΙΑΜΟΝΤΕΚΑΙΑΓΛΑΑΔΩΡΕΠΑΠΗΝΗΣ
ΑΛΛΟΤΕΔΗΚΛΙΣΙΗΝΠΗΛΗΙΑΔΕΩΑΦΙΚΟΝΤΟ
ΥΨΗΛΗΝΤΗΝΜΥΡΜΙΔΟΝΕΣΠΟΙΗΣΑΝΑΝΑΚΤΙ
ΔΟΥΡΕΛΑΤΗΣΚΕΡΣΑΝΤΕΣΑΤΑΡΚΑΘΥΠΕΡΘΕΝΕΡΕΨΑ

xxiv. 418—450.

ΛΑΧΝΗΕΝΤΟΡΟΦΟΝΛΕΙΜΩΝΟΘΕΝΑΜΗϹΑΝΤΕϹ
ΑΜΦΙΔΕΟΙΜΕΓΑΛΗΝΑΥΛΗΝΠΟΙΗϹΑΝΑΝΑΚΤΙ
ϹΤΑΥΡΟΙϹΙΝΠΥΚΙΝΟΙϹΙΘΥΡΗΝΔΕΧΕΜΟΥΝΟϹΕΠΙΒΛΗϹ
ΕΙΛΑΤΙΝΟϹΤΟΝΤΡΙϹΜΕΝΕΠΙΡΡΗϹϹΕϹΚΟΝΑΧΑΙΟΙ
ΤΡΕΙϹΔΑΝΑΟΙΓΕϹΚΟΝΜΕΓΑΛΗΝΚΛΗΙΔΑΘΥΡΑΩΝ
ΤΩΝΑΛΛΩΝΑΧΙΛΕΥϹΔΑΡΕΠΙΡΡΗϹϹΕϹΚΕΚΑΙΟΙΟϹ
ΔΗΡΑΤΟΘΕΡΜΕΙΑϹΕΡΙΟΥΝΙΟϹΩΙΞΕΓΕΡΟΝΤΙ
ΕϹΔΑΓΑΓΕΚΛΥΤΑΔΩΡΑΠΟΔΩΚΕΙΠΗΛΕΙΩΝΙ
ΕΞΙΠΠΩΝΑΠΕΒΑΙΝΕΝΕΠΙΧΘΟΝΑΦΩΝΗϹΕΝΤΕ
ΩΓΕΡΟΝΗΤΟΙΕΓΩΘΕΟϹΑΜΒΡΟΤΟϹΕΙΛΗΛΟΥΘΑ
ΕΡΜΕΙΑϹϹΟΙΓΑΡΜΕΠΑΤΗΡΑΜΑΠΟΜΠΟΝΟΠΑϹϹΕ
ΑΛΛΗΤΟΙΜΕΝΕΓΩΠΑΛΙΝΕΙϹΟΜΑΙΟΥΔΑΧΙΛΗΟϹ
ΟΦΘΑΛΜΟΥϹΕΙϹΕΙΜΙΝΕΜΕϹϹΗΤΟΝΔΕΚΕΝΕΙΗΙ
ΑΘΑΝΑΤΟΝΘΕΟΝΩΔΕΒΡΟΤΟΥϹΑΓΑΠΑΖΕΜΕΝΑΝΤΗ̄
ΤΥΝΗΔΕΙϹΕΛΘΩΝΛΑΒΕΓΟΥΝΑΤΑΠΗΛΕΙΩΝΟϹ
ΚΑΙΜΙΝΥΠΕΡΠΑΤΡΟϹΚΑΙΜΗΤΕΡΟϹΗΥΚΟΜΟΙΟ
ΛΙϹϹΕΟΚΑΙΤΕΚΕΟϹΙΝΑΟΙϹΥΝΘΥΜΟΝΟΡΙΝΗΙϹ
ΩϹΑΡΑΦΩΝΗϹΑϹΑΠΕΒΗΠΡΟϹΜΑΚΡΟΝΟΛΥΜΠΟ̄
ΕΡΜΕΙΑϹΠΡΙΑΜΟϹΔΕΞΙΠΠΩΝΑΛΤΟΧΑΜΑΖΕ
ΙΔΑΙΟΝΔΕΚΑΤΑΥΘΙΛΙΠΕΝΟΔΕΜΙΜΝΕΝΕΡΥΚΩ̄
ΙΠΠΟΥϹΗΜΙΟΝΟΥϹΤΕΓΕΡΩΝΔΙΘΥϹΚΙΕΝΟΙΚΟΥ
ΤΗΙΡΑΧΙΛΕΥϹΙΖΕϹΚΕΔΙΙΦΙΛΟϹΕΝΔΕΜΙΝΑΥΤΟ̄
ΕΥΡΕΤΑΡΟΙΔΑΠΑΝΕΥΘΕΚΑΘΕΙΑΤΟΤΩΔΕΔΥΟΙΩ
ΗΡΩϹΑΥΤΟΜΕΔΩΝΤΕΚΑΙΑΛΚΙΜΟϹΟΖΟϹΑΡΗΟϹ
ΠΟΙΠΝΥΟΝΠΑΡΕΟΝΤΕΝΕΟΝΔΑΠΕΛΗΓΕΝΕΔΩΔΗϹ
ΕϹΘΩΝΚΑΙΠΙΝΩΝΕΤΙΚΑΙΠΑΡΕΚΕΙΤΟΤΡΑΠΕΖΑ
ΤΟΥϹΔΕΛΑΘΕΙϹΕΛΘΩΝΠΡΙΑΜΟϹΜΕΓΑϹΑΓΧΙΔΑΡΑϹΤ[ς]
ΧΕΡϹΙΝΑΧΙΛΛΗΟϹΛΑΒΕΓΟΥΝΑΤΑΚΑΙΚΥϹΕΧΕΙΡΑϹ
ΔΕΙΝΑϹΑΝΔΡΟΦΟΝΟΥϹΑΙΟΙΠΟΛΕΑϹΚΤΑΝΟΝΥΙΑϹ
ΩϹΔΟΤΑΝΑΝΔΡΑΤΗΠΥΚΙΝΗΛΑΒΗΙΟϹΤΕΝΙΠΑΤΡΗΙ
ΦΩΤΑΚΑΤΑΚΤΕΙΝΑϹΑΛΛΩΝΕΞΙΚΕΤΟΔΗΜΟΝ
ΑΝΔΡΟϹΕϹΑΦΝΕΙΟΥΘΑΜΒΟϹΔΕΧΕΝΕΙϹΟΡΟΩΝΤΑ
ΩϹΑΧΙΛΕΥϹΘΑΜΒΗϹΕΝΙΔΩΝΠΡΙΑΜΟΝΘΕΟΕΙΔΕΑ

COLLATION OF THE TEXT WITH THE EDITION OF HEYNE.

BOOK XII.

Page 1.

Line		
293	..... ξειν	H. ἕλιξιν

Page 2.

Line		
311	κρεασίντειδε	H. κρέασί τ' ἠδὲ
	δεπαεσσι	H. δεπάεσσιν
312	εισορόωσιν	H. εἰσορόωσι
317	οφράτις	H. ὄφρα τις
318	κατακοιρανέουσαν	H. κατακοιρανέουσιν
319	έδουσιπιονα	H. ἔδουσί τε πίονα
322	φυγοντες	H. φυγόντε
326	εφεστασιν	H. ἐφεστᾶσι
331	μενεσθεὺς	H. μενεσθεύς
333	παπτηνεν	H. πάπτηνε
338	ικεν	H. ἷκε

Page 3.

Line		
340	πασας	H. πᾶσαι
342	αιαντε	H. αἴαντα
343	αιαντε	H. αἴαντα
350	αμασπεσθω	H. ἅμ' ἑσπέσθω
352	κατὰ	H. παρὰ
360	κρατερηνυσμινην	H. κρατερὰς ὑσμίνας
361	ορωρε	H. ὄρωρεν
363	αμασπεσθω	H. ἅμ' ἑσπέσθω

Page 4.

Line		
373	ουτε	H. εὖτε
374	omitted.	
385	αρανευτηρι	H. ἄρ' ἀρνευτῆρι
401	στήθεσσι	H. στήθεσφι
404	ηδὲ	H. οὐ δὲ

Page 5.

Line		
406	χώρησεν	H. χώρησε
407	εέλδετο	H. ἐέλπετο
409	τιταρ'	H. τί δ' ἄρ'

Page 6.

Line		
439	ηυσεν	H. ἤϋσε
446	ιστήκει	H. ἑστήκει
454	αιρατε	H. ἄι ῥα
456	κληεις	H. κληῖς
459	επαμφοτερους	H. ἀπ' ἀμφοτέρους
461	δὲ omitted.	
465	εχον	H. ἔχεν

BOOK XIII.

Page 7.

Line		
134	δ'επτυσσοντο	H. δὲ πτύσσοντο
138	χειμάρρος	H. χειμάῤῥοος
140	ύψιδ'	H. ὕψι τ'
141	ὕλῃι	H. ὕλη
147	ξίφεσιν	H. ξίφεσι
165	ἀψδ'	H. ἆψ

Page 8.

Line		
166	ξὺνέαξε	H. ξυνέαξε
177	τὸνδ'	H. τόν ῥ'

Line		
178	επεσεν	H. ἔπεσε
179	κορυφῆις	H. κορυφῇ
186	νεισόμενον	H. νισσόμενον
187	δουπησεν	H. δούπησε

Page 9.

Line		
200	ἔχοντες	H. ἔχοντε
201	αρα	H. ῥα
205	πέσεν	H. πέσον
	κονιηισιν	H. κονίῃσι
206	ποσιδαων	H. ποσειδάων
207	ενὶκρατερῆινσμινηι	H. ἐν αἰνῇ δηϊοτῆτι
214	εςκλισιην	H. ἐκ κλισίης
216	υιει	H. ῦϊ
223	γινώσκω	H. γιγνώσκω
231	ποσιδάων	H. ποσειδάων

Page 10.

Line		
235	δεῦροτευχεα	H. τεύχεα δεῦρο
238	επιστίμεσθα	H. ἐπισταίμεσθα
255	omitted.	

Page 11.

Line		
339	εφριξεν	H. ἔφριξε
	εγχειηισιν	H. ἐγχείῃσι
358	ειδ	H. τὼ δ'

Page 12.

Line		
368	κατένευσεν	H. κατένευσε
373	δουπησεν	H. δούπησε
374	αθρυονεῦ	H. ὀθρυονεῦ

Page 13.

Line		
486	ήκε	H. ἠὲ
491	τοιοι	H. οἵ οἱ

Page 14.

Line		
515	τρεσσεδ'	H. τρέσσαιδ'
526	αμ'αλκαθόωι	H. ἀμφ' ἀσκαλάφου

Page 15.

Line		
670	πάθοι	H. πάθῃ
678	προσθενει	H. πρὸς δὲ σθένει
684	γινοντο	H. γίγνοντο
	μαχης	H. μάχῃ

Page 16.

Line		
705	πρυμνοισιν	H. πρυμνοῖσι
	ανεκηκιεν	H. ἀνακηκίει
707	τεμνει	H. τέμει
708	αλλήλοισιν	H. ἀλλήλοιϊν
720	τρωσίν	H. τρωσί
726	παραρητοῖσι	H. παραῤῥητοῖσι

Page 17.

Line		
804	ρινοῖσιν	H. ῥινοῖσι
809	φωνησεντε	H. μακρὰ βιβάσθων
814	δεοι with τ written above between the two last letters by another hand.	H. δέ τε
818	αθανατοισιν	H. ἀθανάτοισι

BOOK XIV.

Page 18.

Line		
14	όπισθεν	H. ὄπισθε

Page 19.

Line		
157	and 158 omitted.	
160	οπως with π written above by another hand.	H. ὅππως
166	βηρ'	H. βῆ δ'
173	ποτι	H. προτὶ
182	ενδέοι	H. ἐν δ' ἄρα
	λοβοισιν	H. λοβοῖσι

Page 20.

Line		
202	οιμ'εν	H. οἵ με
205	ιμ' with ε written above by another hand.	H. εἶμ'
209	ομοιωθηναι	H. ὁμωθῆναι

Page 21.

Line		
225	λίπεν	H. λίπε
229	αθόωιδ'	H. ἀθόωδ'
234	ημὲν	H. εἰ μὲν
240	τευχει. There is a mark by another hand over χ which seems to be ξ much effaced.	H. τεύξει
241	επισχοίας	H. ἐπισχοίης
249	επενυσσεν	H. ἐπίνυσσεν

Page 22.

Line		
265	αρηξεμεν	H. ἀρηγέμεν
	ζῆι: the ν carried on to the next line.	H. ζῆν'
266	ν'ως	H. ὡς
268	ὀπυιεμεν	H. ὀπυιέμεναι
269	omitted.	
277	βοῶπιςπότνια	H. θεὰ λευκώλενος
285	ὑπεσείετο	H. ὕπο σείετο
288	μακροτάτηι	H. μακροτάτη

Page 23.

Line		
292	προσεβησατο	H. προσεβήσετο
297	ονόμαζε	H. ὀνόμαζεν
303	οἰμ'εν	H. οἵ με
304	ιμ with ε written over by another hand.	H. εἶμ'
306	after this are inserted two verses, viz. 208 209, repeated.	
314	ευνηθεντες	H. εὐνηθέντε
315	γὰρ	H. γάρ
318	θεοφιν	H. θεόφι

Page 24.

Line		
321	οτεπερ	H. ὅτε
322	μινωα	H. μίνω
336	ειηι	H. εἴη
342	θεον	H. θεῶν
	ἄλλον	H. ἀνδρῶν
343	αθανατων	H. ὄψεσθαι

Page 25.

Line		
357	ποσιδαον with ε over ι by another hand.	H. ποσειδάων
362	δαναοισι	H. δαναοῖσιν
363	εκελευε	H. ἐκέλευσεν
372	παναιθηισιν	H. παναίθῃσι
373	χερσὶνδὲ	H. χερσί τε
384	ποσιδαων with ε over ι in another hand.	H. ποσειδάων

Page 26.

Line		
388	εκοσμει	H. ἐκόσμεε
390	ποσιδάων	H. ποσειδάων
394	βοάαιποτι	H. βοάα προτὶ
400	τοσση	H. ὅσση
403	επι	H. ἐπεὶ
	προσιθυμουδ	H. πρὸς ἰθύ οἱ οὐδ'
406	ερυσασθην	H. ρυσάσθην

BOOK XV.

Page 27.

Line		
158	ποσιδαωνι	H. ποσειδάωνι
165	εο	H. εὖ
175	παραὶ	H. παρὰ
181	βιηφι	H. βίῃ
183	ισονεμοι	H. ἶσόν οἱ

Page 28.

Line		
196	δειδιξέσθω	H. δειδισσέσθω
198	ενισνεμεν with σ over ν by another hand.	H. ἐνισσέμεν
203	ητε	H. ἤ τι
205	ποσιδάων with ε over ι by another hand.	H. ποσειδάων
214	ηρησθ'	H. ἥρης

Page 29.

Line		
364	ποσιν	H. ποσὶ
370	νεστωρδ'	H. νέστωρ
379	κτυπον	H. νόον

Page 30.

Line		
391	αμφ'εμάχοντο	H. ἀμφεμάχοντο
417	νηας	H. νῆα

Page 31.

Line		
492	μινύθηισι	H. μινύθῃ τε
508	εστε	H. ἔς γε
510	μιξαι, with ε over ι by another hand.	
513	χειροτεροισι	H. χειροτέροισιν
516	φωκείων	H. φωκήων
518	εξεναριξεν	H. ἐξενάριξε

Page 32.

Line		
526	φερτατονυιον	H. φέρτατος ἀνδρῶν
546	ενένιπεν	H. ἐνένιπτεν

Line	
550 τρώεσσιν	H. τρώεσσι
551 omitted.	
552 τονδ'	H. τόν ρ'
....ιπεν	H. ἐνένιπτεν
ονομαζε	H. ὀνόμαζεν

BOOK XVI.

Page 33.

207 ταῦθ' αμαγειρό-μενοιθαμ' εβαζετε	H. ταῦτά μ' ἀγειρόμε-νοι θαμὰ βάζετε
209 ενθάτις	H. ἔνθα τις
228 τόνρα	H. τό ῥα
229 νίζ'	H. νίψ'
231 επειτ' ανστας	H. ἔπειτα στὰς

Page 34.

240 μυρμιδόνεσσιν	H. μυρμιδόνεσσι
247 ικέσθω	H. ἵκοιτο
248 ξύμπασι	H. ξὺν πᾶσι
261 εχοντες	H. ἔχοντας
263 τουςείπερ with δ written over by another hand.	H. τοὺς δ' εἴπερ

Page 35.

350 αμφεκαλυψε	H. ἀμφεκάλυψεν
351 έκαστον	H. ἕκαστος
354 διετμαγον	H. διέτμαγεν
359 ειδρειηι	H. ἰδρείῃ

Page 36.

369 εεργε	H. ἔρυκε
375 υπαὶ	H. ὑπὸ
381 omitted.	
384 ωςδοθ'	H. ὡς δ'
386 δη	H. δή τ'
391 εις	H. ἐς
394 πρώταις ενεκερσε φάλαγξι	H. πρώτας ἐπέκερσε φάλαγγας.

Page 37.

670 χρεισον	H. χρῖσον
679 λουσεν	H. λοῦσε

Line	
680 χρεῖσεν	H. χρῖσεν
688 ανδρος	H. ἀνδρῶν
689, 690 omitted.	

Page 38.

721 έκτωρ	H. ἕκτορ
727 δ' εκέλευσε	H. δὲ κέλευσε
730 τρωσὶν	H. τρωσὶ

Page 39.

813 δάμασ	H. δάμασσ'
817 αψδ'	H. ἂψ
820 δέοι	H. ῥά οἱ
824 μαχεσθαι	H. μάχεσθον

Page 40.

834 πολεμιζέμεν	H. πολεμίζειν
840 ιπποδαμοιο	H. ἀνδροφόνοιο

BOOK XVIII.

Page 41.

100 δ' έδησεν	H. δὲ δῆσεν
114 ιμ' with ε over ι by another hand.	H. εἶμ'

Page 42.

138 εῆος	H. ἑοῖο
146 ήμὲναρ' ούλυμ-πονδὲ	H. ἡ δ' αὖτ' οὔλυμπόνδε
147 ηιειμεν	H. ἤϊεν
ενεικαι	H. ἐνείκοι
148 ουλυμπονδὲ	H. οὔλυμπόνδε
154 ίκελος with ε over ι by another hand.	H. εἴκελος

Page 43.

164 δειδίξεσθαι	H. δειδίξασθαι
170 εκπακλότατ'	H. ἐκπαγλότατ'
176 μέμονεν	H. μέμονε
180 ελθῃς	H. ἔλθῃ
185 ουτ'	H. οὐδ'
ουτε	H. οὐδέ .

Page 44.

Line

200, 201 omitted.

203 *αυτὰρ* H. *ἀμφὶ δ'*

213 *κεμπως* with *ν* H. *κεν πως*
over *μ* by another hand.

214 *ἱκανεν* H. *ἵκανε*

Page 45.

237 *ιπποισιν* H. *ἵπποισι*

Page 46.

262 *ουκ' εθελήσει* H. *οὐκ ἐθελήσει*

268 *εοντος* H. *ἐόντας*

275 *σανιδεςδ'* H. *σανίδες τ'*

291 *καὶ* H. *δὴ*

Page 47.

308 *φεροιτο* H. *φέρῃσι*

311 *εξελετοζευς* H. *εἵλετο παλλὰς ἀθήνη*

318 *πολλὰ* H. *πυκνὰ*

323 *μυρμιδόνεσσι* H. *μυρμιδόνεσσιν*

Page 48.

339 *τρωιαι* H. *τρωαὶ*

342 *περθοντες* H. *πέρθοντε*

Page 49.

427 omitted.

452 *πολεμονδὲ* H. *πόλεμόνδε*

458 *υιειεμ'* H. *υἱ' ἐμῷ*

Page 50.

465 *ικάνει* H. *ἱκάνοι*

482 *ειδυιησι* H. *ἰδυίῃσι*

485 *τατειρεα* H. *τε τείρεα*

487 *καλεουσι* H. *καλέουσιν*

BOOK XIX.

Page 51.

139 *πολεμονδὲ* H. *πόλεμόνδε*

140 *εγωτάδε* H. *ἐγὼν ὅδε*

παρασχεμεν H. *παρασχεῖν*

143 *απὸ* H. *παρὰ*

Line

145 *ημείβετ' επειτα ποδάρκηςδῖος* H. *ἀπαμειβόμενος προσέφη πόδας ὠκὺς*

155 *θεοίκελ* with *ε* H. *θεοείκελ'*
over *ι* by another hand.

Page 52.

177 omitted.

190 *αολλεεςαολλεες* H. *πάντες ἀολλέες*
with an illegible correction over by another hand.

τα δωρα H. *κε δῶρα*

194 *δῶραεμῆς* with H. *δῶρα δ' ἐμῆς*
δ written over by another hand.

Page 53.

206 *πολεμίζειν* H. *πτολεμίζειν*

211 *κλισίηις* H. *κλισίῃ*

216 *πηλέως* H. *πηλέος*

219 *πολλὸν* H. *πολλόν*

221 *δε* H. *τε*

Page 54.

243 *οσοι* H. *οὓς οἱ*

247 *οδυσσευς* H. *ὀδυσσεὺς*

255 *αμα* H. *ἄρα*

265 *άτις* H. *ὅ τις*

Page 55.

367 *τρωσὶν* H. *τρωσὶ*

Page 56.

372 *ωμοισιν* H. *ὤμοισι*

379 *κεφαλης* H. *σάκεος*

390 *πορε* H. *τάμε*

Page 57.

401 *ηνιοχῆας* H. *ἡνιοχῆα*

416 *τηνπερ* H. *ἥνπερ*

BOOK XX.

Page 58.

9 *πεισεα* H. *πίσεα*

11 *αιθούσσηισιν* H. *αἰθούσῃσιν*

Line

12 ποιησ'ειδυίῃισι H. ποίησεν ἰδυίῃσι

13 διοςαγηγεραο, with H. διὸς ἔνδον ἀγηγερατ' a correction written over by another hand, now illegible.

16 τιπταῦτ H. τίπτ' αὖ

18 τωγαρ H. τῶν γὰρ

32 πολεμονδὲ H. πόλεμόνδε

34 ποσιδάων H. ποσειδάων

35 κεκαστο H. κέκασται

Page 59.

42 τειως H. τέως ἄρ'

43 απέπαυτ' H. ἐπέπαυτ'

44, 45, 46 omitted, but added in the upper margin by another hand.

57 ποσιδάων H. ποσειδάων

61 εδδεισεν H. ἔδδεισε

63 ποσιδαων H. ποσειδάων

67 ποσιδάωνος H. ποσειδάωνος

Page 60.

77 γε H. ἑ

99 ιθὺς H. ἰθὺ

101 τείνειεν H. τείνειε

103 αναξανδρωναγαμεμνων: H. διὸς υἱὸς ἀπόλλων corrected and written above by another hand, εκαεργοςαπολλων

Page 61.

115 ποσιδαον H. ποσείδαον

124 αμύνουσιν H. ἀμύνουσι

132 ποσιδάων H. ποσειδάων

Page 62.

149 ποσιδάων H. ποσειδάων

155 ωκνεον H. ὄκνεον

159 and 160 transposed.

169 οβριμον H. ἄλκιμον

Page 63.

308 λιπωνται H. γένωνται

312 omitted.

316, 317 omitted. There are traces of writing in another hand on the upper margin; probably one or more of these omitted lines.

Line

318 ποσιδαων with H. ποσειδάων ε over ι by another hand.

320 ηδ'ο H. ἠδὲ

323 εξερυσσε H. ἐξέρυσε

327 υπέραλτο H. ὑπερᾶλτο

330 ποσιδάων H. ποσειδάων

333 αντι'αχιλληος πολεμιζεινηδὲ H. ἀντία πηλείωνος ὑπερθύμοιο

338 τρωεσσι H. πρώτοισι

339 τιςαλλος with a H. τίσ σ' ἄλλος trace of a correction by another hand above.

341 εσκεδασ' H. σκέδασ'

Page 64.

348 ευχετάασθε H. εὐχετάασθαι

359 τοσσης H. τοσσῆσδ'

360 χερσίντεποσιντε H. χερσί τε ποσί τε

365 ιμεναι H. ἴμεναι

371 έοικε H. ἔοικεν

Page 65.

376 αχιλῆι H. ἀχιλλῆι

381 ενθ' H. ἐν δ'

389 κεισ' H. κεῖσαι

394 οπισσωτροις H. ἐπισσώτροις

Page 66.

417 αμφεκαλυψεν H. ἀμφεκάλυψε

421 κεχυτοχλόος H. κέχυτ' ἀχλὺς

432 δειδίξασθαι H. δειδίξεσθαι

Page 67.

447 omitted.

458 κακγόνυ H. κὰγ γόνυ

471 ενεπλησεν H. ἐνέπλησε

Page 68.

479 μεσης H. φίλης
ελασσεν H. ἔπειρεν

486 πνεύμονι H. νηδύϊ

496 ευτροχαλωι H. ἐϋκτιμένῃ

499 στιβον H. στεῖβον

502 αιδαποπισσώτρων H. αἶτ' ἀπ' ἐπισσώτρων

BOOK XXI.

Page 69.

Line		
13	ποταμονδὲ	H. ποταμόνδε
17	εν	H. ἐπ'
22	ως	H. ὡς δ'
32	εταιροισιν	H. ἑταίροισι

Page 70.

42	δ'έδωκεν	H. δὲ δῶκεν
62	ερυκει	H. ἐρύξει

Page 71.

73	φωνήσας	H. λισσόμενος
78	μ'επερασσας	H. με πέρασσας
82	αὖτεμεσης	H. αὖ με τεῆς
84	έδωκε	H. δῶκε
86	άνασσε	H. ἀνάσσει
87	υπο	H. ἐπὶ

96 a line is added after this, which H. omits.

Page 72.

101	τίμοι	H. δὲ μοι
108	καιεγὼ	H. κἀγὼ
120	ποταμονδὲ	H. ποταμόνδε
122	ωτειλῆς	H. ὠτειλὴν
126	φρικυναλύξει	H. φρῖχ' ὑπαλύξει

Page 73.

137	φονοιο	H. πόνοιο
144	τῶρ'	H. τῷ δ'
148	omitted.	
151	αντιόωσιν	H. ἀντιόωσι
162	ομαρτη	H. ἁμαρτῇ
163	ῆεν	H. ἦε

Page 74.

181	καλυψε	H. κάλυψεν
189	ηεν	H. ἦε

Page 75.

203	αμφ'επένοντο	H. ἀμφεπένοντο
212	ξανθος with ποταμος written above by another hand.	H. ποταμὸς
215	αμύνουσιν	H. ἀμύνουσι
231	παρεσταμεναι	H. παριστάμεναι

Page 76.

Line		
236	αλιςεσαν	H. ἔσαν ἅλις
239	βαθειησιν	H. βαθείῃσι
245	οζοισιν	H. ὄζοισι
247	ηιξεν	H. ἤϊξε
248	θεοςμέγας	H. μέγας θεὸς
249	φονοιο	H. πόνοιο
252	οῖμάτ'	H. οἵματ'

Page 77.

279	τετραφ	H. γ' ἔτραφ'
284	ποσιδάων	H. ποσειδάων
287	ποσιδάων	H. ποσειδάων
293	σοι	H. τοι

Page 78.

299	μαλα	H. μέγα
303	έσχε	H. ἔσχεν
308	φῖλε	H. φίλε
311	επαμυναι	H. ἐπάμυνε
	εμπιπληθει	H. ἐμπίπληθι
315	μέμονεν	H. μέμονε
	εῖσα	H. ἶσα
318	ειλύος	H. ἰλύος

Page 79.

349	τρέψεν	H. τρέψε
360	αυτης	H. ἀρωγῆς

Page 80.

387	παταγωι	H. ὁμάδῳ
388	σάλπιγξεν	H. σάλπιγξε
393	ονείδιον	H. ὀνείδειον
395	ανωγει	H. ἀνῆκεν
396	διομήδ'εανῆκας	H. διομήδε' ἀνῆκας

Page 81.

466	δὲ	H. δ' αὖ
471	ονειδιον	H. ὀνείδειον
472	ποσιδαωνι	H. ποσειδάωνι
477	ποσιδάωνος	H. ποσειδάωνος
478	τὸν	H. τὴν
479	χωσαμένη	H. χολωσαμένη
480	omitted.	

Line

481 σὺ: there has been something added between the lines by another hand, now illegible. — H. σὺ νῦν

488 μενος μοι — H. μοι μένος

491 αυτοισιν — H. αὐτοῖσι

492 εντροπαλιζομενη — H. ἐντροπαλιζομένην

496 φυγεν — H. φύγε

498 γαρ' — H. δὲ

Page 82.

501 βιηιφι — H. βίηφιν

505 ουλυμπον — H. ὄλυμπον

510 omitted.

520 παραπατρι — H. πὰρ Ζηνὶ

525 and 526 transposed.

525 κηδεέθηκεν — H. κήδεα θῆκεν

526 ιστηκει — H. ἑστήκει

529 γίνεθ — H. γίγνεθ'

530 οτρυνέων — H. ὀτρύνων

Page 83.

563 πεδιονδὲ — H. πεδίονδε

Page 84.

567 πολιος — H. πόλεος

571 αλις — H. ἀλεὶς

572 πολεμίζειν — H. πτολεμίζειν

576 ουτάση — H. ἢ οὐτάσῃ

591 αφαμαρτε — H. ἀφάμαρτεν

Page 85.

605 οἶσιν — H. οἶσι

610 ασπασιως — H. ἐσσυμένως

BOOK XXII.

5 μοιρ' επέδησεν — H. μοῖρα πέδησεν

7 αυτὰρό — H. αὐτὰρ

9 νυτωμε — H. νυ πώ με

10 another line added after this which H. omits.

12 οιδ' ήτοι — H. οἳ δή τοι

Page 86.

Line

27 ισιν with ε over ι by another hand. — H. εἶσιν

29 καλέουσιν — H. καλέουσι

30 ογ' — H. ὅδ'

33 χερσι — H. χερσὶν

36 ιστήκει — H. ἑστήκει

40 εστι — H. ἐστιν

Page 87.

54 λαοῖσιν — H. λαοῖσι

Page 88.

85 ιων — H. ἐών

86 είπερσε — H. εἴπερ γάρ σε

95 σμερδαλεος — H. σμερδαλέον

111 οπλάτεπαντα — H. ὀμφαλόεσσαν

Page 89.

197 αποτρεψασκε παραφθις with a correction over ι now effaced. — H. ἀποστρέψασκε παραφθὰς

198 πετατ — H. πέτετ'

200 τονουδυναται — H. τὸν δύναται

201 ωςρατον — H. ὣς ὃ τὸν

205 αλλοισινδ — H. λαοῖσιδ'

Page 90.

217 αχαιοῖσιν — H. ἀχαιοῖσι

221 τόνδετ — H. τόνδε δ'

227 δηιφοβωιδ' — H. δηϊφόβῳ

230 ποσιν — H. ποσὶ

236 οφθαλμοισιν — H. ὀφθαλμοῖσι

Page 91.

256 εκπαγκλον — H. ἔκπαγλον

265 πρινη, with γ written over by another hand. — H. πρίν γ' ἢ

Page 92.

280 ηειδεις — H. ἠείδης

282 λαθοιμην — H. λάθωμι

302 υιει — H. υἷι

305 ρεξες — H. ῥέξας

309 εισιν — H. εἶσι

Page 93.

Line

325 λαυκανίην H. λαυκανίης

326 μεμαωτ H. μεμαὼς

335 ως H. ὅς

336 αεικως H. ἀϊκῶς

340 χρυσοντεαλις χαλκον H. χαλκόν τε ἅλις χρυσόν

Page 94.

346 ανείηι H. ἀνήῃ

347 μέοργας H. μ' ἔοργας

361 κάλυψεν H. κάλυψε

368 ἑθηκ' H. ἔθηχ'

374 ενεπρησεν H. ἐνέπρησε

BOOK XXIII.

Page 95.

58 κλισιηνδὲ. By an error of the press δέ. H. κλισίηνδε

60 πολεσιν H. πολέσι

61 οθιδὴ H. ὅθι

ηιονος H. ἠϊόνας

73 πω H. πως

76 νεισσομαι H. νίσσομαι

79 αμφ'έχανη H. ἀμφέχανε

80 επικελ', with ε written above by another hand. H. ἐπιείκελ'

Page 96.

90 ονόμηνε H. ὀνόμῃνεν

106 εφ'ιστηκει H. ἐφεστήκει

Page 97.

125 επισχερωι H. ἐπισχερὼ

127 παρακαμβαλον H. παρακάββαλον

130 ζευξαιθ H. ζεῦξαι δ'

137 αιδοςδῶ H. ἄϊδόςδε

143 οχησας H. ὀχθήσας

Page 98.

162 σκεδασεν H. σκέδασε

167 ειλιποδαςκαι H. εἰλίποδας

Line

168–173: a defect here in the vellum had been replaced by another piece and written upon, but the piece having been afterwards lost has occasioned the omissions at the end of these lines.

178 ωιμωξεν H. ᾤμωξέ

180 τετελεσμεναωσπερ' H. τελέω τὰ πάροιθεν

184 αμφ'επένοντο H. ἀμφεπένοντο

Page 99.

191 σκήλει H. σκήλῃ

194 ανέμοισιν H. ἀνέμοισι

203 εισέκαστος with the trace of a correction now effaced. H. εἰς ἓ ἕκαστος

204 αυ H. αὖθ'

τε H. δὲ

216 πυρι H. πυρῇ

220 αφυσσάμενος H. ἀφυσσόμενος

Page 100.

243 τὰμενεν H. τὰ μὲν

Page 101.

262 ἱππεῦσιν H. ἱππεῦσι

267 απυρωτον H. ἄπυρον

270 εθηκεν H. ἔθηκε

272 ατρειδαι H. ἀτρείδη

273 omitted.

275 κλισιηνδὲ H. κλισίηνδε

277 ποσιδαων H. ποσειδάων

283, 284 omitted, but added by another hand in the margin.

286 ἱπποισιν H. ἵπποισι

Page 102.

300 ιχανόωσαν H. ἰσχανόωσαν

304 φερον omitted, but added by another hand: see Facsimile.

307 ποσιδαων H. ποσειδάων

309 τερματ H. τέρμαθ'

310 τῶγ' H. τῷ τ'

Line

312 ισσασιν H. ἴσασι :
μητίσασθαι has another ς written above by another hand.

314 παρεκπροφυγοισιν H. παρεκπροφύγῃσιν

317 ανέμοισιν H. ἀνέμοισι

319 ἁρμασι, with νοισι added above by another hand : see Facsimile.

Page 103.

461 φερτεροι H. φέρτεραι

470 διαγινωσκω H. διαγιγνώσκω

479 λαβρ᾽αγορην H. λαβραγόρην

481 βεβηκεν H. βέβηκε

489 επεεσσιν H. ἐπέεσσι

Page 104.

493 ἑοικεν H. ἔοικε

505 γινετ᾽ H. γίγνετ᾽

518 ἑλκηισιν H. ἕλκῃσι

Page 105.

530 βάρδισται H. βάρδιστοι

535 αργειοισιν H. ἀργείοις
αγορευεν H. ἀγόρευε

539 ηδεκελευον H. ὡς ἐκέλευε

542 ηχιλῆα H. ἀχιλῆα

545 αρμα H. ἅρματα

Page 106.

564 ἑνεικε H. ἔνεικεν

565 omitted.

568 χερσι H. χειρὶ

572 εισιν H. ἦσαν

581 ειδ᾽ H. αἱ δ᾽

589 τελέθουσιν H. τελέθουσι

Page 107.

658 ατρειδαι H. ἀτρείδη

662 κλισιηνδὲ H. κλισίηνδε

669 επι with ε over ι by another hand. H. ἐπεὶ

672 καὶμην H. τὸ δὲ καὶ

678 μηκιστέως H. μηκιστέος

681 αμφ᾽επονεῖτο H. ἀμφεπονεῖτο

Line

682 επεσιν H. ἔπεσι

683 παρακαμβαλεν H. παρακάββαλεν

688 ἑρρε H. ἔῤῥεε

Page 108.

709 οδυσσευς H. ὀδυσεὺς

712 ωσοτ᾽ H. ὡς δ᾽ ὅτ᾽

719 οδυσσευς H. ὀδυσεὺς

721 ευκνημιδεςαχαιοι H. ἐϋκνήμιδας ἀχαιοὺς

Page 109.

736 εις H. ἶσ᾽

738 ηδ᾽επίθοντο H. ἠδὲ πίθοντο

746 omitted, but added by another hand in the lower margin : see Facsimile.

749 ποσὶ H. ποσσὶ

751 ἑθηκεν H. ἔθηκε

755 οδυσσευς H. ὀδυσεὺς

Page 110.

757 μεταστοιχι H. μεταστοιχεί

772 δ᾽έθηκεν H. δὲ θῆκεν

773 επαιξασθαι H. ἐπαΐξεσθαι

774 βλαψεν H. βλάψε

776 πεφνεν H. πέφνε

777 ῥινέστε H. ῥῖνάς τε

785 οι H. δὴ

787 πασιν H. πᾶσι

Page 111.

856 κλισιηνδὲ H. κλισίηνδε.

864 omitted.

871 εχεν H. ἔχε

874 ιδετο H. εἶδε

875 λάβε H. βάλε

879 απεκρεμασεν H. ἀπεκρέμασε

883 φερεν H. φέρε

Page 112.

894 εθέλεις H. ἐθέλοις

BOOK XXIV.

11 δὴ H. δὲ

Line

14 επι — H. ἐπεὶ

17 τονδετ' — H. τόνδε δ'

20 κάλυπτεν — H. κάλυπτε

Page 113.

286 τέμιναντίονηυδα — H. τ' ἔφατ' ἔκ τ' ὀνόμαζε

290 omitted, but added by another hand on the upper margin.

309 αχιληος — H. ἀχιλλῆος

312 δεξιὸν — H. δεξιόν

Page 114.

319 πυροσείατο with τε written over υ by another hand. — H. πτερά εἴσατο

320 υπερ' — H. διὰ

323 έλασεν — H. ἔλασε

326 κελευεν — H. κέλευε

328 θανατοντὲ with δ over τ by another hand. — H. θάνατόνδε

331 ζη: but ν is prefixed to ες at the beginning of the next line by another hand. — H. ζῆν'

334 σοιτε — H. σοὶ γάρ τε

335 και — H. καί τ'

340 αυτικαδ' — H. αὐτίκ'

πέδειλα — H. πέδιλα

345 αργειφον$^{\varsigma}$: but της has been added by another hand.

347 αισυητηρι — H. αἰσυμνητῆρι

Page 115.

353 ποτὶ — H. προτὶ

Line

359 μέλεσσιν — H. μέλεσσι

361 προσεειπ͂εν — H. προσέειπε

363 εύδουσιν — H. εὕδουσι

365 ουτοι — H. οἵ τοι

370 ιδε — H. ἠδέ

373 δη — H. πη

379 έειπες — H. ἔειπας

382 τοιταδεπερ — H. περ τάδε τοι

384 ολωλεν — H. ὄλωλε

Page 116.

387 τι — H. τίς

388 ος with ω written above by another hand. — H. ὥς

Page 117.

439 ουκέν — H. οὐκ ἄν

440 εναίξας — H. ἀναΐξας

Page 118.

453 σταυροῖσιν — H. σταυροῖσι

επιβ$^{\varsigma}$ with the contraction originally: λης is added by another hand.

454 τρις with ε written over by another hand. — H. τρεῖς

459 απεβαινεν with δ over α by another hand. — H. δ' ἀπέβαινεν

χθόνα — H. χθονὶ

461 όπασσε — H. ὄπασσεν

471 ιππουςθ' — H. ἵππους

481 εξ'ικετο — H. ἐξίκετο

482 εχενειςορόωντα — H. ἔχει εἰςορόωντας

LONDON:

PRINTED BY RICHARD TAYLOR,

RED LION COURT, FLEET STREET.

UK Ltd.

/271

9 781166 582548